Golpes na História e na Escola

o Brasil e a América Latina nos séculos XX e XXI

André Roberto de A. Machado
Maria Rita de Almeida Toledo

Organizadores

1ª edição
2017

© 2017 by Anpuh — SP

© Direitos de publicação
CORTEZ EDITORA
Rua Monte Alegre, 1074 – Perdizes
05014-001 – São Paulo – SP
Tel.: (11) 3864-0111 Fax: (11) 3864-4290
cortez@cortezeditora.com.br
www.cortezeditora.com.br

Direção
José Xavier Cortez

Editor
Amir Piedade

Preparação
Alessandra Biral

Revisão
Alexandre Ricardo da Cunha
Rodrigo da Silva Lima

Edição de Arte
Mauricio Rindeika Seolin

Dados Internacionais de Catalogação na Publicação (CIP)
(Câmara Brasileira do Livro, SP, Brasil)

Golpes na história e na escola: o Brasil e a América Latina nos Séculos XX e XXI / André Roberto de A. Machado, Maria Rita de Almeida Toledo, organizadores. — 1. ed. — São Paulo: Cortez: ANPUH SP — Associação Nacional de História — Seção São Paulo, 2017.

Bibliografia
ISBN: 978-85-249-2536-8

1. América Latina — Condições econômicas 2. América Latina — Condições sociais 3. América Latina — História 4. América Latina — Política e governo 5. Brasil — Condições econômicas 6. Brasil — Condições sociais 7. Brasil — História 8. Brasil — Política e governo 9. Política e educação 10 Professores — Formação I. Machado, André Roberto de A. II. Toledo, Maria Rita de Almeida.

17-06189   CDD-981

Índices para catálogo sistemático:

1. Brasil-América Latina: Século 20 e 21: História   981
2. Século 20 e 21: Brasil-América Latina: História   981

Impresso no Brasil – agosto de 2017

Sumário

Apresentação
Circe Fernades Bittencourt, 5

Introdução
André Roberto de A. Machado e Maria Rita de Almeida Toledo, 7

Parte 1 – Golpes na História: continuidades, atores e luta por direitos, 31

1 – Golpes e intervenções: 1962, 1964 e 2016 e os olhares norte-americanos
James N. Green, 32

2 – Crises políticas e o "golpismo atávico" na história recente do Brasil (1954-2016)
Marcos Napolitano e David Ribeiro, 49

3 – Os juristas e o(s) golpe(s)
Marco Aurélio Vannucchi, 75

4 – O GPMI da Fiesp, a Escola Superior de Guerra e a Doutrina de Segurança Nacional na mobilização empresarial-militar no pré e pós-1964
Joana Monteleone e Haroldo Ceravolo Sereza, 93

5 – Brasil e Argentina: transição democrática e promoção da justiça em perspectiva comparada
Janaína de Almeida Teles, 110

6 – Todo direito é um Direito Humano! Da luta pela redemocratização à construção da cidadania pelos direitos: a história do Centro de Defesa de Direitos Humanos de Osasco
Claudia Moraes de Souza, 140

7 – Liberdade, quilombos e pós-emancipação: caminhos da cidadania e usos do passado no Brasil contemporâneo
Flávio Gomes e Petrônio Domingues, 156

Parte 2 – Golpes na escola: liberdade de ensino, lutas identitárias e modelos educacionais na constituição da escola pública no Brasil e na Colômbia, 177

1 – O Ensino Médio no Brasil: uma história de suas finalidades, modelos e a sua atual reforma
Maria Rita de Almeida Toledo, 178

2 – Escola pública e função docente: pluralismo democrático, história e liberdade de ensinar
Fernando Seffner, 199

3 – Ideología de género: semblanza de un debate pospuesto
Nancy Prada Prada, 217

4 – Do arco-íris à monocromia: o Movimento Escola Sem Partido e as reações ao debate sobre gênero nas escolas
Stella Maris Scatena Franco, 233

5 – "Escola Sem Partido" como ameaça à Educação Democrática: fabricando o ódio aos professores e destruindo o potencial educacional da escola
Fernando de Araújo Penna, 247

6 – Escola Sem Partido ou sem autonomia? O cerco ao sentido público da educação
Antonio Simplicio de Almeida Neto e Diana Mendes Machado da Silva, 261

Apresentação

O conjunto de artigos que compõem esta publicação apresenta uma interpretação da recente história política brasileira sob uma mirada instigante produzida por uma nova geração de historiadores. Ao partirem da amarga experiência política de 2016 que se desdobra em acontecimentos cada dia mais tenebrosos quanto ao futuro, os temas de suas análises produzidas por intermédio de abordagens metodológicas diversas possuem em comum o esforço na identificação da conjuntura atual de uma história política de embates nos quais diferentes grupos sociais se enfrentam não apenas no Brasil, mas em demais sociedades americanas.

Se o atual cenário político é desolador não apenas entre nós, mas em escala internacional, a paisagem deste tempo histórico é apresentada sob perspectivas conjunturais pelos diversos escritos desta obra e nos oferece uma série de manifestações de diferentes sujeitos em ação e embates: mulheres, jovens negros e brancos, trabalhadores, elites agrárias, políticos e religiosos de seitas diversas, empresários, professores, militares, funcionários públicos, estudantes. E por estas paisagens em que estes diferentes personagens percorrem em confrontos diversos, os textos vão revelando as lutas políticas travadas sob a luz de um novo momento histórico e estes possibilitam, contraditoriamente, vislumbrar novas "expectativas do futuro".

A história do tempo presente é sempre um desafio, já nos alertava Marx em *O 18 do Brumário de Luís Bonaparte*, uma vez que acontecimentos de importância histórica ocorrem, em sua maioria, duas vezes: *a primeira vez como tragédia, a segunda como farsa...* E, foi sob esta perspectiva que os autores desta obra produziram seus textos, buscando explicar como milhões de brasileiros foram surpreendidos pelos acontecimentos na sede do poder republicano constitucional e que, submetidos a informações de uma mídia altamente alinhada aos "senhores" do País, assistiram à queda da primeira presidenta eleita do País. O compromisso dos autores alinhou-se, desta forma, a esta tarefa: situar os acontecimentos no tempo e em espaços mais amplos da América para permitir uma reflexão com base na reconstrução de narrativas das diversas experiências vividas de forma a possibilitar e garantir uma memória social em oposição àquela construída pelos atuais donos dos Três Poderes.

A Coletânea teve ainda como compromisso uma ampliação de análises, especialmente dedicadas às atuais políticas educacionais, em especial às questões que afetam os avanços na constituição e efetivação de currículos de História voltados para as problemáticas da diversidade social, econômica e cultural da sociedade brasileira e latino-americana. Neste sentido, há compromissos com o público de educadores e professores de História que, novamente têm de ir à luta na defesa de seu ofício e, ainda no atual momento histórico, de resistir para preservar seu direito de ser educador. Os artigos, nesta proposta, colocam o atual enfrentamento dos professores com as políticas públicas defensoras de aprendizagens baseadas em paradigmas de uma "escola do conhecimento" que se propõe a formar as atuais gerações para servir à lógica do Mercado e do Consumo. Nesta perspectiva, os autores apresentam os confrontos que ocorrem diante de propostas curriculares organizadas por grupos políticos ideologicamente conservadores, reacionários e contrários a uma educação inclusiva e socialmente comprometida com a diversidade social e cultural que tem renovado conteúdos e métodos, particularmente no ensino de História. Trata-se efetivamente de textos que auxiliam a compreensão das políticas públicas educacionais, ao aprofundar o debate de forma consistente tanto em perspectiva da história educacional quanto na apresentação de experiências escolares de currículos com base na diversidade étnica/cultural e de gênero.

O conjunto dos temas abordados fez que novamente a ANPUH/SP retomasse seu apoio à publicação de uma obra coletiva de autores comprometidos com a democracia. Uma tendência iniciada com a publicação do *Repensando a História*, organizada por Marcos A. da Silva, em 1984, em meio à luta de professores e historiadores pelo retorno da História e da Geografia nos currículos escolares. Este livro representa a continuidade do compromisso da nossa Associação na defesa intransigente do trabalho dos historiadores em seus diferentes lugares de pesquisa e de ensino e que torna possível desencadear uma dinâmica de memória contrária aos protótipos desejados por minorias de cronistas do poder – hoje fartamente assentados nas mídias eletrônicas. E, ainda mais, o apoio da ANPUH/SP a este conjunto de trabalhos corresponde ao seu compromisso na luta contra qualquer política que se coloque a favor da censura, do cerceamento do pensamento gerador da punição de professores de História, seja da academia às escolas públicas das periferias urbanas, do campo, das escolas indígenas, quilombolas.

Circe Fernandes Bittencourt
Presidente da ANPUH/SP
São Paulo, 25 de abril de 2017

Introdução

André Roberto de A. Machado
Maria Rita de Almeida Toledo

Se, para qualquer historiador, suas perguntas têm uma forte conexão com o seu tempo presente, este livro leva esta afirmação ao extremo. Não há por que esconder que os acontecimentos políticos de 2016, que culminaram na deposição da presidenta Dilma Rousseff, foram o estopim da reflexão que acabou motivando a organização deste livro.

Afinal, como compreender a realização de dois processos de *impeachment* de presidentes do Brasil em um período menor que trinta anos? Como lidar com a incômoda coincidência de atores, sejam indivíduos, sejam instituições, que protagonizaram não só o golpe de 2016, mas estiveram igualmente presentes na deposição de João Goulart, em 1964, ou mesmo na desestabilização final do governo de Vargas, em 1954? O que isso indica sobre a história da democracia no Brasil?

Firmemente conectado a esse processo macropolítico, assistia-se pelo menos desde 2014 a um recrudescimento dos debates em torno da política educacional. Após anos de conquistas nesse campo, sobretudo com a expansão do Ensino Público Superior, avançaram propostas de reforma do Ensino Médio, ainda no governo Dilma, fortemente contestadas por grupos mais progressistas no espectro político. Entre outras coisas, censurava-se a conformação de um Ensino Médio voltado ao trabalho, com trilhas formativas mais restritivas, mais tecnicista, menos humanística e menos propedêutica. Diga-se de passagem, projeto de reforma do Ensino Médio engavetado por pressão da sociedade civil, ainda no governo Dilma, e implementado por medida provisória no governo Temer.

Por sua vez, a História, como campo do conhecimento, também ganhou evidência como poucas vezes nesse contexto. Uma medida governamental – a implementação da Base Nacional Comum Curricular (BNCC) – ganhou a imprensa, merecendo raivosas colunas que já indicavam o tamanho da radicalização que o debate político tinha ganhado. Não que inexistissem críticas possíveis e várias delas foram publicadas, às vezes de forma dura, por historiadores e por suas associações. Mas, para além das críticas razoáveis, chama a atenção como na imprensa a proposta da inclusão ou aumento da participação de determinados atores – sobretudo indígenas, africanos e afrodescendentes – na História ensinada nas escolas foi combatida com um fervor incomum, como se a inclusão desses personagens fosse, em uma esfera simbólica, o próprio processo de inclusão social de marginalizados no presente.

No caldo da radicalização política, por sua vez, assistíamos ao fortalecimento do movimento *Escola Sem Partido*, que passava do discurso à ação, espalhando dezenas de Projetos de Lei por todo o país que defendiam suas premissas. Rapidamente, a missão dos seguidores do *Escola Sem Partido* confundiu-se com um combate ao *Partido dos Trabalhadores*, aos professores e aos seus sindicatos. Por trás de uma suposta perseguição à doutrinação nas escolas, estava um cerceamento à liberdade de ensino e aprendizagem. E, obviamente, o alvo preferencial de ataques eram os professores dedicados ao ensino de disciplinas ligadas às Ciências Humanas, particularmente a História.

O livro que você tem em mão nasce da compreensão de que o ano de 2016 não pôs em xeque no Brasil apenas a sua democracia, mas também a nossa concepção de História como área do conhecimento e, assim, socialmente reconhecida. Os debates em torno do BNCC na imprensa ou o bumbo incessante do *Escola Sem Partido* parecem desejar reduzir a história a um conjunto de narrativas ou versões, todas igualmente válidas. Daí reclamar-se que a História da Ditadura Civil-Militar iniciada em 1964 ensinada nas escolas é doutrinadora ou esquerdista por não contemplar o que seria a "versão" dos torturadores, por exemplo. Parte-se de uma ideia pueril e irreal de imparcialidade vinda da imprensa, que seria a de fornecer todas as versões de um mesmo fato.

No auge do golpe de 2016, a ação de alguns dos mais renomados historiadores do País em torno do movimento "Historiadores pela Democracia" deixou esse combate de ideias transparente. Liderado por Hebe Mattos, professora titular da Universidade Federal Fluminense, o movimento "Historiadores pela Democracia" reunia pesquisadores das mais diferentes filiações teórico-metodológicas e também partidárias, desde defensores ferrenhos do governo Dilma Rousseff até críticos contumazes. O que congregava esses historiadores que se manifestaram publicamente contrários à deposição de Dilma Rousseff, fosse por meio de vídeos na internet, fosse de um encontro público com a presidenta, então já afastada pela Câmara e esperando o julgamento no Senado, era a ideia de que o *impeachment*, na verdade, constituía-se como um golpe de Estado, ainda que em uma faceta diferente de outros que atingiram o País ao longo do século XX. O surpreendente foi a rápida e uniforme crítica da imprensa acusando os historiadores ali reunidos de forjar uma história ao gosto do *Partido dos Trabalhadores*, quando não sugerindo que esses intelectuais estavam a serviço ou desejando benefícios do governo.

No final de 2016, quase ao mesmo tempo em que Dilma Rousseff era afastada definitivamente pelo Senado, foi lançado o livro *Historiadores pela Democracia*, reunindo dezenas de pequenos artigos que foram escritos ao longo da crise política, fosse na imprensa, fosse em redes sociais. A leitura dos textos e, especialmente, a indicação dos veículos nos quais foram inicialmente publicados, deixava claro que, ao contrário do que tinha sido anteriormente defendido na imprensa, não se tratava de um movimento articulado, com um centro. Era, sim, a reunião de pequenas e dispersas iniciativas.

No final de 2016, houve a proposta de continuar esse debate, então com textos mais longos e em um formato mais acadêmico. A reunião desses artigos, incluindo vários autores do primeiro livro, foi inicialmente pensada para compor o dossiê de uma revista acadêmica. No entanto, a seção São Paulo da Associação Nacional de História (ANPUH-SP) resolveu associar-se a esse projeto que, desde então, tomou o formato de um livro agora lançado pela Cortez Editora.

Os treze artigos aqui reunidos, apesar da provocação do tempo presente, são frutos de pesquisas de muitos anos, fartamente documentados e em diálogo com o estado da arte da historiografia dos temas tratados. A leitura desses trabalhos, quando expostos à comparação da pobreza que grassa no debate público dos últimos anos, deixa evidente por si só que a História não é conjunto de versões e tampouco a expressão de opiniões.

Se há engajamento dos autores, é justamente na disposição de se debruçar sobre os acontecimentos da história imediata, da história "quente", e operar da perspectiva de um ofício com a sua análise. Isso implica, como aponta Certeau, a consciência de que sempre se fala de um lugar social. Esse lugar é uma instituição de saber que marca indelevelmente as regras da produção de um discurso de saber. Nesse sentido, o historiador não tem o monopólio sobre a história, mas, o lugar social que ocupa implica a consciência das operações, das práticas e dos gestos que dão sentido a busca da verdade histórica que escreve. Para Certeau, o *gesto que liga as ideias aos lugares é um gesto de historiador*. Nesse lugar, *compreender* a história é *analisar em termos de produções localizáveis o material que cada método instaurou inicialmente segundo seus métodos de pertinência*[1]. O gesto de *separar, de reunir, de transformar em documentos certos objetos distribuídos de outras maneiras*, segundo operações analíticas, legitimadas por regras do ofício, dão sentido às análises historiográficas realizadas, balizando as distâncias que esse discurso mantém da memória e das opiniões que grassam no debate público[2].

Aceitar se engajar na construção de uma história do tempo presente também é aceitar que essa é uma prática provisória, a ser refeita, porque a análise do tempo presente evoca a importância do contingente e do fato, daquilo que ainda está por acontecer. Isso, segundo René Rémond, exige *rigor igual ou maior* do que os estudos que se debruçam *sobre outros períodos*: "a operação indispensável de tornar inteligível não deve exercer-se em detrimento da complexidade das situações e da ambivalência dos comportamentos"[3].

---

1 DE CERTEAU, Michel. *A escrita da história*. Rio de Janeiro: Forense Universitária, 1982. p. 65.

2 Idem. p.81.

3 RÉMOND, Réne. Algumas questões de alcance geral à guisa de introdução. In: FERREIRA, Marieta de Morais; AMADO, Janaína (Orgs.). *Usos e abusos da história oral*. Rio de Janeiro: Editora da UFGV, 1996. p. 208.

Nessa direção, François Bédarida nos adverte: "sabemos que a história do tempo presente, mais do que qualquer outra, é por natureza uma história inacabada: uma história em constante movimento, refletindo as comoções que se desenrolam diante de nós e sendo, portanto, objeto de uma renovação sem fim"[4]. O inacabamento dos acontecimentos recentes, muitas vezes, exigiu dos nossos autores revisões imediatas dos próprios textos e a admissão da transitoriedade de suas análises. Por exemplo, a escrita do texto sobre a análise das recentes reformas do Ensino Médio foi contemporânea ao trâmite da medida provisória que se tornou lei. Ou, ainda, as análises sobre a transformação de alguns dos discursos da Escola Sem Partido em lei em alguns Estados do Brasil foram concomitantes com as lutas sobre sua constitucionalidade. Essa mesma condição da produção de análises do tempo presente acabou fazendo que alguns temas fundamentais ficassem fora do livro, como, por exemplo, o que diz respeito ao trâmite da BNCC.

É com essa consciência – da necessidade do rigor da análise sobre uma história inacabada do tempo presente – que os historiadores reunidos nesse livro trabalham em busca da inteligibilidade dos acontecimentos recentes, problematizando suas dimensões e espessuras implicadas na relação entre presente e passado.

Essa inteligibilidade depende, nesse sentido, também da problematização dos usos da memória – das lembranças e do esquecimento, dos marcos de referência, das permanências – que os diferentes grupos sociais mobilizam para gerir o presente e compreender/justificar suas posições e representações. Daí a importância de articular presente e passado deslindando a própria história da memória coletiva que justifica ou reatualiza decisões políticas e posições no campo das contendas das reformas no Brasil e na América Latina.

Os historiadores e o apagamento dos conflitos no Brasil

Este livro, em alguma medida, alinha-se também a uma tentativa dos historiadores de pôr em evidência a característica eminentemente conflitiva dos processos históricos no Brasil. Vai na direção oposta de uma academia que construiu uma História do Brasil em que os grandes impasses sempre foram solucionados por um acordo "entre os de cima". Aqui, ao contrário, evidenciam-se também as rupturas, as resistências e os projetos que foram derrotados. A vitória de grupos poderosos não é sinônimo de processos sem conflitos, sem resistências. Esse é um aprendizado também deste tempo.

Há alguns momentos-chave na História do Brasil que construíram essa perspectiva de uma sociedade em que as transições, as rupturas, são pacíficas porque ocorreram sem

---

4 BÉDARIDA, François. Tempo presente e presença da história. In: FERREIRA, Marieta de Morais; AMADO, Janaína (Orgs.). *Usos e abusos da história oral*. Rio de Janeiro: Editora da UFGV, 1996.

o povo. Uma delas é a própria derrubada do Regime Monárquico para a ascensão da República. Um evento desse tamanho foi cristalizado na memória da maior parte dos brasileiros como um acontecimento que teria passado quase despercebido por um povo "bestializado", na definição sagaz de um contemporâneo que foi eternizada no título do livro de José Murilo de Carvalho.[5] De modo geral, é a ideia que nos sobressai desses eventos, ignorando completamente um país em convulsão. Tudo o que não existiu foi uma política possível de agradar a todos, de simples conciliação. O que se vê por esses dias são batalhas intermináveis em todos os fóruns políticos entre os favoráveis e contrários ao fim da escravidão, um movimento abolicionista que tem uma avassaladora repercussão pública, além de toda pressão, organização e rebeldia dos próprios escravos.[6] Um momento de muitos conflitos que a proclamação da República não irá serenar. Ao contrário, os anos seguintes foram de intensa repressão e, ao mesmo tempo, de progressivas experiências de organização popular nas cidades, culminando em grandes greves e reivindicações de direitos.[7]

Outro momento-chave é a própria Independência. O grande enigma historiográfico brasileiro – por que o Império do Brasil conseguiu manter quase intacto o território colonial português, ao contrário da América Espanhola – foi explicado frequentemente por intelectuais de todas as matizes políticas como o resultado de um acordo que preservou os interesses dos grandes produtores e senhores de escravos. Essa percepção tem uma grande força na própria autoimagem dos brasileiros, convencidos de que são possuídos por um espírito incorrigivelmente conciliador. Mas isso só convence aqueles que se deixam levar pela vitória de um projeto conservador que preservou, entre outras coisas, a escravidão. A Independência foi um processo de grandes conflitos, inclusive armados, no qual diversos projetos de país – com mais ou menos direitos – e de configurações territoriais – com províncias ora integrando o Brasil, ora formando outros países ou mantendo-se com Portugal – tiveram defensores que se bateram e morreram por eles. Hoje é evidente que o

---

5 É de Aristides Lobo a ideia de que o povo assistiu à Proclamação da República "bestializado", sem saber direito o que estava acontecendo e tendo dúvidas se era apenas uma parada militar. Carvalho explica que essa era uma observação cravada por frustração, já que Aristides Lobos não enxergava a mobilização popular que idealizara com a chegada da República. (Cf. CARVALHO, José Murilo de. *Os bestializados*: o Rio de Janeiro e a República que não foi. São Paulo: Companhia das Letras, 1987, p. 9.)

6 ALONSO, Angela. *Flores, votos e balas*: o movimento abolicionista brasileiro (1868-88). São Paulo: Companhia das Letras, 2015; ALONSO, Angela. *Ideias em movimento*: a geração de 1870 na crise do Brasil-Império. São Paulo: Anpocs/Paz e Terra, 2002; CHALHOUB, Sidney. *Machado de Assis, Historiador*. São Paulo: Companhia das Letras, 2003; MACHADO, Maria Helena Pereira Toledo. *O plano e o pânico*: os movimentos sociais na década da abolição. São Paulo: Edusp, 2010.

7 Há uma bela descrição dessas experiências de organização popular na obra de HARDMAN, Francisco Foot. *Nem pátria, nem patrão!* Memória Operária, cultura e literatura no Brasil. São Paulo: Unesp, 2002.

país que conhecemos pelos livros de História não estava garantido para os homens que viveram as décadas de 1820 e 1830. Ao contrário disso, os homens que hoje acreditamos que guiavam a nação como uma marionete viviam em sobressaltos, com um país que a todo momento corria o risco de fragmentar-se ou de ser algo diferente do que conhecemos.[8]

Quando visto em uma perspectiva mais larga, a ideia da conciliação como uma característica da história nacional continuou forte mesmo na renovação intelectual do começo do século XX. Sem dúvida, o exemplo mais óbvio é Gilberto Freyre que teve, inclusive, suas grandes contribuições, como a valorização das culturas afro-brasileiras e indígenas na formação do Brasil, nubladas por uma narrativa que levava a ideia de uma escravização mais suave nos trópicos, em razão da miscigenação e das relações pessoais e sexuais de senhores e escravos.[9] Uma ideia, óbvio, que não levava em consideração, por exemplo, o fato de que a escravidão no Brasil era tão violenta e levava os trabalhadores à morte em tão larga escala, que era dependente da manutenção do tráfico negreiro e, portanto, da continuidade de ingresso de novos trabalhadores, mais do que qualquer outra sociedade escravocrata do período.[10] Menos comentado, mas tão importante na obra de Freyre, é o fato de ter reduzido o Brasil a uma grande fazenda, ao circuito do poder da "sociedade patriarcal". É inegável a força dos domínios senhoriais, a ponto de frei Vicente do Salvador, em um dos primeiros relatos da colonização portuguesa na América, ter dito que "nesta terra andam as coisas trocadas, porque toda ela não é república, sendo-o cada casa".[11] Mas também é verdade que a sociedade cada vez mais se complexifica. A própria escravidão não é um fenômeno restrito às grandes propriedades rurais, mas cada vez mais também algo que domina os grandes centros urbanos da Colônia e do Império.[12]

Essa simplificação da vida nacional como expressão do domínio da sociedade patriarcal, em que o Estado e o urbano são apenas satélites orbitando, tem um sabor e colorido posi-

---

8 Para uma síntese, conferir: MACHADO, André Roberto de A. *A quebra da mola real das sociedades*: a crise política do Antigo Regime Português na província do Grão-Pará (1821-25). São Paulo: Hucitec/ Fapesp, 2010; JANCSÓ, István (Org.) *Independência*: história e historiografia. São Paulo: Hucitec/ Fapesp, 2005; MELLO, Evaldo Cabral de. *A outra Independência*: o federalismo pernambucano de 1817 a 1824. São Paulo: Editora 34, 2004; PIMENTA, João Paulo Garrido. *Estado e Nação na crise dos Impérios Ibéricos no Prata (1808-1828)*. São Paulo: Hucitec, 2002.

9 FREYRE, Gilberto. *Casa Grande e Senzala*: formação da família brasileira sob o regime da economia patriarcal. 49. ed. São Paulo: Global, 2004.

10 SCHWARTZ, Stuart. Historiografia recente da escravidão brasileira. In: _____. *Escravos, roceiros e rebeldes*. Bauru: Edusc, 2001; FLORENTINO, Manolo. *Em Costas Negras*: uma história do tráfico de escravos entre a África e o Rio de Janeiro. São Paulo: Companhia das Letras, 1997.

11 Apud NOVAIS, Fernando. Condições de privacidade na Colônia. In: _____. *História da vida privada no Brasil*: cotidiano e vida privada na América Portuguesa. São Paulo: Companhia das Letras, 1997. v. 1.

12 Conferir, entre outros: REIS, João José. *Rebelião escrava no Brasil*: a história do Levante dos Malês em 1835. ed. rev. e ampl. São Paulo: Companhia das Letras, 2003.

tivo, talvez um tanto inconsciente em Freyre, e bastante negativo na figura do *homem cordial* de Sérgio Buarque de Holanda. É interessante que Sérgio Buarque tenha gastado tanta energia e explicações para afirmar que o homem cordial não era necessariamente um indivíduo da concórdia e que o ímpeto que vem do coração é também fértil para a inimizade. Esse esforço, no entanto, não tirou de sua análise o gosto dos brasileiros por se manterem na esfera do privado, reforçando a ideia de que os rituais, a vida exterior e especialmente no Estado, eram de alguma forma alheias ao espírito nacional. A aproximação dos indivíduos com o Estado descambava para o patrimonialismo, ou seja, a própria confusão entre essas duas esferas.[13] Essa atrofia do Estado e a hipertrofia das grandes propriedades dos interesses dos seus senhores é, em alguma medida, um fato, inclusive registrado por contemporâneos e pela literatura, da qual Machado de Assis, talvez seja o grande intérprete. Mas também é verdade que ela esconde o fato de que há conflitos para além das fazendas, para além dos domínios senhoriais e que muitas vezes se faz nas tentativas de controle das políticas de Estado. Esse esquecimento talvez seja, em alguma medida, o próprio controle da narrativa da história por esses homens de poder e mando, transformando sempre o Estado na esfera do conflito e a propriedade na esfera da conciliação. Não se pode esquecer de que José de Alencar, escritor importante e também um escravista convicto, pôs-se em pé de guerra contra a Lei do Ventre Livre, sempre alegando que a lei era inconveniente por ser uma intromissão do Estado na esfera privada, na relação de senhores e escravos. Mais do que isso, dizia que o Estado, com essa iniciativa, criara uma inimizade entre proprietários e cativos que nunca existira.[14]

A verdade é que as lutas para além dos domínios privados dos senhores, a luta pelo controle do Estado e também por definir que tipo de Estado seria o Brasil compõem uma parte capital da nossa história. E, nesse quesito, o ano de 1831 parece ter sido um ano emblemático tanto para a história do Brasil, quanto para a própria forma como os historiadores enxergam a história do Brasil. Mais do que qualquer data, parafraseando Zuenir Ventura, 1831 foi um ano que nunca terminou: sua herança historiográfica e mesmo uma certa lógica dos movimentos históricos estão aí, enfileirando uma série de tristes coincidências com os acontecimentos de 2016.

O ano de 1831 é um vulcão e o seu esquecimento é o que o faz tão instigante para pensar as escolhas da historiografia no Brasil. Marcado para ser a data do fim do tráfico negreiro no Brasil, começa logo nos seus primeiros meses com a abdicação de d. Pedro I em favor do seu filho. O que parece claro, vendo os episódios que se sucederam, é que a abdicação de d. Pedro I do trono foi enxergada por muitos grupos como se o jogo

---

13 HOLANDA, Sérgio Buarque de. *Raízes do Brasil*. 26. ed. São Paulo: Companhia das Letras, 1995.
14 CHALHOUB, Sidney. *Machado de Assis, historiador*. São Paulo: Companhia das Letras, 2003.

político, as tentativas de controle do Estado, tivessem sido zeradas. A energia do período da Independência, quando vários projetos de país foram imaginados e provocaram vários conflitos armados, parece ter saído imediatamente da letargia para onde se encaminharam diante da repressão do Primeiro Reinado. Uma expectativa de mudanças tinha ganhado novamente as ruas.

A própria Carta Constitucional de 1824, tão defendida e exaltada nos anos anteriores, passou a ser questionada por ter sido imposta pelo imperador, sem uma Assembleia Constitucional. Apenas depois de muita negociação e a compreensão de que sua manutenção era essencial para não fazer a luta no País cair em um "vale-tudo", que a Constituição se manteve, mas não sem uma reforma.[15] E, se as mudanças constitucionais concluídas em 1834 não foram revolucionárias, é impressionante acompanhar os debates que ganham o "espaço público", para usar a expressão de Marco Morel.[16] Ao ler os jornais, da Corte e das províncias, ao ler os debates no Parlamento, parecia que tudo, absolutamente tudo, podia ser debatido e, quem sabe, alterado. Temas como o federalismo, títulos nobiliárquicos, a escravidão e até mesmo a eleição para todos os cargos, desde presidente de província até o monarca, foram alvo de debate.[17]

Mas é interessante perceber que esses debates, por mais radicais que sejam, ainda estão na esfera da negociação, do jogo do Sistema Representativo. Mas a marca do ano de 1831 é muito mais radical: é por excelência um ano de golpes de Estado, de conflitos armados que impõem novos governos e prendem pessoas em várias províncias sob o pretexto de se querer evitar o aumento das inquietações populares e pretensões revolucionárias. Por todo lado, tem-se a impressão que indígenas, homens negros e escravos estavam prestes a se levantar. Na Bahia, pouco antes da chegada da notícia da abdicação de d. Pedro I, a pressão popular chegara a um ponto explosivo, com as maiores autoridades da província reconhecendo que haviam perdido o controle da situação. O contragolpe foi prender Cipriano Barata, uma figura já lendária pelo seu liberalismo radical.[18] Na

---

15 SLEMIAN, Andréa. *Sob o império das leis*: constituição e unidade nacional na formação do Brasil (1822-34). São Paulo: Hucitec/Fapesp, 2009.

16 MOREL, Marco. *As transformações dos espaços públicos*: imprensa, atores, políticos e sociabilidades na cidade Imperial (1820-40). 2. ed. São Paulo: Hucitec, 2010.

17 COSTA, Emília Viotti da. Liberalismo: teoria e prática. In: _____. *Da monarquia à república*: momentos decisivos. 7. ed. São Paulo: Unesp, 1999, p. 149-150; FONSECA, Silvia. Federação e república na imprensa baiana (1831-36). In: LESSA, Mônica L.; FONSECA, Silvia C. P. de B. *Entre a monarquia e a república*: imprensa, pensamento político e historiografia (1822-89). Rio de Janeiro: Eduerj, 2008; BASILE, Marcello Otávio Néri de Campos. *O Império em Construção*: projetos de Brasil e ação política na Corte Regencial. 2004. Tese (Doutorado) – Universidade Federal do Rio de Janeiro, Rio de Janeiro, 2004.

18 SILVA, Daniel Afonso da. O 13 de abril de 1831: a Bahia de Cipriano Barata e o Brasil de D. Pedro I no final do primeiro reinado. *Análise Social*, Lisboa, n. 218, p. 146-168, 2016.

mesma época, em Mato Grosso, civis são armados para combater soldados perante um pânico generalizado do que aqueles homens de baixa patente podiam pretender, após a queda do Monarca. O "Matutina Meyapontense", um jornal goiano que circulava na província vizinha, noticiava com horror que havia levantes de todo o tipo na Bahia, no Rio de Janeiro, em Pernambuco e em Sergipe, muitos deles com tentativas de derrubar governos conservadores ou apinhados de portugueses.[19] No Pará, talvez tenha palco um dos mais violentos desses golpes: em agosto de 1831, o governador de Armas, em conluio com forças políticas locais, derruba o presidente da província enviado pela Corte e, em seguida, faz uma série de prisões e deportações de todos os indivíduos tidos como liberais radicais. Nas cartas de justificativa à Corte, é patente o objetivo dos golpistas: a todo custo, evitar um possível avanço de grupos supostamente ligados às camadas marginalizadas, como negros e indígenas. Por mais de uma vez, políticos na Corte e no Pará amenizaram a gravidade de se derrubar um presidente, sob a alegação de que esse movimento tinha sido feito pelos homens mais ilustres, pela "fina flor" daquela sociedade em anteposição às pretensões dos homens de cor.[20]

Nesse sentido, 1831 parece ser um ano de muitas aspirações por mudanças que são sufocadas violentamente, mas não suficientemente controladas. A maior evidência disso é que, logo depois, o País novamente entra em convulsão com várias revoltas nas províncias, eventos que entraram para a história sob o rótulo simplório de "revoltas regenciais".

Mais do que os eventos em si, é particularmente interessante para este livro pensar na operação historiográfica que apaga estes fatos da memória nacional. Para isso, ninguém contribuiu mais do Justiniano José da Rocha e o seu famoso panfleto "Ação, Reação e Transação".[21] Justiniano não foi apenas um contemporâneo, mas um ator ativo nesse período, primeiro no jornalismo e depois como deputado. Inicialmente estava aninhado entre os liberais e, progressivamente, fixou-se entre os conservadores, posição definitiva e na qual já estava quando escreveu o panfleto.[22] Saber da sua posição pública e agressivamente conservadora torna ainda mais surreal que o seu ponto de vista sobre o período, extremamente comprometido com um dos lados da disputa, ainda seja gran-

---

19 LIMA, André Nicácio. *Rusga*: participação política, debate público e mobilizações armadas na periferia do Império (província de Mato Grosso, 1821-34). 2016. Tese (Doutorado em História Social) – Faculdade de Filosofia, Letras e Ciências Humanas, Universidade de São Paulo, São Paulo, 2016.

20 MACHADO, André Roberto de A. O Fiel da Balança: o papel do parlamento brasileiro nos desdobramentos do golpe de 1831 no Grão-Pará. *Revista de História*, São Paulo, n. 164, 2011.

21 ROCHA, Justiniano José da. Ação, Reação, Transação. In: MAGALHÃES JR., Raimundo. *Três panfletários do segundo reinado*. Rio de Janeiro: Academia Brasileira de Letras, 2009. (A publicação original é de 1855).

22 GUIMARÃES, Lucia Maria Paschoal. Ação, reação e transação: a pena de aluguel e a historiografia. In: CARVALHO, José Murilo de. *Nação e cidadania no Império: novos horizontes*. Rio de Janeiro: Civilização Brasileira, 2007.

demente incorporado na historiografia sem crítica, de forma direta, ou por outros que o tomaram como base, a exemplo de Joaquim Nabuco.[23]

Se não bastassem esses argumentos, deve-se lembrar que o panfleto "Ação, Reação, Transação", escrito em 1855, nasce exatamente quando Justiniano entrou em ostracismo na vida pública, em razão de um escândalo justamente contra a sua credibilidade. Em um bate-boca no Congresso com Honório Hermeto Carneiro Leão, então o chefe do Gabinete Ministerial, Honório simplesmente acusou Justiniano de ser uma "pena de aluguel". Ou seja, alguém que escrevia nos jornais sempre a favor do governo porque lhe pagavam. Não bastasse essa cena para acabar com a carreira política do jornalista, no dia seguinte, Justiniano voltou à tribuna para confessar que, de fato, tinha recebido dinheiro e favores dos conservadores para escrever matérias favoráveis ao governo. Em uma tática suicida, Justiniano se comprometia para também arrastar os figurões conservadores para a lama. E, para tanto, chegava a contar com muitos detalhes que acompanhou, inclusive, a distribuição de escravos – que àquela altura chegavam ao Brasil por tráfico ilegal – feita especialmente por um ministro que lhe perguntou diretamente se queria um africano. Constrangido, Justiniano disse que aceitou o favor, o mimo, do poderoso. Um relato cru da hipocrisia nacional. Mais recentemente, a historiadora Lúcia Guimarães localizou bilhetinhos trocados entre Justiniano e Nabuco de Araújo, um dos mais poderosos políticos do Império, nas quais Nabuco pedia textos mais favoráveis ao governo e Justiniano, por sua vez, pedia mais dinheiro.[24]

Apesar de ter sido conhecido por seus contemporâneos como uma "pena de aluguel", com o tempo, a lógica de explicação da história do Império construída por Justiniano foi-se tornando canônica, a tal ponto que todo o brasileiro que passou pelos bancos escolares, mesmo sem jamais ter ouvido falar desse personagem, é capaz de explicar esse período da história do Brasil, altamente conflitiva, pela lógica de Justiniano. Afinal, na maioria dos livros escolares, ainda persiste a ideia do Império do Brasil como um período de paz que, excetuando os conflitos externos, é pontilhado por um único tempo de turbulências: justamente a Regência.

Em vários momentos no texto, Justiniano acusa a sede de mudanças, os excessos do liberalismo, o pulso fraco dos liberais como uma ameaça à estabilidade do País. Ao

---

23 Momentos decisivos da história do Brasil no século XIX ainda levam muito em conta documentos produzidos por políticos do período como se eles fossem a expressão da verdade. Para uma crítica a isso, conferir: DOLHNIKOFF, Miriam. Representação na monarquia brasileira. *Almanack Braziliense*, [S. l.], n. 9, p. 41-53, maio 2009. Disponível em: <http://www.revistas.usp.br/alb/article/view/11706/13478>. Acesso em: 25 abr. 2017.

24 GUIMARÃES, Lucia Maria Paschoal. Ação, reação e transação: a pena de aluguel e a historiografia. In: CARVALHO, José Murilo de. *Nação e cidadania no Império*: novos horizontes. Rio de Janeiro: Civilização Brasileira, 2007; MAGALHÃES JR., Raimundo. *Três panfletários do segundo reinado*. Rio de Janeiro: Academia Brasileira de Letras, 2009.

mesmo tempo, ressalta que esforços no Rio de Janeiro e em várias províncias ao longo de 1831 tinham evitado que o País fosse dominado pela anarquia. Em outras palavras, louvava como providencial e salvador os golpes e prisões arbitrárias ocorridas em várias províncias ao longo de 1831.

Como se sabe, esse represamento de 1831 não durou muito tempo e revoltas espalharam-se pelo País. E Justiniano explica, então, que a democracia – no sentido dado ao seu tempo – é o grande problema. Acredita também que a perda de um controle centralizado do poder – ora dando muitas liberdades ao Congresso contra o Executivo, ora dando novos órgãos de governo às províncias – era a razão da perda de controle do País, que passou a conviver com guerras pesadíssimas de norte a sul.[25] No entanto, hoje se sabe que as revoltas nem eram vistas no período como um fenômeno único – ao contrário de hoje, quando merecem o rótulo de "revoltas regenciais", cujas razões de seu aparecimento não estavam ligadas, necessariamente, à maior liberdade política ou o afrouxamento do controle da Corte sobre as províncias. Muitas vezes, era exatamente o contrário.[26] De toda forma, ficava claro que o único remédio para Justiniano era retomar um modelo de Estado tal como aspirado pelos conservadores, muito mais centralizado e hierarquizado.

Essa interpretação histórica – da Regência como um infeliz erro provocado pelo excesso de liberdades e só corrigido pelo retorno da autoridade – é absolutamente dominante, até mesmo em nossos clássicos.[27] Nas escolas nada é mais sintomático da vitória dessa perspectiva do que o fato das revoltas ocorridas durante esse período – via de regra, em livros de todas as matizes políticas – integrarem apenas um quadro, uma tabela, como se fossem uma anomalia em um corpo doente.

Em alguma medida, a interpretação de Justiniano, retomada por outras obras ainda no século XIX, foi martelando uma perspectiva para a história nacional como um todo, em que o conflito era um erro, era a patologia em uma trajetória eminentemente de paz, essa última quase sempre conquistada pela conciliação dos homens esclarecidos. Assim, 1831 e a interpretação histórica que daí nasce ajudam a entender muito o nosso gosto por explicações que tem a conciliação, o acordo, a falta de povo como eixo.

---

25 ROCHA, Justiniano José da. Ação, Reação, Transação. In: MAGALHÃES JR., Raimundo. *Três panfletários do segundo reinado*. Rio de Janeiro: Academia Brasileira de Letras, 2009.

26 Para uma síntese, conferir: MACHADO, André Roberto de A. As interpretações dos contemporâneos sobre as causas da Cabanagem e o papel do Parlamento. *Revista de História*, São Paulo, v. 175, p. 281-318, 2016.

27 MARSON, Izabel Andrade. O Império da revolução: matrizes interpretativas dos conflitos da sociedade monárquica. In: FREITAS, Marcos Cezar de (Org.). *Historiografia brasileira em perspectiva*. São Paulo: Contexto, 1998.

Guardadas todas as proporções e buscando não cair na armadilha do anacronismo, 1831 lembra muito 2016: eram duas ocasiões de experimentação política, de mudanças e, principalmente, de pressões por mudanças. Nos dois casos, essas experiências foram sustadas por golpes. Este livro, espera-se, talvez ajude a não se esquecer, desta vez, da história dos que lutaram e até dos que foram derrotados.

O esquecimento do significado político da escola

Em um momento em que a escola é tão questionada, que a técnica é valorizada e a política demonizada, em nada contribui a ideia de um vazio das experiências escolares, do fracasso. Elas só servem para esquecer que a valorização da técnica na escola sobre a política não é um processo novo e que sufoca experiências importantes que pretendiam dar um outro rumo para a educação brasileira.

A dificuldade para seguir esta trilha, deve-se reconhecer, vem do fato que o campo da História pouco tem-se dedicado às temáticas afeitas à história da educação e à escola. De modo geral, o interesse pela escola só tem aparecido nos momentos em que a disciplina história escolar está ameaçada, assim como a formação de ofício de seus professores está em discussão. São raras as dissertações ou teses, nos programas de pós-graduação em História, que se dedicam a pensar as formas de socialização da infância e da adolescência no Brasil, suas instituições, os projetos políticos de instrução ou de educação, as ideias por eles mobilizadas, ou mesmo as reformas educacionais. Mesmo em pesquisas que se dedicam às temporalidades pós-proclamação da república, as questões que tangem a organização da "formação do cidadão" pouco são exploradas pelos trabalhos do campo da História[28]. Essas questões, geralmente, não vão além da constatação dos índices de analfabetismo ou de que a escola no Brasil é "elitista" e "excludente"[29]. Esse completo desinteresse do campo da História pela história da educação e da escola indicia o lugar, na hierarquia dos interesses desse campo, que a educação ocupa, ou mesmo do lugar, na cultura e na política, que à educação é destinado. Mas também indicia o uso de informações que o campo da História faz, cunhadas por outros campos do conhecimento,

---

[28] Entre os poucos trabalhos que se dedicaram à história da educação, conferir BITTENCOURT, Circe M. F. *Livro didático e conhecimento histórico*: uma história do saber escolar. 1993. Tese (Doutorado em História Social) – Universidade de São Paulo, São Paulo, 1993; _____. *Pátria, civilização e trabalho*: ensino de História nas escolas paulistas (1917-1939). 1998. Dissertação (Mestrado em História Social) – Universidade de São Paulo, São Paulo, 1988.

[29] Os estudos do período da História Colonial, e mesmo os do Império, não raro usam categorias anacrônicas como alfabetismo/analfabetismo, escola como direito, universidade, entre outras, quando comentam as formas de socialização da cultura letrada – ou a falta delas. Para uma crítica contundente dessas análises, conferir: HANSEN, João Adolfo. *Ratio Studiorum* e a política católica ibérica no século XVII. In: VIDAL, Diana G.; Hilsdorf, Maria Lúcia S. (Orgs.). *Tópicas em História da Educação*. São Paulo: Edusp, 2001.

tomando a educação – ou a sua falta – como paisagem dos objetos da cultura ou da política analisados[30].

A história da educação, no entanto, tem sido largamente objeto dos estudos do campo da Educação. Nesse campo é possível a identificação de uma matriz interpretativa – chamada, pelos críticos, de "azevediana"[31] – que produziu uma memória historiográfica bastante eficaz até, pelo menos, meados da década de oitenta do século XX, momento em que essa matriz foi problematizada por alguns historiadores da educação[32]. Esse processo de crítica às operações historiográficas dos pesquisadores do campo da Educação trouxe uma dupla inflexão: de um lado, ampliou os interesses sobre temas, temporalidades e fontes até então pouco estudados; de outro, abriu os interesses da educação pelas proposições da chamada nova história cultural, reordenando as discussões e práticas do fazer historiográfico.

Essas observações servem menos para recontar aos leitores a história do campo da historiografia da educação e mais para localizar um dos textos mobilizados por nós para discutir o modo peculiar pelo qual a escola foi tratada até então pela historiografia da educação. Esse modo peculiar parece estar presente hoje, menos na historiografia da educação, mas, certamente no modo como a política tem trabalhado apagamentos do passado da escola no Brasil. Para problematizarmos as questões

---

30 Para um balanço já antigo do que foi estudado pelo campo da História sobre a história da escola, conferir: STEIN, Nedira R. M.. História das instituições escolares brasileiras na produção discente dos Programas de Pós-Graduação em História, 1974-1994: uma contribuição para a historiografia da educação brasileira. 1998. Dissertação (Mestrado em Educação: História, Política, Sociedade) – Pontifícia Universidade Católica de São Paulo, São Paulo, 1998. (Não cabe a essa introdução desvendar as razões desse esquecimento. Apenas queremos levantar o problema. De toda forma, uma das hipóteses do desinteresse do campo acadêmico da História pela educação pode estar marcada pelas disputas das novas universidades da década de 1930 com o Instituto Histórico Geográfico Brasileiro e o modo peculiar com o qual essa instituição constituiu uma tradição de estudos sobre a história da educação no Brasil. Conferir, entre outros textos, a discussão proposta por Marta Carvalho sobre as tradições dos estudos sobre história da educação no campo da Educação.); CARVALHO, Marta M. C. de. A História da Educação no Brasil: tradições e reconfigurações de um campo de pesquisa". In: _____. A Escola e a República e outros ensaios. Bragança Paulista: Edusf, 2003, p. 281-312

31 Essa matriz interpretativa foi cunhada, segundo essa crítica historiográfica, sobretudo, pela obra de Fernando de Azevedo, A Cultura Brasileira, publicado em 1943. Para a discussão da "matriz azevediana", conferir, entre outros: CARVALHO, Marta M. C. de. O velho, o novo e o perigoso: relendo a cultura brasileira. Cadernos de Pesquisa, São Paulo, n. 71, 1989; CARVALHO, Marta M. C. de. A Escola e a República e outros ensaios. Bragança Paulista: Edusf, 2003. Conferir também: TOLEDO, Maria Rita de Almeida. Fernando de Azevedo e a cultura brasileira: ou as aventuras e desventuras do criador e da criatura. 1995. Dissertação (Mestrado em Filosofia e História da Educação) – Pontifícia Universidade Católica de São Paulo, São Paulo, 1995.

32 Para esse debate sobre os traços historiográficos da produção em História da Educação, ver, entre outros: CARVALHO, Marta M.C.de; NUNES, Clarice. Historiografia da educação e fontes. Cadernos Anped, Porto Alegre, n. 5, p. 7-64, 1993; WARDE, Mirian Jorge. Anotações para uma historiografia da educação brasileira. Em Aberto, Brasília: DF, n. 23, p 1-6, 1984. CARVALHO, Marta M. C., op. cit.

implicadas nas representações da escola e de seu lugar na sociedade brasileira, assim como de suas funções, é bastante sugestivo o texto de Marta Carvalho: "Escola, memória, historiografia: a produção do vazio"[33].

Nesse texto, a autora propõe-se a analisar as possíveis origens da matriz interpretativa[34] que se tornou memória da historiografia e seus principais traços. No artigo, Carvalho pretendeu compreender "o modo pelo qual sucessivas estratégias de apagamento – tanto no nível prático de seus agentes, como na de seus intérpretes – têm determinado que a escola seja sempre um espécie de personagem ausente, apesar de sempre referido, da história educacional brasileira"[35]. Essa ausência se consubstanciaria, de uma lado, pelo apagamento de "parâmetros que, possivelmente, vêm desde então impregnando de maneira difusa o modo pelo qual é delimitado, nas políticas educacionais, um espaço de intervenção da escola"; de outro, pelo apagamento da "prática dos agentes educacionais – professores, inspetores, diretores da Instrução Pública etc. – [...] que tomaram a sério, durante pelo menos duas décadas o programa de fazer da escola o signo do Progresso que a República deveria instaurar", operados no âmbito dos discursos dos "vencedores" da "nova ordem política", instaurada em 1930, que fazem circular a representação de que eram o "novo" em educação e o "velho" deveria ficar no esquecimento. Além dessas categorias, sobretudo em Fernando de Azevedo, aparece uma terceira: a da "zona do pensamento perigoso", na qual estariam classificados todos os movimentos entendidos por ele como antirrepublicanos.[36] Essas operações de apagamento seriam, para a autora, reforçadas pela "atenção recorrente da historiografia", produzida até as décadas de 1980/1990, sobre os anos 1930 porque neles veriam "configurado o início efetivo do processo de constituição do *sistema* escolar brasileiro." [37]

---

33 Texto originalmente publicado na *Revista São Paulo em Pespectiva*, São Paulo, v. 7, n. 1, p.10-16. jan./mar. 1993. (Usamos a versão publicada como capítulo 4, da parte 3, do livro de CARVALHO, op. cit.)

34 A autora localiza essa matriz na obra de Fernando de Azevedo, mais especificamente, no livro *A Cultura Brasileira*, lançado como introdução do Censo de 1940. O livro foi impresso em 1943. Para mais informações sobre a obra, conferir: TOLEDO, Maria Rita de A. op. cit., 1995.

35 Idem, p.242.

36 Azevedo, entre linhas, se refere aos fascistas, anarquistas, socialistas, comunistas, entre outros movimentos do início do século XX. Para Carvalho, ao evitar o que chamou de "zona do pensamento perigoso", Azevedo reduz as disputas deste momento a alguns temas – entre eles a "laicidade", "a coeducação" e o chamado "monopólio estatal" – e "a luta que se espraiou no campo específico da pedagogia em torno do ideário da chamada Escola Nova." (Cf. CARVALHO, op. cit., p. 231.)

37 Idem.p. 242

Pode-se ainda apontar que a eleição da década de 1930 como marco historiográfico, como acontecimento da história da educação – porque inaugura um *sistema nacional de educação* – já faz parte das heranças deixadas pela matriz azevediana[38]. O *sistema*, nos diferentes discursos contemporâneos àquele período e os posteriores, tem várias acepções: pode ser entendido como uma legislação que regra nacionalmente todos os níveis e ramos do sistema escolar; mas, também, pode ser entendido como sistema que inaugura a obrigatoriedade hierárquica dos diplomas, do Ensino Primário até o Superior, inexistente até a Legislação de 1931; por fim, o sistema ainda poderia significar o início das políticas de extensão da escola para "todos" no Brasil[39].

A montagem dessa memória sobre a história da educação, ainda segundo Carvalho, foi possível pelo lugar que esta geração de educadores, autodenominados de "renovadores", ocupou nas contendas políticas instauradas, desde os anos 1920, em torno da configuração de políticas educacionais nacionais que reordenassem e dessem novo sentido à república "que não foi"[40]. Além de ocuparem os postos executivos para realizar as reformas e políticas educacionais em alguns Estados e no Distrito Federal, firmaram-se no mercado editorial – por meio de trabalhos autorais, de tradução e direção de coleções – fixando orientações no campo pedagógico, interpretações da história do Brasil (e especificamente da cultura e da educação). Esses mesmos sujeitos se organizaram em associações – como a Sociedade de Educação de São Paulo, a Associação Brasileira de Educação (ABE) – e, a partir delas, lançaram inquéritos sobre educação na imprensa e manifestos por determinadas políticas educacionais (como o Manifesto dos Pioneiros da Escola Nova de 1932). Ocuparam, ainda, postos importantes em instituições como as escolas normais e as universidades recém-fundadas, muitas vezes por eles mesmos[41]. Essa ampla e contundente atuação garantiu a legitimidade de suas interpretações e de seus testemunhos sobre

---

38 Para uma análise dos temas e períodos sobre os quais as dissertações e teses dos programas de pós-graduação em Educação, entre 1973 e 1990, mais incidiam, consultar TOLEDO, Maria Rita de A.; BONTEMPI JR., Bruno. História da Educação Brasileira: no rastro das fontes secundárias. Perspectiva, Florianópolis, v. 11, n. 20, p. 9-30, 1993. Conferir também: WARDE, Mirian J. Historiografia da educação brasileira: mapa conceitual e metodológico (dos anos 1970 aos anos 1990). *Revista do Mestrado em Educação*, Aracaju, v. 6, p. 45-50, 2004

39 Para mais detalhes da organização da escola no Brasil, conferir: SOUZA, Rosa Fátima. *História da organização do trabalho escolar e do currículo no século XX*: ensino primário e secundário. São Paulo: Cortez Editora, 2008.

40 O termo é apresentado nesta obra: CARDOSO, Licínio et al. (Orgs.). *À margem da história da república*. Rio de Janeiro: Anuário do Brasil, 1924.

41 Fernando de Azevedo foi um dos fundadores da Universidade de São Paulo, por exemplo. (Cf. TOLEDO, op. cit. Conferir também: CARDOSO, Irene. R. *A Universidade da Comunhão Paulista*. São Paulo: Cortez Editora, 1982.)

a história da educação. Passaram a ser considerados, nas narrativas historiográficas, personagens-chave e testemunhas dessa história; mas, também intérpretes balizados por suas credenciais institucionais e editoriais[42].

Para Carvalho, o problema de fundo das representações sobre a escola e a educação, hegemonizadas por essa geração e sedimentas na historiografia, sobretudo a partir dos escritos de Fernando de Azevedo, foi a da despolitização desse campo. Esse efeito de despolitização foi construído pela unificação de posições muito diferentes sob a designação única de "renovadores da educação" e de suas diversas proposições sob o mesmo nome de "movimento de renovação educacional". Esse movimento, ainda nas representações hegemônicas de alguns de seus intérpretes, teria sido vitorioso porque propôs soluções "técnicas", afastando as políticas educacionais do pensamento "perigoso"[43]. Essas mesmas soluções técnicas teriam vencido o pensamento "velho", renovando a república e as suas forças em direção ao progresso.

Tais nomes, no entanto, e sua ação técnica escondem o imperativo autoritário que estabelece o sentido para a organização dos "sistema" da escola no Brasil: trata-se, em suas representações de *organizar o trabalho nacional* em uma escola que deve ressignificar a instrução ministrada (ler, escrever e contar) – "arma perigosa"[44] – segundo os imperativos de garantir a "ordem sem a necessidade do emprego da força e de medidas restritivas ou supressivas da liberdade' e o 'trabalho metódico, remunerador e salutar'"[45]. Essa representação hegemônica das finalidades da escola pública brasileira – Escola Primária e Secundária de formação profissional, destinada aos pobres e aos trabalhadores brasileiros; mecanismo principal de inclusão no mercado de trabalho e de disciplinamento cívico de negros, mulatos, imigrantes pobres – coloca no esquecimento as lutas que reivindicavam outras finalidades para a escola, imaginadas ou mesmo praticadas nas décadas anteriores: escola como lugar de formação política; escola como lugar de distribuição de

---

42 Para uma análise das narrativas da obra *A cultura brasileira*, de Fernando de Azevedo (1943), consultar TOLEDO, op. cit.; para a análise de sua atuação no mercado editorial, conferir: TOLEDO, Maria Rita de A. *Coleção atualidades pedagógicas*: do projeto político ao projeto editorial (1931-1981). 2001. Tese (Doutorado em Educação: História, Política e Sociedade) – Pontifícia Universidade Católica de São Paulo, São Paulo, 2001.

43 Para a análise do que seria o "pensamento perigoso" na referida obra, conferir: CARVALHO, op. cit.

44 Essa expressão, depois das greves de 1917, passa a ser um dos bordões do movimento pela educação nova. Ela também aparece no já citado texto de Sérgio Buarque de Holanda, Novos tempos. (Cf. HOLANDA, op. cit.)

45 Cf. CARVALHO, Escola, Memória, Historiografia. Op. Cit. p.245. A autora cita, nesse trecho, as expressões de Belisário Penna, retiradas de: PENNA, Belisário. Solução de um problema vital. In: ALBERTO, Armanda A. et al. *A Escola Regional de Meriti*. Rio de Janeiro: CBNP/Inep, 1968.

uma cultura equânime, escola como lugar de preservação identitária, entre outras[46]. Para essas representações alternativas, em um primeiro tempo, na interpretação hegemônica instituída na década de 1930, sobra a penumbra do "pensamento perigoso" e depois o esquecimento de seus projetos alternativos. Nessa perspectiva, essas representações apagam, em seu bojo, as lutas de diferentes grupos sociais pela escola e por uma configuração alternativa àquelas desenhadas pelos educadores "técnicos". Mas apagam também experiências divergentes entre o grupo, nesses mesmos anos 1930, por exemplo, as que Anísio Teixeira empreendeu em sua Reforma Educacional do Distrito Federal, entre 1931 e 1935, nas escolas secundárias[47].

De toda forma, é preciso destacar que essas representações da escola para o trabalho são também morais: a escola tira a criança e o jovem da rua e os introduz no trabalho, inculcando os princípios contra a vadiagem, o vício, o gosto pelo desvio. Esses jovens também são veículos da moralização do lar, levando à família os preceitos da saúde, da ordem, do respeito às leis e do bem viver. A escola é o espaço da salvaguarda dos ingênuos, dos sem malícia, dos influenciáveis, guardiã moral dos incautos[48]. A escola é o remédio para todos os jecas-tatus, indolentes ou doentes, que devem ser cirurgicamente corrigidos. Nessas perspectivas, as "massas informes" devem ser submetidas à escola; e a escola não é uma conquista, mas uma imposição.

Como se verá ao longo das discussões deste livro, essas finalidades destinadas pelas reformas da educação atuais e pelo debate instaurado na sociedade brasileira e americana reaparecem com grande força.

Por fim, ainda é preciso destacar que o arranjo interpretativo dessa matriz historiográfica produz mais um efeito importante: o do esvaziamento político das contendas

---

46 Lembremos as várias escolas "livres", fundadas na primeira República, como as Escolas Modernas, dos anarquistas; as escolas de imigrantes; entre outras, fechadas ao longo da década de 1930. Mas também as lutas por escola por parte do movimento negro. Essas inciativas, legadas para a "zona do pensamento perigoso", começaram a ser objeto de estudos historiográficos na passagem do século XX para o XXI. Conferir, por exemplo, PERES, Antonio F. *Revisitando a trajetória de João Penteado: o discreto transgressor de limites*. São Paulo, 1880-1930. 2010. Tese (Doutorado em Educação) – Faculdade de Educação da Universidade de São Paulo, São Paulo, 2010; KREUTZ, Lúcio. Escolas comunitárias de imigrantes no Brasil: instâncias de coordenação e estruturas de apoio. *Revista Brasileira de Educação*, Rio de Janeiro, v. 1, n. 15, p. 159-177, 2001; LUCHESE, Terciane; KREUTZ, Lúcio; XERRI, E. G.. Escolas étnico-comunitárias italianas no Rio grande do Sul: entre o rural e o urbano (1875-1914). *Acta Scientiarum. Education (On-line)*, v. 36, p. 211-221, 2014; BARROS, Surya A. P. de. *Projeto Movimentos de inclusão/exclusão escolar de crianças negras em São Paulo (1870-1920)*. 2005. Dissertação (Mestrado em Educação) – Faculdade de Educação da Universidade de São Paulo, São Paulo, 2005.

47 Para uma análise dessa reforma, conferir: NUNES, Clarice. *Anísio Teixeira: a poesia da ação*. Bragança Paulista: Edusf, 2000.

48 Para uma análise das acepções de escola cunhadas no movimento educacional das décadas de 1920 e 1930, conferir: CARVALHO, Marta. *Molde nacional e forma cívica:* higiene, moral e trabalho no projeto da Associação Brasileira de Educação (1924-1931). Bragança Paulista: Edusf, 1998.

entre os chamados "pioneiros da Escola Nova" e os "católicos" pela orientação doutrinária da escola. Nesse processo de despolitização, que transforma a pedagogia em solução técnica, desaparece a beligerância entre os dois grupos, mas, sobretudo, desaparece as proposições mais radicais e polêmicas – como a da adoção das assembleias nas escolas, das cooperativas escolares, da pedagogia por projetos de investigação, entre outras – vistas sempre pelos católicos como investimentos "bolchevizantes da infância" no Brasil. A ação dos católicos no campo dessas disputas, na análise de Carvalho, tendeu a "pasteurizar a 'nova pedagogia' em um discurso morno, que a reduzia a uma espécie de manual de bom comportamento docente conformado ao dogma religioso"[49]. Essa "pasteurização" foi aprofundada pelo uso que o Estado Novo fez da "retórica da escola nova" para justificar suas ações no campo das políticas educacionais, colocando no esquecimento as práticas políticas de transformação da escola implicados nos princípios daquela pedagogia. Ainda, a transformação da pedagogia em um conjunto de técnicas a serem empregadas converteu seus nomes – escolanovista, piagetiana, frenetiana, freriana, construtivista, criacionista etc. – em cardápios a serem escolhidos e consumidos pelas famílias que preferem isso ou aquilo para seus filhos e, por isso mesmo, são clientes a serem agradados pelos que ofertam os serviços educacionais.

Mas essa transformação da pedagogia em cardápio só foi possível porque foi acompanhada por outra derrota de parte dos "pioneiros" na contenda com os "católicos", também colocada no esquecimento: a da organização do sistema da escola dual. Desde o governo Vargas, os católicos conseguiram ampliar sobremaneira a rede de escolas privadas com financiamento estatal[50]. Ofereceram seus serviços às classes abastadas e médias, assegurando a "boa pedagogia" e a "boa companhia" para os filhos de quem pudesse pagar; enquanto a escola pública primária, e depois a secundária, vai, ao longo do século XX, sendo destinada aos pobres.

Certamente, é difícil imputar a essa memória historiográfica a constituição dos sensos comuns que reinam em torno do debate sobre as reformas educacionais, a liberdade de ensino, ou as finalidades que a escola pública deve ter no processo de socialização da infância e da juventude no Brasil. Mas, de toda a forma, esse discurso está implicado nas representações que hoje circulam e nos mecanismos que têm justificado

---

49 CARVALHO, op. cit., p. 251. Para uma análise dos discursos católicos de transformação da pedagogia em "suma católica", conferir: ALMEIDA Filho, Orlando J. *A estratégia da produção e circulação católica do projeto editorial das coleções de Theobaldo Miranda Santos*. 2008. Tese (Doutorado) – São Paulo: Pontifícia Universidade Católica, 2008.

50 Para um levantamento do crescimento das redes pública e privada com financiamento estatal, ao longo da década de 1940, conferir: FONSECA, Silvia A. *Os professores e a qualidade do ensino*: a escola secundária paulista (1946-1961). 2004. Dissertação (Mestrado) – Pontifícia Universidade Católica, São Paulo, 2004.

reformas educacionais como as que ocorrem em 2016-2017. A escola pública só tem um passado vazio – espelhado na sua ineficácia – que precisa ser preenchido pelo novo. No entanto, esse novo toma como referência o senso comum de que a escola está a serviço do trabalho e do disciplinamento moral.

Sobre os capítulos deste livro

Este livro é dividido em duas partes. A primeira delas – *Golpes na História: continuidades, atores e luta por direitos* – reexamina a história das rupturas do regime democrático e as resistências a esse processo, sobretudo no Brasil, ao longo dos séculos XX e XXI. Como se verá na breve descrição dos capítulos a seguir, a experiência de 2016 é sempre o estopim para a reflexão.

O artigo *Golpes e intervenções: 1962, 1964 e 2016 e os olhares norte-americanos*, de James Green, abre a coletânea e é uma prova inequívoca da contribuição que os historiadores podem dar para o debate sobre os acontecimentos de 2016 que culminaram na deposição da presidenta Dilma Rousseff. James Green toca em um ponto nevrálgico: o debate em torno da legitimidade desse processo, algo sintetizado na oposição entre os que defenderam que isso se tratou de um golpe de Estado e aqueles que afirmam ainda hoje que nada se passou mais do que o cumprimento de dispositivos legais que permitiam o *impeachment*. Para jogar luz a esta questão, Green retorna às posições norte-americanas diante do golpe que derrubou João Goulart, em 1964. Para além de deixar clara a ajuda norte-americana, em financiamento e garantia de suporte militar para os golpistas, Green demonstra que o apoio do governo dos Estados Unidos se deu também na medida em que aceitou os argumentos do governo militar de que o novo regime era legal e obedecia a princípios constitucionais, algo que só veio a ser abalado com o AI-5. Em um argumento sagaz, demonstra que o discurso do governo Obama para afirmar que o *impeachment* de Dilma Rousseff obedecia a processos legais e democráticos foi praticamente idêntico ao usado pelo governo norte-americano para legitimar a queda de Goulart, em 1964.

Na sequência, os artigos começam a jogar luz nos atores políticos dos golpes de Estado de 2016 e 1964 e nas crises políticas de 1954 e 1962. Entre outras qualidades, estes estudos permitem uma profunda reflexão sobre as bases nas quais estão edificadas as garantias democráticas no Brasil. Isso porque se destaca a permanência ao longo do tempo de algumas estruturas políticas, de discursos e até mesmo de personagens que contribuíram para esses atentados contra o regime democrático. Nesta direção, o artigo *Crises políticas e o "golpismo atávico" na história recente do Brasil (1954-2016)*, de Marcos Napolitano e David Ribeiro, tendo em mente a deposição da presidenta da República, em 2016, reexamina as crises políticas traumáticas de 1954 e 1964. Por um lado, os autores respeitam as particularidades de cada momento histórico e as evidenciam. No entanto, também nos oferecem uma inteligente argumentação que busca explicar os motivos que transformaram os confrontos entre o Legislativo e o Executivo no Brasil em um risco contínuo para estabilidade do sistema político nacional. Ressalte-se também que o padrão narrativo do texto muito contribui para a compreensão dos eventos entre aqueles que não especialistas.

Seguindo linha parecida, o artigo *Os juristas e o(s) golpe(s)*, de Marco Aurélio Vannucchi, também destaca um dos atores políticos importantes na deposição de João Goulart em 1964 que, igualmente, foram protagonistas no *impeachment* de Dilma Rousseff: o meio jurídico e, sobretudo, a OAB. Amparado por farta documentação, muito bem trabalhada para oferecer exemplos ao leitor, o artigo não só demonstra a escalada oposicionista da OAB na década de 1960, como pontua muito bem as razões disso. Como sugere o próprio Vannucchi, o retorno a esses episódios ajuda a compreender melhor não só os posicionamentos da OAB nesses últimos meses, mas certamente contribui para uma visão mais complexa dessa entidade identificada geralmente como uma defensora da ordem democrática para aqueles que já nasceram na guinada oposicionista que a Ordem fará à Ditadura de 1964, regime do qual foi inicialmente entusiasta.

O quarto artigo evidencia um outro ator político que, da mesma forma que teve um protagonismo na deposição de Dilma Rousseff, esteve em uma posição estratégica na conspiração para derrubar João Goulart em 1964: a Federação das Indústrias de São Paulo (Fiesp). Com o título *O GPMI da Fiesp, a Escola Superior de Guerra e a Doutrina de Segurança Nacional na mobilização empresarial-militar no pré e pós-1964*, os autores Joana Monteleone e Haroldo Ceravolo Sereza demonstram como os empresários foram demandados financeiramente e asseguraram recursos para a deposição de Goulart. Mais do que isso, Monteleone e Sereza mostram como a Fiesp e, sobretudo a GPMI, estiverem integradas a uma lógica de Doutrina de Segurança Nacional que, em última instância, poderia exigir das indústrias um esforço para garantia de recursos e insumos que fizessem frente a uma possível resistência ao Golpe de 1964.

A partir do quinto artigo, a coletânea continua jogando luz em personagens desses episódios, mas em outro lado da luta política: a resistência. O texto *Brasil e Argentina: transição democrática e promoção da justiça em perspectiva comparada*, de Janaína de Almeida Teles, aborda como esses dois países enfrentaram o período posterior às suas ditaduras militares e resolveram questões como a anistia, o estabelecimento de comissões da verdade e o direito à memória. É um relativo senso comum de que os argentinos enfrentaram com muito mais vigor os crimes da ditadura militar naquele país do que no Brasil. Teles concorda com isso, mas a qualidade do seu texto está na demonstração detalhada desse processo nos dois lados da fronteira, destacando os limites e impasses desse processo nos dois países.

O sexto artigo continua evidenciando a resistência e sobretudo aqueles que contribuíram para consolidação de novos direitos no Brasil. O texto de Claudia Moraes de Souza, *Todo direito é um Direito Humano! Da luta pela redemocratização à construção da cidadania pelos direitos: a história do Centro de Defesa de Direitos Humanos de Osasco*, conta a história do Centro de Defesa dos Direitos Humanos de Osasco, não só um dos primeiros do Brasil, mas fundado em meio à Ditadura Militar. Além de contar essa história, por si só impressionante, Claudia Moraes de Souza dá grande destaque a um grande acontecimento das lutas operárias, hoje praticamente esquecido: a greve dos trabalhadores de Osasco de 1968, quase dez anos antes das famosas greves do ABC que abalaram a Ditadura Militar. Claudia aponta a repressão a esta greve, com centenas de presos e torturados, além da vigilância quase contínua da cidade desde então, como um dos fatores que tornaram Osasco o lugar propício para abrigar um centro de defesa dos Direitos Humanos.

Ainda no plano da resistência e da ampliação dos direitos, fecha esta primeira parte da coletânea o artigo *Liberdade, quilombos e pós-emancipação: caminhos da cidadania e usos do passado no Brasil contemporâneo*, de Flávio Gomes e Petrônio Domingues. Em um texto muito bem articulado, os autores apresentam, ao mesmo tempo, uma pequena história dos quilombos na América Portuguesa e no Brasil, uma síntese dos debates acadêmicos – sobretudo historiográficos – sobre esse tema, além das ressignificações dos sentidos dessa experiência histórica para os movimentos negros e mesmo para a resistência aos regimes ditatoriais. Por exemplo, os autores lembram que uma das peças teatrais emblemáticas de contestação ao regime de 1964 foi nada menos do que *Arena conta Zumbi*, que teve sua estreia em 1965, um ano após a deposição de Goulart. Na mesma linha, foi em 1974, no auge da repressão, que se formulou a ideia de que o 20 de novembro, suposta data da morte de Zumbi, deveria ser o dia da *Consciência Negra*, contrapondo-se às festividades comuns do 13 de maio. Explicitamente, optava-se por associar a *Consciência Negra* a um símbolo de resistência em vez de uma data mais diretamente ligada à ação de uma governante. Para além dos usos da história e do imaginário sobre os quilombos nas décadas de chumbo – e os autores dão fartos exemplos desses usos –, é também nesse momento que os movimentos políticos e acadêmicos impactam decisivamente na vida das populações remanescentes de quilombolas: é no final da década de 1970 que ganham destaque alguns dos mais importantes remanescentes de quilombolas, fato que joga água no moinho da disputa política e facilita que a Constituição de 1988 consagre o direito dessas comunidades sobre suas terras ancestrais. A exemplo do artigo anterior, este texto demonstra ações de resistência que consagram a ampliação de direitos no Brasil Contemporâneo.

A segunda parte do livro também parte do impacto dos acontecimentos de 2016. Vem do pressuposto que os eventos desse ano não tiveram consequências apenas na macropolítica, mas que outros ambientes da vida social foram duramente atingidos, entre eles a política educacional. Na escalada da radicalização que levou ao golpe de 2016, ou como consequência imediata a ele, viu-se a ascensão de movimentos como o "Escola Sem Partido", a abrupta Reforma do Ensino Médio e as disputas em torno da Base Nacional Comum Curricular. Para os historiadores, especialmente a ascensão do "Escola Sem Partido" tem sido enxergada como um passo para a censura, quase ao mesmo tempo em que movimentos como os "historiadores pela democracia", como citado anteriormente, foram violentamente acusados pela grande imprensa de forjar uma falsa interpretação da história por afirmar que a deposição de Dilma Rousseff era um golpe de Estado.

Nessa direção, de modo mais detalhado, a segunda parte deste livro debruça-se sobre o modo peculiar com que as questões de educação têm sido tratadas nos jogos de imposição de representações sobre as condições e limites da liberdade de ensinar: o lugar das questões de gênero e da educação da sexualidade em espaços educativos – centralmente as escolas – no Brasil e na Colômbia. Mas também trata da recente reforma da Lei de Diretrizes e Bases da Educação Nacional – Brasil – e dos modelos de escola secundária/média que ser quer implementar.

Abre essa segunda parte do nosso livro o texto de um de seus organizadores, Maria Rita de Almeida Toledo (Unifesp). No capítulo, intitulado *O Ensino Médio no Brasil: uma história de suas finalidades, modelos e a sua atual reforma*, objetiva-se tratar das disputas que ocorreram em torno das propostas de reforma da escola média pública (ou secundária, como era conhecida) ao longo do tempo – da década de 1950 à última reforma – para desnaturalizar as representações dos atuais reformadores sobre as finalidades dessa escola e sua organização, acompanhando os deslocamentos desse debate e os desenhos que projetaram e instituíram para solucionar a "crise da escola médica", sobretudo sua expansão, democratização e evasão.

Essa reconstrução da história recente da educação no nosso país é seguida pelo capítulo do professor Fernando Seffner (UFRGS), *Escola pública e função docente: pluralismo democrático, história e liberdade de ensinar*, que aborda quatro unidades analíticas importantes para pensar processos educativos escolares: escola, aula, professor e método. A partir destas quatro unidades analíticas, problematiza outras categorias centrais na história recente da escola brasileira: currículo, culturas juvenis, ocupação de escolas, função docente, autonomia docente, liberdade de ensinar (liberdade de cátedra), pluralismo, democracia e não discriminação. Com este conjunto de conceitos na mão, examina três iniciativas contemporâneas que afetam o ambiente escolar e a sala de aula, com destaque para o ensino de História: os projetos Escola Sem Partido, as tentativas legislativas de modificar artigos da LDBEN (1996) e as proposições do Estatuto da Família. Por fim, examina as fronteiras educativas entre escola, família e pertencimentos religiosos perante o empreendimento educativo de crianças e jovens.

No capítulo intitulado *Ideología de género: semblanza de un debate pospuesto*, a professora Nancy Prada Prada (Centro Nacional de Memoria Histórica da Colômbia) analisa o crescente processo de instalação no imaginário colombiano da ideia de que haveria uma ideologia de gênero ("ideología de género"), tendo recebido de um setor majoritário da sociedade uma carga negativa. Para essa análise, volta-se para a história recente do país com vistas a analisar dois acontecimentos: em primeiro, a utilização da categoria, por parte dos setores conservadores, no debate suscitado pelo Ministerio de Educación Nacional para o enfrentamento da violência contra estudantes lésbicas, *gays*, bissexuais e transgêneros no contextos escolares; e, em segundo, a mesma utilização da categoria de modo negativo para atacar a inclusão das categorias de orientação sexual e identidade de gênero nos "Acuerdos de Paz" para o fim da guerra civil com as Farc.

Já no capítulo intitulado *Do arco-íris à monocromia: o Movimento Escola Sem Partido e as reações ao debate sobre gênero nas escolas*, a professora Stella Maris Scatena Franco (USP) objetiva refletir sobre os impactos que a onda conservadora recente, dominante na política brasileira, tem produzido na área do ensino, especialmente no que se refere às questões de gênero. Para a pesquisadora, o caráter das mudanças em curso pode ser visualizado na simbólica apropriação e ressignificação que o movimento denominado Escola Sem Partido fez do *slogan* feminista *Meu corpo, minhas regras*, transformando-o no lema *Meu filho, minhas regras*. No lugar dos princípios de liberdade e autonomia presentes no primeiro, passaram a imperar no segundo as ideias de tutela e restrição. As discussões sobre gênero, desenvolvidas nas últimas décadas por movimentos sociais organizados – como o feminista e o LGBT –, com apoio de instituições públicas, ganharam amplo alcance, envolvendo as escolas, não raro por meio de coletivos de jovens, formados para debater temas durante muito tempo considerados tabus. Ainda que não isentos de conflitos, esses movimentos buscaram discutir as diferenças como construções do mundo social; afirmar a defesa da liberdade de escolha no campo da sexualidade; garantir o respeito à diversidade e condenar as formas de preconceito e violência sexual e de gênero, que tendem a se reproduzir quando o desconhecimento e o silêncio ocupam o lugar da informação e da argumentação. Para a análise do movimento reacionário que vem se instalando no Brasil, o texto recapitula o processo de diálogo sobre as questões de gênero, que se estabeleceram nas últimas décadas na nossa sociedade, envolvendo intensamente o universo escolar. A intenção é mostrar as conquistas alcançadas e reafirmar a importância de se manter estes fóruns abertos, tendo em vista a necessidade e o direto dos indivíduos de elaborarem criticamente seus pensamentos sobre o tema das identidades sexuais e de gênero, inclusive no ambiente escolar, lugar por excelência de produção da consciência social e cidadã.

O professor Fernando de Araújo Penna (UFF), em seu capítulo *"Escola Sem Partido" como ameaça à Educação Democrática: fabricando o ódio aos professores e destruindo o potencial educacional da escola*, retoma o discurso e as propostas do Movimento "Escola Sem Partido", para analisar a sua concepção de escolarização. Defende a interpretação de que essa concepção de escola abole a sua dimensão educacional e seu caráter público, especialmente ao propor a proibição de qualquer atividade que possa contradizer os valores familiares em sala de aula. Para tanto, analisa minudentemente as representações de alunos e de professor, assim como as finalidades da escola, apresentadas nos discursos dos líderes e defensores da Escola Sem Partido, sobre tudo os discursos modulados pelo ódio ao professor.

Para o fechamento do nosso livro, o tema da Escola Sem Partido é retomado pelos professores Antonio Simplicio de Almeida Neto e Diana Mendes Machado da Silva, em *Escola Sem Partido ou sem autonomia? O cerco ao sentido público da educação*. Nessa abordagem, os autores apresentam algumas reflexões decorrentes de uma série de debates organizados no segundo semestre de 2016 sobre o papel da escola democrática e autônoma em face de movimentos como o autodenominado "Escola Sem Partido". São explorados aspectos da história do currículo e das disciplinas escolares, além das noções de autonomia da escola e liberdade de cátedra, indicando as conjunturas e as injunções que provocam e fazem circular os discursos de grupos reacionários como os da Escola Sem Partido. Os autores tratam de delinear e indicar as possíveis consequências de uma das mais recentes ameaças à educação pública, estatal, laica e gratuita; mas também procuram definir um campo de atuação em defesa desses valores democráticos.

Parte 1

Golpes na História: continuidades, atores e luta por direitos

1

Golpes e intervenções: 1962, 1964 e 2016 e os olhares norte-americanos

James N. Green

A eleição de Donald Trump para a presidência dos Estados Unidos está causando um pânico mundial. Como é possível que uma pessoa tão imatura e despreparada possa ser eleita à Casa Branca? Para uma pessoa que adora mandar *tweets* a qualquer hora da noite atacando a imprensa, as famílias de soldados que tombaram no Iraque, personalidades icônicas do movimento pelos direitos civis ou as estrelas de Hollywood, fica realmente estranho o carinho que Trump tem por Vladimir Putin, o presidente autoritário da Rússia. Neste sentido, as demandas para uma investigação sobre o envolvimento da Rússia nas eleições presidenciais norte-americanas de 2016 parecem justas. No clamor, os Democratas têm insistido constantemente que a intervenção de estrangeiros nas eleições norte-americanos é uma aberração antidemocrática que deve ser amplamente condenada.

Em vez de simplesmente criticar a memória fraca ou a falta de conhecimento sobre a história das intervenções norte-americanas em outros países (Irã em 1953, Guatemala em 1954, Cuba em 1961, Brasil em 1962 e 1964, Chile entre 1971 e 73, para citar alguns exemplos), devemos aplaudir este sentimento anti-intervencionista e insistir que os opositores às políticas nefastas de Donald Trump aprendam com a história para não repetir os erros do passado.

Será que é necessário repetir que tanto os Democratas quanto os Republicanos participaram ativamente nas preparações para o Golpe de 1964 no Brasil e apoiaram o governo autoritário após o AI-5? Neste processo, os militares brasileiros e os seus defensores civis preocuparam-se em criar uma fachada democrática para justificar as suas ações e convencer Washington que os objetivos dos generais no poder foram justos.

Os golpistas de 2016 contra o governo legítimo da presidenta Dilma Rousseff também insistiram que o *impeachment* cumpriu a Lei, usando os mesmos discursos e métodos para justificar a derrubada do governo eleito em 2014, que os generais Castelo Branco, Costa e Silva e outros utilizaram em 1964.

Infelizmente, a "neutralidade" do governo de Barack Obama sobre o *impeachment* da presidenta acabou favorecendo mais uma medida antidemocrática na América Latina. Ainda é cedo para saber exatamente sobre articulações clandestinas do governo norte-americano em 2016, mas a atitude pública "neutra" de Obama certamente beneficiou os golpistas. Espero que este novo sentimento que se opõe às intervenções estrangeiros em assuntos norte-americanos sensibilize os políticos e o público sobre outras violações de soberania nacional cometidas em outros países ao longo dos anos.[51]

O apoio norte-americano ao Golpe de 1964

Sabemos que o governo de John F. Kennedy (1961-1963) adotara uma atitude de "esperar para ver" em relação a Goulart, quando este assumiu o cargo em 7 de setembro 1961. Onze meses depois, o embaixador Lincoln Gordon, o subsecretário assistente do Departamento de Estado para Assuntos Interamericanos Richard Goodwin e o presidente Kennedy já tinham chegado a uma decisão sobre o novo governo. Em uma reunião na Casa Branca, em 30 de julho de 1962, Gordon disse: "Creio que uma de nossas tarefas mais importantes é fortalecer a coluna vertebral dos militares. Deixar claro, discretamente, que não somos contrários a nenhum tipo de ação militar, qualquer que seja, caso esteja claro que o motivo dessa ação militar é [...]" O presidente completou a frase: "Contra a esquerda". Gordon prosseguiu: "Ele, Goulart, está entregando o diabo do país aos [...]" Novamente, Kennedy completou: "Comunistas". Poucos instantes depois Goodwin comentou: "[...] podemos muito bem desejar que eles [os militares brasileiros] tomem o poder no fim do ano, se puderem".[52]

Embora Gordon, Goodwin e Kennedy possam ter desejado um rápido fim para Goulart, levaria mais tempo do que previram para que os generais brasileiros se juntassem em um grupo coerente capaz de levar a cabo um golpe bem-sucedido. Enquanto isso, Washington executou uma política de estímulo às forças anti-Goulart. Financiamento clandestino à oposição política e sinais ostensivos à ala direita estimularam os que se inclinavam pela tomada do poder pelos militares. Os recursos da recém-consolidada agência do governo dos Estados Unidos – Ajuda ao Desenvolvimento Internacional (AID) – assim como um complexo conjunto de programas que forneciam assistência ao Brasil da Aliança para o Progresso – desde os programas do Corpo de Paz e Alimentos para a Paz até o Instituto Americano para o Desenvolvimento Sindical Livre, além do

---

51 Este artigo foi inspirado em: GREEN, James N. *Apesar de vocês*: a oposição a ditadura militar nos Estados Unidos, 1964-85. São Paulo: Companhia das Letras, 2009; _____. *Carta aberta ao embaixador norte-americano Michael Fitzpatrick*, 19 de maio de 2016. Disponível em: <http://www.viomundo.com.br/denuncias/brasilianista-alerta-embaixador-na-oea-governo-dos-eua-esta-correndo-o-risco-de-repetir-o-tragico-erro-de-1964-quando-reconheceu-a-ditadura--militar-que-governou-o-brasil-por-21-anos-veja-a-cart.html>. Acesso em: 27 fev. 2017.

52 NAFTALI, Timothy (Org.). *The Presidential Recordings*, John F. Kennedy: The Great Crisis. New York: W.W. Norton, 1997. p. 18-19. v. 1.

financiamento para treinamento de militares e policiais – formavam uma muralha de apoio para fortalecer o País contra o suposto giro iminente do Brasil para o comunismo.

Estudiosos documentaram as maneiras pelas quais os fundos clandestinos canalizados por meio da CIA forneciam recursos às forças conservadoras brasileiras que tinham agendas antiesquerdistas.[53] As eleições de 1962 tornaram-se um dos alvos dessa campanha. O acesso parcial a documentos da CIA e a outros registros de segurança nacional permite aos pesquisadores identificar somente de maneira geral as iniciativas conjuntas com a embaixada norte-americana para executar um plano governamental de desestabilização apoiado em ações sigilosas.

Em uma entrevista com Gordon em março de 1977, o ex-embaixador estimou que o governo norte-americano despendeu até cinco milhões de dólares nas eleições de 1962 para apoiar candidatos anti-Goulart.[54] Ajustada para levar em conta a inflação, essa importância hoje atingiria 33,7 milhões de dólares, soma nada pequena na batalha para conquistar os corações e mentes dos eleitores brasileiros. Gordon justificou o esforço argumentando que não foi o suficiente para afetar o resultado das eleições. "Não tentarei negar que havia dinheiro americano. Se você analisar bem, não era muito por congressista. Basicamente, era dinheiro para pagar horários de rádio, para impressão de cartazes, esse tipo de coisa".[55]

Conforme documentou Ruth Leacock, os recursos norte-americanos e outros esforços para derrotar candidatos populistas ou de esquerda deram resultados desiguais. O dinheiro da Aliança para o Progresso, destinado a projetos de desenvolvimento de elevado impacto no Nordeste que pudessem ser atribuídos a políticos anti-Goulart, não conseguiu reverter o resultado das cruciais eleições para governador de Pernambuco e Miguel Arraes, prefeito esquerdista do Recife, venceu facilmente o pleito contra um candidato apoiado pelos funcionários do Departamento de Estado.[56] Porém, grande parte do dinheiro canalizado por projetos legais favoreceram os governos anti-Goulart da Guanabara, de São Paulo e de Minas Gerais.[57]

A crescente desconfiança do governo Kennedy para com Goulart também provocou uma nova política de ajuda elaborada em uma reunião do Conselho de Segurança

---

53 DREIFUSS, René Armand. 1964: a conquista do estado, ação, poder e golpe de classe. Petrópolis: Vozes, 1981; BLACK, Jan Knippers. *United States Penetration in Brazil*. Philadelphia: University of Pennsylvania Press, 1977.

54 GORDON, Lincoln. Castelo perdeu a batalha. Entrevista a Roberto Garcia. *Veja*, São Paulo, 9 mar. 1977.

55 Ibidem, p. 5.

56 LEACOCK, Ruth. *Requiem for a Revolution*: The United States and Brazil, 1961-69. Ohio: Kent State University Press, 1990. p. 120-122.

57 LOUREIRO, Felipe. The Alliance for Progress For a Few? US Economic Aid to Brazil's during the Administration of João Goulart (1961-1964). *Brazil Initiative*, Brown University. Feb, 14th, 2017.

Nacional, em 11 de dezembro de 1962. O objetivo era assinar contratos de assistência diretamente com entidades estaduais e locais, ignorando o governo federal brasileiro. Essa política, conhecida como "ilhas de sanidade administrativa", violava dispositivos da Constituição brasileira. Mesmo assim, deu a Washington a oportunidade de canalizar recursos significativos a Carlos Lacerda, aspirante às eleições presidenciais de 1965 o mais eloquente crítico público de Goulart.[58]

O embaixador Lincoln Gordon e o seu assessor militar Vernon Walters foram elementos-chave no processo para consolidar as forças anti-Goulart no Brasil. Ao chegar ao Rio, em 1962, como novo adido militar, treze oficiais brasileiros que haviam servido com Vernon Walters na Itália durante a Segunda Guerra Mundial foram receber o amigo norte-americano. Na manhã seguinte, esteve com o embaixador. Segundo Walters, Gordon deu-lhe instruções de forma sucinta: "Quero três coisas de você: primeiro, saber o que está acontecendo nas Forças Armadas; segundo, quero poder ter alguma influência nelas por seu intermédio; terceiro, mais do que tudo, não quero jamais ter surpresas".[59] Walters obedeceu-lhe escrupulosamente.

Em suas memórias, *Silent Missions*, Walters recorda que quando chegou ao Brasil, os oficiais militares que queriam depor Goulart se organizavam em pequenos grupos de conspiração e ainda não tinham comunicação entre si. Explica que os conspiradores aos poucos desenvolveram organização e planejamento coerentes: "No início de 1964, através de muitos amigos, eu finalmente fiquei com a impressão de que alguns dos conspiradores começavam a entrar em contato entre si em escala nacional coordenada. Correios começaram a viajar. Planos de contingência foram se tornando mais específicos. Diretrizes e documentos de reflexão passaram a circular. Tomei conhecimento disso por meio de amigos".[60]

Na época, Castelo Branco comandava o Quarto Exército no Nordeste, mas visitou o adido pelo menos em duas ocasiões no Rio. O norte-americano afirma que nunca trataram de assuntos internos brasileiros. Ao regressar ao Rio como chefe do Estado Maior do Exército, Castelo esteve frequentemente com Walters. Em suas memórias, este último faz questão de ressaltar repetidas vezes que, embora tivesse tido muitas conversas, reuniões e encontros sociais informais com Castelo Branco no período em que o general chefiou a conspiração para o golpe, ambos nunca discutiram política.[61]

---

53 LEACOCK, op. cit., p. 135.
59 WALTERS, Vernon A. *Silent Missions*. New York: Doubleday, 1978. p. 374-75.
60 Ibidem.
61 Ibidem.

Em março de 1964, o presidente Lyndon B. Johnson (1963-1968) indicou Thomas Mann para subsecretário de assuntos sobre América Latina. Thomas Mann tinha sido secretário de Estado assistente para Assuntos Econômicos no tempo de Eisenhower e embaixador no México durante o governo Kennedy. Da série de reuniões por ele convocadas imediatamente ao assumir o cargo, que durou três dias, participaram o presidente Johnson, altos funcionários do governo e todos os embaixadores e diretores da AID na América Latina. Nessas consultas, Mann apresentou sua visão da política a ser adotada para o hemisfério. Logo apelidada Doutrina Mann, seus pontos essenciais foram revelados à imprensa norte-americana. Os jornalistas estrangeiros publicaram a notícia no Brasil. Mann era citado com as seguintes palavras: "No futuro, os Estados Unidos não tomarão posições *a priori* contra governos oriundos de golpes militares".[62] Era um recado óbvio para as forças militares brasileiras que conspiravam para derrubar Goulart.

Johnson pediu a Gordon que permanecesse em Washington D.C. após as reuniões convocadas por Mann a fim de participar com todo o gabinete de um exame de alternativas de política em relação ao Brasil. O embaixador insistiu para que fosse acelerado o planejamento militar de uma operação naval norte-americana para apoiar o golpe.[63] O secretário de Estado, Dean Rusk, determinou ao embaixador que avaliasse a situação no Brasil e preparasse um relatório no prazo de uma semana. Gordon voltou depressa ao Brasil, onde o clima político continuava a polarizar-se. Setores da Igreja Católica, organizações de classe média e forças políticas conservadoras incrementaram as mobilizações de rua para protestar contra as políticas de Goulart. Rebeliões subsequentes no final do mês entre oficiais subalternos e soldados das Forças Armadas em favor da democratização dos militares – que Goulart não abafou e parecia apoiar – alarmaram mais ainda a oposição. Em 27 de março, Gordon remeteu a Washington um telegrama que instava o Executivo a "preparar-se sem demora para a eventualidade de uma necessária intervenção ostensiva em um estágio posterior".[64] Quatro dias depois, o governo norte-americano lançou a Operação "Irmão Sam".

Não foi golpe, não é uma ditadura: a insistência na legalidade do novo governo

---

62 What is the Mann Doctrine? *The New York Times*, New York, p. 24, Mar. 21st, 1964. p.24

63 GORDON, Lincoln. *Brazil's Second Chance*: En Route toward the First World. Supplement, Brazil, 1961-64: The United States and the Goulart Regime. Washington: Brookings Institute, 2003. p.34.

64 RIO DE JANEIRO AO DEPARTAMENTO DE ESTADO. Telegram n. 48986, Mar. 27th 1964, NSF, arquivo por país, Brasil, volume 2, 3/65, caixa 9, Biblioteca Lyndon Baines Johnson.

Em 2 de abril de 1964, mediante insistência de Gordon, Johnson reconheceu o novo governo provisório. A imprensa norte-americana apoiou quase unanimemente o rapidíssimo reconhecimento dado por Johnson ao novo governo militar e à agenda anticomunista dos líderes do golpe. Os relatos de imprensa deixaram de lado, em grande parte, as maciças detenções de adversários do regime, considerando a mudança no poder como um "golpe incruento" que evitara uma guerra civil.[65] As notícias vindas do Brasil deram ao público desinformado a impressão de que o novo governo defendera a democracia contra um ataque comunista. Essa noção nada mais fez do que reforçar o arraigado sentimento público de oitenta por cento dos cidadãos norte-americanos que temiam a ameaça comunista em 1964, recorde histórico nas pesquisas de opinião sobre temas de política externa.[66]

O Congresso norte-americano também ofereceu o seu apoio à política da Casa Branca. Em tom e estilo típicos da maior parte dos debates no Congresso, o senador Wayne Morse, do Estado de Oregon, subiu à tribuna no Senado norte-americano em 3 de abril de 1964 para "congratular-se com o Presidente dos Estados Unidos" por declarações atribuídas a este último e publicadas em um despacho da Associated Press sobre acontecimentos recentes no Brasil"[67]. Após solicitar consentimento unânime da Casa para que o artigo intitulado *L.B.J. Sends Warm Note to Mazzilli"* (L.B.J. Manda Mensagem Calorosa a Mazzilli) incluída nos anais (*Congressional Record*) do Legislativo, o nobre senador continuou a elogiar o presidente: "Nesse particular, o Presidente Johnson novamente agiu com o mesmo extremo cuidado, tranquilidade e ponderação que caracterizaram seus demais atos; e merece nossos agradecimentos pela mensagem enviada ao novo Presidente do Brasil".

O senador destacou em seguida que o governo norte-americano não estivera envolvido na tomada do poder pelos militares. "Quero deixar bem claro que posso afirmar, com base no conhecimento de que disponho – e creio que os membros da Comissão de Relações Exteriores do Senado têm sido integralmente informados, com todos os detalhes, dos acontecimentos no Brasil – que os Estados Unidos de forma alguma intervieram nem foram responsáveis em qualquer medida pelos fatos ocorridos no Brasil. Estou convencido de que os acontecimentos foram completamente brasileiros, e que resultaram de uma longa preparação". Confiando em que fora adequadamente informado pelo governo, Morse passou a repetir o relato fornecido por Gordon e funcionários da CIA e do Departamento de Estado, acrescentando sua própria interpretação ao que

---

65 WEIS, W. Michael. Government News Management, Bias and Distortion in American Press Coverage of the Brazilian Coup of 1964. *The Social Science Journal*, New York, v. 34, n. 1. p. 35-55, 1997.

66 SCHOULTZ, Lars. *Human Rights and United States Policy Toward Latin America*. New Jersey: Princeton University Press, 2014.

67 MORSE, Wayne. CONGRESSIONAL RECORD: Senado, 3 abr. 1964, p. 6851-6852.

tinha acabado de ocorrer na semana anterior. "Os acontecimentos no Brasil não resultaram de atos de uma junta militar ou de um golpe de uma junta militar. Ao contrário, a derrubada do Presidente do Brasil foi consequência de acontecimentos nos quais a força diretriz foi o Congresso brasileiro, agindo segundo Constituição do País, sustentado por um grupo militar que apoiou o respeito ao sistema constitucional brasileiro".

Morse argumentou que Goulart poderia ter permanecido no Brasil e ser julgado pelas acusações que lhe fossem imputadas, mas reiterou: "não se poderia esperar que Congresso do Brasil, os governadores e o povo brasileiros ficassem inertes vendo seu governo e suas forças sendo gradualmente, passo a passo, entregues a um aparelho comunista". O senador pelo Oregon emitiu então a opinião de que o presidente Johnson havia "muito pertinentemente esperado até que o sistema jurídico e constitucional do Brasil seguisse seu curso", enviando em seguida uma "mensagem calorosa" ao novo presidente brasileiro. A "bela declaração", a prudência e a liderança de Johnson, afirmou Morse, mereciam suas congratulações.

Em seguida, o senador passou a ler um longo discurso expressando sua opinião a respeito da "guerra de McNamara no Vietnã do Sul". Anteriormente, naquele ano, ele e Ernest Gruening, do Alaska, tinham sido os dois únicos senadores a votar contra a resolução de Johnson sobre o Golfo de Tonkin, dando poderes ao presidente para escalar a guerra no Vietnã. Ironicamente, embora disposto a questionar sozinho a política exterior do governo no sudeste asiático, Morse apoiou a Casa Branca no que se referia ao Brasil. Em comentários feitos mais tarde a seus colegas senadores, no mesmo ano, ele reiterou suas conclusões: "Esta noite nenhum senador poderá citar o Brasil como exemplo de ditadura militar, porque esse não é o caso. O povo brasileiro continua a se autogovernar. Se alguém acreditar que isso não é verdade, que veja o que está ocorrendo no Brasil quanto a troca de pontos de vista no Parlamento, na imprensa e em muitas fontes e forças da opinião pública".[68] Membros da Câmara de Representantes repetiram a opinião de seus colegas do Senado.[69]

Em seus conselhos, o embaixador norte-americano Gordon sabiamente destacara a importância de que fosse demonstrada uma legitimidade aparente na transferência de poder depois que os militares expulsaram Goulart do cargo, em 1º de abril de 1964. Esse verniz de legalidade e as tentativas em curso de parte dos generais no poder para controlar a desconformidade política dentro da estrutura de um regime parlamentar durante os primeiros anos de governo afastaram os temores da maioria dos políticos

---

68 MORSE, Wayne. CONGRESSIONAL RECORD: Senado, 10 ago. 1964. p.18835.
69 MORSE, Wayne. CONGRESSIONAL RECORD, CÂMARA, 14 abr. 1964. p.7916.

norte-americanos. Impressionaram-se com os aspectos democráticos formais no Brasil e deixaram de lado o fato de que os generais tinham utilizado a autoridade arbitrária de Atos Institucionais para garantir que a constante mudança das regras do jogo os mantivesse no poder. Nos primeiros quatro anos de governo militar no Brasil, houve no Congresso norte-americano um acordo geral, quase unânime, de que os Estados Unidos deveriam apoiar o novo regime.

A Operação "Irmão Sam", o plano militar de contingência desenvolvido pelo Pentágono e a Casa Branca, foi deflagrada em 31 de março.[70] O porta-aviões *Forrestal*, acompanhado por seis destroieres de apoio e quatro navios-tanque, zarpou em direção as águas brasileiras e deveria ter chegado em 11 de abril. Outros navios de suprimentos de óleo, munição e provisões para ataque juntaram-se à força-tarefa. Ao mesmo tempo, o Estado-Maior das Forças Armadas ordenou o transporte aéreo para Porto Rico de 250 canhões calibre 12 e enviou 110 toneladas de armas ligeiras e munição à Base McGuire, da Força Aérea, em Nova Jersey, para serem trazidas ao Brasil.[71] Além disso, os militares prepararam grandes quantidades de gasolina, combustível para aviões a jato, óleo diesel e querosene, também para transporte ao Brasil.

O plano de contingência não passou de contingência. A rapidez com que as Forças Armadas brasileiras tomaram o poder e a debilidade da resistência permitiu que os militares em breve consolidassem o controle do País. Com a escolha do presidente interino, uma cobertura de legitimidade de fachada para as ações militares e os calorosos votos enviados pelo presidente Johnson, além da calma aparente em todo o país, a Casa Branca cancelou as ordens que instruíam a força-tarefa a seguir para o Brasil. O governo dos Estados Unidos e seus defensores desprezaram os rumores e especulações que circularam no Brasil de que Washington tinha responsabilidade no golpe, tachando-os de histeria esquerdista e nacionalista. Gordon podia afirmar confortavelmente que o golpe fora cem por cento brasileiro. Em um sentido bastante estrito e formal, ele tinha razão. A dinâmica política interna do governo Goulart gerara ampla oposição de setores significativos da sociedade brasileira, ao mesmo tempo que se dissipava a confiança na capacidade de Goulart para governar, mesmo no entendimento de seus antigos parti-

---

[70] FICO, Carlos. *O grande irmão da Operação Brother Sam aos anos de chumbo*: o governo dos Estados Unidos e a ditadura militar brasileira. Rio de Janeiro: Civilização Brasileira, 2008.

[71] MEMORANDO DE CONVERSAÇÃO COM A. JOHNSON, R. ADAMS E OUTROS. 28 de março de 1964, NSF, arquivo de país, Brazil, volume 2, 3/64, caixa 9; Memorando de Chase a Bundy, 31 de março de 1964, NSF, Arquivo de país, Brazil, volume 2, 3/64, Caixa 9; Estado Maior das Forças Armadas a USCINSO, no. 5593, no. 5594, no. 5595; This is a Brother Sam Message, 31 de março de 1964, NSF, Arquivo de país, Brazil, Caixa 10; Teleconferência entre Ball, Johnson, Burton, Sloan, U.S. Policy toward Brazil and other general topics, NSF, reuniões do NSC, volume 1, tab 6, 2 de abril de 1964, Biblioteca Lyndon B. Johnson.

dários. Esses fatores desempenharam um papel essencial na determinação do resultado dos acontecimentos de 1964. Não obstante, os formuladores de política em Washington ainda assim preferiram intervir nos bastidores, impelindo de inúmeras maneiras o resultado na direção desejada por eles. As Forças Armadas brasileiras tomaram o poder sem ter de solicitar apoio direto ou ostensivo às forças norte-americanas, mas sua assistência clandestina estimulou e tornou mais ousada a oposição a Goulart.

Quando, em 1976, foi conhecida a notícia da existência dos documentos "desclassificados" que revelavam a Operação "Irmão Sam", o ex-embaixador Gordon publicou uma declaração de seis páginas afirmando que a "Revolução" de 1964 tinha sido, como o título de seu documento fazia questão de dizer, "Feita no Brasil" (*Made in Brazil*). Criticando os "historiadores revisionistas" que "se opunham ao impacto integral da política norte-americana durante a Guerra Fria", Gordon defendia a afirmação que fizera ao Senado em fevereiro de 1966 de que "o movimento que derrubou o presidente Goulart foi puramente, cem por cento – não 99,4 por cento – e sim cem por cento um movimento brasileiro". Deixou, no entanto, de citar a frase seguinte de seu testemunho ao Senado: "Nem a embaixada dos Estados Unidos e nem eu pessoalmente desempenhamos qualquer papel que fosse nesse processo". Em defesa da força-tarefa, Gordon argumentou que se destinava a uma "forma limitada de ação norte-americana em uma contingência hipotética específica, uma guerra civil no Brasil dividida segundo linhas geográficas, com forças equilibradas e com um dos lados reconhecido por nós".[72] Caso essa hipótese tivesse se materializado, argumentou ele, a força-tarefa tinha três objetivos: "a) dar apoio logístico, especialmente em derivados de petróleo, ao lado que em nossa opinião representava a moderação e a democracia; b) desestimular o lado adversário por meio da bandeira norte--americana em um navio de guerra; e c) ajudar, caso necessário, a evacuação de cidadãos norte-americanos das regiões envolvidas em combate civil".[73] Vinte e cinco anos depois, Gordon sustentou essa linha de argumentação ao publicar um suplemento especial de seu livro *Brazil's Second Chance* (A segunda oportunidade do Brasil), que defendia suas ações e as razões que apresentara ao observar a tomada do poder pelos militares em 1964.[74]

Embora dissesse em seu artigo *Made in Brazil*, de 1977, ter-se preocupado com a evacuação de cidadãos norte-americanos, Gordon nunca mencionou tal ideia em nenhum dos telegramas e despachos trocados entre o embaixador e o Departamento de Estado em 1964. Além disso, se Washington havia enviado uma força-tarefa naval para evacuar todos os norte-americanos do País naquela época, jamais poderia tê-lo feito de ma-

---

72 GORDON, Lincoln. *Made in Brazil*: The 1964 Revolution. (Artigo não publicado.)
73 Ibidem.
74 GORDON, op. cit. p. 68.

neira eficiente, dado o número limitado de navios e as enormes dimensões do País. Em 2003, ele novamente reiterou essa justificação: "No caso de guerra civil em minha opinião 'mostrar a bandeira dos Estados Unidos' serviria a dois propósitos: a) exercer pressão psicológica em favor do lado anti-Goulart; b) ajudar na evacuação dos milhares de civis norte-americanos que moravam em todas as regiões do Brasil ou as estivessem visitando".[75] Já agora o embaixador parece ter convencido a si mesmo de que em março de 1964 estivesse preocupado com as vidas dos norte-americanos no Brasil. Isso parece bastante plausível, embora, novamente, ele jamais o tivesse mencionado como motivo de cuidado em 1964, e parece suspeito que isso se transformasse em linha de defesa somente depois que o público norte-americano teve conhecimento da existência da operação naval, mais de uma década depois.

O reconhecimento por parte do próprio Gordon, no entanto, acaba derrotando esse argumento. Em uma entrevista em 2005, ele conta que seu filho passou o ano acadêmico 1963-1964 dando aulas no Brasil em nível de Segundo Grau e universitário. Seguindo essa linha de conversação, foi-lhe perguntado se recordava ter-se preocupado com a segurança do filho em março de 1964. Ele respondeu: "Não. Não creio que essa questão fosse relevante. Não havia antiamerican[ismo] significativo... Eu estava bastante certo de que naquela época as coisas não eram como o Iraque... não me lembro de ter pensado nisso... não tínhamos realmente uma sensação desse tipo de distúrbio civil."[76] O ex-embaixador continuou a falar na parte do plano relativa à evacuação, caso tivesse sido necessária: "Tínhamos um plano de mostrar a bandeira e também de evacuar nossos civis no caso de a situação chegar a esse ponto, o que teria sido uma tarefa gigantesca. Creio que havia cerca de quinze mil pessoas. Teria sido uma operação de grande escala. E naturalmente, não tínhamos a sensação de que as coisas fossem piorar muito... mas [a guerra civil] não era uma ameaça política à comunidade norte-americana".

Quatro anos depois do Golpe de 1964, a proclamação do AI-5 provocou um debate dentro do governo de Johnson e foi objeto de artigos de primeira página nos jornais dos Estados Unidos, representando uma brusca mudança no discurso jornalístico a respeito do governo brasileiro. Durante as semanas subsequentes, centenas de artigos descreveram e analisaram o fechamento indefinido do Congresso, a suspensão do direito de *habeas corpus*, o aumento da censura à imprensa, a detenção do ex-presidente Kubitschek e do ex-governador Carlos Lacerda e a cassação dos direitos políticos de membros da Arena, partido favorável aos militares, e do MDB oposicionista. No *Miami Herald*, o jornalista William Montalbano considerou as medidas tomadas pelas Forças Armadas brasileiras como "reação convulsiva de uma revolução que se azedou" e "jogada arriscada e desesperada de um governo que

---

75 GORDON, Lincoln. Entrevista concedida a James N. Green e Abigail Jones. 3 ago. 2005. Washington, D.C.
76 Ibidem.

perdeu a confiança do povo". O *Christian Science Monitor* iniciou um artigo sobre a repressão informando a seus leitores que "os líderes militares do Brasil impuseram regras restritivas e ditatoriais à maior nação da América Latina".[77] Esses comentários resumem o tom geral da imprensa norte-americana em resposta ao que muitos analistas chamaram "um golpe dentro do golpe", ou o início dos anos mais repressivos da ditadura militar.

O Ato Institucional n. 5 e os decretos complementares expedidos durante os seis meses seguintes deixaram claro que o governo brasileiro não toleraria dissensão. O encarregado de negócios dos Estados Unidos, William Belton, que assumira a chefia da embaixada porque na semana anterior o Departamento de Estado havia chamado o embaixador Tuthill para consultas, rapidamente previu o significado do novo Ato Institucional: "De agora em diante deve-se esperar que qualquer resistência real ou imaginária ao governo seja vigorosamente reprimida".[78] No dia seguinte à promulgação do Ato, Belton esboçou uma avaliação preliminar da situação política. O Ato Institucional n. 5, argumentou ele, "assinala a falência de um esforço de parte dos militares brasileiros para demonstrar que têm mais capacidade do que os elementos civis [para caminhar] em direção aos objetivos de desenvolvimento e estabilidade política por meios democráticos".[79] Em seguida alinhou a postura que recomendava aos formuladores de política em Washington para adoção. Fez várias sugestões substantivas, entre as quais a de que o governo norte-americano deveria fazer um pronunciamento público em nível elevado "lamentando o atraso no desenvolvimento da democracia brasileira" a fim de "estimular os amigos da democracia no Brasil". Tais declarações não deveriam "fazer acusações diretas a pessoas ou grupos responsáveis" porque eram "fundamentalmente favoráveis aos Estados Unidos e podemos contar com eles para ficar do nosso lado tanto sentimental quanto abertamente em uma confrontação Leste-Oeste". Além disso, era "altamente provável" que os militares mantivessem o controle no Brasil "durante vários anos ainda". Por isso, Belton sugeria que o governo norte-americano precisava "obter cooperação em iniciativas de interesse mútuo e por meio delas... trabalhar a fim de ajudar o Brasil a emergir do subdesenvolvimento, do qual suas próprias atitudes eram uma manifestação".[80]

Recomendou também que o Departamento de Estado fizesse um comentário público durante a conferência de imprensa diária para indicar a reação de Washington às

---

77 GOODSELL, James Nelson. Brazil military cracks down. *The Christian Science Monitor*, Massachusetts, Dec. 17th 1968. p. 4.

78 INSTITUTIONAL ACT. Telegrama 14303, Rio de Janeiro a Washington, 14 dez. 1968, United States Department of State, caixa 1910.

79 PRELIMINARY ASSESSMENT OF BRAZILIAN POLITICAL SITUATION IN LIGHT OF 5TH INSTITUTIONAL ACT. Telegrama 14310, Rio de Janeiro a Washington, 14 dez. 1968, United States Department of State, caixa 1910.

80 Ibidem.

novas medidas governamentais.[81] O roteiro que preparou para o secretário de imprensa propunha a orientação geral para a política dos Estados Unidos em resposta àqueles novos acontecimentos. Caso houvesse perguntas, Belton sugeria que o porta-voz explicasse que os acontecimentos no Brasil eram assunto de ordem interna. Recomendou ainda que não houvesse menção que desse a entender o prosseguimento ou a suspensão de ajuda ou providências semelhantes em qualquer outro programa cooperativo de assistência.

Na conferência de imprensa do Departamento de Estado, no dia 18 de dezembro, o porta-voz governamental, Robert McCloskey, seguiu as linhas gerais dos pontos preparados no roteiro de respostas às perguntas dos jornalistas. Foi sucinto, no entanto, nas reservas sobre a situação política. "Temos perfeita consciência, como amigos sinceros do Brasil e de seu povo, de que os acontecimentos recentes colocam graves problemas quanto à liberdade individual... e ao ritmo de desenvolvimento econômico do país", afirmou ele, cautelosamente. Durante o relato, um jornalista perguntou se o governo norte-americano pretendia suspender as relações diplomáticas, pois os brasileiros haviam "suspendido as garantias constitucionais". O representante do Departamento de Estado respondeu negativamente, reiterando o argumento de Belton no sentido de que não era necessário suspender as relações diplomáticas porque não tinha havido golpe de Estado com deposição de autoridades do País.[82]

As recomendações de política do Departamento de Estado transmitidas secretamente à embaixada e aos consulados no Brasil eram discretas quanto a pronunciamentos públicos contra o regime, mas consideravam seriamente a ideia de suspender temporariamente a ajuda ao País. Um memorando propunha que cinco ou seis altos funcionários norte-americanos no Brasil pensassem em dirigir-se individual ou coletivamente a vinte ou trinta brasileiros influentes para indicar não oficialmente o fato de que Washington estava "aflito" com os acontecimentos no Brasil sem "publicamente fazermos acusações ao governo brasileiro". O memorando recomendava que funcionários da embaixada passassem a mesma mensagem a representantes selecionados da imprensa norte-americana e estrangeira, a título de "informação básica".[83]

No dia seguinte o Departamento de Estado redigiu um memorando para Walter Rostow, assistente especial do presidente para assuntos de segurança nacional, recomendando que fossem temporariamente sustadas duas decisões já aprovadas – a venda de aviões a jato Douglas A-4 ao Brasil e a autorização para iniciar negociações com o País para um pacote

---

81 PROPOSED U.S. STATEMENT ON BRAZILIAN SITUATION. Telegrama 14338, Rio de Janeiro a Washington. 15 dez. 1968, United States Department of State, caixa 1910.

82 DEPARTMENT SPOKESMAN'S REPLIES TO QUESTIONS ON BRAZIL. Washington ao Rio de Janeiro, 16 dez. 1968, United State Department of State, caixa 1910.

83 DEVELOPMENTS IN BRAZIL. Telegrama secreto expedido, Washington ao Brasil, 17 dez. 1968, United States Department of State, Caixa 1910.

de assistência econômica no valor de 143 milhões de dólares para o ano de 1969. O memorando reiterava a política de que o governo dos Estados Unidos lamentasse "discretamente" a redução de liberdades humanas ocorrida no Brasil e "simultaneamente, sem crítica ou admoestação pública" atrasasse ou suspendesse atos econômicos que pudessem ser interpretados como indícios de aprovação norte-americana às ações do governo brasileiro".[84]

Talvez por haver recebido a notícia de que o governo dos Estados Unidos estava considerando a revisão dos pacotes de assistência ao Brasil, o ministro brasileiro das Finanças, Delfim Neto, fez uma declaração pública em São Paulo sobre a questão de um possível congelamento da ajuda. O ministro, que entusiasticamente votara a favor do AI-5 na reunião do Conselho de Segurança Nacional de 13 de dezembro de 1968, afirmou não esperar que Washington restringisse a ajuda em consequência do AI-5, "porque tanto eles quanto nós conhecemos os motivos que obrigaram o governo a adotar essa medida".[85] Delfim Neto manifestou também "otimismo de que os investimentos estrangeiros não sejam afetados porque seriam mantidas as condições de segurança, a oportunidade de lucros e a liberdade de ação [para] tornar o Brasil atraente ao capital estrangeiro". O presidente da Câmara de Comércio Norte-Americana em São Paulo corroborou a confiança do ministro das Finanças na adequação do AI-5 e sua relação com investimentos dos EUA no Brasil. Comentou confiantemente ao cônsul-geral que "as empresas norte-americanas em São Paulo apoiam o governo brasileiro e consideram [o] AI-5 a melhor coisa que poderia ter acontecido ao país".[86]

No final de dezembro de 1968, os funcionários do Departamento de Estado enfrentaram um dilema. Os editoriais dos principais jornais dos Estados Unidos acusavam o regime brasileiro de ser uma ditadura militar absoluta e pressionavam o Departamento a reagir de alguma forma. No dia seguinte ao da previsão de Delfim Neto de que Washington não suspenderia a ajuda, um representante do Departamento de Estado indicou que os programas de assistência dos Estados Unidos ao Brasil estavam "sob exame".[87] Não houve censura pública ao regime com esse anúncio.

---

84 U.S.-BRAZIL RELATIONSHIPS. Memorando para Walt W. Rostow, Casa Branca, 17 dez. 1968, United States Department of State, caixa 1910.

85 FINANCE MINISTER FORECASTS FASTER PROGRESS IN ECONOMIC-FINANCIAL FRONT: SAYS U.S. AID WILL CONTINUE, Telegrama 14456, Rio de Janeiro a Washington, 18 dez. 1968, United States Department of State, caixa 1910. Sobre o apoio de Delfim Neto ao AI-5, conferir: GASPARI, Elio. *A ditadura envergonhada*. São Paulo: Companhia das Letras, 2002. p. 336, 339.

86 BUSINESS REACTIONS TO AI-5. Telegrama 13359, Rio de Janeiro a Washington, 21 dez. 1968, United States Department of State, caixa 1910.

87 SPOKESMAN'S PRESS BRIEFING WEDNESDAY DECEMBER 18. Telegrama de Washington ao Rio de Janeiro, 18 dez. 1968, United States Department of State, caixa 1910.

Aparentemente, os diplomatas norte-americanos avaliaram que a suspensão de ajuda ao Brasil constituiria a pressão adequada a ser exercida sobre Costa e Silva para que o presidente brasileiro mudasse o rumo que adotara para o País. Os funcionários do Departamento de Estado, no entanto, continuaram a debater a atitude a seguir ao dirigir-se a funcionários do governo brasileiro.[88] O "roteiro" sugerido pelo Departamento de Estado para o pessoal da embaixada estimulava os que tivessem contato com funcionários brasileiros a apelar à "Aliança dentro da Aliança". Nas conversas, deveriam dar ênfase a que "ainda há tempo e boas oportunidades para evitar a consolidação da opinião pública nos Estados Unidos segundo linhas que tornariam muito difícil ao governo de nosso país prosseguir o mesmo grau de cooperação e assistência..." O memorando R assinalava que os funcionários norte-americanos não deveriam dizer aos brasileiros como deviam conduzir-se, e o estilo da abordagem deveria ser "tranquilo, amistoso e franco – sem histrionismos, sem ameaças e sem *nuances* de tutela ou de instrução". Essa manobra em corda bamba recomendada pelo Departamento de Estado implicava uma tentativa discreta de convencer setores militares no Brasil a moderar as medidas tomadas a fim de que a situação política não viesse a colocar o governo dos Estados Unidos na posição de ter de distanciar-se do regime. Ao mesmo tempo, apesar da proposta dos formuladores de política em Washington de considerar a possibilidade de trabalhar com "grupos insatisfeitos no país", a embaixada aparentemente não realizou esforços articulados, a não ser reuniões periódicas com algumas figuras eminentes da oposição a fim de obter a avaliação delas sobre a crise política em curso.

A ausência de um posicionamento claro e público contra o endurecimento do regime militar brasileiro no final de 1968 significava legitimar tudo o que veio depois: a censura, as prisões arbitrárias, a tortura e os assassinatos de opositores. No final das contas, o governo norte-americano, supostamente "neutro", estava totalmente alinhado com a ditadura.

2016 revisitando 1964: a questão da legitimidade

Esta "neutralidade" que de fato resultou no apoio aos militares no poder se manifestou mais uma vez durante o processo de *impeachment* de Dilma Rousseff. No primeiro momento, o governo de Obama não se posicionou publicamente sobre os acontecimentos. Mas, no dia 19 de maio de 2016, o Departamento de Estado utilizou o embaixador Michael Fitzpatrick, representante na OEA, para articular a

---

88 TELEGRAMA 289961. Washington ao Rio de Janeiro, 19 dez. 1968, United States Department of State, caixa 1900.

sua posição. Ele declarou: "Há um claro respeito pelas instituições democráticas e uma clara separação de poderes. No Brasil, é claramente a lei que prevalece, emergindo com soluções pacíficas para as disputas".[89] Ele também afirmou: "Nós não acreditamos que isso seja um exemplo de um "golpe brando" ou, para esse efeito, um golpe de qualquer tipo. O que aconteceu em Brasil cumpriu rigorosamente o procedimento legal constitucional e respeitou totalmente as regras democráticas".

Esses foram precisamente os argumentos que o embaixador Lincoln Gordon usou, 53 anos atrás, quando ele insistiu que a administração Johnson imediatamente endossasse a tomada do poder pelos militares, que foi legitimada pela aplicação formal da Constituição e pela votação majoritária do Congresso. Gordon utilizou os argumentos da Guerra Fria, segundo os quais Goulart estava sendo manipulado pelo Partido Comunista Brasileiro, que ele era corrupto e que queria assumir um poder ilimitado. A embaixada americana garantiu aos generais brasileiros que, caso eles forçassem a saída de Goulart do cargo, o governo norte-americano daria apoio ao novo governo que assumisse. A Operação Brother Sam foi outra indicação do apoio incondicional aos golpistas.

No dia 31 de março, tropas marcharam no Rio de Janeiro para depor Goulart. No dia seguinte, o presidente voou do Rio de Janeiro para Brasília para mobilizar apoio político contra essa tomada ilegal do poder. Ele queria evitar o derramamento de sangue e, por isso, não convocou seus apoiadores a resistir ao golpe de Estado. Assim que o avião decolou, o Presidente do Senado e o Presidente da Corte Suprema, argumentando que eles estavam seguindo os procedimentos constitucionais, empossaram Ranieri Mazzilli, Presidente da Câmara dos Deputados, como presidente em exercício. De acordo com a Constituição, o Congresso tinha trinta dias para escolher um novo presidente. Hoje, todo mundo, exceto os que defendem a ditadura militar, chamam esses eventos de *golpe de Estado*, o Golpe de 1964.

Em vários telegramas com a Casa Branca, o embaixador Gordon argumentou que o que se passou no Brasil cumpria perfeitamente com os procedimentos legais constitucionais e respeitava totalmente as regras democráticas. Ele trabalhou duro para convencer o presidente Johnson a reconhecer o novo governo, o que foi feito no dia 2 de abril, legitimando o golpe e colocando o selo de aprovação do governo dos EUA nessa mudança ilegal de poder que foi implementada de acordo com "os procedimentos legais constitucionais".

No dia 11 de abril, os 295 membros do Congresso elegeram o general Castelo Branco como Presidente do Brasil. Isso completou a transição "democrática" de um governo legalmente eleito para uma ditadura militar ilegítima.

---

89 GREEN, op. cit.

O governo de Johnson conseguiu enganar a totalidade dos Congressistas em 1964, até mesmo uma personalidade como Wayne Morse, que se opôs à política norte-americana no Vietnã. Um ano depois, em outubro de 1965, quando o governo militar aboliu as eleições presidenciais, Morse chegou a uma conclusão diferente. Percebendo que as armadilhas do regime democrático eram só para manter as aparências, ele afirmou: "novidades da captura do poder ditatorial pela junta militar brasileira assinala uma reversão para a liberdade na América Latina. O que é ainda pior é a continuidade do apoio financeiro americano a esse regime [...]. As semânticas de Washington e da trama brasileira, buscando acalmar os receios pelas instituições democráticas naquela grande nação, não vão enganar qualquer um, mas aqueles que querem ser enganados".[90]

Ao afirmar que "há um claro respeito pelas instituições democráticas e uma clara separação de poderes"[91] no Brasil hoje, Fitzpatrick caiu na mesma trampa do senador Wayne Morse, em 1964, sendo enganado pelas aparências de procedimentos democráticos e separação de poderes no processo de *impeachment* porque não há tanques nas ruas nem generais no comando do governo. Para quem assistiu à votação na Câmara de Deputados em junho de 2016, é difícil insistir que houve um procedimento democrático quando o deputado Eduardo Cunha, que controlava totalmente essa instituição, encabeçava o processo. A esta altura, Eduardo Cunha tinha contra si um pedido de afastamento da presidência da Câmara de Deputados, feito em dezembro de 2015, por desvio de finalidade e abuso de poder, mas os membros da Suprema Corte sentaram sobre esse pedido até que Cunha tivesse garantido que a oposição teria os dois terços necessários para aprovar o seguimento do processo do *impeachment* da presidenta Dilma. É difícil considerar legítimo um processo conduzido por uma pessoa que é processada por lavagem de dinheiro e por recebimento de suborno.

Também houve problemas relacionados à separação de poderes, pois integrantes da Suprema Corte fizeram afirmações públicas sobre casos que estavam sob sua alçada, revelando suas opiniões políticas na mídia, pré-julgando casos e, com isso, influenciando o debate público e os atores políticos. Além disso, a Suprema Corte foi excessivamente arbitrária em decidir quais casos analisar, levando quase seis meses para julgar o afastamento de Eduardo Cunha e proferindo uma decisão veloz contra a indicação de Lula para um cargo no governo Dilma. Esses casos são exemplos, dentre tantos outros, das maneiras perversas como o Judiciário se enredou com a política, em vez de permanecer separado dela.

É difícil entender as afirmações do representante do governo norte-americano quando agentes da polícia e do sistema de justiça vazam seletivamente informações da

---

90 MORSE, Wayne. Congressional Record, Senado. 29 oct. 1965. p. 13405.
91 GREEN, James N. Carta Aberta ao Embaixador Norte-Americano Michael Fitzpatrick. Op. Cit.

Operação Lava Jato para criar um clima hostil ao governo e aos seus aliados. Adicionalmente, fica evidente a contradição entre a acusação de um desvio de finalidade a presidenta Dilma nomear o ex-presidente Lula como seu ministro da Casa Civil sob alegação de que ele estaria supostamente esquivando-se das investigações, quando o presidente interino Michel Temer indicou sete pessoas sob investigação para ministérios.

A falta de imparcialidade fica evidente no fato que a presidenta Rousseff foi afastada da presidência pela violação à Lei de Responsabilidade Fiscal, por prática de "pedaladas", quando o presidente Michel Temer fez exatamente a mesma coisa enquanto substituía a presidenta em viagens desta. Isso sem falar dos antecessores, os presidentes Lula e Cardoso, que também praticaram atos semelhantes, além de pelo menos dezesseis governadores, incluindo Aécio Neves.

O embaixador também falhou em assinalar no seu discurso outra deficiência na situação política atual do Brasil, ou seja, a liberdade de imprensa (e das mídias de massa em geral) que existe apenas para os que são proprietários delas. Hoje, as forças conservadoras que controlam os maiores jornais, revistas e canais de televisão sistematicamente apresentam visões parciais dos acontecimentos apenas para influenciar a opinião pública. É como se a Fox News pudesse controlar todos os canais da grande mídia dos EUA.

Na primeira semana do novo governo, o presidente Temer revelou uma agenda radicalmente nova, mas verdadeiramente antiga, para o Brasil que pretende retroceder todos os avanços sociais que tiveram lugar nos últimos trinta anos, desde o fim da ditadura. Aqueles que se sentiram ultrajados pelo fato de Michel Temer não ter indicado nenhuma mulher ou pessoa negra para posições ministeriais não estão clamando por demagogia. Esse ato não é trapalhada de relações públicas. Isso simboliza a intenção desse governo. Na primeira semana de sua gestão, ele já anunciou que reduziria direitos sociais, com cortes no sistema de seguridade social, educação e moradia que afetam largamente os setores mais pobres da sociedade brasileira.

Em 1964, o governo dos EUA estava no lado errado da história. Ele nunca pediu desculpas para o povo brasileiro por ter apoiado uma ditadura militar. Agora, cinco décadas depois, mais uma vez, endossou um processo ilegítimo. Aqueles que não aprendem com a história são levados a repeti-la.

2

Crises políticas e o "golpismo atávico" na história recente do Brasil (1954-2016)

Marcos Napolitano (Professor Depto. História e doutor em História Social / USP)

David Ribeiro (Doutorando em História Social / USP)

Poder Executivo *versus* Poder Legislativo: a porta de entrada para as crises políticas

Apesar de experimentar diversos regimes políticos e constitucionais, diferentes entre si, uma das marcas da República brasileira pós-1945 é o conflito entre os Poderes Executivo e Legislativo como sintoma de crises políticas mais aprofundadas e estruturais. Entre nós, este conflito assume peculiaridades institucionais e ideológicas que o distinguem de qualquer tensionamento pontual entre os dois poderes, rotina típica das chamadas "democracias ocidentais". Ademais, ele pode sugerir uma tendência de longo prazo da história política brasileira contemporânea, atingindo situações-limite que coincidem com configurações típicas de "crises institucionais" e "golpes de Estado". Nestas ocasiões, coloca-se em risco não apenas o governo de plantão, mas o próprio regime político pactuado entre os atores. A partir destas premissas, não seria exagerado dizer que o Congresso Nacional foi utilizado como espaço de articulação para ações golpistas conservadoras em momentos-chave da história recente do Brasil, como em 1954, 1964 e 2016. Não se trata de afirmar que o Congresso "apenas" abrigou parlamentares golpistas, mas que suas prerrogativas constitucionais e institucionais foram instrumentalizadas para montar artimanhas e estratégias para a tomada do poder mediante a derrubada do mandatário do Poder Executivo eleito pelo voto popular, como demonstra o papel do Congresso na crise terminal do governo Jango em 1964 e na legitimação do Golpe Civil-Militar de 31 de março[92]. Esclarecemos que não se trata de vilanizar o Congresso Nacional ou idealizar as políticas e agendas emanadas de um Poder Executivo supostamente preocupado com o bem-estar social, tampouco de

---

[92] RIBEIRO, David. *Da crise política ao golpe de Estado.* São Paulo: Hucitec/Fapesp, 2015

reforçar a visão do "congresso como baluarte da democracia", típica do constitucionalismo liberal[93] brasileiro. Trata-se de entender o conflito destes dois Poderes como uma espécie de dilema histórico da política brasileira, com graves resultados para a democracia.

Os conflitos entre os poderes constituídos não são exclusividade da história política do Brasil pós-1945. Vale lembrar que o momento fundacional da nossa história como Estado-nação está marcado por uma grave crise política que opôs o parlamento brasileiro, ainda em sua segunda legislatura, ao imperador d. Pedro I, culminando na abdicação deste em 7 de abril de 1831. Ao longo da história republicana, antes de 1945, as relações entre o Poder Legislativo e o Poder Executivo tampouco foram harmônicas, extrapolando muitas vezes o que seria normal e rotineiro dentro de um sistema político. Nosso primeiro presidente republicano, marechal Deodoro da Fonseca, renunciou depois de uma fracassada tentativa de fechar o Congresso. O modelo da "Política dos Estados" lançado por Campos Sales pacificou esta relação da pior forma possível, por meio do recurso da fraude eleitoral sistêmica e da manipulação em segunda instância dos resultados eleitorais pela famigerada "Comissão de Verificação de Poderes" do Congresso, que "degolava" inimigos políticos do arranjo situacionista. A primeira "Era Vargas" virtualmente submeteu o Congresso Nacional, impondo um Poder Executivo forte e centralizador, em nome de um projeto nacional autoritário que tinha seu epicentro na burocracia civil e militar do Estado federal, entendido como entidade administrativa e tutelar da sociedade.

Depois da traumática experiência do Estado Novo, a República de 1946 e sua constituição liberal deram novo protagonismo ao Poder Legislativo, como fiscal do Poder Executivo, prerrogativa necessária e saudável em qualquer democracia madura, mas que foi a porta para crises políticas cuja dinâmica, muitas vezes, tinha seu epicentro no Congresso Nacional (Câmara dos Deputados e Senado Federal). O Regime Militar, hipertrofiando o Poder Executivo (o que incluía a usurpação de funções legislativas e constitucionais típicas do Congresso) e reforçando os "anéis burocráticos" do Estado como ator político extraparlamentar, teve uma relação quase esquizofrênica com o Congresso[94]. Por um lado, a certidão de nascimento do regime e o jogo sucessório entre os generais passou pela legitimação forçada do Congresso Nacional. Por outro, este se tornou o epicentro de demandas por democracia que foram momentos de conflitos com os militares, como nas conjunturas de 1968, 1977

---

93 Aqui, tomo emprestado o termo utilizado por Thomas Skidmore para qualificar o tipo de ator político liberal que historicamente tem-se colocado contra o Poder Executivo centralizado, de viés estatista, com agendas reformistas ou nacional-desenvolvimentistas. (Cf. SKIDMORE, Thomas. *Brasil: de Getúlio a Castelo*. São Paulo: Companhia das Letras, 2010.) Para uma análise do constitucionalismo como ideologia liberal que pode abrigar soluções de força, conferir: BERCOVICI, Gilberto. *Soberania e constituição*: para uma crítica do constitucionalismo. São Paulo: Quartier Latin, 2008.

94 REGO, Antonio Carlos Pojo. *O Congresso Brasileiro e o Regime Militar* (1964-1985). Rio de Janeiro: FGV, 2008.

e 1984. Além disso, o Congresso teve um papel-chave na legitimação da "Abertura" política e da transição negociada, como na tramitação da Lei da Anistia (1979) e na eleição de Tancredo Neves, dentro das regras eleitorais impostas pela ditadura[95].

A Constituinte de 1986-1988 novamente "empoderou" o Congresso (sobretudo os líderes partidários e as presidências das casas legislativas), mas também incorporou como matéria constitucional a histórica hipertrofia do Poder Executivo herdada da ditadura, seja como legislador, seja como definidor das agendas políticas e econômicas da nação[96]. Neste sentido, a estrutura política brasileira pós-1988 reforçou a tendência do chamado "presidencialismo de coalizão"[97], misturando os defeitos de dois sistemas (presidencialismo e parlamentarismo), sem necessariamente incorporar suas virtudes. Os aspectos institucionais desta relação já foram amplamente estudados, sobretudo pela ciência política[98].

Analistas que se dedicam ao estudo do funcionamento das instituições políticas brasileiras procuram evitar a ligação mecânica entre a eficácia política das instituições e a realização de "agendas sinceras" de governo, via de regra calcadas nas plataformas eleitorais dos candidatos ao comando do Poder Executivo federal. Este viés analítico tem importância peculiar, sobretudo, na análise das crises de governos identificados com o campo da esquerda. Neste caso, as "agendas sinceras" estão ligadas a programas partidários e de governo que buscam implementar "políticas substantivas" de reformas sociais e econômicas, que rompam o círculo vicioso da concentração de renda, da excessiva desnacionalização da economia ou do baixo crescimento econômico[99].

---

[95] MONTEIRO, Lucas. *As dinâmicas da luta pela anistia na transição política*. São Paulo: Intermeios/Fapesp, 2016

[96] LIMONGI, Fernando; FIGUEIREDO, Argelina. Instituições políticas e governabilidade: desempenho do governo e apoio legislativo na democracia brasileira. In: RANULFO, Carlos (Org.). *A democracia brasileira*: balanço e perspectivas para o século XXI. Editora da UFMG, 2007. p. 25-32.

[97] Conferir: ABRANCHES, Sérgio Henrique. Presidencialismo de coalizão: o dilema institucional brasileiro. *Dados: Revista de Ciências Sociais*, Rio de Janeiro, v. 31, n. 1, p. 5-34, 1988.

[98] LIMONGI, Fernando; FIGUEIREDO, Argelina. Executivo e Legislativo na nova ordem constitucional. Rio de Janeiro: FGV, 1999; MOYA, Maurício A. *As relações entre os poderes Executivo e Legislativo durante a elaboração da política de privatização no Brasil* (1990-1998). 2001. Dissertação (Mestrado em Ciência Política) – Universidade de São Paulo, São Paulo, 2001.

[99] LIMONGI, Fernando; FIGUEIREDO, Argelina. Poder de agenda e políticas substantivas In: *Legislativo brasileiro em perspectiva comparada*. Belo Horizonte: Editora da UFMG, 2009. (Para os autores, uma eventual "agenda sincera do Executivo" é uma impossibilidade analítica, posto que não é possível determinar sua existência. Ela não deve ser confundida com programa partidário ou eleitoral, pois uma vez no Executivo a formulação de uma agenda [de reformas, por exemplo], sempre leva em conta os outros atores políticos do sistema. Se fosse completamente "sincera" a agenda seria uma agenda privada [do governante e seus conselheiros] ou "irresponsável".)

O estudo de Limongi e Figueiredo[100], escrito no contexto do bem-sucedido segundo mandato do presidente Luiz Inácio Lula da Silva, tanto no plano social quanto no plano institucional, questionam com argumentos plausíveis e dados quantitativos concretos, a crença de que o presidencialismo de coalizão à brasileira, a fragmentação partidária e o empoderamento institucional e constitucional recíproco de Congresso Nacional e da Presidência da República seriam necessariamente fatores de crise e causas da ineficiência da realização de políticas públicas e econômicas inclusivas. Se é verdade que o modelo político brasileiro funciona, ainda que "bem ao seu modo", sobretudo em relação à capacidade Executivo de impor uma agenda de governo com aval do Legislativo, é verdade também que este "bom" funcionamento está condicionado a uma engenharia política complexa. Esta pressupõe a formação de supermaiorias[101], distribuição de cargos no poder executivo, acomodações de interesses federativos e corporativos, levando a uma moderação de projetos reformistas que estão embutidos em muitos programas de campanhas presidenciais e programas de governo de partidos de esquerda. Em outras palavras, o preço a pagar para garantir a "governabilidade" neste sistema complexo é evitar mudanças radicais no campo das políticas públicas, econômicas ou sociais.

No contexto da IV República, o Congresso acabou sendo o *locus* mais apropriado de atuação dos grupos sociais, econômicos e políticos com ampla capacidade de veto sobre o ímpeto das políticas reformistas do Executivo eleito pelo voto popular majoritário a partir de uma "agenda sincera" calcada no nacionalismo econômico e na inclusão social. Em 1964, a agenda das "reformas de base" de Jango pouco avançou enquanto projeto parlamentar. No caso dos governos petistas (2003-2016), ainda seria preciso analisar com mais cuidado se houve, efetivamente, uma agenda reformista do Poder Executivo ou se as políticas de inclusão social e estímulo ao capitalismo de "conteúdo nacional" foram pontuais e setoriais.

A crise de 2016 que culminou na deposição forçada de Dilma Rousseff com o aval do Congresso renovou o tema dos conflitos entre os Poderes Executivo e Legislativo e colocou uma séria dúvida na tese da "maturidade" e da "consolidação" das instituições políticas brasileiras, bem como no bom funcionamento do "presidencialismo de coalizão" à brasileira pós-1988.

A crise econômica, a campanha midiática antigovernamental, a emergência de movimentos sociais de direita e extrema-direita, e a crise moral do petismo criaram as

---

100 LIMONGI, Fernando; FIGUEIREDO, Argelina. Instituições políticas e governabilidade: desempenho do governo e apoio legislativo na democracia brasileira. In: RANULFO, Carlos (Org.). *A democracia brasileira*: balanço e perspectivas para o século XXI. Belo Horizonte: Editora da UFMG, 2007. p. 25-32.

101 NOBRE, Marcos. *O imobilismo em movimento*: da abertura democrática ao governo Dilma. São Paulo: Companhia das Letras, 2013.

possibilidades para que Eduardo Cunha, então presidente da Câmara dos Deputados, abrisse as portas do parlamento para a peça de *impeachment* de três juristas paulistas que, em outras circunstâncias, poderia ir para a lata do lixo da História (ou melhor, para o arquivo morto do Congresso) como as outras 130 petições encaminhadas ao Congresso desde o *impeachment* de Fernando Collor[102]. Tudo indica que o *impeachment* era inicialmente uma palavra de ordem para "fazer o governo sangrar", como sintetizou um importante líder tucano em meados de 2015, mas acabou se tornando uma "janela de oportunidade" para a tomada do poder por grupos com uma clara proposta de reformas liberais na economia (que vem sendo implementadas pelo governo de Michel Temer), apoiados por outros grupos com uma agenda ultraconservadora para as políticas sociais, educacionais e culturais.

Por falta de espaço, não analisaremos os detalhes da crise que culminou na deposição de Dilma Rousseff, já devidamente analisada em outros trabalhos recentes[103]. O que nos interessa neste texto é examinar as crises de 1954 e 1964, frequentemente evocadas como exemplos de um "golpismo atávico", de longa duração" na sociedade e na política brasileiras, tendo como um dos eixos principais o conflito entre os poderes Executivo e Legislativo. Ao fim, vamos propor uma linha interpretativa histórico-analítica para tentar compreender melhor este padrão de conflito, marcado pelo poder de (re)ação política conservadora que demonstra uma permanência inquietante na história do Brasil.

A crise de 1954

A crise de 1954 não pode ser caracterizada, propriamente, como uma crise institucional entre os poderes Executivo e Legislativo, embora também tenha passado por este tipo de conflito. Seu espectro era mais amplo, pois envolvia uma ampla rejeição de vários grupos sociais e partidários influentes dentro e fora do Congresso, ainda que minoritários na sociedade, à figura de Getúlio Vargas. O estilo personalista e ardiloso para conduzir o projeto "nacional-desenvolvimentista" à frente do Estado brasileiro, com foco no nacionalismo econômico moderado e na indústria de base com forte gerenciamento estatal, era um dos pomos da discórdia com grupos econômicos influentes ligados ao setor

---

102 O caso Collor não será examinado neste artigo, mas também apresenta elementos de conflito entre Poder Executivo e Legislativo, adensado por um consenso das principais forças partidárias (PSDB, PMDB e PT) e sociais sobre a necessidade de sua queda. Sobre o *impeachment* de Collor, conferir: SALLUM Jr, Brasílio. *O impeachment de Fernando Collor:* sociologia de uma crise. São Paulo: Editora 34, 2015.

103 Conferir, por exemplo, SOUZA, Jesse. *A radiografia do golpe.* Rio de Janeiro: Leya, 2016; MATTOS, Hebe; BESSONE, Tania; MAMIGONIAN, Beatriz. *Historiadores pela democracia*: o golpe de 2016 – a força do passado. São Paulo: Alameda, 2016.

agrário e ao grande comércio internacional. Obviamente, os ressentimentos e desconfianças em relação ao seu passado como autocrata e ditador contribuíam para acirrar os ânimos dos opositores por ocasião da sua volta ao poder máximo da república em 1951.

As eleições de 1945 para a Assembleia Constituinte que fundou a IV República brasileira consagraram a máquina do Partido Social Democrático (PSD). Este partido, que surgiu das oligarquias estaduais que apoiavam Getúlio, elegeu 159 deputados e 26 senadores. A União Democrática Nacional (UDN), que tinha no antigetulismo e no liberalismo ortodoxo seus *leitmotivs*, elegeu 78 deputados e onze senadores. O Partido Trabalhista Brasileiro (PTB), máquina política de apoio a Getúlio Vargas, ancorada em bases sindicais tuteladas pelo Estado, elegeu 22 deputados e um senador, o próprio Getúlio (que também se elegeu pelo PSD no RS, conforme permitia a legislação da época). O Partido Comunista Brasileiro (PCB), em sua breve experiência de legalidade (1945 a 1947), elegeu quinze deputados e um senador (Luís Carlos Prestes). Os outros partidos elegeram 23 deputados e dois senadores. Eram eles, PR (Partido Republicano), ligado ao velho líder Artur Bernardes, um dos poucos políticos tradicionais oriundos da Primeira República sensíveis ao nacionalismo econômico, tinha uma bancada considerável (onze deputados, um senador). O Partido Social Progressista (PSP), organizado durante o processo constituinte sob a batuta de Ademar de Barros, ficou com sete deputados e um senador. O Partido Democrata Cristão (PDC), a Esquerda Democrática (base do futuro Partido Socialista Brasileiro – PSB) e o Partido Libertador, cujo epicentro era a elite federalista gaúcha, completaram o número de constituintes, elegendo entre um e dois deputados cada. A composição da Assembleia Constituinte, que se tornou legislatura ordinária ao fim dos trabalhos, já configurava como ficaria o quadro partidário brasileiro da IV República até, ao menos, as eleições de 1962.

Entre fevereiro e setembro de 1946, os representantes destes partidos elaboraram a nova Constituição brasileira, mesclando direitos sociais e trabalhistas, princípios constitucionalistas liberais e alguns elementos do corporativismo que havia seduzido as elites autoritárias de 1930, sobretudo em relação aos trabalhadores. A Constituição manteve a proibição do voto dos analfabetos, o que limitava o corpo político-eleitoral e excluía da vida política institucional milhões de trabalhadores do campo e pequenos proprietários rurais.

Outros partidos se agregariam ao quadro nas futuras legislaturas: o PRP (Partido da Representação Popular), que congregou os antigos integralistas liderados por Plínio Salgado, o Partido Socialista Brasileiro (PSB), fundado em 1947, e outros tantos partidos menores que não chegaram a ter importância eleitoral. Vale lembrar que o PCB foi colocado na ilegalidade no mesmo ano, com a subsequente cassação dos seus parlamentares eleitos, mas manteve uma considerável influência política ao longo da IV República, sobretudo no meios sindicais e intelectuais, e até parlamentares, posto que alguns quadros comunistas se candidataram pelo PTB. No começo de 1947, foram realizadas eleições complementares para a Câmara e para o Senado, e novamente o PSD e a UDN foram os partidos que elegeram mais candidatos.

Em janeiro de 1948, a UDN, o PSD e o PR formaram um "acordo interpartidário", com 235 deputados, para dar sustentação política ao presidente Eurico Dutra e seu governo conservador, marcado pelo anticomunismo, pela perseguição a entidades sindicais e pelo liberalismo econômico ortodoxo. O bloco era uma iniciativa para isolar e neutralizar Getúlio Vargas e o PTB[104]. Ao mesmo tempo, expressava um novo protagonismo do Congresso Nacional na vida política brasileira.

Foi neste contexto que se discutiu e aprovou a Lei n. 1.079, de 10 de abril de 1950, a famosa "lei do *impeachment*" que sobreviveu a vários regimes e acabou sendo utilizada para depor Dilma Rousseff. Ela tipificava 65 "crimes de responsabilidade" definidos como "*atos do Presidente que atentem contra a Constituição Federal*", divididos em oito grandes grupos. Os tipos de crimes definidos na Lei n. 1.079 deixam claro que o objetivo era estabelecer, pela força da legislação e pela vigilância do Congresso, mecanismos de controle parlamentar dos atos do mandatário do Poder Executivo, mais do que propriamente controlar malfeitos e punir crimes de responsabilidade. O presidente poderia ser imputado por impedir "o livre exercício do poder Legislativo", atentar contra o "exercício dos direitos políticos, individuais e sociais", atentar contra a "probidade administrativa" e contra a "lei orçamentária". Os detalhamentos de cada tipo de crime nos artigos específicos deixam um grande espaço de manobra política e leitura discricionária, possibilitando que a referida lei fosse invocada em momentos de luta política entre os Poderes Executivo e o Legislativo, como de fato ocorreu.

O fato é que na ausência de uma tradição parlamentarista e assombrado com a histórica subserviência do Legislativo ao Executivo (durante a Primeira República) e com o centralismo autoritário da Era Vargas (1930-1945), o Congresso se arvorou como o fiador do regime republicano e do constitucionalismo liberal. Isto não impediu a grande ascendência do Presidente da República sobre os parlamentares, nem sua capacidade de negociação e de formação de agenda política, mas sem dúvida deixou nas mãos do Congresso um poderoso mecanismo de controle do Poder Executivo que estranhamente sobreviveu à IV República e ao Regime Militar.

Vale lembrar que a tramitação da Lei começou em novembro de 1948, passando por um longo processo parlamentar de emendas e revisões, ganhando sua forma final

---

104 NETO, Lira. *Getúlio*: da volta pela consagração popular ao suicídio. São Paulo: Companhia das Letras, 2014 p. 141. v. 3.

em março de 1950. Não se pode ligar direta e mecanicamente a elaboração desta lei à sombra do ex-ditador Vargas que pairava sobre a nação e deixava claro que sua vida política não estava encerrada com o fim do Estado Novo. Mas também não podemos descartar que um dos destinatários da Lei n. 1.079 fosse Vargas ou qualquer candidato mais afeito à autocracia ou a agendas que se descolassem dos interesses das elites políticas e do *establishment* notoriamente liberal-conservador que predomina no andar de cima da sociedade civil. Não devemos subestimar, inclusive, o temor das elites liberais brasileiras em relação a uma possível contaminação da experiência argentina de "política de massas" sob Juan Domingo Perón, que no final dos anos 1940 estava no auge da popularidade e poder, nas eleições brasileiras[105]. Aliás, Vargas era frequentemente invocado como o político brasileiro mais parecido com Perón, embora naquele contexto inicial da IV República, Ademar de Barros, ex-interventor em São Paulo durante o Estado Novo, fosse o político mais carismático do Brasil, angariando inclusive, votos de operários e comunistas. Não por acaso, em 1948, a aproximação de Ademar e Getúlio abriu caminho para a candidatura deste ao cargo de Presidente da República eleito pelo voto popular. Ambos, ainda que isolados e minoritários no Congresso, eram imbatíveis nas eleições majoritárias para cargos executivos, pois sabiam como canalizar, eleitoralmente, a novidade política da IV República, que era o voto operário. Em fins de 1949, Getúlio dava sinais que iria aceitar a candidatura à Presidência, cujo espaço aumentava à medida em que o conservadorismo de Dutra, combinado com a espiral inflacionária e a crise cambial brasileira, pioravam o dia a dia dos operários e da baixa classe média.

Em junho de 1950, Ademar de Barros lançou a candidatura de Getúlio Vargas, confirmada pela convenção do PTB, causando uma grande agitação no sistema partidário brasileiro. O PSD dividiu-se em relação à candidatura do ex-ditador, e só a UDN se manteve ferrenhamente antigetulista, assim mesmo com algumas dissidências locais. O primeiro lançou Cristiano Machado, candidato que não angariou apoio das principais lideranças partidárias, e o segundo lançou novamente Eduardo Gomes, o mesmo candidato de 1945.

Antes mesmo de Getúlio ser oficializado como candidato, Carlos Lacerda, *enfant terrible* da UDN, lançou o mantra golpista: "O sr. Getúlio Vargas, senador, não deve ser candidato à presidência. Candidato, não deve ser eleito. Eleito, não deve tomar posse. Empossado, devemos recorrer à revolução para impedi-lo de governar".

Apoiado pelo PSP de Ademar de Barros (que esperava reciprocidade para a próxima eleição presidencial), Getúlio obteve 48% dos votos, contra 29% da UDN. O resultado

---

105 SANTOS, Rodolpho Gauthier. Um fantasma chamado Perón: imprensa e imaginário político no Brasil (1951-1955). In: SIMPÓSIO NACIONAL DE HISTÓRIA – Anpuh, 26., *Anais*... São Paulo, julho 2001. Disponível em: <http://www.snh2011.anpuh.org/resources/anais/14/1308011800_ARQUIVO_TextoRodolpho-v.2.0.pdf>. Acesso em: 19 jan. 2017.

da eleição confirmava a presença incontornável de dois novos atores político-eleitorais no Brasil: o operariado urbano (mesmo que limitado pela proibição do voto do analfabeto) e a baixa classe média das grandes cidades. Não por acaso, os dois grupos mais vitimados pela inflação e pelo custo dos produtos importados e do modelo econômico livre-cambista defendido por Dutra e pelas elites ligadas ao setor agrário e comercial. As palavras de ordem getulistas – industrialização conduzida pelo Estado e maior igualdade social – eram poesia para o ouvido destes grupos, na mesma medida que assustavam os grandes comerciantes ligados ao comércio tradicional, os profissionais liberais ligados às oligarquias e a classe média tradicional, base da UDN. Seguindo o mantra de Lacerda, este partido questionou a eleição junto ao TSE, defendendo a tese de que o eleito deveria ter maioria absoluta dos votos populares, sob pena da anulação da eleição. A estratégia não deu certo, o Tribunal recusou a petição e Vargas tomou posse como presidente eleito.

Nas eleições parlamentares de 1950 o quadro da Câmara dos Deputados permaneceu similar ao de 1946: O PSD ficou com 112 cadeiras, a UDN afirmou-se como segunda força, com 81 deputados, o PTB getulista cresceu sensivelmente, com o PSP ademarista (então aliados), com 51 e 24 deputados, respectivamente. O PR manteve o número de cadeiras conquistado em 1945 (11). Os outros partidos menores elegeram, juntos, 25 deputados. Na renovação das cadeiras do Senado, deve-se considerar o crescimento do PTB e do PSP, com cinco e três senadores cada. O PSD elegeu seis senadores.

Em que pese o tom que poderia ser classificado como "populista"[106] ao longo da campanha, uma vez eleito e empossado Vargas se inclinou muito mais para um governo de "união nacional" para garantir a "governabilidade", a equação-chave da política brasileira. Apesar de contar com o apoio do PSP, Getúlio sabia que o fiel da balança no dia a dia parlamentar era o PSD. O líder do governo, Gustavo Capanema, quadro histórico do Estado Novo, tentou articular uma nova base parlamentar que incluísse o PSD, PTB e PSP.

O primeiro ministério de Vargas era a expressão desta linha de ação. O PSD tinha quatro ministérios: Exterior (João Neves, seguido de Vicente Rao), Fazenda (Horácio Lafer, seguido de Osvaldo Aranha, próximo da UDN), Justiça (Tancredo Neves), Educação e Saúde (Antônio Balbino). O PSP ademarista tinha o cobiçado Ministério de Viação e Obras Públicas, perdido após a reforma para José Américo (UDN), bem como a igualmente cobiçada presidência do Banco do Brasil. O PTB ficou apenas com o Ministério do Trabalho, posto ocupado por vários nomes (Danton Coelho, Segadas Vianna,

---

106   Não entraremos no debate teórico sobre esta categoria. Em linhas gerais, endossamos as críticas historiográficas que vem sendo feitas ao uso genérico do termo "populismo" para qualificar experiências políticas em diversos países e conjunturas. Ver FERREIRA, Jorge e GOMES, Angela de Castro (Org.). *O populismo e sua história*. Rio de Janeiro: Civilização Brasileira, 2001

João Goulart). Até a UDN ganhou ministério, o da Agricultura, com João Cleofas, de Pernambuco, ainda que à revelia da direção nacional do partido. Com a criação do Ministério da Saúde, em junho de 1953, o PSD ganhou mais um cargo.

A crônica sobre o segundo governo Vargas consagrou a imagem de uma dicotomia na política econômica do governo, simbolizada no conflito entre o pensamento nacionalista da Assessoria Econômica da Presidência (criada em 1951 com técnicos recrutados no Departamento de Administração do Serviço Público) e a Comissão Mista Brasil/EUA, efetivada em 1951, mas dissolvida em julho de 1953, sob a crítica dos nacionalistas. A suposta "guinada nacionalista" já foi criticada pela historiografia[107], que tende a ver nas mudanças mais uma tentativa de recompor o apoio político-partidário de Vargas, do que modificar radicalmente a agenda de governo. A bem da verdade, é preciso relativizar esta suposta dicotomia, pois a Comissão Mista foi importante para diagnosticar os gargalos da economia brasileira na direção da industrialização, e tinha sido criada dentro da expectativa de grandes empréstimos subsidiados ou transferência direta de recursos do governo norte-americano para o Brasil.

Entretanto, a partir de 1953, as dificuldades de convívio político com a UDN, bem como as dificuldades em conseguir o aval do governo norte-americano para o projeto industrializante, dada a mudança na política de apoio financeiro do recém-eleito de Dwight Eisenhower, acabaram por reforçar as correntes mais nacionalistas da opinião pública. Estas exigiam uma política econômica e social mais nacionalista e inclusiva por parte de Getúlio. A criação da Petrobras, em 1953, reforçou as desconfianças norte-americanas sobre a tendência ao nacionalismo econômico autárquico de Vargas[108]. O equilíbrio tentado pelo seu governo visando manter unidas as principais forças políticas internas, angariar apoio internacional e neutralizar o golpismo dos setores *ultra* da UDN ficou insustentável. À esquerda, os problemas também não eram poucos. A greve dos trezentos mil em São Paulo, em março, era um sinal de força e impaciência da classe operária. O equilíbrio político, já comprometido em 1953, ficou insustentável ao longo de 1954.

O conflito entre Legislativo e Executivo não foi o estopim da crise política final do governo Vargas. O eixo da crise e da conspiração antigetulista passava por outras instâncias políticas e societárias, ainda que a atuação da UDN no parlamento fosse um fator de tensão, frequentemente apelando para soluções extraparlamentares para depor Getúlio. A divisão das Forças Armadas, sobretudo no Exército, entre oficiais

---

107 D'ARAUJO, Maria Celina. *O segundo governo Vargas*: democracia, partidos e crise política. São Paulo: Editora Ática, 1992

108 SKIDMORE, Thomas. *Brasil*: de Getúlio a Castelo. São Paulo: Companhia das Letras, 2010

nacionalistas e "ocidentalistas"[109] era outro fator de tensão política, pois os segundos eram muito próximos do antigetulismo e do elitismo visceral da UDN.

Os outros atores do golpismo antigetulista e suas estratégias de "desconstrução" do governo revelam uma impressionante similitude com as crises de 1964 e 2015/2016. A imprensa dominada por alguns magnatas, como a família Mesquita (*O Estado de São Paulo*), Roberto Marinho (*O Globo*) e Assis Chateaubriand (*Diários Associados, O Cruzeiro*) também destilavam o antigetulismo, com muita influência na porção superior da classe média, elitista e conservadora. Carlos Lacerda era a expressão máxima desta corrente. O tema da corrupção, o "mar de lama sob o Catete", foi um mote constante na campanha antigetulista, ao lado da acusação de que Getúlio estaria promovendo a "subversão" e incentivando a "luta de classes", sobretudo a partir da suposta "guinada nacionalista" de meados de 1953.

A nomeação de João Goulart para ser Ministro do Trabalho, jovem liderança trabalhista, e a proposta de aumentar o salário-mínimo em 100% eram brandidas como "prova" das acusações da direita civil e militar, como fica patente no "Memorial dos Coronéis" de fevereiro de 1954 que exigiu a demissão do ministro, sob a acusação de querer implantar uma "república sindicalista" de natureza autocrática. Getúlio cedeu demitindo o jovem ministro, mas manteve o aumento salarial. A denúncia do fantasioso Pacto ABC, uma suposta aliança entre Getúlio, Perón e Carlos Ibañez (presidente do Chile) para formar um bloco aduaneiro na América do Sul, nacionalista e antiamericano, jogou mais lenha na fogueira da crise política[110]. Para piorar a situação, a denúncia partiu do ex-ministro das Relações Exteriores, João Neves da Fontoura, em entrevista dada ao *Jornal O Globo* em 3 de março de 1954. Mesmo sem provas contundentes (baseando-se apenas em um vago discurso de Perón restrito a oficiais), o ex-ministro denunciava o "plano secreto" dos três presidentes, ainda que admitindo que se tratava muito mais de uma iniciativa de Perón do que de Vargas.

Em maio, com a confirmação do aumento de 100% no salário-mínimo, a oposição a Getúlio ficou ensandecida, vendo no anúncio a confirmação dos planos para criar a

---

109 Não queremos utilizar a nomenclatura convencional "nacionalistas" *versus* "entreguistas", pois não se trata de uma dicotomia desse tipo, mas de um conflito de projetos sobre o papel geopolítico do Brasil e sobre o grau de autonomia da economia brasileira em relação ao capitalismo internacional e ao bloco político ocidental. Sobre os conflitos internos das Forças Armadas ao longo da IV República e seus padrões de intervenção política, conferir: STEPAN, Alfred. *Os militares na política*: mudanças de padrões na vida brasileira. Rio de Janeiro: Artenova, 1975. Para uma crítica do paradigma de "intervenção moderadora" de Stepan, conferir: MARTINS Filho, João Roberto. Forças Armadas e política (1945-1964): a antessala do golpe. In: FERREIRA, Jorge; DELGADO, Lucilia de Almeida Neves (Orgs.). *O Brasil Republicano*: o tempo da experiência democrática. Rio de Janeiro: Civilização Brasileira, 2003. p. 97-126. v. 3.

110 Sobre o Pacto ABC, conferir: ALMEIDA, Paulo Renan. *Perón-Vargas-Ibañez-Pacto ABC*. Porto Alegre: Edipucrs, 1998.

"república sindicalista" às expensas das instituições, da racionalidade econômica e da responsabilidade fiscal (sempre elas!). Era a chance de trazer o conflito político ideológico para o âmbito parlamentar e dar uma fachada legalista, sempre mais aceitável para *establishment liberal*, para uma deposição forçada do presidente eleito.

Em 3 de maio de 1954, a oposição protocolou o pedido de *impeachment*, a partir da denúncia de um cidadão, Wilson Leite Passos, que fora "líder estudantil", fundador da UDN e futuro vereador no Rio de Janeiro, cuja grande iniciativa foi propor uma "Lei da Eugenia"[111]. O argumento central da petição era a "má execução orçamentária e improbidade administrativa"[112], o que podia fazer com que ficasse tipificado um "crime de responsabilidade" com base na já citada Lei n. 1.079/1950. O bloco parlamentar de apoio ao presidente conseguiu nomear o relator do processo, que pediu seu arquivamento, mas assim mesmo o pedido foi a plenário, sob forte campanha da imprensa contra Getúlio. Entretanto, a tentativa de opor o Poder Legislativo e o Poder Executivo como estratégia golpista não se viabilizou. O pedido de abertura do processo de *impeachment* foi rejeitado em 16 junho de 1954, por 136 a 35 votos[113].

Ainda assim, a campanha golpista não arrefeceu na imprensa, agravada pela tensão crescente nos quartéis e no andar de cima da sociedade. No começo de agosto, Getúlio foi vaiado em coro pela elite carioca na tradicional corrida de cavalos no Hipódromo da Gávea. O isolamento político pela esquerda e pela direita, entre os militares e civis, só aumentava. O hábil Getúlio parecia encurralado.

Em 5 de agosto, houve o famoso atentado contra Carlos Lacerda, com a morte de Rubens Vaz, major da FAB. Ato contínuo, houve a formação de um IPM sediado na "República do Galeão", como ficou conhecido o foco de conspiração contra o governo. As investigações chegaram à figura de Gregório Fortunato, antigo agregado da família Vargas, que cuidava do corpo de segurança pessoal do presidente. Era a conexão que faltava para incriminar o mandatário do Palácio do Catete pelo atentado. A descoberta dos "papéis de Gregório", em 20 de agosto, demonstraram uma gama de ações e tráficos de influência do "anjo negro", embora nada dissessem sobre o atentado em si. Para Lacerda, os papéis confirmavam o "mar de lama sob o Catete", potencializando e legitimando o mote golpista da "luta contra a corrupção". Em 22 de agosto, o vice-presidente Café Filho propôs uma "dupla renúncia", não só rejeitada por Vargas, mas vista por ele como uma traição política que confirmava o papel do vice como parte do grupo golpista. No dia seguinte, publicou-se um Manifesto de 27 Generais exigindo

---

111 NETO, Lira, op. cit., p. 286.
112 NETO, Lira, op. cit., p. 286-287.
113 NETO, Lira, op. cit., p. 291-292.

a renúncia de Vargas, o qual disse que "só morto", sairia do Catete. O resto é história e prescinde de maiores descrições.

Além das semelhanças no roteiro das crises, marcadas pela conspiração e desconstrução pública da figura presidencial, salta à vista a resignação do deposto diante da derrota política, o que parece uma marca dos presidentes brasileiros golpeados. Getúlio, em nenhum momento, convocou as massas para defender o seu governo, trancou-se no seu quarto e "serenamente" saiu da vida para entrar na História ao dar um tiro no coração. Em grande parte, esta resignação, que não nos cabe analisar do ponto de vista moral ou psicológico, revela um DNA da política de massas à brasileira mais afeita a estratégias de ocupação do Estado, mais do que mobilizações sociais, como caminho para realizar um projeto político e defendê-lo de artimanhas golpistas. Foi assim em 1945, em 1954, em 1964 e em 2016. As massas só são conclamadas a entrar em cena depois do desfecho da crise em contextos golpistas consumados, isso quando o são. Não queremos com isso, idealizar a participação das massas ou supor que sua mobilização salvariam os projetos políticos que se abrigavam nestes três momentos históricos. Mas é inegável que há um padrão de relação entre governo, partidos, instituições e movimentos de massa bastante peculiar entre as várias experiências nacionalistas ou reformistas de esquerda da história republicana. As resistências a movimentos golpistas se apoiaram mais na divisão das Forças Armadas e na formação de uma rede parlamentar de apoio do que em uma conclamação das massas. O Comício da Central, quando Jango tentou se apoiar nas massas para defender as Reformas em parte contraria esta tendência. Mas só em parte, pois o epicentro da interlocução política do governo ainda era o Congresso Nacional. Neste sentido, o Comício foi menos uma ruptura com a estratégia política anterior do que uma nova tática de pressão para reabrir negociações parlamentares.

Tudo indica que os desdobramentos da crise de "agosto de 1954" e o envolvimento dos militares antigetulistas neste processo foi a verdadeira arrancada final para o colapso político de Vargas e seu governo, e não o conflito entre os Poderes Executivo e Legislativo. Neste sentido, talvez tenham sido as diferenças na condução do processo de modernização da economia brasileira que tenham alimentado o conflito de fundo naquela conjuntura (diferente, portanto, de qualquer projeto de reforma política, inclusão social ou reformismo substantivo próximo da tradição socialdemocrata). A prova disso é a volta da ortodoxia econômica liberal no breve mandato de Café Filho, comandada por Eugenio Gudin até abril de 1955.

A eleição e a posse de Juscelino Kubitschek, igualmente cercada por tentativas golpistas da UDN e do seu braço militar, foi apoiada por um grande arco de alianças entre civis e militares legalistas que fizeram convergir, momentaneamente, o pensamento nacionalista, as demandas dos trabalhadores, os interesses da burguesia industrial (nacional e estrangeira) e da classe média[114]. Mas, este arranjo, tampouco, sobreviveria aos anos 1960. Vale lembrar que a capacidade de impor uma agenda industrializante avassaladora se deve muito ao estilo e à habilidade de governar de JK. Seu governo tendia à hipertrofia das ações administrativas pela via do Executivo e à neutralização (ou cooptação) dos interesses fisiológicos e conservadores que se abrigavam no Congresso Nacional, sem precisar impor uma ordem autoritária ao País.

A crise de 1964

No começo dos anos 1960, a conjuntura era sensivelmente diferente, embora os atores do sistema político fossem, praticamente, os mesmos. Ademais o conflito entre os projetos de desenvolvimentismo industrial mais autárquico ou mais associado, o componente do conflito social (com o dramático protagonismo dos movimentos sociais, de operários e camponeses) e o acirramento da Guerra Fria na América Latina não podem ser desprezados como fatores cruciais do colapso do governo João Goulart, eleito como vice de Jânio Quadros em 1960.

Eleito por um partido de pequena relevância na cena política nacional (PTN), Jânio Quadros contava com o apoio conservador dos udenistas para aprovar seus projetos no Congresso Nacional. Porém, logo no início do mandato, a relação entre eles já dava sinais de desgaste. A base governista no Poder Legislativo não via com bons olhos a política externa progressista, caracterizada pelo não alinhamento, adotada por Jânio no plano internacional. Além disso, alguns setores do PSD optaram por engrossar a oposição em virtude da devassa "anticorrupção" que a equipe presidencial prometia promover nas contas do governo JK. Aos poucos, configurava-se uma crise política marcada pelo distanciamento entre os poderes Executivo e Legislativo.

Sem apoio no Congresso Nacional, Jânio Quadros buscou outra alternativa para governar independentemente da aprovação do Poder Legislativo. Ciente da ampla rejeição que o vice-presidente sofria entre os congressistas mais conservadores, Jânio anunciou sua renúncia à presidência, apostando, no entanto, na recusa de seu pedido por conta do perfil ideológico do seu vice. Há certo consenso na historiografia, que ainda precisa ser mais aprofundado pelas pesquisas, que havia um plano de Jânio por trás da renúncia:

---

114 Em 22 de novembro de 1955, após manifestação militar liderada pelo marechal Henrique de Teixeira Lott ("novembrada"), Café Filho foi impedido pelo Congresso de voltar ao cargo, depois da deposição de Carlos Luz (que sofreu *impeachment* como presidente da Câmara). Nereu Ramos (primeiro vice-presidente do Senado) foi empossado para dar posse aos eleitos. Sobre o governo JK, conferir: BENEVIDES, M. Victoria. *O governo Kubitschek*: desenvolvimento econômico e estabilidade política. Rio de Janeiro: Paz e Terra, 1976; GOMES, Angela de Castro (Org). *Anos JK*. Rio de Janeiro: FGV, 2002.

criar um vazio de poder para retornar à Presidência com "plenos poderes" sobre o sistema político como um todo e apoio militar.

De certo modo, é possível afirmar que Jânio Quadros estava parcialmente correto em relação à sua previsão. De fato, setores do Poder Legislativo, da burguesia industrial e principalmente das Forças Armadas, prontamente se colocaram contrários à efetivação de João Goulart na presidência. O próprio presidente da Câmara de Deputados, utilizou o seu pronunciamento para relatar que os "Ministros Militares, na qualidade de Chefes das Forças Armadas, responsáveis pela ordem interna, me manifestaram a absoluta inconveniência, por motivos de segurança nacional, do regresso ao País do vice-presidente João Belchior Marques Goulart"[115]. Em contrapartida, nenhum parlamentar chegou a esboçar um pedido para que Jânio retornasse ao cargo. Criou-se um vácuo na cadeira presidencial.

Portanto, o que antes se configurava como uma crise do governo Jânio Quadros acabou transformando-se em uma crise do regime político vigente durante a IV República. Além do desrespeito à Constituição Federal, que previa a posse imediata do vice-presidente em caso de renúncia, o próprio Congresso Nacional corria o risco de uma intervenção militar. No entanto, por mais que a maioria dos parlamentares fosse favorável à posse de Jango, nenhum deles adotou na tribuna um tom de enfrentamento em relação aos militares.

Em meio ao impasse, formou-se uma Comissão mista, composta por senadores e militares, destinada a elaborar uma Emenda Constitucional que solucionasse a crise. Após apenas duas reuniões, e graças à rearticulação de um antigo projeto em circulação no Congresso Nacional, uma proposta de consenso foi apresentada. João Goulart seria efetivado na presidência, no entanto, o regime político seria convertido para o Parlamentarismo, solução que limitaria os poderes do presidente conforme exigiam os setores mais conservadores. Além disso, na tentativa de amenizar as críticas de que o povo estava sendo excluído do processo decisório, foi agendada a realização de um plebiscito para o início de 1965, por meio do qual os cidadãos poderiam decidir sobre a manutenção, ou não, do regime parlamentarista. A esquerda trabalhista e comunista não gostou da solução, pois sentia-se fortalecida pela Campanha da Legalidade e pela divisão das Forças Armadas entre golpistas e legalistas, mas não conseguiu reverter a solução parlamentarista. Vale lembrar que, por conta da pressão de quase todas as forças políticas, o plebiscito acabou sendo antecipado para janeiro de 1963.

De maneira geral, o que se notou no Poder Legislativo durante os 14 dias que separaram a renúncia de Jânio Quadros da posse de João Goulart, em meio a uma série

---

115 FICO, Carlos. *Além do golpe*: versões e controvérsias sobre 1964 e a ditadura militar. Rio de Janeiro: Record, 2004. p. 223.

de sessões extraordinárias, foi a adoção de uma postura conciliatória pela maioria dos congressistas, caracterizada pela negociação entre diferentes correntes e pelo cuidado em evitar a tomada de decisões precipitadas. No entanto, por mais que a solução encontrada tenha sido realizada de maneira negociada entre as diferentes forças políticas que compunham a cena política institucional brasileira, é possível afirmar que Jango assumiu a presidência já em um contexto de crise política, não sendo o seu governo, portanto, o principal responsável por seu surgimento. Por outro lado, é possível afirmar que os desentendimentos entre os Poderes Executivo e Legislativo que marcaram o governo João Goulart iniciaram-se antes mesmo do reestabelecimento do regime presidencialista, via plebiscito, no começo de 1963. Por sua vez, o próprio Congresso estava ideologicamente dividido.

Superada a questão da aprovação de um plebiscito para viabilizar o retorno do Presidencialismo, a atenção dos congressistas mudou drasticamente de direção em virtude da eleição para cargos do Poder Legislativo agendada para o mês de outubro de 1962. Temendo o franco crescimento que o PTB vinha apresentando nas últimas eleições, os setores conservadores da sociedade brasileira recorreram à ajuda estadunidense na tentativa de conter o fortalecimento dos trabalhistas. Desse modo, o Instituto Brasileiro de Ação Democrática (IBAD) organizou a campanha de inúmeros candidatos liberais e anticomunistas, atrelados principalmente ao PSD e a UDN, chegando inclusive a formular alguns programas de governo. Mesmo assim, o resultado das urnas comprovou a ascensão petebista. O partido chegou ao número de 116 deputados federais, apenas dois a menos que o PSD, e doze senadores, consolidando-se, assim, como a segunda maior força do sistema partidário brasileiro. Por mais que os analfabetos continuassem impedidos de votar, não é implausível afirmar que a lenta inserção dos trabalhadores na cena política institucional brasileira pode ser considerada um fator decisivo para explicar a ascensão do PTB.

Em meio ao realinhamento ideológico em tempos de Guerra Fria e reformismo, os congressistas mais próximos a João Goulart e aqueles comprometidos com programas nacionalistas e reformistas, encontravam-se reunidos na Frente Parlamentar Nacionalista (FPN), a qual havia sido fundada ainda no decorrer do governo JK. Embora agrupasse políticos de variados partidos, inclusive udenistas, era nítida a proximidade entre os projetos defendidos pela FPN e o programa de governo petebista[116]. Em contrapartida, os políticos de viés conservador, representantes dos interesses de diversos fracionamentos da

---

116 É importante ressaltar que, nesse momento, o PTB havia adquirido certa autonomia em relação aos ideais varguistas de sua fundação. Os petebistas não estavam negando sua origem e muito menos recusando o apelo político que a memória sobre Getúlio trazia ao partido. No entanto, a emergência de nomes como o de Leonel Brizola e Alberto Pasqualini, o "teórico do trabalhismo", foram fundamentais para que o partido se distanciasse de uma orientação política paternalista e consolidasse sua associação à ideologia nacional-popular com um viés reformista.

burguesia e da elite agrária, na sua maioria filiados a UDN, acabaram formando a Ação Democrática Parlamentar (ADP) para fazer frente ao fortalecimento dos nacionalistas.

Tentando se equilibrar da intensa polarização entre estes blocos e garantir a "governabilidade", João Goulart apresentou dois projetos estratégicos serem aprovados no ano de 1963: o Plano Trienal e a Reforma Agrária, carro-chefe das "Reformas de Base". Para isso, teria que lidar com um Poder Legislativo caracterizado por negociações clientelistas e coalizões partidárias instáveis, que resultavam em um lento processo decisório. Além disso, o fato do Congresso Nacional ser um local de disputa política e conflito de forças heterogêneas, permeados por grupos de pressão que vinham da sociedade ideologicamente polarizada, obrigava o governo a fazer concessões para conseguir compor a base necessária às aprovações. Também é importante lembrar que a Constituição de 1946 limitava os instrumentos políticos do Poder Executivo, ao mesmo tempo que reforça os do Poder Legislativo, vide o poder de veto que as comissões parlamentares possuíam sobre qualquer projeto analisado. Portanto, governar sem uma ampla base legislativa tornava-se praticamente impossível.

Formulado por Celso Furtado, o Plano Trienal de Desenvolvimento Econômico e Social tinha como objetivo garantir o retorno do crescimento econômico, ao mesmo tempo em que pretendia solucionar o grave problema da desigualdade social. De tal modo, o presidente prometia combater a inflação, promover o crescimento da renda nacional, diminuir as disparidades regionais e ainda contribuir para a melhora das condições de vida investindo em saúde, cultura e educação. Como bem aponta Argelina Figueiredo, o plano refletia "uma tentativa por parte do governo de promover um acordo (e eventualmente um pacto) entre grupos comerciais e industriais, por um lado, e trabalhadores, por outro"[117].

No entanto, antes mesmo de ser debatido a fundo no Congresso Nacional, o plano já contava com a desaprovação de diferentes setores da sociedade. Ao passo que os empresários refutaram o que eles chamavam de iniciativa intervencionista e estatizante do governo, os trabalhadores também reclamaram, apontando a provável estagnação salarial que o projeto traria. Consequentemente, o fato de a conjuntura política tornar um apoio multiclassista algo improvável fez que o plano já chegasse enfraquecido ao Poder Legislativo, sendo, aos poucos, deixado de lado pelo próprio governo. Fragilizado, João Goulart passou a apostar todas suas fichas na aprovação do projeto de Reforma Agrária.

Três diferentes projetos de Reforma Agrária foram apresentados no Congresso Nacional ao longo de 1963. O primeiro deles, elaborado por Bocaiúva Cunha, líder do PTB na Câmara de Deputados, partia do princípio constitucional que determinava o uso da

---

117 FIGUEIREDO, op. cit., p. 92.

terra conforme o "interesse social" para propor a redistribuição de todas as propriedades consideradas improdutivas. O projeto estava nitidamente atrelado aos interesses dos trabalhadores rurais, uma vez que propunha o reforço da economia agrária em torno da pequena propriedade como forma de promover a diversificação da produção e garantir o desenvolvimento das empresas agrícolas. Porém, conforme o argumento formulado pelo autor do projeto, sua efetivação dependia da alteração do artigo da Constituição Federal referente à forma de indenização, a qual, segundo ele, deveria ser feita por meio de títulos da dívida pública e não mais em dinheiro[118].

Em um Congresso Nacional repleto de integrantes da elite agrária, não é difícil imaginar o impacto que a proposta causou. Integrantes da UDN condenaram o projeto, alegando defender o pleno direito dos cidadãos brasileiros à posse da propriedade privada. Simultaneamente, uma parte relevante da bancada pessedista adotou uma postura semelhante, alegando que o pedido de alteração do texto constitucional representava uma ameaça ao regime democrático. Antes mesmo de ir à votação, o projeto petebista sofreu uma derrota crucial em virtude do veto estabelecido pela comissão parlamentar a qualquer possibilidade de modificação do texto constitucional. Nesse caso, a baixa representatividade dos operários e trabalhadores rurais no Poder Legislativo acabou sendo determinante para o predomínio quase absoluto de uma posição conservadora no parlamento, calcada na tradição do "constitucionalismo liberal" que, desafortunadamente, se tornou um baluarte ideológico dos interesses arcaístas e conservadores.

Mas o clima de apoio às reformas não poderia ser desprezado. Temendo um possível resultado negativo nas urnas caso ficassem taxados como contrários à redistribuição das terras improdutivas, tanto os udenistas quanto os pessedistas apresentaram projetos próprios de Reforma Agrária. Ao mesmo tempo, existia a preocupação em impedir a intensificação dos conflitos sociais, fato que poderia levar à perda do controle que as oligarquias agrárias possuíam sobre os trabalhadores rurais[119]. No entanto, suas propostas diferiam drasticamente da petebista, pois além de manter um posicionamento favorável a existência dos latifúndios, tinham como principal objetivo aperfeiçoar o desenvolvimento capitalista no campo, relegando a um segundo plano o caráter social vinculado à questão distributivista. Desse modo, além de proporem métodos de cálculo do valor venal das propriedades que limitariam profundamente a reforma, as duas propostas defendiam formas de indenização que promoviam a proteção monetária dos latifundiários,

---

118 Segundo o projeto, ainda seria necessário limitar a dez por cento ao ano o valor da correção de qualquer desvalorização monetária para tornar a Reforma Agrária viável. Além disso, eles também questionavam o critério de indenização justa presente no projeto, o qual previa a utilização do valor declarado para o recolhimento do imposto territorial e não o valor venal.

119 CAMARGO, op. cit.

constituindo verdadeiros negócios agrários[120]. Consequentemente, os petebistas recusaram ambos os projetos, frustrando qualquer possibilidade de realização da Reforma Agrária.

Aos poucos, tornava-se evidente o término da antiga aliança entre petebistas e pessedistas e, consequentemente, a improbabilidade do governo conseguir efetivar seu programa reformista, ainda que mitigado, com apoio do parlamento. Nesse caso, para compreender a inoperância do Poder Legislativo, é necessário destacar que, por trás de cada projeto apresentado, havia concepções de sociedade e política divergentes, o que dificultava a efetivação de uma solução negociada. Em vez de responsabilizar o presidente "inábil" ou o PTB "radical" pela inviabilização da Reforma Agrária, é necessário lembrar que a intransigência perpassava todos os partidos, em uma cena política extremamente polarizada.

Após o fracasso das negociações, tornou-se perceptível a aproximação entre o PSD e a UDN, caracterizando, assim, o deslocamento de inúmeros pessedistas para a oposição. Além disso, o governo também viu crescer a insatisfação em sua base aliada, uma vez que os setores mais à esquerda passaram a exigir a imediata implantação das Reformas de Base. No mesmo sentido, não seria um exagero afirmar que as decisões políticas tomadas no Congresso Nacional, em meio aos debates das Reformas de Base, também contribuíram para potencializar os conflitos ideológicos da sociedade, resultando no isolamento político de João Goulart e também no fortalecimento do antigo projeto golpista da UDN e de setores das Forças Armadas. Portanto, a crise política vigente não se restringia somente ao governo ou das instituições, sendo uma crise do regime como um todo, tendo-se em vista que inúmeros setores da sociedade manifestavam uma insatisfação crescente perante as instituições.

No momento em que o governo já estava isolado, uma atitude equivocada do presidente Jango contribuiu para piorar ainda mais a situação. Pressionado pelos militares e alvo de denúncias falsas do governador do Estado da Guanabara, que o acusava de tramar um golpe de Estado, João Goulart recorreu ao pedido de estado de sítio para conter os conflitos políticos e sociais. Seus opositores se aproveitaram rapidamente da situação para taxá-lo como inimigo da democracia, a serviço do comunismo. A base aliada, por sua vez, também não viu o pedido com bons olhos. Jango acabou sendo obrigado a retirar o pedido, evidenciando seu crescente isolamento na cena política nacional.

Consequentemente, integrantes da oposição parlamentar aproveitaram-se da fragilidade política de Jango para convocar uma Vigília Cívica, evento que pretendia reunir os parlamentares durante o período de recesso a fim de, supostamente, proteger o regime

---

120 BENEVIDES, Maria Victória. *UDN e o udenismo*: ambiguidade do liberalismo brasileiro (1945-1965). São Paulo: Paz e Terra, 1981.

democrático de eventuais ataques. Indignados, os petebistas passaram a denunciar a existência de um projeto golpista conservador articulado pelos udenistas a partir de uma campanha difamatória do presidente. Mesmo assim, diversos integrantes do PSD declararam apoio a convocação, alegando ser este um momento precioso para efetivar os projetos que os brasileiros tanto ansiavam. Desta forma, ao aproximar-se da UDN, o PSD iniciava o processo de transição da condição de oposição do governo para a de conspirador, abandonando, assim, a postura conciliatória e a condição de fiel da balança que havia marcado sua trajetória durante a IV República. Embora tenha sido extremamente esvaziado, sem nenhum fato relevante, o evento escancarou a ruptura entre o Poder Executivo e o Legislativo, contribuindo para a consolidação da crise do regime.

Para retomar a capacidade de iniciativa política e criação de agenda, o governo adotou uma nova postura no início de 1964. Ao aproximar-se das massas afim de pressionar o Poder Legislativo a aprovar seu programa reformista, João Goulart parecia ter abandonado sua tradicional postura conciliatória. Foi assim, no emblemático comício da Central do Brasil, que ele reassumiu seu compromisso com a realização das Reformas de Base, definindo o comportamento de alguns setores do Congresso Nacional como um entrave à satisfação dos anseios populares. Ainda que esta aproximação com as massas seja perceptível, reiteramos que, na nossa perspectiva, ela não rompia com o sistema político, pois o governo tentava manter o parlamento como o epicentro das negociações, inviabilizadas por um ambiente de crise e radicalização. O novo comportamento adotado também pode ser identificado a partir da decisão de efetivar a Superintendência da Reforma Agrária (Supra) e a estatização das refinarias particulares de petróleo por meio de decretos presidenciais. No mesmo pronunciamento, Jango ainda se preocupou em desconstruir as acusações de que ele possuía intenções de dar um (auto) golpe de Estado. De qualquer forma, a nova conduta do presidente não deve ser encarada como, necessariamente, um indício da existência de um projeto golpista.

Em uma democracia liberal de traços oligárquicos e conservadores em que a simples aproximação de um governo junto aos movimentos de massa é considerada um ato de radicalização e ruptura institucional, ou até mesmo o indício de uma postura golpista, a presença de Jango em um comício articulado pelos trabalhadores urbanos e pelos políticos mais à esquerda foi decisiva para que os parlamentares indecisos aderissem de vez ao projeto golpista. Consequentemente, o que se viu foi a inoperância do Poder Legislativo fruto do processo de retração que tinha como objetivo a manutenção dos privilégios e a autopreservação dos grupos que nele se representavam. Nesse contexto, seria um equívoco utilizar a nova postura adotada pelo presidente para responsabilizá-lo pelo fechamento dos possíveis canais de negociação com os parlamentares, uma vez que os embates em torno da Reforma Agrária já haviam demonstrado a ineficácia ou mesmo a inexistência destes canais em uma situação de conflito ideológico. Na nossa perspectiva, Jango utilizava a aproximação com as massas para pressionar o Congresso Nacional a abrir canais de negociação, e nada indica que cogitasse governar sem esta instituição, ainda que pressionado pela esquerda trabalhista, liderada por Leonel Brizola, para convocar uma Assembleia Constituinte. De todo modo, a sua estratégia era arriscada. O Congresso refletia a polarização social e não conseguiu, como instituição, impedir a inclinação golpista de alguns parlamentares que conseguiram dar o tom da sua atuação institucional.

As poucas sessões realizadas no Congresso Nacional em março de 1964 foram marcadas pela troca de acusações entre ambos os lados. Enquanto os petebistas preocupavam-se em denunciar o projeto golpista em execução, congressistas da oposição subiam ao palanque para defender uma intervenção militar em defesa da ordem constitucional e do regime democrático. Para piorar, o PSD, que havia adotado uma postura conciliatória durante toda a IV República, acabou aderindo à conspiração após os sucessivos desgastes com o governo e, principalmente, em decorrência do receio de perder seu predomínio sobre o sistema político. A mobilização das baixas patentes militares em luta por mais direitos, ao lado do programa reformista do governo, foram o estopim da rebelião militar liderada pelos generais que selou o destino do governo e da IV República. Na noite de 31 de março de 1964, as tropas de Olympio Mourão Filho saíram de Minas Gerais com destino ao Rio de Janeiro para depor o presidente, iniciando de maneira um tanto improvisada uma rebelião militar que se tornaria incontrolável[121].

Com as ruas da antiga capital tomadas pelos militares, Jango viajou para Brasília e depois para Porto Alegre, cogitando organizar uma rede de apoio político e militar contra a rebelião das Forças Armadas. No Rio Grande do Sul, Leonel Brizola, com o general Ladario Telles inclusive, tentou reeditar o que foi chamado de "segunda legalidade" de curtíssima existência[122]. No entanto, uma atitude do Poder Legislativo acabou sendo decisiva para a consolidação e legitimação do golpe de Estado. Na madrugada do dia 2 de abril, em uma sessão esvaziada que durou apenas vinte minutos, sem que nenhum parlamentar tivesse direito à palavra, o pessedista Auro de Moura Andrade, presidente do Senado Federal, declarou vago o cargo presidencial, alegando abandono do cargo, ainda que João Goulart estivesse no País. Tal atitude difere muito da conduta conciliatória apresentada pelo Poder Legislativo no decorrer da crise que sucedeu a renúncia de Jânio Quadros, uma vez que o decreto de vacância foi aprovado de uma maneira precipitada,

---

[121] Sobre as diferenças entre o momento da rebelião militar e o golpe de Estado, conferir: NAPOLITANO, Marcos. *1964*: história do regime militar brasileiro. São Paulo: Contexto, 2014.
[122] ABREU, Luciano. Uma segunda legalidade por Jango. Porto Alegre, 1º de abril de 1964. *Oficina do Historiador*, Porto Alegre, v. 6, n.1, p. 126-144, jan.-jun 2013.

aproveitando-se da hesitação dos parlamentares centristas na defesa das bases legais do regime democrático, conforme postura de 1961.

A construção de uma fachada institucional e democrática para a intervenção militar efetivou-se nos primeiros dias de abril, consumada a queda de Goulart. Tancredo Neves (inicialmente opositor do golpe parlamentar, mas também um político pragmático que se rendia aos fatos) e Auro de Moura Andrade, dois nomes de peso do PSD, tiveram encontros frequentes como os militares para assegurar a ascensão de Castelo Branco à presidência. Além de garantirem a formação de uma maioria no Congresso Nacional para aprovar a emenda constitucional que legitimaria a posse do General, ainda conseguiram articular o nome do pessedista José Maria Alkmin para assumir o posto de vice-presidente. Portanto, nos parece evidente que houve um protagonismo institucional do Poder Legislativo no processo de execução e legitimação do Golpe Civil-Militar de 1964, fato que ficou esquecido nas gavetas da memória social.

A análise da crise de 1964, possivelmente a mais dramática e decisiva do século XX brasileiro, não pode ser apartada da crise de 1961. Nas duas crises, o que se viu foi um Congresso Nacional atuando de forma diferenciada. Em 1961, na crise sucessória que se seguiu à renúncia de Jânio Quadros e o veto militar ao vice João Goulart, o Congresso foi o guardião de uma solução conciliatória que preservava formalmente o domínio da política institucional. Já em 1964, em nome da defesa da Constituição, a atuação do Congresso foi desastrosa para qualquer sentido que tenha a palavra "democracia".

Sistema político, conflito de Poderes e "golpismo atávico" contra o reformismo

Em todas as três grandes crises republicanas da história brasileira recente (1954, 1964 e 2016), o componente "Legislativo *versus* Executivo" atuou, mas em grau e natureza diferenciados de conflito político-ideológico.

Como não somos propriamente historiadores "institucionalistas", partimos do princípio de que o sistema político institucional nunca opera sozinho na história política de uma sociedade. Os movimentos sociais, os grupos de pressão econômica, os grupos de formação de opiniões públicas (como a imprensa, o sistema escolar, o sistema cultural), ou mesmo a cultura política difusa nos vários segmentos sociais, têm muita influência na vida política, inclusive aquela vivida dentro das instituições. Afirmar isto não significa menosprezá-las, pois os projetos conservadores, reformistas ou revolucionários só se viabilizam historicamente se conseguem se traduzir em instituições socialmente reconhecidas e amplamente legitimadas pelos setores da sociedade com capacidade para produzir hegemonias.

Ao que parece, a tendência conflitante na relação entre Poder Executivo e Poder Legislativo no Brasil contemporâneo vai além das disfunções institucionais ou de uma tendência ao fisiologismo por parte do Legislativo e do autoritarismo "cesarista" por parte do Executivo. Em outras palavras, nem o Congresso deixa de defender interesses ideológicos ou corporativos porque eventualmente abriga interesses venais e fisiológicos, nem os conflitos entre os poderes podem ser entendidos como fruto da ação de presidentes aventureiros, autocráticos ou ineptos para a negociação política. Por outro lado, o fisiologismo dos nossos partidos e seus parlamentares não seria incompatível com a ação ideológica coerente dos partidos em temas cruciais da agenda nacional. Ao contrário, nossa história política até desmente estas supostas anomias do sistema, revelando uma organicidade ideológica surpreendente que tem sido catalisada pelas reações conservadoras de natureza liberal ou autoritária (ou combinadas entre si) contra agendas de mudança política, social e econômica ou contra grupos políticos e sociais que poderiam construir estas agendas.

Ao que tudo indica, os grupos liberais até aceitam o processo modernizador, desde que possam ser combinados com interesses tradicionalistas, plutocratas e oligárquicos. Daí a necessidade de um tempo lento na política brasileira, típico dos processos parlamentares altamente fragmentados, como base de uma complexa engenharia federativa e corporativa de acomodação de interesses, para assimilar e neutralizar agendas substantivas de mudança social, muitas vezes colocadas pela "agenda sincera do Executivo". Se a existência de uma "agenda sincera do Executivo", sobretudo em governos de tendências inclusivas ou reformistas situados no espectro da esquerda, não é relevante para a ciência política de foco institucionalista, para a história política ela pode revelar os projetos de nação e sociedade existentes em uma sociedade que vão além da "esfera privada" de uma liderança intelectual ou política ou da "utopia irresponsável" de seitas ideológicas irrelevantes.

Ao que parece, há uma linha de força que percorre a política brasileira pós-1945: o Congresso brasileiro abriga, majoritariamente, as forças inerciais da sociedade (interesses federalistas-oligárquicos, grupos corporativos conservadores, *lobbys* econômicos nacionais e internacionais etc.), enquanto o Executivo seria mais aberto a agendas de reforma e modernização econômica, ainda que nem sempre direcionadas pela e para a esquerda[123]. A fragilidade histórica da esquerda parlamentar no Brasil, por razões que

---

123 O regime militar foi um exemplo de regime modernizador de direita, bem como o Estado Novo. Apesar disso, houve conflito crescente entre ambos e os grupos de pressão e de opinião de matrizes liberais. O caráter inercial, patriarcal e oligárquico do liberalismo brasileiro já foi estudado por diversos autores e pode explicar esse comportamento histórico. (Cf. MERCADANTE, Paulo. *A consciência conservadora no Brasil*. Rio de Janeiro, Topbooks, 2007; FONSECA, Francisco. *O liberalismo autoritário*: discurso liberal e práxis autoritária na imprensa brasileira. São Paulo: Hucitec, 2011.)

não teremos espaço para analisar, só incrementou a super-representação conservadora no Congresso Nacional. Não por acaso, os momentos de maior avanço econômico e mudanças institucionais na história brasileira coincidem com o reforço do Poder Executivo em regimes autoritários de direita (como em 1937 e 1964). O caso do governo de JK, embora dentro dos marcos liberais, não desmente esta tendência, pois sua política econômica foi feita às margens do Congresso, por meio principalmente dos "grupos executivos"[124].

Nos governos pautados por programas situados no (amplo) espectro da esquerda, que ocupavam o Poder Executivo nas três crises aqui examinadas, há um claro descompasso entre projetos oriundos de suas bases sociais, agendas políticas de curto e médio prazos desenhadas pelos principais partidos políticos da base aliada e a "governabilidade" (rotina de governo). Este descompasso, em si, não seria um problema intransponível para o funcionamento institucional da política, a não ser quando o *gap* entre estes três vetores de ação política provoca dissensos instransponíveis no sistema político e no tecido social, momentos nos quais a política deve se reafirmar a partir de novos pactos ou reconfigurações hegemônicas que neutralizam os dissensos e rupturas e mantém o pacto nacional e os laços sociais mínimos. A trajetória do PT, que foi de partido operário radical e societário a ator político institucional, foi um exemplo de tentativa de combinar estes vetores, obtendo faturas positivas até o momento em que o modelo de acomodação de interesses ficou inviável por conta da crise financeira e da radicalização da "guerra cultural" contra a esquerda[125].

Nestes momentos de impasse, as instituições demonstram seus limites funcionais, e precisam ser reinventadas para dar suporte a uma efetiva agenda de mudanças. Mas o que, via de regra, ocorre no Brasil é o contrário: o Congresso Nacional entra em cena, não para dar sustentação aos projetos reformistas, ainda que temperados, mas para bloqueá-los de maneira intransigente.

Todos os processos históricos aqui examinados foram marcados por crises políticas e institucionais e culminaram em deposições forçadas de Presidentes da República revelando, para além das suas conjunturas específicas, certas marcas de longa duração na história política brasileira. Não apenas os mesmos atores sociais e institucionais se manifestaram, mas também o fizeram, frequentemente, apelando para os mesmos roteiros de ação, valores simbólicos e palavras de ordem. Esta característica poderia revelar algum tipo de "golpismo atávico" (embora a expressão soe um pouco exagerada) que se abriga nas estruturas sociais e políticas brasileiras? Vejamos algumas características comuns nos processos em questão:

---

124 GOMES, op. cit.

125 BRESSER-PEREIRA, Luiz Carlos. *A construção política do Brasil*: sociedade, economia e Estado desde a Independência. São Paulo: Editora 34, 2014.

1) Resistência dos segmentos conservadores, sejam liberais ou autoritários, a líderes e partidos políticos afinados com qualquer tipo de "política de massas"[126] e agendas econômicas "nacional-desenvolvimentistas", ainda que moderadas.
2) Existência de uma cultura política[127] autoritária que, para além de se constituir como uma corrente doutrinária delimitada e específica, é pautada sobretudo pelo chamado "autoritarismo de crise"[128], sugerindo um *deficit* democrático arraigado na tradição do constitucionalismo liberal brasileiro. Inclusive, não devemos descartar, para além de uma "cultura política autoritária" em sentido mais difuso, um traço autoritário como constituinte das práticas institucionais de parte das elites políticas brasileiras.
3) Dificuldade de articulação social e político-institucional de um projeto reformista e nacional-desenvolvimentista consistentes, dado o antirreformismo visceral das elites, profissionais liberais e da classe média alta, grupos marcados por um profundo elitismo político que se manifesta muitas vezes na linguagem de um constitucionalismo formalista, liberal-conservador, de viés moralista, ainda que este último aspecto esteja carregado de contradições e imposturas.
4) Uso de estratégias de desconstrução simbólica dos governos indesejáveis ao *establishment* que constituem uma espécie de "tecnologia golpista" para derrubar governos eleitos, disseminada sobretudo pela imprensa liberal, espalhan-

---

126 Utiliza-se o termo no sentido aplicado por Maria Helena Capelato no livro *Multidões em cena*. Neste trabalho, a autora define a política de massas como a integração dos trabalhadores, notadamente a classe operária, na cena política, de maneira tutelada e subordinada, mas de todo modo podendo expressar demandas que passam a ser consideradas legítimas pelas novas lideranças políticas. Esta nova configuração entra em choque com as concepções liberais-oligárquicas de representação política. Ainda que no contexto latino-americano a política de massas tenha uma origem autoritária e tutelar, ao que parece, nos anos 1960, esboçou-se outra faceta desta política, mais ligada à tradição reformista de esquerda, que, no entanto, não conseguiu se consolidar como alternativa ao modelo político conservador. Conferir: CAPELATO, Maria Helena. *Multidões em cena*: propaganda política no Varguismo e no Peronismo. Campinas: Papipus/ FAPESP, 1998; GOMES, Angela de Castro. *A invenção do trabalhismo*. Rio de Janeiro: Iuperj/Vértice, 1988. Note-se que, neste ponto, há um debate com outro conceito-chave para o debate da história política brasileira, que é o de "populismo". Conscientemente, recusamos o uso deste conceito, pois ele pode induzir a uma série de explicações enviesadas sobre o processo histórico. Para maiores detalhes acerca desse debate, conferir: FERREIRA, Jorge; GOMES, Angela (Orgs), op.cit. Para um contraponto crítico do revisionismo em torno de Vargas e do populismo, conferir: ROMANI, Carlo. A ditadura tolerada: herança autoritária na presente historiografia sobre Vargas In: AVELINO, Nildo; FERNANDES, Telma; MONTOIA, Ana (Orgs). Ditaduras: a desmesura do poder (história, memória, política). São Paulo: Intermeios, 2015. p. 197-230.

127 PATTO, Rodrigo. Desafios e possibilidades na apropriação de cultura política pela historiografia In: _____. *Culturas políticas na história*: novos estudos. Belo Horizonte: Fino Traço, 2009.

128 SAES, Décio. *Classes médias e sistema político no Brasil*. São Paulo: Taq, 1985.

do-se na opinião pública a partir dos seguintes elementos-chave: denúncia da corrupção, denúncia da inversão de valores e hierarquias sociais e de querer instaurar a "divisão social" ("subversão"), denúncia do "populismo irresponsável" ameaçador à "boa administração" do Estado e da livre-iniciativa.

5) Instrumentalização do Congresso Nacional como fator de pressão sobre as agendas reformistas do Executivo, em combinação a outros agentes e instituições (como as Forças Armadas no passado e o Poder Judiciário no presente). No caso do Poder Legislativo, vale ressaltar que sua composição social é historicamente conservadora. O perfil social e racial da maioria dos parlamentares (branco, homem, proprietário/empresário ou profissional liberal) destoa de maneira gritante da composição geral da sociedade brasileira. Não se pode afirmar com certeza que uma composição parlamentar mais equilibrada que aproximasse o Congresso da realidade social fosse garantia de um parlamento mais progressista e sensível às demandas populares, mas o fato é que ainda não temos um estudo aprofundado sobre as relações entre perfil parlamentar, valores ideológicos e agendas políticas em conjunturas específicas.

As análises aqui esboçadas, comparando os processos e atores das três crises políticas em questão, estão longe de querer fundamentar uma teoria histórico-analítica fechada sobre o "golpismo atávico" ou sobre as consequências das rupturas entre Poder Executivo e Poder Legislativo na história republicana brasileira. Mas, no momento atual, tão desalentador para quem acredita no aprofundamento da democracia, na tolerância e na inclusão social, é fundamental que os historiadores tentem compreender, de maneira mais ampla e inovadora, as causas e padrões das crises republicanas da história recente.

3

Os juristas e o(s) golpe(s)[129]
Marco Aurélio Vannucchi

Em 18 de março de 2016, o Conselho Federal da Ordem dos Advogados do Brasil (OAB) deliberou apresentar um pedido de *impeachment* contra Dilma Rousseff. Na ocasião, o presidente da entidade, Claudio Lamachia, declarou que

> mais uma vez a OAB demonstra seu compromisso com a democracia. A decisão do Pleno Conselho Federal representa a manifestação colhida nas seccionais da OAB, mas não nos traz qualquer motivo para comemoração. Gostaríamos de estar a comemorar o sucesso de um governo, com êxito na educação, na saúde, na segurança e na justiça social para toda a sociedade.[130]

O conselheiro federal da OAB, Erick Venâncio Lima do Nascimento, relator do caso, justificou do seguinte modo o seu parecer:

> Reconheço a possibilidade de abertura do pedido de *impeachment*. As avaliações foram focadas em dois aspectos: se há ofensa legal e se há comportamento comissivo e omissivo do agente político responsável. É forçoso admitir que existem, sim, elementos jurídicos completos que conduzem a um pedido de impedimento pelos atos contábeis.[131]

O pedido de afastamento de Dilma Rousseff pela OAB guarda paralelo com o engajamento da entidade no golpe contra João Goulart, cerca de cinquenta anos antes. Em ambas as ocasiões, a Ordem empenhou seu prestígio na legitimação de movimentos que depuseram o presidente da República.

O presente artigo concentra-se no exame da participação do Conselho Federal da OAB no Golpe de 1964. Com o recurso do método comparativo, ele pode ser um ponto de partida para os estudiosos que pretendam compreender a tomada de posição da entidade no processo político que culminou no *impeachment* de Dilma Rousseff.

---

[129] Este texto é uma versão modificada e ampliada de artigo publicado em *Estudos Históricos*, Rio de Janeiro, v. 25, n 49, p. 149-168, jan.-jun. 2012.

[130] *OAB aprova pedido de impeachment contra presidente da República*. Disponível em: <http://www.oab.org.br/noticia/29403/oab-aprova-pedido-de-impeachment-contra-presidente-da-republica>. Acesso em: 17 jan. 2017.

[131] *Ibidem*.

Ademais, o protagonismo dos juristas (juízes, procuradores, advogados, professores de direito) nesse processo deve estimular a produção de novas investigações históricas acerca de tais agentes e suas instituições.

A tomada de posição contra Goulart

Em meio à crise político-militar deflagrada pela renúncia de Jânio Quadros, o presidente da OAB, Prado Kelly, apresentou ao Conselho Federal da entidade uma moção sobre o tema, aprovada por aclamação, na reunião de 29 de agosto de 1961.[132] Malgrado o seu caráter genérico, o documento pregava o respeito à Constituição – o que, naquele contexto, significava a defesa da posse do vice-presidente da República, João Goulart. Ao condenar o "extremismo da direita", o Conselho Federal recusava a posição golpista dos setores civis e das Forças Armadas liderados pelos ministros militares e por Carlos Lacerda. Por outro lado, censurando, igualmente, o "extremismo da esquerda", aludia à disposição de setores de esquerda de recorrer às armas, se fosse necessário, para fazer valer o caminho legal. Ao pregar uma saída equilibrada para a crise e não propugnar explicitamente a posse de Goulart com plenos poderes presidenciais, o Conselho Federal inclinava-se para uma solução de compromisso, que bem poderia ser o parlamentarismo – já aventado naquele momento[133]. Um ano mais tarde, ao despedir-se do posto de *bâtonnier* (presidente da OAB), Prado Kelly fez o elogio da solução parlamentarista, por ter evitado, segundo seu entendimento, a eclosão de uma guerra civil no País.[134]

Em meados de 1962, quando a defesa da posse de Goulart pelo Conselho Federal da OAB estava prestes a completar um ano, o órgão assumiu um oposicionismo ao presidente do qual não daria evidências de qualquer recuo. A partir de então, e até o Golpe de 1964, o Conselho Federal passou a atuar diretamente sobre o cenário político, manifestando-se com frequência sobre iniciativas governamentais e quanto à situação nacional. Tal atitude francamente politizada apenas guardava paralelo, na trajetória da OAB, com a ação antiestadonovista do órgão no biênio 1944-1945[135].

O primeiro sinal do engajamento do Conselho Federal na oposição a Goulart foi a intervenção feita por Wilson Regalado Costa na sessão de 24 de julho de 1962. Na ocasião, o conselheiro federal pronunciou-se a respeito da infiltração comunista da qual o Brasil seria vítima e solicitou que o órgão constituísse uma comissão para apurar o

---

132 ARQUIVO DO CONSELHO FEDERAL DA OAB (CF-OAB), *Ata de Sessão do Conselho Federal*, 29 ago. 1961.

133 SKIDMORE, Thomas. *Brasil*: de Getúlio a Castelo. Rio de Janeiro: Paz e Terra, 1982. p. 252-259; BENEVIDES, Maria Victoria. *A UDN e o udenismo*. Rio de Janeiro: Paz e Terra, 1981. p. 118.

134 CF-OAB, *Ata de Sessão do Conselho Federal*, 11 ago. 1962.

135 MATTOS, Marco Aurélio Vannucchi Leme de. *Os cruzados da ordem jurídica*: a atuação da Ordem dos Advogados do Brasil (OAB), 1945-1964. São Paulo: Alameda, 2013. p. 45-73.

fato. O conselheiro federal Aragão Bozano discordou da proposta, argumentando que tal medida não estava entre as atribuições do órgão. No entanto, o conselheiro Gaston Luiz do Rego, em socorro à proposição de Wilson Costa, procurou adequá-la ao estatuto da OAB. O risco à ordem jurídica representado pela infiltração comunista justificava, no entender de Gaston Rego, uma tomada de posição do Conselho Federal. O conselheiro mostrou-se especialmente preocupado com as mobilizações grevistas e denunciou a coação exercida pelos líderes paredistas, *"conhecidíssimos agitadores"*, contra o Congresso Nacional. Os parlamentares, temerosos de atos que trouxessem a desordem ao País, encontravam-se, segundo o conselheiro federal, como que chantageados pelos grevistas. Exortou o Conselho Federal a agir, em nome de sua própria sobrevivência, pois "no regime soviético, para onde querem nos conduzir", afirmou Gaston Rego, a OAB seria extinta, "de vez que o patrocínio das causas incumbe aos agentes do Estado." Ao concluir sua intervenção, o conselheiro propôs que o organismo manifestasse às autoridades públicas a sua preocupação perante à infiltração comunista e às "facilidades com que se movimentam em sua ação subversiva os agentes do marxismo colocados até em posição de comando e em pontos-chaves na administração pública."[136]

Na sessão seguinte do Conselho Federal, Wilson Costa apresentou uma nova indicação sobre o tema da infiltração comunista no País.[137] Ao se pronunciar, na condição de relator da matéria, sobre a indicação, o conselheiro Temístocles Cavalcanti endossou a posição de Wilson da Costa, quando afirmou enxergar a *"deterioração do processo democrático e constitucional"* e uma conjuntura de preparação para a subversão da ordem vigente.[138]

Em sessão extraordinária, convocada para debater o tema, Temístocles Cavalcanti apresentou uma moção aprovada unanimemente pelo Conselho Federal. Uma longa justificativa para a tomada de posição do Conselho Federal iniciava o documento que, em síntese, afirmava que o órgão agia em defesa da ordem jurídica e do exercício da advocacia, colocados em risco pelo *"clima de agitação e pronunciamentos existentes no país."* A moção também denunciava a deterioração do regime democrático, rejeitava soluções extremistas à esquerda e à direita (o que pode ser interpretado como a quebra da ordem constitucional) e expressava sua crença na democracia representativa. O manifesto do Conselho Federal foi divulgado para todos os membros do Congresso Nacional e todas as seções estaduais da OAB, assim como para jornais, rádios e televisões.[139] Com efeito, no dia seguinte à aprovação do documento, o *Diário de Notícias* e o *Correio da Manhã* publicaram-no na íntegra.[140]

No dia 11 de agosto de 1962, realizou-se a cerimônia de posse de Povina Cavalcanti

---

136 CF-OAB, *Ata de Sessão do Conselho Federal*, 24 jul. 1962.
137 CF-OAB, *Ata de Sessão do Conselho Federal*, 31 jul. 1962.
138 CF-OAB, *Ata de Sessão do Conselho Federal*, 7 ago. 1962.
139 CF-OAB, *Ata de Sessão do Conselho Federal*, 9 ago. 1962.
140 *Diário de Notícias*, 10 ago. 1962, 1a seção, p. 1 e 3; *Correio da Manhã*, 10 ago. 1962, 1º caderno, p. 12.

na presidência da OAB. Ao contrário do que ocorrera nos anos anteriores, os discursos da cerimônia foram dominados pela conjuntura política e não pelas questões corporativas, as quais não foram mencionadas, à exceção do trecho final do discurso de Povina Cavalcanti, em que tratava da proletarização da categoria dos advogados, embora a relacionasse com um tema de conjuntura: a inflação.[141]

No seu discurso de despedida, Prado Kelly fez uma profissão de fé liberal. Seu pronunciamento reproduziu temas caros ao liberalismo, como o caráter inato da liberdade para o homem, a legitimidade da existência de diversas correntes de opinião na sociedade e a alternância pacífica no poder entre tais correntes. Não há dúvida de que a pregação do *bâtonnier*, em sua despedida do posto, tinha alvo certo: o comunismo, cujo espectro ele reconhecia assombrando o Brasil.[142]

Já o discurso de Povina Cavalcanti tomou contornos evidentemente alarmistas quanto ao cenário político. O novo presidente da OAB afirmou temer o risco de um *"colapso institucional"* e via os horizontes *"carregados de maus presságios"*.[143] Ainda que não mencionasse diretamente o nome do presidente da República, fica claro no discurso de Cavalcanti que era ele – e também a classe trabalhadora – quem ameaçava a estabilidade do regime. O novo presidente da OAB revelou, na cerimônia de sua investidura, uma atitude sensivelmente mais radical se comparada à de seu predecessor. Ainda que crítico a Goulart, Prado Kelly não o acusava de representar um risco à institucionalidade liberal. De sua parte, Povina Cavalcanti denunciou o governo como a principal ameaça à ordem vigente.

No dia 18 de setembro de 1962, o *bâtonnier* afirmou que o País experimentava o agravamento da crise política. O Conselho Federal aprovou, então, o pedido de seu presidente para que pudesse convocar uma sessão extraordinária caso os acontecimentos políticos degenerassem em risco à ordem jurídica.[144] A tese de que o País se encontrava à beira de uma ruptura da legalidade, cara a Povina Cavalcanti, já havia sido enunciada por Temístocles Cavalcanti e referendada pelo Conselho Federal na moção de agosto de 1962. Adotando esta postura alarmista, muito antes dos episódios (como a Revolta dos Sargentos, a campanha das Reformas de Base e o comício da Central do Brasil) que causaram o agravamento das tensões sociais no País, o órgão contribuiu para a disseminação do clima de temor que antecedeu e legitimou a deposição de Goulart.

---

141 CF-OAB, *Ata de Sessão do Conselho Federal*, 11 ago. 1962.

142 CF-OAB, *Ata de Sessão do Conselho Federal*, 11 ago. 1962.

143 CF-OAB, *Ata de Sessão do Conselho Federal*, 11 ago. 1962.

144 CF-OAB, *Ata de Sessão do Conselho Federal*, 18 set. 1962.

Contra as Reformas de Base e a mobilização popular

Em abril de 1963, ao fazer a saudação aos conselheiros federais pela abertura dos trabalhos do Conselho Federal naquele ano, Oto Gil deixou claro que o órgão continuava em vigília em relação à conjuntura nacional. Responsabilizou o *"caudilhismo indígena"* e os *"demagogos"* pelas ameaças que pairavam sobre a ordem jurídica do País. E adiantou a oposição do órgão às Reformas de Base:

> *Haverá, porém, onde redobrar a nossa vigilância e pugnacidade: é quanto aos propósitos, ainda encabuçados, da Reforma Constitucional, que se pretende obter do Congresso Nacional sob a mais odienta coação [...].*[145]

Naquele mês, o deputado Bocaiúva Cunha, líder do PTB na Câmara dos Deputados, apresentou um projeto de emenda constitucional que pretendia viabilizar a reforma agrária ao permitir o pagamento de indenização pelas desapropriações de terra com títulos da dívida pública.[146] Logo, o conselheiro Renato Ribeiro pediu que o Conselho Federal examinasse o Projeto de Lei. Nomeado relator da indicação de Renato Ribeiro, Carlos Medeiros Silva apresentou seu parecer no dia 30 de abril. Nele, defendia o projeto de Bocaiúva Cunha, mas fazia uma importante ressalva, ao observar que a proposta não protegia suficientemente as indenizações da inflação.[147] Entretanto, no dia 14 de maio, o conselheiro federal Carlos Bernardino de Aragão Bozano, apoiado por quinze delegações, apresentou ao Conselho Federal um parecer substitutivo ao de Carlos Medeiros. O novo parecer refutava firmemente o projeto Bocaiúva.[148] O teor do substitutivo era o seguinte:

> *A Ordem dos Advogados do Brasil manifesta sua contrariedade à pretendida reforma constitucional, eis que, além de perigosa como precedente, atenta contra o direito de propriedade e resulta totalmente desnecessária ao fim declarado, o de proporcionar aos trabalhadores rurais o acesso às terras. Dentro na Constituição da República, como na legislação ordinária em vigor, há elementos suficientes para a mudança da estrutura agrária do país, atendendo ao Homem e às necessidades da produção, sem que sejam golpeados os direitos fundamentais dos cidadãos e com grave risco para a ordem jurídica.*[149]

---

145 CF-OAB, *Ata de Sessão do Conselho Federal*, 2 abr. 1963.
146 TOLEDO, Caio Navarro de. *O governo Goulart e o golpe de 64*. São Paulo: Brasiliense, 2004. p. 55-56; BENEVIDES, op. cit., p. 189-194; HIPPOLITO, Lucia. *De raposas e reformistas*: o PSD e a experiência democrática brasileira (1945-1964). Rio de Janeiro: Paz e Terra, 1985. p. 224-232.
147 CF-OAB, *Ata de Sessão do Conselho Federal*, 30 abr. 1963.
148 CF-OAB, Ata de Sessão do Conselho Federal, 14 maio 1963.
149 CF-OAB, Ata de Sessão do Conselho Federal, 14 maio 1963.

O novo parecer foi aprovado por ampla maioria.[150] O resultado demonstrou que já se consolidara no Conselho Federal da OAB a posição de recusa ao projeto Bocaiúva que também se tornaria francamente majoritária tanto no Partido Social Democrático (PSD) quanto na União Democrática Nacional (UDN).

Em 20 de março de 1964, em meio à radicalização política que marcou o fim do governo Goulart, o Conselho Federal realizou uma sessão extraordinária para debater os últimos acontecimentos. O órgão, nesta ocasião, aprovou uma moção centrada na defesa da legalidade, pregando a restauração da *"tranquilidade pública, perturbada por movimentos de agitação, ameaças e atos contrários à Constituição e às Leis."* O Conselho Federal asseverava reconhecer a legitimidade das reivindicações do campo reformista, mas lhe reprovava o uso de *"meios de propaganda de soluções extraconstitucionais."* O documento foi encaminhado à Presidência da República, ao Congresso Nacional, às Assembleias Legislativas dos Estados, ao Supremo Tribunal Federal (STF), ao Tribunal Federal de Recursos e às seções estaduais da OAB.[151] Nos dias seguintes, jornais divulgaram o manifesto da OAB.[152]

Houve, contudo, vozes discordantes na aprovação da moção. O conselheiro Paulo Belo propôs adicionar um trecho ao documento aprovado que continha tanto um apoio às Reformas de Base quanto um apelo para que a luta política não violasse a legalidade. Todavia, a emenda de Paulo Belo foi rejeitada pela maioria do Conselho Federal.[153] O *Diário de Notícias* reproduziu trechos do acalorado debate que cercou a aprovação da moção de 20 de março. Segundo o periódico, o conselheiro federal Wilson do Egito Coelho destacou-se na refutação aos ataques feitos por outros membros do Conselho Federal ao presidente da República, considerando-os inconsistentes. Por sua vez, conselheiros federais alinhados à posição predominante no organismo desfiaram acusações ao governo federal. Gaston Luiz do Rego procurou deslegitimar o apoio popular às iniciativas de Goulart: "O presidente da República [...] tem dito que governa com o povo, mas esse povo de que ele fala são entidades espúrias." Renato Ribeiro sugeriu "haver o deliberado propósito de destruir a estrutura jurídica do país, e isso exatamente por homens incapazes de construir." E afirmou ainda que as Reformas de Base eram recusadas por todos os brasileiros. Ademais, alguns conselheiros denunciaram a inconstitucionalidade de algumas medidas governamentais, como a desapropriação de terras, a encampação de refinarias e o tabelamento de aluguéis.[154]

---

150 CF-OAB, *Ata de Sessão do Conselho Federal*, 14 maio 1963.

151 CF-OAB, *Ata de Sessão do Conselho Federal*, 20 mar. 1964.

152 *Correio da Manhã*, 22 mar. 1964, 1º caderno, p. 24.

153 CF-OAB, *Ata de Sessão do Conselho Federal*, 20 mar. 1964.

154 *Diário de Notícias*, 21 mar. 1964, 1a seção, p. 2.

O Conselho Federal da OAB, com exceção de poucas vozes, identificava a questão social com o risco à ordem jurídica. Alguns setores da oposição a Goulart, destacadamente a "Bossa-Nova" da UDN e a "Ala Moça" do PSD inclinaram-se, por algum momento, pelas reformas propostas pelo governo, considerando-as um antídoto contra o proselitismo comunista[155]. Entretanto, esta nunca foi a posição majoritária no Conselho Federal. O órgão sempre refutou as reivindicações populares lançando mão da "camisa de força" representada pela Constituição de 1946. Ironicamente, a defesa da legalidade serviu como obstáculo para impedir que a experiência democrática iniciada em meados da década de 1940 se aprofundasse, com a expansão dos direitos políticos e sociais.

A campanha de desestabilização contra Goulart

Como nota Carlos Fico, na análise do processo político que culminou no Golpe de 1964, é necessário distinguir a campanha de desestabilização do governo, desenvolvida a partir da sociedade civil, da ação militar *stricto sensu*, responsável pela deposição de Goulart[156]. A campanha arregimentou o apoio de amplos grupos sociais, disseminando o temor do comunismo. Seu efeito político revestiu-se de duplo caráter: defensivo, ao se constituir em contrapeso às propostas reformistas do governo e à mobilização das organizações de esquerda e dos sindicatos de trabalhadores; ofensiva, ao oferecer legitimidade à intervenção golpista[157].

Não há evidências de que a OAB tenha participado da conspiração contra Goulart, ainda que seja lícito supor que alguns de seus conselheiros federais, na condição de dirigentes do complexo Ipes/Ibad[158] ou de políticos da UDN, tenham-no feito. Todavia, não há qualquer dúvida de que a entidade se engajou na campanha de desestabilização contra Goulart, como provam os pronunciamentos e atitudes do Conselho Federal entre 1962 e 1964. Neste período, tópicos centrais da campanha anticomunista, como a oposição entre comunismo e democracia, a exortação à defesa da "civilização ocidental", o progressivo controle do aparato estatal e de organismos civis pelos

---

155 BENEVIDES, op. cit., p. 123-124.

156 FICO, Carlos. Versões e controvérsias sobre 1964 e a ditadura militar. *Revista Brasileira de História*, São Paulo, v. 24, n. 47, p. 55, 2004.

157 DREIFUSS, René Armand. *1964*: a conquista do Estado. Petrópolis: Vozes, 1981. p. 230-281; REIS FILHO, Daniel Aarão. O colapso do colapso do populismo. In: FERREIRA, Jorge (Org.). *O populismo e sua história*. Rio de Janeiro: Civilização Brasileira, 2001. p. 335-336; MOTTA, Rodrigo Patto Sá. *Em guarda contra o perigo vermelho*. São Paulo: Perspectiva/Fapesp, 2002. p. 237-249.

158 Como demonstra Dreifuss, o Instituto de Pesquisa e Estudos Sociais (IPES) e o Instituto Brasileiro de Ação Democrática (IBAD) e os organismos a eles associados constituíram-se no centro da articulação golpista contra João Goulart (cf. DREIFUSS, op. cit.).

comunistas e o risco à estabilidade social e jurídica representado por Goulart e seus aliados, fizeram-se presentes nos documentos do Conselho Federal e nos pronunciamentos de seus integrantes.

A OAB justificava sua intervenção na vida política do País recorrendo a seu papel (autoatribuído) de guardiã da institucionalidade democrático-liberal, desempenhado supostamente de modo neutro em relação às lutas sociais, e à sua prerrogativa de representar o conjunto dos advogados. Estas fontes de legitimidade da atuação política da OAB devem ser consideradas na avaliação de sua contribuição à campanha desestabilizadora acionada contra Goulart. O impacto do oposicionismo da entidade possivelmente foi de particular relevância entre os advogados, grupo tradicional no interior das classes médias, que se constituíram, como se sabe, no suporte social fundamental para a mobilização civil contra o governo. A tomada de posição da OAB deu-se em nome da preservação da ordem jurídica, um argumento ao qual os advogados se mostravam particularmente sensíveis. Ademais, o combate da entidade a um programa que visava a redistribuição de renda e poder alinhava-se ao comportamento político ainda predominante entre os advogados, marcado pela resistência ao aprofundamento da incorporação política e econômica da classe trabalhadora, malgrado o processo de diferenciação político-ideológica que atingia a categoria profissional, e as classes médias, de modo geral, desde a Primeira República.[159]

As manifestações do Conselho Federal da OAB tendiam a atingir um público amplo, repercutidas e noticiadas pela grande imprensa e, igualmente, pelas seções estaduais da OAB (é preciso notar a capilaridade da entidade, instalada em todas as unidades da federação e em grande parte das cidades brasileiras) e por outras organizações de advogados.

É importante registrar que a campanha de desestabilização contra Goulart contou com a adesão de outras entidades de advogados, o que revela a ampla participação da elite profissional, que, em geral, controlava tais entidades, na mobilização oposicionista. Entre 24 de março e 1º de abril de 1964, o Instituto dos Advogados Brasileiros (IAB), o Instituto dos Advogados de São Paulo, a Associação dos Advogados Democratas e a Associação dos Advogados de São Paulo (AASP) divulgaram documentos contrários às Reformas de Base ou favoráveis à deposição de Goulart.[160]

---

159 FAUSTO, Boris. *A revolução de 1930*: historiografia e história. São Paulo: Companhia das Letras, 1997. p. 93-110; SAES, Décio. Classe média e política no Brasil (1930-1964). In: FAUSTO, Boris (Org.). *História Geral da Civilização Brasileira*. Rio de Janeiro: Bertrand Brasil, 1996, tomo 3, v. 3, p. 454-505. MATTOS, op. cit., p. 206-213.

160 FAGUNDES, Laura. *Instituto dos Advogados Brasileiros*: 150 anos de história (1843-1993). Rio de Janeiro: IAB/Destaque, 1995. p. 229-230; MATTOS, op. cit., p. 205-206; SAES, Décio, op. cit., p. 502. SCHUBSKY, Cássio. *Advocacia*: a trajetória da Associação dos Advogados de São Paulo. São Paulo: Lettera.doc, 2006. p. 58-59.

Há evidências de que o apoio à deposição de Goulart foi amplo no meio jurídico, não se restringindo às organizações de advogados. No dia 17 de abril de 1964, o presidente do Supremo Tribunal Federal (STF), Álvaro Ribeiro da Costa, ao receber o presidente Castelo Branco no tribunal, endossou o golpe. Em seu discurso, afirmou: "[...] que a reconquista e, portanto, a sobrevivência da democracia se há de fazer, nos momentos de crise, com o sacrifício transitório de alguns de seus princípios e garantias constitucionais". E, mais a frente, acrescentou que "nossas esperanças se voltam agora aos objetivos do governo subitamente constituído e já restaurado na sua autoridade constitucional."[161]

Antes disso, um grupo de 28 professores catedráticos e livres-docentes da Faculdade de Direito da Universidade de São Paulo (USP) já havia publicado um manifesto em apoio à derrubada de Goulart. Alunos da mesma faculdade também elaboraram um documento com o mesmo propósito.[162]

Os vínculos sociais e políticos dos conselheiros federais e sua cultura política

Os vínculos de classe dos conselheiros federais estavam na base do antagonismo do Conselho Federal da OAB em relação a Goulart, conquanto não constituíssem os móveis exclusivos da adesão do organismo à campanha antigovernista. O levantamento de dados biográficos a respeito dos conselheiros federais demonstra, ao menos para uma parte deles, uma ligação estreita com as classes dominantes (amplamente contrariadas com o reformismo do governo federal), das quais eram integrantes ou consultores jurídicos[163]. Assim, Nehemias Gueiros, presidente da OAB entre 1956 e 1958, era *"patrono de conhecidos grupos econômicos que se opunham a Goulart".*[164] Miguel Seabra Fagundes, *bâtonnier* entre 1954 e 1956, integrou o conselho técnico da Confederação Nacional do Comércio. Temístocles Marcondes Ferreira, vice-presidente da OAB entre 1963 e 1965, era fazendeiro, banqueiro e industrial. Fundou e dirigiu a Companhia Editora Nacional e o Grupo Atlântica de Seguros Sociais. Alberto Barreto de Melo, secretário-geral da Ordem entre 1952 e 1965, foi assessor técnico da Associação dos Plantadores de Cana de Sergipe. José Augusto Bezerra de Medeiros presidiu, de 1959 a 1961, a Associação Comercial do Rio de Janeiro. Todos os exemplos dados referem-se a bacharéis dotados de significativa capacidade de influenciar as

---

161 *O Estado de São Paulo*, 18 abr. 1964, p. 5.

162 *O Estado de São Paulo*, 3 abr. 1964, p. 6

163 MATTOS, op. cit., p. 175-177.

164 COELHO, Fernando. *A OAB e o regime militar (1964-1986)*. Recife: OAB – Seção Pernambuco, 1996, p. 44.

decisões do Conselho Federal em razão de sua condição de dirigentes da OAB ou de suas credenciais como homens públicos[165].

O perfil partidário do Conselho Federal contribuiu para sua tomada de posição contra o Governo Goulart. Desde sua organização, em 1933, o Conselho Federal contava com uma elevada presença de políticos profissionais, muitos dos quais exerciam mandatos no Congresso Nacional. No pós-1945, a grande maioria dos conselheiros federais com filiação partidária pertencia ao PSD e à UDN[166]. Assim, em um período de forte polarização político-ideológica, era natural que os posicionamentos partidários dos conselheiros federais contaminassem sua atuação no órgão corporativo. Sabe-se que a aliança PSD-PTB deteriorou-se ao longo do Governo Goulart e a maioria dos pessedistas recusou-se a empenhar seu apoio às proposições reformistas do governo federal, e uma boa parte deles chegou mesmo a fazer-lhe oposição aberta. Este era o caso do deputado federal pessedista Nelson Carneiro, conselheiro federal da OAB entre 1962 e 1963 e membro da Ação Democrática Parlamentar (ADP), o bloco interpartidário que deu suporte parlamentar à campanha de desestabilização contra Goulart[167].

Ainda mais significativa para a compreensão do oposicionismo do Conselho Federal é a forte influência que a UDN e, especialmente sua "Ala dos Bacharéis" exerciam no meio jurídico, incluindo as seções estaduais e o Conselho Federal da OAB desde sua fundação, em 1945. Vários bacharéis udenistas compuseram a instância diretiva máxima da Ordem e alguns deles exerceram mesmo a função de *bâtonnier*, como Raul Fernandes e Prado Kelly[168].

Ainda em termos de vínculos políticos, é necessário registrar um aspecto praticamente ignorado do Conselho Federal: a proximidade de seus integrantes e, particularmente, de sua diretoria com o complexo Ipes/Ibad, um dos mais importantes núcleos de conspiração contra Goulart. Assim, Povina Cavalcanti, o presidente da OAB entre 1962 e 1965, além de filiado ao complexo Ipes/Ibad, era diretor da Associação dos Amigos das Nações Cativas, entidade dedicada à campanha anticomunista nos moldes da ação desenvolvida pelo Ipes. Como Povina Cavalcanti, Alberto Barreto de Melo era dirigente da Associação dos Amigos das Nações Cativas, além de associado do complexo Ipes/Ibad.

---

165 CALICCHIO, Vera; FAGUNDES, Seabra. *Dicionário Histórico-Biográfico Brasileiro (DHBB)*. Disponível em <http://www.fgv.br/cpdoc/acervo/dicionarios/verbete-biografico/miguel-seabra-fagundes>. Acesso em: 20 jan. 2017; MALIN, Mauro; AUGUSTO, José. *Dicionário Histórico-Biográfico Brasileiro (DHBB)*. Disponível em <http://www.fgv.br/cpdoc/acervo/dicionarios/verbete-biografico/jose-augusto-bezerra-de-medeiros>. Acesso em: 20 jan. 2017; OLIVEIRA, João Gualberto de. *História dos órgãos de classe dos advogados*. São Paulo: [s.n.], 1968. p. 361-363.

166 MATTOS, op. cit., p. 170-175.

167 DREIFUSS, op. cit., p. 321.

168 MATTOS, op. cit., p. 170-175.

Temístocles Marcondes Ferreira era dirigente do Ipes. João Nicolau Máder Gonçalves, que integrou o Conselho Federal da OAB por todo o período democrático, com exceção do ano de 1957, é descrito por René Dreifuss como um dos líderes do Ipes. Miguel Seabra Fagundes colaborou com o Ipes. Finalmente, Temístocles Cavalcanti, membro do Conselho Federal da OAB entre 1961 e 1962, coordenou um curso de formação política destinado a empresários e administradores organizado pelo Ipes, do qual era associado[169].

A ameaça à situação socioeconômica vigente defendida pela OAB, consubstanciada nas proposições reformistas de Goulart e na mobilização popular, foi respondida em uma chave conservadora, condizente com a cultura política dominante na entidade. Denise Rollemberg sublinha a *"identidade da OAB com a cultura política de direita que estruturou as forças civis"* na derrubada de Goulart[170]. A matriz da cultura política da OAB era o pensamento liberal de corte moderado ou mesmo conservador, hegemônico entre os bacharéis em Direito desde, ao menos, o período de formação do Estado nacional[171]. A partir de 1945, este ideário foi expresso de modo proeminente, ainda que não exclusivo, pela UDN.[172]

No início da década de 1960, destacaram-se três elementos constitutivos da cultura política prevalecente no Conselho Federal da OAB, organizadores de seu oposicionismo: o elitismo, o formalismo e o anticomunismo.

O exercício da direção política do País deveria restringir-se a um grupo credenciado por suas origens sociais, tradições familiares, formação intelectual e experiência político-profissional, do qual os conselheiros federais certamente se sentiam parte. O reverso desta crença era a profunda desconfiança em relação à participação da classe trabalhadora, vista como manipulável e desordeira. O discurso de posse de Povina Cavalcanti revela esse elitismo, tanto sob a forma do que Maria Victoria Benevides denomina "presciência das elites"[173], quanto pela desconfiança em relação à ação política popular, acusada de irracional:

---

169 DREIFUSS, op. cit., p. 174-176, 293, 438, 451.

170 ROLLEMBERG, Denise. Memória, opinião e cultura política. A Ordem dos Advogados do Brasil sob a ditadura (1964-1974). In: REIS, Daniel Aarão; ROLLAND, Denis (orgs.). *Modernidades alternativas*. Rio de Janeiro: FGV, 2008. p. 89.

171 ADORNO, Sérgio. *Os aprendizes do poder*. Rio de Janeiro: Paz e Terra, 1988. p. 47-53, 239-246; VIANNA, Luiz Werneck. Os intelectuais da tradição e a modernidade: os juristas-políticos da OAB. In: *Travessia*: da Abertura à Constituinte. Rio de Janeiro: Livraria Taurus Editora, 1986. p. 91-115. MATTOS, op. cit., p. 39-71, 203-213.

172 Não é por acaso que os componentes ideológicos do udenismo analisados por Maria Victoria Benevides guardem grande proximidade com os elementos do oposicionismo do Conselho Federal aqui descritos. (Cf. BENEVIDES, op. cit., p. 241-275.)

173 BENEVIDES, op. cit., p. 252-258.

> *Quando a autoridade pública exprimir sentimentos e pregões democráticos distorsivos, atribuindo-os a coletividades desgarradas do espírito unitário da Pátria, a ação dos advogados é efetivamente criadora da liberdade. [...] Não nos arreceiemos de contrariar a própria opinião pública, se verificarmos que ela está envenenada pela paixão e pela ira. Há contrafações democráticas em muitas atitudes populares teleguiadas.*[174]

Em outra passagem, usando termos como *"multidão histérica"* e *"turbas iradas"*, ele lembrou o povo que se negou a absolver Cristo: "A turba pode venerar César, mas César passa; é o tufão, é ruína, é espoliação, é miséria. Transitório o seu reinado, não tem aurora, mas é certo, infalível, fatal o seu ocaso."[175] A nenhum conselheiro federal podia escapar que o novo *bâtonnier* mencionava o imperador romano para se referir a Goulart.

Durante o governo Goulart, o Conselho Federal negou-se a apoiar qualquer mudança que incorporasse interesses sociais excluídos, insistindo na defesa formalista da ordem jurídica. O órgão identificava os pleitos econômicos e políticos dos grupos subalternos com o risco da subversão da ordem jurídica. Desse modo, jamais se dispôs a debater o conteúdo das reivindicações dos movimentos populares. A elas contrapunha os dispositivos da Constituição de 1946, que considerava imutável. O formalismo do Conselho Federal alicerçou seu combate às Reformas de Base e, especialmente, à reforma agrária. Observe-se, como faz Daniel Aarão Reis, que a posição legalista no combate a Goulart não foi sustentada apenas pela OAB, mas pelo conjunto das forças que se levantaram contra o governo[176]. Contudo, o limite ao formalismo do Conselho Federal era seu compromisso com a conservação da ordem social, evidenciado no aplauso à deposição de Goulart, um indubitável ato de ruptura constitucional.

O anticomunismo professado pela OAB[177] significou uma reação às perspectivas de ampliação dos direitos políticos e sociais das classes populares e de sua contrapartida necessária: a diminuição dos privilégios usufruídos pelos grupos dominantes. A escalada do protagonismo político popular e o programa reformista do governo federal eram considerados prenúncios da comunização do País. Deve-se lembrar que o anticomunismo exerceu uma força mobilizadora fundamental no pré-golpe. Como anota Rodrigo

---

174 CF-OAB, *Ata de Sessão do Conselho Federal*, 11 ago.1962.

175 CF-OAB, *Ata de sessão do Conselho Federal*, 11 ago. 1962..

176 REIS FILHO, op. cit., p. 332-341.

177 É interessante registrar que alguns dos membros do Conselho Federal da OAB no governo Goulart passaram pelos cursos da Escola Superior de Guerra (ESG), um dos mais influentes centros de doutrinação anticomunista no pós-1945. Foram eles: Osvaldo de Souza Valle (turma de 1954), João Nicolau Máder Gonçalves (turma de 1955), Temístocles Brandão Cavalcanti (turma de 1958) e Wilson Regalado Costa (turma de 1964). Disponível em: <http://www.esg.br/index.php/es/2014-02-19-17-51-50/diplomados>. Acesso em: 20 jan. 2017.

Motta, o anticomunismo foi o argumento capaz de agregar a heterogênea frente que derrotou Goulart[178].

Questões corporativo-institucionais

De todo modo, a adequada compreensão das razões do antagonismo da OAB em relação ao governo Goulart exige que se considerem, também, os interesses específicos da entidade, relacionados à sua consolidação institucional e às demandas corporativas dos advogados. A partir da década de 1950, o Conselho Federal começou a se dedicar a uma nova agenda corporativa.[179] A novidade era a incorporação de temas relacionados aos interesses econômicos e às condições de trabalho dos advogados. Até então, a ação do Conselho Federal no âmbito corporativo havia quase somente se limitado à seleção e fiscalização dos advogados. O pano de fundo do investimento do organismo em uma pauta corporativa renovada foram as transformações e dificuldades experimentadas pela categoria profissional, em grande medida decorrentes da modernização do capitalismo brasileiro.[180] Neste período, o paradigma liberal que moldava tradicionalmente a profissão passou a conviver crescentemente com a figura do advogado-empregado (do Estado ou de empresas privadas). O Conselho Federal enfrentou as transformações sofridas pela categoria profissional com pragmatismo. Assim, reconheceu a advocacia preventiva, conformou-se com o assalariamento dos advogados e procurou garantir proteção social a eles.

Porém, o órgão temeu pela proletarização da profissão, efeito indesejado do assalariamento dos advogados e da inflação de diplomas de Direito. Nas décadas de 1950 e 1960, o tema da proletarização dos advogados tornou-se constante nas sessões do Conselho Federal da OAB. Ao tratar, em 1959, do projeto de previdência dos advogados em tramitação na Câmara dos Deputados, o conselheiro federal da OAB Carlos Bernardino de Aragão Bozano lamentou que os advogados se proletarizassem sem gozarem, em

---

178 MOTTA, op. cit., p. 271-276.

179 Marly Motta faz uma interessante análise da tensão entre os compromissos corporativos da OAB e sua atuação política. (Cf. MOTTA, Marly Silva da. A Ordem dos Advogados do Brasil: entre a corporação e a instituição. *Ciência Hoje*, Rio de Janeiro, v. 39, p. 32-37, 2006.)

180 Essas transformações foram estudadas, em um trabalho pioneiro, por Olavo Brasil de Lima Júnior, Lúcia Klein e Antônio Martins. Nele, os autores analisam as repercussões impostas à categoria e à profissão de advogado pelo desenvolvimento capitalista brasileiro, como a dificuldade de absorção dos advogados pelo mercado de trabalho em virtude da inadequação da formação recebida nas faculdades frente às necessidades do desenvolvimento econômico e as modificações nas atividades profissionais dos advogados (assalariamento, migração dos advogados de escritórios de advocacias para grandes empresas privadas, advocacia preventiva – dedicada, essencialmente, a atividades de consultoria e assessoria extrajudicial). (Cf. LIMA JR., Olavo Brasil de; KLEIN, Lúcia Maria Gomes; MARTINS, Antônio Soares. *O advogado e o Estado no Brasil*. Rio de Janeiro: Edições Dados, 1970.)

contrapartida, a proteção social assegurada aos trabalhadores urbanos. Em 1962, ocupando-se, também, da previdência social dos advogados, o conselheiro federal Letácio Jansen alarmava-se com a situação de que um advogado-empregado pudesse receber um salário menor que um motorista da Câmara dos Deputados[181].

O organismo apostou na redução do número de advogados, no alargamento do campo da advocacia e na implantação de dispositivos de proteção social para frear o processo de proletarização. As duas últimas iniciativas foram razoavelmente bem-sucedidas, como demonstram a aprovação do novo estatuto da OAB e da lei previdenciária dos advogados. Contudo, o Conselho Federal descobriu-se impotente para fazer face ao crescimento exponencial de advogados e, especialmente, de bacharéis em Direito[182].

Como se pode notar, a agenda corporativa revelou-se urgente para a (tentativa de) preservação do *status* social dos advogados, mas também da legitimidade da OAB frente a categoria profissional. Em outros termos, a dedicação à defesa da corporação decorreu, igualmente, da necessidade da OAB firmar seu papel como representante dos interesses da categoria profissional perante o surgimento de concorrentes para o cumprimento de tal tarefa, notadamente, os sindicatos de advogados.

As notícias de fundação de entidades concorrentes com a OAB no âmbito sindical surgiram no início da década de 1950. A direção da entidade temeu o surgimento de sindicatos, que poderiam se vincular ao Estado e serem dirigidos por advogados esquerdistas. Outrossim, receava pela redução de seu papel como representante dos interesses da categoria profissional – o que poderia fazer decrescer, por conseguinte, sua força entre os advogados e seu prestígio junto ao Estado. O Conselho Federal procurou desestimular a criação de sindicatos de advogados ao incorporar, entre as atribuições legais da OAB, a ação sindical e dispensar o advogado do pagamento do imposto sindical[183].

O cumprimento da agenda corporativa impunha ao Conselho Federal o reforço dos laços de colaboração com o Estado, especialmente com o governo federal e o Congresso Nacional. Historicamente, o Conselho Federal usufruía uma interlocução privilegiada com o Estado[184]. Os dirigentes da OAB contavam com acesso direto às principais autoridades da República nos Três Poderes. Em geral, o Estado demonstrava-se receptivo às demandas da OAB. No início da década de 1960, entretanto, o Conselho Federal experimentou uma crise aberta na sua relação com o

---

181 GUEIROS, Nehemias. *A advocacia e o seu estatuto*. Rio de Janeiro: Livraria Freitas Bastos, 1964. p. 184, 208.

182 DANTAS, André Vianna. A democracia na berlinda e a consolidação da OAB: entre a denúncia e a vigília (1946-1968). In: MOTTA, Marly Silva da; DANTAS, André Vianna. *História da Ordem dos Advogados do Brasil*. Rio de Janeiro: OAB, 2006, p. 78-85. v. 5; MATTOS, op. cit., p. 77-107.

183 MATTOS, op. cit., p. 213-221.

184 Ibidem, p. 189-202.

governo Goulart, derivada não apenas da franca oposição do órgão à política de reformas do presidente da República, mas também da percepção de que o governo desrespeitava o padrão de acesso da OAB ao Executivo federal. Habituados a serem prontamente atendidos nos gabinetes ministeriais ou a receberem, na sede da OAB, importantes autoridades governamentais, os dirigentes da entidade ressentiram-se do distanciamento do governo Goulart. E exasperaram-se com a interlocução que o governo estabeleceu com setores subalternos da categoria profissional, como os sindicatos de advogados.

O processo de regulamentação da lei previdenciária dos advogados, aprovada em meados de 1962, revelou as insatisfações do Conselho Federal com Goulart no que tangia à questão corporativa-institucional. Em janeiro de 1963, Povina Cavalcanti atacou, em entrevista ao jornal *O Globo*, a condução, pelo governo, da questão previdenciária[185]. O presidente da OAB expôs, assim, a sensação de duplo desprestígio experimentada pela elite dos advogados: o que atingia a categoria profissional, ameaçada de desclassificação social, e o que se abatia sobre a OAB, diminuída no seu papel de interlocutora privilegiada do Estado. Evidentemente que a ameaça de proletarização que pesava sobre os advogados não era imputada ao governo, conquanto Povina Cavalcanti o acusasse de omissão diante da questão. Contudo, Cavalcanti queixava-se amargamente do afastamento do governo em relação à OAB, evidenciando a redução da capacidade de persuasão da entidade junto ao governo.

A insatisfação do Conselho Federal aumentou quando o Ministério do Trabalho dissolveu a primeira comissão encarregada de regulamentar a lei de previdência da categoria profissional para incluir, ainda que mantivesse um representante da OAB, um representante do Sindicato dos Advogados[186]. A medida ameaçava tanto o modelo previdenciário propugnado pela entidade quanto a sua pretensão de exercer com exclusividade a representação dos interesses dos advogados. Em carta de outubro de 1963, endereçada ao presidente da seção fluminense da OAB, Povina Cavalcanti tratou do assunto:

> *Não sei até onde vão os poderes dessa Comissão [a nova comissão de regulamentação da lei], mas a verdade é que não nos foi dada a mínima satisfação, nem concordaríamos, depois dos fatos narrados, com a participação em novo Grupo de Trabalho com representante do Sindicato dos Advogados. Ou representamos nós a classe, como seu órgão supremo, ou a Comissão que resolva os seus problemas políticos sem a nossa interferência.*[187]

---

185   CF-OAB, *Ata de Sessão do Conselho Federal*, 7 abr. 1964.
186   GUEIROS, op. cit., p. 209-214.
187   Ibidem, p. 214.

Ditadura militar

Na primeira sessão do Conselho Federal da OAB após o Golpe Civil-Militar que depôs Goulart, o presidente da Ordem, Povina Cavalcanti, saudou o movimento:

> Dispensamo-nos de dar ênfase à certeza de que, nesta Casa, somos todos [...] cruzados valorosos do respeito à ordem jurídica e à Constituição. [...] E ainda agora, antecipando-nos à derrocada das forças subversivas, acionadas por dispositivos governamentais, que visavam, já sem disfarces, à destruição do primado da democracia e à implantação de um regime totalitário [...], tivemos a lucidez e o patriotismo de alertar, na memorável reunião extraordinária de 20 de março p. findo, os poderes constituídos da República para a defesa da ordem jurídica e da Constituição, tão seriamente ameaçadas. Mercê de Deus, sem sairmos da órbita constitucional, podemos hoje, erradicado o mal das conjuras comuno-sindicalistas, proclamar que a sobrevivência da Nação Brasileira se processou sob a égide intocável do Estado de Direito.[188]

Note-se que o argumento utilizado pelo *bâtonnier* para justificar a deposição de Goulart era exatamente o mesmo usado pelos artífices do golpe de Estado: a de que ele teria sido executado para, evitando a subversão comunista encampada pelo governo federal, conservar a ordem jurídica. Contudo, o Conselho Federal mostrou-se transigente na defesa da legalidade. Não apenas porque fechou os olhos à ruptura constitucional representada pela destituição de Goulart, mas também porque, ao ceder seu presidente à Comissão Geral de Investigações (CGI), referendou a perseguição inquisitorial contra os inimigos do novo regime conduzida pelos responsáveis pelos Inquéritos Policiais-Militares (IPMs).

Neste período, o único obstáculo ao apoio da OAB à ditadura militar foram as violações às prerrogativas dos advogados cometidas por autoridades encarregadas da repressão política. Na sessão de 15 de outubro de 1964, um notório arauto do novo regime no interior do Conselho Federal Wilson Regalado da Costa levou ao conhecimento de seus pares um incidente ocorrido entre o presidente da seção da OAB de Goiás, Rômulo Gonçalvez, e o comandante do 10º Batalhão de Caçadores, o tenente-coronel Danilo de Sá da Cunha e Melo. O Conselho Federal solidarizou-se com Rômulo Gonçalvez, afrontado pelo oficial ao tentar interceder pelo cumprimento de um *habeas corpus* em favor de um preso político.[189] Deste modo, percebe-se que, já nos meses iniciais do novo regime, nascera uma fonte de atrito entre o governo e a OAB que contribuiu de maneira importante para que a entidade, na década de 1970, se deslocasse para a oposição à ditadura militar: as arbitrariedades de autoridades policiais e militares contra advogados e o desrespeito destas mesmas autoridades às prerrogativas profissionais dos advogados.

De todo modo, o Conselho Federal recebeu satisfeito os convites feitos, logo nos primeiros meses do novo regime, para colaborar com o governo. O organismo percebia

---

188 CF-OAB, *Ata de Sessão do Conselho Federal*, 7 abr. 1964.
189 CF-OAB, *Ata de Sessão do Conselho Federal*, 15 out. 1964.

o novo padrão de relacionamento com o Executivo como uma recuperação de seu prestígio. A OAB voltava a ser tratada com deferência pelo governo. Assim, ainda em abril de 1964, Povina Cavalcanti foi recebido pelo ministro do Trabalho para tratar de uma questão cara à entidade: a previdência dos advogados. A deposição de Goulart renovou as esperanças do Conselho Federal da OAB de implementar o seu plano previdenciário. Depois de se reunir com o ministro, Povina Cavalcanti relatou que ele manifestara *"boa vontade [...] na solução do caso"*. O *bâtonnier* emendou acreditar que, dali a dois meses, *"teríamos uma solução definitiva para o problema"*[190]

Ao mesmo tempo, o Conselho Federal era convocado para integrar comissões governamentais. No dia 28 de abril, o presidente da OAB informou ao Conselho Federal ter sido designado por Castelo Branco membro da comissão incumbida de verificar o estado de saúde dos integrantes da comissão comercial chinesa presos pelo Exército. No seu relato, o presidente da Ordem interpretou sua nomeação como uma *"consideração especial"* de Castelo Branco.[191] Semanas depois, Povina Cavalcanti foi designado vice-presidente da Comissão Geral de Investigações. Novamente, o Conselho Federal reconheceu a nomeação como uma deferência governamental à OAB.[192]

A participação dos conselheiros federais na ditadura militar

Vitorioso o golpe, os integrantes do Conselho Federal foram convocados a desempenhar tarefas importantes no novo regime. Considerando, inicialmente, apenas os bacharéis pertencentes ao Conselho Federal durante o governo Goulart, localizemos os que foram designados pelo novo regime para exercer funções-chave. Prado Kelly e Temístocles Cavalcanti foram nomeados ministros do STF. Povina Cavalcanti, como mencionado, foi nomeado vice-presidente da Comissão Geral de Investigações. Miguel Seabra Fagundes e Temístocles Cavalcanti compuseram uma comissão nomeada, em 1966, por Castelo Branco com a incumbência de elaborar um anteprojeto de Constituição. Nehemias Gueiros foi o autor do texto do Ato Institucional n. 2. Merece destaque a atuação de Carlos Medeiros Silva, que se tornou um importante artífice do arranjo institucional da ditadura militar. Ele foi, com Francisco Campos, autor do texto do Ato Institucional n. 1 e o responsável pelo anteprojeto de Constituição encaminhado pelo governo ao Congresso Nacional, no final de 1966. Medeiros ainda redigiu a Lei de Imprensa e a Lei de Segurança Nacional de 1967, além de ter sido ministro da Justiça.[193]

---

190 CF-OAB, *Ata de Sessão do Conselho Federal*, 28 abr. 1964.
191 CF-OAB, *Ata de Sessão do Conselho Federal*, 28 abr. 1964.
192 CF-OAB, *Ata de Sessão do Conselho Federal*, 26 maio 1964
193 ROLLEMBERG, op. cit.

Em um levantamento sucinto, foi possível identificar 22 bacharéis integrantes do Conselho Federal da OAB durante o período democrático que exerceram cargos no Executivo Federal ou mandatos parlamentares pelo partido de sustentação à ditadura militar, a Aliança Renovadora Nacional (ARENA), nos governos Castelo Branco e Costa e Silva.[194] Entre os seis ex-presidentes da OAB ainda vivos em 1964, ao menos cinco desempenharam funções públicas nos primeiros anos da ditadura militar: Haroldo Valadão, Seabra Fagundes, Nehemias Gueiros, Alcino Salazar e Prado Kelly. Estes dados sugerem uma ampla adesão da fração da elite dos advogados que compunha o Conselho Federal desde 1945 ao novo regime.

Considerações finais

No início da década de 1960, o Conselho Federal da OAB atuou diretamente na arena política. Sua postura em defesa da ordem jurídica não era neutra em relação às lutas que dividiam o País. A manutenção estrita da ordem jurídica impedia a expansão da cidadania política e social. O organismo, desde meados de 1962, aderiu à campanha que, denunciando a infiltração comunista no Brasil, preparou a deposição de Goulart. O apoio inequívoco do Conselho Federal ao golpe de Estado traiu o legalismo do órgão e revelou que, na sua hierarquia de valores, a defesa do *status quo* sobrepunha-se à defesa da ordem jurídica.

Proponho que o oposicionismo da OAB a Goulart se fundasse na convergência de quatro fatores. Em primeiro lugar, os vínculos estreitos que os conselheiros federais mantinham com as classes dominantes. Em segundo lugar, a filiação dos integrantes do Conselho Federal a organizações políticas que articularam a deposição de Goulart, particularmente a UDN, o PSD e o complexo Ipes/Ibad. Em terceiro lugar, a identificação da entidade com uma cultura política que julgava ilegítimos o reformismo do governo e a ascensão do movimento popular. Finalmente, a degradação das relações da OAB com o governo federal, em um contexto em que a entidade se encontrava ameaçada pela emergência de associações e sindicatos concorrentes e desafiada pelo processo de proletarização dos advogados. Poder-se-ia indagar se tais móveis são válidos para compreender a posição da entidade no *impeachment* de Dilma Rousseff.

O contínuo desrespeito da ditadura militar às prerrogativas dos advogados contribuiu decisivamente para que a OAB, mais de dez anos após o golpe de Estado, passasse para a oposição.[195] Caberia perguntar se os frequentes episódios de violação do direito de defesa no âmbito das operações policiais e judiciais de combate à corrupção podem levar a Ordem a romper com a coalizão, da qual fez parte, responsável pela deposição da presidenta Dilma Rousseff.

---

194 MATTOS, op. cit., p. 131-132.

195 Denise Rollemberg examinou o apoio da OAB à ditadura militar no seu primeiro decênio e a passagem da entidade à oposição na década de 1970. (Cf. ROLLEMBERG, op. cit.)

4

O GPMI da Fiesp, a Escola Superior de Guerra e a Doutrina de Segurança Nacional na mobilização empresarial-militar no pré e pós-1964[196]

Joana Monteleone
Haroldo Ceravolo Sereza

O Grupo Permanente de Mobilização Industrial (GPMI) foi criado oficialmente em 30 de abril de 1964, em São Paulo, como uma diretoria da Federação das Indústrias do Estado de São Paulo (Fiesp). Ou seja, exatamente um mês após a tomada pelo poder pelos militares. Era a institucionalização de uma aliança construída ao longo de um tempo e que, nos anos 1960, ganhou um sentido político especial, que resultou na tomada do poder pelas armas. Durante todo o governo João Goulart, de setembro de 1961[197] até o golpe, na virada de março para abril de 1964, o Exército e, em especial, a Escola

---

[196] Esse texto é resultado de uma pesquisa entregue como subsídio para a elaboração do relatório final da Comissão Nacional da Verdade. A pesquisa foi realizada com recursos da Finep-UFMG, sob a direção do Projeto República e da professora Heloísa Starling. Os pesquisadores formaram um grupo de estudos independente, para estudar a relação entre a Ditadura Militar e os empresários. Joana Monteleone e Haroldo Ceravolo Sereza coordenaram a equipe e este trabalho, para o qual contribuíram fortemente Rodolfo Machado (mestre em História pela Pontifícia Universidade Católica de São Paulo), Vitor Sion (mestre em relações internacionais pelo Programa Santiago Dantas - Unesp, Unicamp e PUC-SP) e Felipe Amorim (jornalista pela Faculdade Cásper Líbero e formado em Relações Internacionais pela PUC-SP). Machado foi o responsável pela localização, na biblioteca da Escola Superior de Guerra, no Rio de Janeiro, dos mimeos das palestras que explicitam a atuação conjunta de empresários e militares no golpe e a consequente criação do GPMI como diretoria da Fiesp. Os cinco pesquisadores organizaram o livro *À espera da verdade*: empresários, juristas e elite transnacional: histórias de civis que fizeram a ditadura militar. São Paulo: Alameda, 2016.

[197] Em 2 de setembro de 1961, foi aprovado o regime parlamentarista de governo por meio da Emenda Constitucional n. 4, o que permitiu a posse de João Goulart. Em 7 de setembro, ele tomou posse como Presidente da República. É interessante notar que a Lei de Anistia (Lei n. 6.683, de 28 de agosto de 1979) concedeu anistia pelos fatos cometidos no lapso temporal entre 2 de setembro de 1961 e 15 de agosto de 1979.

Superior de Guerra (ESG), trabalharam orquestradamente com os empresários paulistas e cariocas no sentido de reunir as forças e os capitais necessários para derrubar o governo instituído. A criação do GPMI pelo empresariado industrial paulista concluía um longo processo de militarização dessa indústria, que forneceu recursos e elaborou um projeto logístico de uma eventual mobilização industrial para uma guerra civil decorrente do golpe que, afinal, não ocorreu.

Ainda que a guerra civil não tenha ocorrido, diversos depoimentos e documentos mostram que a ideia de associar empresários e militares em um sistema produtivo não foi abandonada, mas, ao contrário, ganhou força após o golpe. Palestras proferidas na Escola Superior de Guerra por dirigentes da Fiesp nos anos 1970, localizados pelos pesquisadores deste trabalho e tornados públicos pela *Folha de S.Paulo* indicam como a criação de um parque industrial vinculado às Forças Armadas e coordenado pelo GPMI é fruto direto da associação que levou à queda de Goulart.[198]

Do ponto de vista da economia brasileira, é sabido o papel central da indústria paulista, que representava na época mais da metade da capacidade industrial instalada no País.[199] Ao se associar ao Exército, a indústria paulista trabalhava no sentido de neutralizar e dificultar as reformas pretendidas pelo governo trabalhista e dissipar uma suposta ameaça de criação de uma república sindicalista ou comunista. Nesse processo, há diversas figuras que estabelecem pontes entre os setores, e uma das mais importantes foi o general Osvaldo Cordeiro de Farias (1901-1981). Ex-tenentista e primeiro comandante da ESG, ele participou ativamente do movimento em torno da derrubada de Jango, fomentando encontros de militares com empresários paulistas. "Em São Paulo", assinala o militar gaúcho,

> *tínhamos uma retaguarda maravilhosa, que era a indústria. Pessoalmente, eu era otimista. Estava convencido de que o governo de Jango cairia por si, sem que precisássemos mobilizar grandes forças. Mesmo assim, quem planeja uma revolução não pode partir da hipótese de que não haverá resistência.*[200]

---

198 MENDONÇA, Ricardo. Aproximação da Fiesp com golpistas de 64 virou negócio. *Folha de S.Paulo*, 6 fev. 2014. Disponível em: <http://www1.folha.uol.com.br/poder/2014/06/1463425-aproximacao-da-fiesp-com-golpistas-de-64-virou-negocio.shtml>. Acesso em: 15 mar. 2017. Os mimeos tornados públicos foram os seguintes: A industrialização, a segurança nacional e o grupo permanente de mobilização industrial da Fiesp, de Theobaldo de Nigris (1972); Problemática da implantação de um curso de mobilização nacional na Escola Superior de Guerra (1972); Grupo Permanente de Mobilização das Federações de Indústria, de Quirino Grassi (1973) e A empresa e a mobilização nacional, de Quirino Grassi (1976). Também localizamos em mimeo outro documento, um relatório de Paulo Lobo Peçanha, de 1973, intitulado Mobilização industrial.

199 SILBERFELD, Jean-Claude Eduardo. *O grupo permanente de mobilização industrial da federação das indústrias do Estado de São Paulo* (1964-1967). 1984. Dissertação (Mestrado em História) – Pontifícia Universidade Católica de São Paulo, São Paulo, 1984, p. 2.

200 Depoimento concedido a Aspásia Camargo e Walder de Góes. *Meio século de combate*: diálogo com Cordeiro de Farias. Rio de Janeiro: Nova Fronteira, 1981, p. 551.

Engajados sob o signo da Guerra Fria, os empresários paulistas não ficaram parados enquanto discordavam das políticas de Goulart. Orgulhosamente, atuaram junto aos militares para garantir a desestabilização e futura queda do governo de Jango. Isso fica claro nas declarações de Quirino Grassi, um dos fundadores do grupo, fabricante de carrocerias de caminhões e ônibus, em palestra na ESG no ano de 1972, na ocasião de sua formatura na escola militar[201].

> *Em princípios de 1963, um grupo de empresários de São Paulo, desejando prestar um trabalho visando a defesa dos nossos ideais democráticos e cristãos, articulou-se junto à Presidência da Federação das Indústrias do Estado de São Paulo, e em ligação com o então Governador do Estado[202], oficiais Superiores do II Exército e o comandante da Força Pública do Estado de São Paulo, iniciou a preparação do que seria o movimento vitorioso de março de 1964 em São Paulo.*[203]

Evidenciando mais uma vez a articulação conspiratória já bem antes do golpe de Estado de 1964, Quirino Grassi, em outra conferência na ESG, um ano depois, em 1973, reiterava que:

> *Durante os anos de 1962, 1963 e 1964, os já conhecidos problemas que agitaram a Nação conscientizando dentre outros brasileiros, grande parte dos empresários, fez com que estes se agrupassem, inicialmente de forma esparsa e heterogênea, num movimento de defesa grupal dos princípios democráticos tão caros ao nosso povo. Movimento este que tomou corpo e no começo do ano de 1964, cristalizou-se num grupo de trabalho que apoiou as atividades dos bravos oficiais que deflagraram o movimento de 31 de março.*[204]

Os motivos invocados por trás dessa união golpista foram as já citadas defesas da democracia e da propriedade, além da suposta ameaça comunista, presente na "bolchevização" do governo Goulart. Theobaldo de Nigris, então presidente da Fiesp logo após o golpe, em 1967, argumentava que Jango sofria com a pressão comunista internacional para acelerar as Reformas de Base em solo nacional e que, então, o papel dos empresários era o de salvar o País do pior:

> *Nosso país não tem, infelizmente, ficado à margem do movimento político de caráter internacionalista, que julga legítimo o uso da violência para acelerar reformas socioeconômicas. Os acontecimentos que precederam à Revolução vitoriosa de 1964 e o uso das guerras psicológica e*

---

201 Os formandos da turma de 1972 podem ser conferidos no *site* da própria ESG. Disponível em: <http://www.esg.br/a-esg/diplomados-da-esg/turma-de-1972/>. Acesso em: 4 nov. 2013.

202 Na época, o governador de São Paulo era Ademar Pereira de Barros.

203 GRASSI, Quirino. *Problemática da implantação de um curso de mobilização nacional na Escola Superior de Guerra*. Rio de Janeiro: [s.l.], 1972, p. 1.

204 GRASSI, Quirino. *Grupo Permanente de Mobilização das Federações de Indústria*. Rio de Janeiro: [s.l.], 1973, p. 9.

revolucionária são exemplos vivos de que precisamos estar vigilantes e organizados para garantir as instituições, manter a ordem e o primado da lei para preservar a segurança nacional.[205]

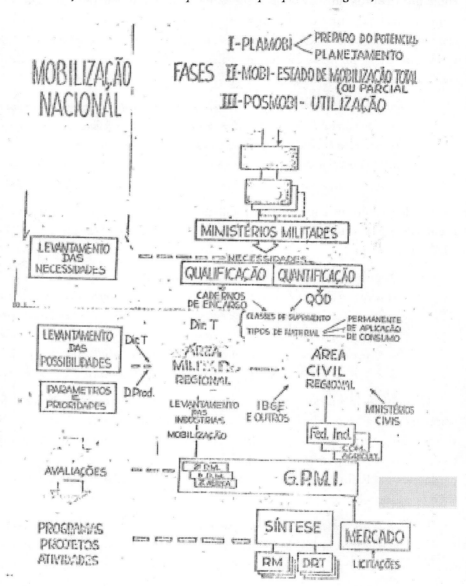

Na exposição " A empresa e a mobilização nacional", na Escola Superior de Guerra, em 1976, o engenheiro e empresário Quirino Grassi apresentou um esquema de mobilização industrial-militar, ou seja, de atuação conjunta de civis e miliares.

---

205 DE NIGRIS, Theobaldo, *A industrialização, a segurança nacional e o "grupo permanente de mobilização industrial, da Fiesp"*. Rio de Janeiro: Escola Superior de Guerra, 1972. p. 17.

Poucos meses após o golpe, o jornalista do *Estado de S. Paulo* José Stacchini lançou livro intitulado *Março de 1964: mobilização da audácia,* em que contava como se teceu a conspiração dos industriais e empresários paulistas para derrubar o governo, já bem antes de 1964.[206] A palavra *mobilização* presente do título da obra não fora escolhida por acaso e naturalmente abarcava a ideia do GPMI, pouco tempo antes de sua oficialização, em 1964. Era um conceito corrente, que indicava o profundo grau de envolvimento dos empresários e militares – dessa forma, a palavra aparece em várias palestras, artigos, livros e documentos relacionados com o GPMI. E, como revela Stacchini, havia uma plena consciência dos envolvidos no golpe de que o processo que se seguiria à deposição de João Goulart levaria à implementação de um regime de caráter ditatorial:

> *Nos primeiros dias de 1962 – pouco mais de três meses depois da renúncia do ex-presidente – uma comissão de oficiais das Forças Armadas dirigia-se a São Paulo, em nome do brigadeiro Gabriel Grum Moss, do marechal Odylio Denys e do almirante Sylvio Heck, e apresentava ao dr. Julio de Mesquita Filho um documento em que esses chefes militares expunham seus pontos de vista sobre as normas que deveriam orientar o futuro governo. Dentre outros pontos de vista, sugeriam os conspiradores [...] que, derrubado Goulart, seria conveniente instituir um regime discricionário – literalmente, uma ditadura [...].*[207]

No jornal *Folha de S.Paulo*, em 21 de março de 1968, uma reportagem sobre a nascente indústria aérea brasileira também relacionaria diretamente o nascimento do GPMI à conspiração que derrubou Goulart. Sob o intertítulo de "GPMI: de baton a cartucho", o trecho salienta que o grupo de mobilização industrial havia sido criado a partir da reunião de empresários em torno da derrubada do governo.

> *O Grupo Permanente de Mobilização Industrial destina-se, entre outras coisas, a ajustar um dispositivo, capaz de transformar, a curto prazo, a indústria civil em fábrica de material militar – veículos, armamentos, vestuário e alimentos. Sua história, ou a história do grupo de homens, civis e militares, que o integram começa no dia mesmo da eclosão da revolução, 31 de março de 1964, na Federação das Indústrias de São Paulo. [...] Naqueles dias previa-se que houvesse resistência ao movimento militar desencadeado no país e isto colocou de sobreaviso as Forças Armadas, que procuraram meio de mobilizar a indústria.*[208]

---

206 STACCHINI José. *Março de 1964*: mobilização da audácia. São Paulo: Companhia Editora Nacional, 1965.
207 STACCHINI, op. cit., p. 15.
208 *Folha de S. Paulo*, 21 mar. 1868, 1º caderno.

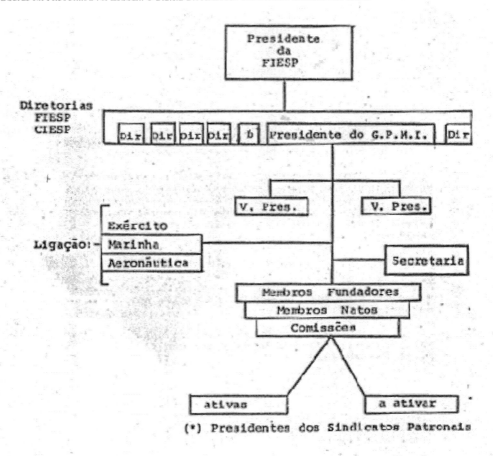

(*) Presidentes dos Sindicatos Patronais

Acompanhando o gráfico acima, vamos encontrar uma diretoria da FIESP - CIESP, aonde devemos destacar o seu Presidente, um corpo de Diretores daquelas casas, dentre os quais, como diretor nato surge o Presidente do G.P.M.I., que se reporta direta e tão-somente ao Presidente da FIESP que o indica para a função. Representando o Presidente do G.P.M.I., nas suas ausências e

12

No dia 30 de julho de 1973, o engenheiro Quirino Grassi apresentou na ESG o texto "Grupo Permanente das Mobilizações da Indústria" e frisou que o presidente do GPMI subordinava-se apenas ao presidente da Fiesp na hierarquia da instituição.

Os jornais, no entanto, há muito explicitavam e discutiam o caráter de exceção do regime após a derrubada de Jango. Ainda em 12 de abril de 1964, o diretor-proprietário de *O Estado de S. Paulo*, Júlio de Mesquita Filho, fez publicar em seu jornal um programa de governo indicando caminhos de institucionalização do novo regime de poder após a derrubada de Jango, publicado em seu jornal de 12 de abril de 1964. "Parece-me indispensável que a junta militar, logo no dia seguinte da posse do governo revolucionário, declarasse em vigor a Constituição de 1946", escreveu. Na confusão que se seguiu à derrubada do governo, entretanto, ninguém sabia ainda quem tomaria posse até que Castello Branco o fez em 15 de abril do mesmo ano. Como escrevia Júlio de Mesquita, a Constituição de 1946 continuaria em vigor até 1967, mas não sem ser desfigurada pelos chamados Atos Institucionais do governo militar.

Em abril de 1962, quando iniciava a marcha ascensional do processo para derrubar o presidente João Goulart, a Fiesp, ainda sob a presidência do industrial Antonio Devisate[209], promoveu, no "Fórum Roberto Simonsen", uma série de cinco conferências sobre Segurança Nacional, com debates públicos, em que foi ativa a participação de membros do futuro GPMI, preocupados em definir o papel do Exército no que consideravam um Estado democrático. "Coube-me", segundo o General A. de Lyra Tavares, "colaborar no programa, juntamente com os ilustres brasileiros Marcondes Ferraz, Edmundo Macedo Soares e o Professor Pacheco e Silva".[210]

O engenheiro paulista Octavio Marcondes Ferraz (1896-1990), que havia sido ministro dos transportes no governo Café Filho, entre 6 de abril e 14 de novembro de 1955, fazia parte do núcleo de homens que gravitavam em torno da Fiesp e da ESG na década de 1960. Ele também havia sido diretor-técnico da Chesf, a Companhia Hidroelétrica do São Francisco, na década de 1950, e era um político influente nas primeiras décadas dos anos 1960. Mesmo contrário ao governo de João Goulart, conspirando ativamente para depô-lo, foi recebido por Jango, que desejava construir uma hidrelétrica em Foz do Iguaçu, na Catarata de Sete Quedas, no Rio Paraná.[211]

Em suas memórias, publicadas pela Fundação Getúlio Vargas, no Rio de Janeiro, ele se lembra do grupo de empresários dentro da Fiesp que conspirava para desestabilizar e, finalmente, derrubar o governo. "Era uma articulação que vinha antes do Jango, desde o tempo daquela política do PSD [Partido Social Democrático]. Eu fazia parte daqueles que combatiam o governo e tinha contato com o [...]. Castello Branco, com militares de São Paulo, alguns do Rio e ainda com o grupo político que nos acompanhava."[212]

---

[209] Antonio Devisate foi presidente da Fiesp duas vezes. A primeira entre 1953 e 1955 e a segunda entre 1955 e 1962, quando assumiu Raphael Noschese.

[210] TAVARES, A. de Lyra. *O Brasil de minha geração*: mais dois decênios de lutas (1956-1976). Rio de Janeiro: Biblioteca do Exército, 1977. p. 74.

[211] FERRAZ, Octavio Marcondes. *Um pioneiro da engenharia nacional*: depoimento memórias da eletricidade no Brasil. Rio de Janeiro: CPDOC/FGV, 1993.

[212] FFERRAZ, op. cit., p. 162

Em palestra sobre a "Mobilização Industrial", de 1962, Januário João Del Rey classificava as indústrias da seguinte maneira: as indústrias pesadas, as bélicas, as têxteis, as automobilísticas etc. Durante o estado de guerra que estava por vir, algumas indústrias se converteriam em fontes produtoras de materiais para o Exército. A indústria de automóveis fabricaria tanques de guerra; a de tapetes, cobertores; a de pianos e móveis, asas de aviões; a de geladeiras, mesas de operações; a de máquinas de costura, metralhadoras; a de latas, máscaras contra gases e assim sucessivamente.[213]

A mobilização deveria ser urgente, em um "prazo crítico", dado pelas próprias forças militares.[214] Vários setores de produção deveriam estar cientes de que poderiam ter de contribuir com a guerra civil a qualquer momento. "Os planos estratégicos e de mobilização não são e nem podem ser datados. Por mais bem montados e lógicos que sejam, não trazem a indicação de quando começarão a vigorar. Nunca se sabe *a priori* a que mês e ano pertencerá o dia D [...]. Malgrado tudo isso, tudo tem de ser pensado e previsto como se fosse acontecer amanhã".[215]

Júlio de Mesquita Filho tinha a mesma sensação de urgência. "Precisamos agir com absoluta segurança, definindo, antes que as unidades militares entrem em ação, o que se pretende e o que se vai fazer", escreveu o diretor-proprietário do *Estadão* em carta de 20 de janeiro de 1962 ao "Estado-Maior" clandestino dos conspiradores, composto de empresários e militares.[216] Mesquita também julgava indispensável "uma limpeza radical dos quadros da Justiça", com a "implantação do novo estado de coisas", vislumbrando a vitória da conspiração, para assim apagar "da nossa História os hiatos abertos na sua evolução pela ditadura do sr. Getúlio Vargas".

O engenheiro Marcondes Ferraz também estava preocupado com o futuro do capitalismo e da política de mobilização de massas no Brasil:

> *Pela primeira vez no Brasil, dirigentes, industriais, comerciantes e banqueiros perceberam o grande perigo que havia de um governo populista, porque o governo populista é muito próximo do socialismo, e o socialismo muito próximo do comunismo. ... De modo que dissemos: 'É preciso que se dê dinheiro'. Não era para comprar ninguém, mas para fazer frente às despesas de imprensa, de viagem, de correspondência e propaganda. E então procurou-se arrecadar dinheiro, obtendo-se quantias apreciáveis em São Paulo e no Rio. ... Houve a revolução, que afastou o*

---

213 DEL REY, Januário João. *Mobilização industrial: reservado/documentos sigilosos*. Rio de Janeiro: Escola Superior de Guerra, 1962. p. 12-13.

214 DEL REY, op. cit, p. 3.

215 DEL REY, op. cit, p. 47.

216 STACCHINI, José. *Março de 1964*: mobilização da audácia. São Paulo: Companhia Editora Nacional, 1965. p. 12.

> *perigo do governo populista de João Goulart, o que nos tranquilizou bastante, mas havia um ponto muito importante que nos animava ainda mais: sabíamos que tínhamos na retaguarda um time de homens de primeira ordem para assumir a chefia do país e fazer um bom governo.*[217]

O clima no governo João Goulart era de colapso iminente – situação que era fomentada pelos jornais, influenciados por institutos de associações das classes proprietárias, como o Instituto de Pesquisas e Estudos Sociais (Ipes) e o Instituto Brasileiro de Ação Democrática (Ibad), por palestras e programas de televisão. Em 1962, o engenheiro civil e político mineiro Lucas Lopes (1911-1994), em palestra intitulada "Panorama Industrial", na ESG, se exaltava ao falar do governo Jango, dando várias pistas sobre o descontentamento dos empresários com as políticas governamentais.

> *Talvez por tudo isso, assistamos, em nossos dias, o mais despudorado tratamento, nas relações do governo com as empresas privadas, por ministros de Estado ou subministros, que não se pejam de dar entrevistas e fazer distribuição, sem o menor fundamento legal ou moral, por simples paixão ideológica, sem lhes dar direito sequer de defender a legitimidade e absoluta honestidade de sua posição. E nesse ponto deixo o meu protesto contra insinuações com que pensem me ferir, mas que não alterarão a minha decisão de lutar em algumas das mais avançadas patrulhas de combate ao comunismo – como são algumas empresas, que nos trazem a técnica e os capitais de países amigos para ajudar-nos a superar a estagnação de nossa vida econômica e libertar o Brasil da miséria e do ódio.*[218]

Em outro relatório reservado da ESG, de 1963, o coronel Paulo Lobo Peçanha, engenheiro metalúrgico e chefe da seção de controle de produção da indústria civil do Exército, falava das necessidades bélicas do Brasil: "Não se pode pensar em mobilização sem haver potencial estratégico [...]. Daí surge como consequência óbvia que a segurança nacional terá tanto mais facilmente estabelecida quanto maior for o seu potencial estratégico, isto é, sua capacidade de, em tempo útil, fabricar artigos de que necessite em caso de guerra."[219] Ele julgava, assim, essencial para fins de se preparar para a guerra, que a indústria civil recebesse do Estado incentivos fiscais e planos de proteção econômica para aquelas empresas que poderiam eventualmente ajudar em tempos de guerra.[220]

De Nigris sempre indica e expõe o entrosamento da Fiesp/Ciesp no combate ao chamado inimigo interno, da seguinte forma:

---

217 FERRAZ, op. cit, p. 162-164.
218 LOPES, Lucas. *Panorama industrial*. Rio de Janeiro: Escola Superior de Guerra, 1962, p. 8.
219 PEÇANHA, Paulo Lobo. *Mobilização industrial*. Reservado. Rio de Janeiro: Escola Superior de Guerra, 1963. p. 3.
220 PEÇANHA, op. cit. p. 34-35.

> *Ante as diversas hipóteses de guerra nesta Escola [Superior de Guerra] estudadas, que envolvem a participação permanente de um inimigo interno, não há como nos restringirmos apenas a coletar dados e informações. É obrigatório que o órgão territorial possa dispor de elevado grau de liberdade de ação que lhe permita atuar em proveito de sua Força, sabendo utilizar a variada gama de meios e possibilidades que a indústria nacional, em particular a de São Paulo, crescentemente lhe oferece.[221]*

Também o engenheiro Quirino Grassi destaca, especificamente, as vantagens da existência do GPMI, e "a atuação do Grupo em estreita colaboração com as Forças Armadas permitiu o reaparelhamento das unidades militares, principalmente das sediadas no Estado de São Paulo"[222], arrematando ser "digno de nota o esforço desenvolvido pelo Parque de Motomecanização da 2ª Região Militar, que com o apoio do 'Grupo' conseguiu ativar viaturas antigas de origem estrangeira, utilizando peças de reposição fabricadas especialmente pela indústria nacional, pois as originais nem são mais feitas pelos fornecedores".[223]

A seu turno, Paulo Lobo Peçanha via que a segurança interna do País estava ameaçada por supostos grupos subversivos, atuantes especialmente no Nordeste, com as conhecidas "Ligas Camponesas", que poderiam comprar armas e munições e usá-los contra o Exército. Escreve ele no seu relatório sobre mobilização industrial:

> *[...] Elas [as Ligas Camponesas] se constituem hoje em uma fonte de agitação, de sobressalto, de insegurança para toda uma região e mesmo para o país, de vez que é, sem dúvida alguma, uma das frentes de guerra subversiva que se desenvolve no Brasil. Porventura, previrá esse perigo das garruchas e pica-paus que eles exibem ou utilizam quando invadem fazendas ou provirá da complacência das autoridades em admitir e até incentivar essa subversão? Serão essas ligas perigosas à segurança nacional pelo armamento de que dispõem ou por se constituírem em uma ponta de lança, um ponto de apoio para os comunistas de Havana ou de Moscou?[224]*

O coronel sabia do que estava falando, bem como no movimento em que se estava engajando. O clima de insegurança contra os supostos subversivos aumentava dia a dia – o que demandaria um esforço extra tanto do Exército quanto do empresariado civil para reprimir atitudes e organizações sempre retratadas como subversivas. Vemos, portanto, que nesses anos que antecederam o Golpe Militar de 1964, tanto o Exército como o empresariado estavam se mobilizando para derrubar João Goulart, sobrevalorizando as forças de esquerda e suas supostas relações com os países do bloco socialista. Sentiam

---

221 DE NIGRIS, Theobaldo, *A industrialização, a segurança nacional e o grupo permanente de mobilização industrial, da Fiesp*. Rio de Janeiro: Escola Superior de Guerra, 1972.

222 GRASSI. Quirino. *Grupo Permanente de Mobilização das Federações de Indústria*. Rio de Janeiro: [s.l.], 1973. p. 14.

223 GRASSI, op. cit., p. 14-15.

224 PEÇANHA, op. cit., p. 54-55.

urgência em unir-se para controlarem uma situação que, faziam crer, a partir da manipulação da opinião pública pelos mencionados institutos de desestabilização do governo Goulart, estaria saindo do controle.

GPMI e a Doutrina de Segurança Nacional

A ideia inicial da ESG, que vinha sendo gestada desde o fim da Segunda Guerra Mundial e a subsequente polarização entre capitalismo e o comunismo, no final dos anos 1940, sob o clima ideológico da Guerra Fria, era a de formar um grupo de indústrias capaz de suprir o País com materiais bélicos em tempos de guerra, de acordo com a recém-formulada Doutrina de Segurança Nacional (DSN). Para compreender a história do GPMI, órgão interno da Fiesp criado já com *status* de diretoria, e de sua ligação com militares da ESG, temos de voltar um pouco ao final da década de 1940, época de sua formação histórica.

A ESG foi criada em agosto de 1949 pela Lei n. 785/1949, do Instituto de Altos Estudos de Política, Defesa e Estratégia, do Ministério da Defesa. Constituiu-se como um centro de estudos multidisciplinar composto inicialmente por militares e que, mais tarde, incorporaria certas elites civis consideradas importantes para o País por sua especialização tecnocrata. Estampa-se até hoje, na revista da ESG, o lema segundo o qual: "Nesta casa estuda-se o destino do Brasil"[225]. A escola era claramente articulada e inspirada pela visita do general Salvador César Obino ao *National War College*, localizado nas proximidades de Washington, Estados Unidos, em 1949.

Seus declarados objetivos seriam estudar o Brasil e seus problemas, formando quadros capacitados para atuar, na área pública e privada, no sentido de resolver os desafios atinentes ao subdesenvolvimento brasileiro. E isso por meio da aplicação de modelos pautados na doutrina de Desenvolvimento econômico e Segurança Nacional que, embora apregoados pela ESG, integravam uma doutrina mais ampla de Segurança Continental capitaneada e formulada pelos Estados Unidos. A primeira turma da ESG começou seus estudos em 15 de março de 1950, com a aula inaugural dada pelo general Obino, com a presença do então presidente da República, Eurico Gaspar Dutra. O primeiro Comandante e Diretor de Estudos, o marechal Cordeiro de Farias, foi sucedido pelo marechal Juarez Távora. Desde essa época, foi estabelecido um sistema de rodízio, sendo a Escola comandada por oficiais-generais das três Forças Armadas.[226]

---

[225] Disponível em: <http://www.esg.br/uploads/2010/09/revista50.pdf>. Acesso em: 10 mar. 2014.
[226] Conferir o *site* da própria ESG: <http://www.esg.br/a-esg/>. Acesso em: 19 jun. 2013.

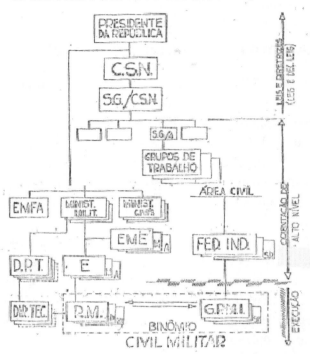

Na mesma palestra de Quirino Grassi na ESG, em 1976, intitulada "A empresa e a mobilização nacional", é explicado de forma minuciosa a quais órgãos o GPMI estava subordinado e com quem se relacionava cotidianamente.

Entre os primeiros resultados dos estudos efetuados dentro da ESG se encontra a Doutrina de Segurança Nacional (DSN). Desta forma, o esmiuçamento dos elementos ideológicos que compõem a DSN, essencial na formulação sobre a política nacional da ESG, vai nos permitir entender melhor as razões pelas quais as empresas brasileiras e estrangeiras que faziam negócios aqui deram dinheiro para estruturar economicamente o golpe e, em seguida, fornecer recursos para aparelhar a repressão política da Ditadura Militar brasileira.

Inspirada pelas políticas norte-americanas do pós-Segunda Guerra Mundial, em especial pelo *National Security Act*, de 1947, que criava a *Central Intelligence Agency* (CIA) e o Departamento de Defesa, o projeto norte-americano que deu origem à DSN espalhou-se para vários países latino-americanos, que tiveram seus governos democráticos substituídos por ditaduras militares, como o próprio Brasil, o Chile, a Argentina, o Uruguai.[227] Ela nasceu

---

[227] UNTURA NETO, Marcos. Ideologia da segurança nacional no Brasil durante a ditadura militar: uma análise a partir da jurisprudência do Supremo Tribunal Federal dos anos 1968 e 1969. In: *Sociedade Brasileira de Direito Público*. Disponível em: <http://www.sbdp.org.br/>. Acesso em: 19 jun. 2013.

da Guerra Fria, como um poderoso instrumento anticomunismo e da Segurança Continental sob influência hegemônica dos EUA. Em seu princípio fundamental, a DSN defende a democracia, mas, em todos os países em que tal política foi adotada, geralmente com nomenclatura semelhante, a democracia deu lugar a ditaduras sob comando de militares.

A DSN pressupunha um estado constante de guerra. Tanto a política quanto a vida cotidiana não existiriam fora do estado de guerra permanente e "total". Assim, de acordo com a pesquisadora Vânia Noeli Assunção, ao analisar o ideário político do general Golbery do Couto e Silva, idealizador do Serviço Nacional de Inteligência,

> numa conjuntura em que a guerra entremeia a política interna e a política externa dos Estados, transborda sobre toda a política nacional, confunde ações revolucionárias e subversivas com as atividades propriamente militares, coloca em plano idêntico as ações ofensivas e defensivas conduzidas no campo econômico ou no setor da propaganda e da doutrinação,

O militar, também idealizador da ESG, também insistia que "a guerra invade a paz" e que esta só poderia ser percebida como "condição humana de caráter permanente e normal."[228]

A ideia de "guerra total", portanto, envolveria três conceitos básicos: o de guerra generalizada, o de guerra fria e o de guerra revolucionária.[229] Em 13 de março de 1967, pelo Decreto-Lei n. 314, a Doutrina de Segurança Nacional viraria Lei, com preceitos bastante claros relativos à segurança interna. "A segurança nacional compreende, essencialmente, medidas destinadas à preservação da segurança externa e interna, inclusive a prevenção e a repressão da guerra psicológica adversa e da guerra revolucionária ou subversiva."[230] A noção de guerra interna dizia respeito a ameaças ou pressões antagônicas vindas de países e ideologias contrárias aos chamados interesses nacionais. Entre elas, estaria a chamada "guerra psicológica adversa", que teria como finalidade produzir, "influenciar ou provocar opiniões, emoções, atitudes e comportamentos de grupos estrangeiros, inimigos, neutros ou amigos, contra a consecução dos objetivos nacionais.[231] Nesse ambiente marcadamente ideológico, o engenheiro Quirino Grassi, em conferência na ESG nos anos 1970, reforçaria a ideia de segurança nacional ao dizer que "somente através do binômio *Segurança e Desenvolvimento* – estudado e surgido através da

---

228 ASSUNÇÃO, Vânia Noeli. *O Satânico Doutor Go*: a ideologia bonapartista de Golbery do Couto e Silva. 1999. Dissertação (Mestrado) – Pontifícia Universidade Católica de São Paulo, São Paulo, 1999, p. 129. Disponível em: <http://www.verinotio.org/di/di17_golbery.pdf>. Acesso em: 10 mar. 2014.

229 UNTURA NETO, op. cit., p. 2. Disponível em: <http://www.sbdp.org.br/>. Acesso em: 19 jun. 2013.

230 Decreto-Lei n. 314, de 13 de março de 1967. "Define os crimes contra a segurança nacional, a ordem política e social e dá outras providências".

231 Decreto-Lei n. 314, de 13 de março de 1967. "Define os crimes contra a segurança nacional, a ordem política e social e dá outras providências".

Doutrina [de Segurança Nacional] reciclada constantemente nesta Casa – que a nossa Pátria tem se constituído em um verdadeiro Oásis em meio ao mundo conturbado em que vivemos.[232]

O estado de guerra permanente promovia uma confusão entre as atividades militares e políticas, de modo a impor uma hierarquia militar sobre a sociedade civil. Assim, três anos depois do Golpe Militar, em 1967, os partidos políticos foram proibidos pelo art. 36, do Decreto-Lei n. 314. O texto do decreto vai vetar, ao mesmo tempo, "fundar ou manter, sem permissão legal, organizações de tipo militar, seja qual for o motivo ou o pretexto" – "assim como tentar reorganizar partido político cujo registro tenha sido cassado ou fazer funcionar partido sem o respectivo registro ou, ainda, associação dissolvida legalmente, ou cujo funcionamento tenha sido suspenso."[233] A pena para as duas formas de organização tornadas ilegal seria de um a dois anos de prisão. O decreto ainda previa que, durante a fase policial, ou seja, durante as investigações, as autoridades poderiam decretar prisão preventiva do suspeito e "determinar a sua permanência no local onde a sua presença for necessária à elucidação dos fatos a apurar."[234] Ou seja, a polícia podia prender quem quisesse e quando quisesse, sem *habeas corpus*, já antes do AI-5, de 13 de dezembro de 1968. O suspeito ficaria sob custódia da polícia por cerca de dois meses, praticamente incomunicável. A responsabilidade pela dita Segurança Nacional era, assim, responsabilidade de cada indivíduo.

A DSN, ao instigar e propugnar uma verdadeira guerra para dentro do território nacional, exigia a mobilização não apenas militar, mas de toda a sociedade. Os empresários seriam, portanto, um dos mais importantes setores a ser mobilizados a favor da guerra interna travada contra o risco supostamente iminente de "bolchevização" do País. Os empresários, por sua vez, viam na aliança com os militares e na adoção da Doutrina de Segurança Nacional uma garantia não apenas de controle político da situação do País, mas também de garantia de um ambiente de negócios favorável aos capitais nacionais e estrangeiros.

No começo da década de 1980, um ex-funcionário da Fiesp, Jean-Claude Eduardo Silberfeld, elaborou uma dissertação de mestrado no Departamento de História da Pontifícia Universidade de São Paulo (PUC/SP) sobre o GPMI da Fiesp. É um dos trabalhos mais explícitos e mais relevantes para se entender como a história da instituição que reúne o empresariado está ligada intimamente à do Golpe de 1964. No trabalho, orientado pela professora Luciara Silveira de Aragão e Frota, ele aproveita suas funções na Fiesp e a acessibilidade aos ar-

---

232 GRASSI, Quirino. *Problemática da implantação de um curso de mobilização nacional na Escola Superior de Guerra*: contribuição individual. Rio de Janeiro: Escola Superior de Guerra, 1972. p. 20-21.

233 Decreto-Lei n. 314, de 13 de março de 1967. "Define os crimes contra a segurança nacional, a ordem política e social e dá outras providências".

234 Decreto-Lei n. 314, de 13 de março de 1967. "Define os crimes contra a segurança nacional, a ordem política e social e dá outras providências". Artigo 54.

quivos do GPMI para montar a sua pesquisa. Hoje, seu trabalho é uma das únicas referências ao acervo do GPMI, já que a Fiesp alega não encontrar os arquivos referentes a essa diretoria.

> Este trabalho localiza-se no contexto dos acontecimentos que culminaram na deposição do governo João Goulart. Durante esse período, a indústria paulista principiou a organizar-se em termos de conscientização de que a Segurança Nacional não era somente de responsabilidade das Forças Armadas, mas sim de todos os setores da sociedade, estruturando uma organização que visava propiciar, em caso de necessidade bélica, os meios adicionais à guarnição militar do Estado de São Paulo.[235]

Em seu estudo pioneiro sobre o GPMI da Fiesp, Silberfeld afirma que os empresários tinham a "obrigação de colaborar no esforço global da nação, propiciando – de imediato – todos aqueles elementos indispensáveis, dentro das especificações previamente recebidas, ao incremento excepcional dos insumos e produtos inerentes à preservação e ao engrandecimento do Poder Nacional.[236] A urgência da "Revolução de 1964" fazia que esta mobilização se fizesse mais intensamente – para que as demandas do Exército fossem rapidamente supridas pelas indústrias paulistas.

O grupo de empresários e militares trabalhava com a ideia de responsabilidade sobre os destinos do País, principalmente a defesa do capitalismo e dos interesses da livre iniciativa. Tendo, então, sempre "presente a ideia de que cabia a todos os brasileiros e, principalmente, às classes produtoras, a responsabilidade de manter as Forças Armadas bem providas, pois disto dependem nossa segurança interna e externa e nossa sobrevivência como homens livres."[237]

Em uma palestra na ESG no ano de 1972, o então presidente da Fiesp, Theobaldo De Nigris, que ficou no cargo entre 1967 e 1980, registrou a memória do empresariado para os eventos de 1964, deixando claro o apoio não apenas político, mas também material para o golpe. A fala também aponta como o GPMI nasce diretamente da experiência política anterior: "O movimento de 31 de março de 1964, necessitando, naquela ocasião, de maior quantidade de equipamento, não só militar mas de uso comum às Forças Armadas no Estado de São Paulo, deu, praticamente, origem à formação do Grupo Permanente de Mobilização Industrial da Federação das Indústrias de São Paulo." [238]

De Nigris afirmava, ademais, os papéis específicos que o capital privado e as Forças Armadas deveriam cumprir. "O poder militar", diz ele, "é alicerçado no poder industrial da nação e quase toda mobilização militar tem que ser fundamentada na indústria civil,

---

235 SILBERFELD, Jean-Claude Eduardo. *O Grupo permanente de Mobilização Industrial da Federação das Indústrias de Estado de São Paulo: 1964-1967*. Dissertação de mestrado. São Paulo: Pontifícia Universidade Católica, 1984, p. 1.

236 SILBERFELD, op. cit., p. 3

237 DE NIGRIS, Theobaldo. *A industrialização, a segurança nacional e o grupo permanente de mobilização industrial, da Fiesp*. Rio de Janeiro: Escola Superior de Guerra, 1972. p. 10.

238 DE NIGRIS, op. cit., p. 10.

que suprirá as necessidades das Forças Armadas em condições de menores custos e de padrões da melhor qualidade."[239] Definia-se assim o tipo de operação que caracterizaria o grupo desse binômio civil-militar, pois "os métodos para incrementar a capacitação industrial bélica, em caso de conflito, baseiam-se na conversão da produção civil de grande número de empresas, em produção militar."[240]

O GPMI surgia como o instrumento institucional de articulação entre as duas pontas. "Portanto, o objetivo prático principal é o de tornar mobilizável uma empresa cuja produção seja necessária às Forças Armadas",[241] exigindo-se muitas vezes uma transformação radical para que se convertam, logística e eficazmente, "empresas civis em empresas que produzem artigos para as Forças Armadas".[242] Acrescenta ele que, embora houvesse fábricas militares, "essas fábricas das Forças Armadas, ainda que sejam suficientes para prover a demanda em tempo de paz, não o seriam em tempo de guerra,[243] sendo assim "indispensável a existência de empresas civis aptas a garantir produção militar intensiva em caso de mobilização."[244]

Ainda em 1962, em curso na ESG ministrado pelo coronel-intendente do Exército Januário João Del Rey, que havia sido aluno da Command and General Staff College, em Fort Leavenworth, nos Estados Unidos, e adjunto do gabinete do Ministério da Guerra, a ideia de mobilização industrial já era explicitada da seguinte maneira:

> *A mobilização é uma tremenda sobrecarga, material e psíquica, ao povo de uma nação. Ela faculta: retirar homens das atividades civis e incorporá-los às Forças Armadas, requisitar bens e servidões pertencentes a particulares, impor à população toda a sorte de restrições, desenvolver a ciência e a economia, no sentido de fortalecer ao máximo o poder, sem olhar interesses pessoais.*[245]

A mobilização para uma eventual guerra civil sob o regime militar ficaria a cargo do GPMI. Alertas, os industriais de São Paulo poderiam dessa forma "atender às astronômicas demandas do país em luta",[246] conforme estampado no folheto de 1970 intitulado *Definições e Diretrizes – GPMI da Federação das Indústrias do Estado de S. Paulo.*[247] "O Grupo pautará todos os seus atos e desenvolverá suas atividades, tendo em vista o escopo supremo da Segurança Nacional."[248]

---

239 DE NIGRIS, op. cit., p. 10.

240 DE NIGRIS, op. cit., p. 10.

241 DE NIGRIS, op. cit., p. 10.

242 DE NIGRIS, op. cit., p. 11.

243 DE NIGRIS, op. cit., p. 13.

244 DE NIGRIS, op. cit., p. 13.

245 DEL REY, Januário João. *Mobilização industrial. Reservado/documentos sigilosos.* Rio de Janeiro: Escola Superior de Guerra, 1962. p. 2.

246 GRASSI, Quirino. Problemática da implantação de um curso de mobilização nacional na Escola Superior de Guerra. Rio de Janeiro: [s.l.], 1972, anexo 1.

247 DEL REY Januário João. *Mobilização industrial.* Reservado/ documentos sigilosos. Rio de Janeiro: Escola Superior de Guerra, 1962, p. 2

248 DEL REY, op. cit., p. 2.

Theobaldo De Nigris, na conferência já citada, ainda afirma compreender perfeitamente o que representava para o Brasil, à época, "a continuidade desta mútua e sempre crescente cooperação entre militares e empresários."[249] Nas palavras do conferencista: "Mais um elo de continuidade desse intercâmbio de ideias e ações que se vêm firmando entre as áreas militares e industriais, duas inegáveis forças que se congregam e completam na consecução de um só e grande objetivo: segurança e prosperidade da pátria."[250] O discurso dos civis se alimentava, também, do debate histórico. Os industriais de São Paulo viam-se, de acordo com os conferencistas, como "continuadores que somos da obra imensurável que nos foi legada por intrépidos desbravadores[251]. Em um momento em que a Operação Bandeirante já se convertera nos DOI-Codis, e ao agradecer o convite do "ilustre comando desta Escola Superior de Guerra"[252], destacaria o presidente da Fiesp/Ciesp o mais elevado civismo dos militares esguianos: "Desejamos considerar esta honra, não como uma deferência especial ao presidente da Federação e Centro das Indústrias do Estado de São Paulo, mas sim como uma enternecedora homenagem desta *Universidade de civismo* a todos os *empresários industriais bandeirantes."[253]* Nesse sentido, ainda, a exortação do industrial Theobaldo De Nigris na ESG demonstra total sinergia entre os empresários paulistas e os militares que tomaram o poder. "No campo da guerra psicológica", diz ele, "devemos manter um crescimento econômico acelerado e uma liderança política forte e estável."[254] Assim, a maneira como a ESG e o GPMI se integraram rapidamente em um grupo após o Golpe Militar demonstra o quanto os empresários paulistas, aliados aos militares, estavam ativamente empenhados e como contribuíram financeiramente para a derrubada do governo de João Goulart.

Não sendo "um simples curso de alto comando", também afirmou De Nigris, a ESG consistia em "um respeitável organismo de integração nacional, de identificação entre civis e militares, de estudos sérios e aprofundados sobre problemas de informática, de estratégia, de segurança interna e, precipuamente, como artífice de uma doutrina brasileira capaz de estruturar uma Democracia estável, dentro da inspiração dos Objetivos Nacionais Permanentes."[255] Foi em nome da Doutrina de Segurança Nacional que o Estado ditatorial impôs os Atos Institucionais e acabou com o sufrágio direto, as liberdades políticas e outros direitos sociais historicamente conquistados.

---

249 DE NIGRIS, op. cit., p. 16.
250 DE NIGRIS, op. cit., p. 2.
251 DE NIGRIS, op. cit., p. 16.
252 DE NIGRIS, op. cit., p. 17.
253 DE NIGRIS, op. cit., p. 17.
254 DE NIGRIS, op. cit., p. 17ss.
255 DE NIGRIS, op. cit., p. 17.

5

Brasil e Argentina: transição democrática e promoção da justiça em perspectiva comparada

Janaína de Almeida Teles

Na atualidade, as ditaduras latino-americanas e suas respectivas transições democráticas vêm sendo objeto de análises por parte de historiadores e cientistas sociais. No Brasil, a Comissão Nacional da Verdade (2012-2014) representou uma janela de oportunidades para se reinterpretar os mecanismos específicos do modelo repressivo brasileiro e suas relações com outros países do Cone Sul, o que demandou um aprofundamento na análise das semelhanças e diferenças entre as diversas experiências ditatoriais no subcontinente.

O presente estudo procura satisfazer essa demanda, caracterizando os processos políticos relativos à transição para a democracia no Brasil e na Argentina, os quais representam momentos particularmente oportunos para a compreensão de fatos de relevância histórica para ambos os países. Procuramos aqui retratar especificidades de cada país, tendo em vista que, no caso brasileiro, o bloqueio e o sequestro do testemunho impediram, por um longo período, que a memória traumática se expressasse amplamente no espaço público, tanto em sua forma jurídica quanto em outros modos; o que contrasta com a experiência argentina.

Visando contribuir para o entendimento desses processos históricos, este artigo procura traçar um panorama das lutas por "verdade e justiça" travadas durante a transição política, assim como caracterizar o legado ditatorial de ambos os países. Nesse sentido, o protagonismo dos agentes sociais merece destaque nesse panorama reflexivo apresentado sobre as transições democráticas e as demandas por justiça no Brasil e na Argentina. Para tanto, este estudo se beneficia de entrevistas e de documentos inéditos ou pouco explorados e uma revisão da bibliografia existente sobre o assunto.

A anistia parcial e a transição pactuada no Brasil

Para se analisar processos complexos como esses, é de se ter em vista que os modelos repressivos implementados no Brasil e na Argentina apresentam aspectos comuns a todas as ditaduras latino-americanas. Porém, são relevantes também as distinções que os situam em polaridades opostas no espectro desenvolvido pelas ditaduras do Cone Sul da América Latina, durante as décadas de 1960-1980.

Note-se que, ao contrário do que ocorreu no Brasil, a partir do golpe de março de 1976 na Argentina, a repressão deixou de girar ao redor dos cárceres, passando a ter como eixo de sua atividade repressiva o *desaparecimento* de pessoas, levado a efeito nos campos de concentração e extermínio. A estrutura do aparelho repressivo brasileiro não recorreu de maneira intensa a este recurso, mas antes desenvolveu um modelo híbrido e bastante sofisticado de repressão, com várias instâncias e dispositivos para garantir a seletividade das mortes de dissidentes e demais "indesejáveis".

Retomando a noção de Pilar Calveiro de que a ditadura argentina representou um "poder desaparecedor", dir-se-ia que a repressão brasileira, durante a última ditadura, constituiu-se como um "poder torturador[256]". Na Argentina, a figura do desaparecido e sua contrapartida institucional, os campos de extermínio, deixaram de ser uma das formas da repressão para se converter na *modalidade repressiva do poder*. Naquele país, os campos foram os locais onde empreenderam a operação cirúrgica, considerada necessária para salvar a sociedade da "subversão", e estabelecer uma nova sociedade ordenada, controlada, aterrada[257]. Neste sentido, o disciplinamento da sociedade, típico das ditaduras latino-americanas, assumiu contornos de excepcional dimensão na Argentina.

O Brasil, por outro lado, teve uma ditadura empenhada em ações repressivas seletivas, a qual preservou uma aparente normalidade institucional, cuja ação violenta foi orientada diferentemente, conforme o alvo e o período em questão. A manutenção de uma esfera pública que conservava alguns dispositivos democráticos dava uma aparência de normalidade e legitimidade ao regime, desde a manutenção do Congresso Nacional (bastante controlado), de um partido de oposição moderada e de um sistema judiciário de "exceção". Diferentemente da Argentina, a ditadura brasileira soube transitar com desenvoltura na "zona de indistinção" entre o *legal* e a *situação de fato* própria do estado de exceção[258].

---

[256] Expressão tomada emprestada de Jean Amèry, citada em: AMÈRY, Jean. *Más allá de la culpa y la expiación*: Tentativas de superación de una víctima de la violencia. 2. ed. Valencia/Espanha, Pré-textos, 2004, p. 85, 93.; TELES, Janaína de A. *Memórias dos cárceres da ditadura*: as lutas e os testemunhos dos presos políticos no Brasil. 2011. Tese (Doutorado em História) – Universidade de São Paulo, São Paulo, 2011, p. 81.

[257] CALVEIRO, Pilar. *Poder e desaparecimento:* os campos de concentração na Argentina. São Paulo: Companhia das Letras, 2013, p. 25. (Estima-se que haja entre vinte e trinta mil desaparecidos políticos na Argentina.)

[258] AGAMBEN, Giorgio. *Homo Sacer*: o poder soberano e a vida nua Belo Horizonte: Humanitas/UFMG, 2004, p. 24. v. 1. ; TELES, Janaína de A. Ditadura e repressão: paralelos e distinções entre Brasil e Argentina". *Taller: Revista de Sociedad, Cultura y Política en América Latina (Segunda Época)*, Buenos Aires, v. 3, n. 4, 2014.

Em consonância com a dinâmica ambígua que sustentou a legalidade de exceção no Brasil, fomentou-se no País a *institucionalização* do regime[259] que, gradualmente, foi se transformando em um processo de transição para a democracia, a ser pactuado pelas elites civis e militares. A qualidade e o ritmo desse processo transformaram-se ao longo dos anos 1970, pelas pressões políticas e sociais impostas ao regime tanto pelos movimentos de direitos humanos, de mulheres, das periferias das grandes cidades, pelo novo sindicalismo e as camadas médias, quanto pelo empresariado e os liberais com o incremento da crise econômica[260].

Essas pressões provocaram a busca por um rearranjo das forças políticas, visando manter a *liberalização* da ditadura sob o controle do governo. Tentava-se com isso estabelecer uma aliança com a "oposição responsável[261]", em um esforço de ampliar sua base de sustentação. Paralelamente, mantia-se o controle dos movimentos sociais pela aplicação seletiva do poder coercitivo[262]. Do ponto de vista do controle do poder, essa opção mostrou-se um engenhoso modo de manter os militares no governo por muitos anos e, posteriormente, de garantir a transição controlada.

Nesse sentido, em 1974, a tendência do aparato repressivo de assassinar dissidentes (sob tortura) – cujos óbitos eram divulgados como morte em tiroteio, atropelamento ou suicídio – foi suplantada pelos "desaparecimentos forçados", que por sua natureza não precisavam ser "explicados" pelo governo, tal como mais tarde se tornaria corrente na Argentina. Naquele momento, não interessava divulgar a existência de guerrilhas, tanto para evitar o "efeito multiplicador da propaganda" quanto para diminuir a repercussão das denúncias de violações de direitos humanos no país e no exterior[263].

Um dos aspectos culminantes do processo de transição foi a edição da Lei de Anistia de 1979, caracterizada por um texto peculiar, e a reforma partidária, a qual provocou a dispersão das oposições. É de se considerar que, diferentemente de outros países

---

259 ALVES, Maria Helena M. *Estado e oposição no Brasil (1964-1984)*. Petrópolis: Vozes, 1984, p.186; MATHIAS, Suzeley Kalil. *Distensão no Brasil*: o projeto militar (1973-1979). Campinas: Papirus, 1995. p. 54-63.

260 TELES, Janaína de A. *Os herdeiros da memória*: a luta dos familiares de mortos e desaparecidos políticos por "verdade e justiça" no Brasil. 2005. Dissertação (Mestrado em História) – Universidade de São Paulo, São Paulo, 2005, p. 198-204.

261 SKIDMORE, Thomas. *Brasil*: De Castelo a Tancredo. Rio de Janeiro, Paz e Terra, 1988. p. 323-25.

262 ALVES, op. cit., p.186.

263 A utilização do desaparecimento tornou-se estratégica também para encobrir as operações de infiltração, sobretudo de militantes transformados em agentes policiais. Em 1974, ao menos 54 militantes sumiram sem deixar vestígios, sendo apenas dois considerados mortos (cf. ALMEIDA, op. cit., p.529-603). Compilei 453 mortos e desaparecidos políticos. E ao menos 1.196 camponeses e 8.350 indígenas morreram, vítimas da ação direta ou indireta da repressão ditatorial. A CNV não apurou a responsabilidade direta do Estado nestas mortes. Ademais, o número referente aos indígenas diz respeito ao que ocorreu somente em parte da região norte do país (CNV, 2014, v. 2, 205).

latino-americanos, no Brasil a demanda pela anistia partiu da sociedade civil, dirigida aos perseguidos políticos e intimamente associada à tentativa de exposição da violência do regime. A campanha envolveu, de maneira decisiva, o engajamento das vítimas e sobreviventes da repressão estatal, tais como ex-presos políticos, exilados, advogados, ativistas de direitos humanos e familiares de presos, mortos e desaparecidos políticos.

Iniciou-se timidamente pela ação de d. Paulo Evaristo Arns, que apresentou esta insígnia em uma reunião na Cúria Metropolitana de São Paulo, em dezembro de 1974. No ano seguinte, esposas, mães e irmãs de presos, mortos e desaparecidos empenharam-se na criação do Movimento Feminino Pela Anistia (MFPA), por ocasião do Ano Internacional da Mulher, conferindo grande visibilidade ao tema[264].

O movimento ganhou fôlego com as campanhas de denúncia de violações dos direitos humanos organizada pelos exilados e com a eclosão das manifestações estudantis em 1977. Conquistou densidade, porém, com a campanha pela *anistia ampla, geral e irrestrita* iniciada em fevereiro de 1978, quando foi fundado o primeiro Comitê Brasileiro de Anistia (CBA), no Rio de Janeiro. A campanha recebeu relativo apoio popular em decorrência da extensa divulgação pública que fez das denúncias dos crimes da ditadura. Alguns de seus comícios chegaram a contar com vinte a trinta mil pessoas nas grandes capitais como Rio de Janeiro e São Paulo, exigindo punição aos torturadores[265].

Os CBAs pretendiam conquistar a anistia para todos os perseguidos políticos, apresentando-se como um movimento legal, cujo objetivo era o enfrentamento da ditadura e de seu arcabouço ideológico, a Doutrina de Segurança Nacional. Estas entidades assumiram as reivindicações dos familiares como sua plataforma política, definida pelos seguintes eixos: o esclarecimento das torturas, mortes e desaparecimentos políticos; a restituição de seus restos mortais; a atribuição das responsabilidades e a punição dos torturadores; o desmantelamento do aparato repressivo e o fim das "leis de exceção".

A conquista da anistia era considerada por muitos um passo efetivo e indispensável ao estabelecimento do estado de direito e da ordem democrática. O movimento pela anistia procurou ampliar suas alianças, estabelecendo relações com a frente parlamentar formada pelos setores progressistas do MDB e com os novos movimentos sociais, sobretudo, com o movimento sindical em ascensão. Os CBAs tinham de enfrentar, contudo, o dilema de estabelecer uma mediação capaz de estabelecer negociações no espaço institucional sem perder seu caráter crítico e sua autonomia[266].

---

264 Cf. TELES, op.cit., p.145.

265 Idem, p. 202.

266 GRECO, Heloisa A. *Dimensões fundacionais da luta pela anistia*. 2003. Tese (Doutorado em História) – Universidade Federal de Minas Gerais, Belo Horizonte, 2003, p. 268.

Em março de 1979, uma caravana formada por familiares e CBAs foi ao Congresso Nacional para entregar aos parlamentares do MDB uma *Carta Aberta* e um *memorandum* com as denúncias de violações de direitos humanos, exigindo o esclarecimento dos casos de desaparecimentos e a atribuição de responsabilidades por estes crimes. Cobravam também a formação de uma CPI para apurar esses crimes – retomando a proposta defendida no início de 1975, a qual havia gerado a "Crise dos Desaparecidos" –, recuperada pelo deputado Airton Soares (MDB/SP)[267].

Em maio daquele ano, após acirrada disputa, familiares e deputados "autênticos" do MDB conseguiram fazer aprovar a proposta de formação da "CPI dos Direitos Humanos". Alguns deputados à esquerda do partido declararam-se contrários à formação da CPI. Não obstante, manobras regimentais impediram que ela fosse apresentada ao Congresso Nacional[268].

Finalmente, no dia 22 de agosto de 1979, quando a greve de fome dos presos políticos completava 32 dias[269], foi aprovada a Lei de Anistia, cuja redação era particularmente ambígua. O projeto do governo foi aprovado em sessão conturbada e marcada por casuísmos, após a intervenção dos militares para esvaziar o auditório do plenário. Depois de uma série de reviravoltas, ocorreram as primeiras votações visando à aprovação dos destaques (preferência) em separado. Abria-se espaço para a aprovação (remota) do projeto do MDB e (como último recurso) para a emenda do deputado Djalma Marinho (Arena/RN), que beneficiava todos os presos políticos, embora não tocasse na questão dos mortos e desaparecidos, tampouco da punição dos torturadores.

As votações surpreenderam pelo desvelo da perda parcial de controle por parte do governo, conseguindo a adesão de dissidentes. O destaque para o substitutivo do MDB foi derrotado por 209 votos contra 194, com o apoio de doze arenistas dissidentes. Em seguida, a Emenda Djalma Marinho (Emenda n. 53) por pouco não foi vitoriosa, recebendo 202 votos a favor e 206 contra, conseguindo o apoio de catorze arenistas. Estava em vigência no Congresso Nacional o mandato de 21 senadores biônicos da Arena, os quais foram centrais para a aprovação da Lei de Anistia restrita do governo.

Por fim, o projeto de lei de anistia dos militares foi aprovado pelos líderes dos dois partidos, não sendo possível a votação nominal. Esta atitude da liderança provocou críticas, mas

---

[267] A "Crise dos Desaparecidos" delineou-se entre janeiro e fevereiro, estendendo-se até maio de 1975, período em que os familiares e o grupo de deputados denominados de "autênticos" do MDB organizaram uma campanha para estabelecer uma CPI sobre os Direitos Humanos no Congresso Nacional, ganhando grande repercussão. (Cf. TELES, op.cit., p.112-145.)

[268] Idem, p.192-196.

[269] A greve de fome dos presos políticos pela anistia ampla, geral e irrestrita foi uma iniciativa organizada pelos prisioneiros do Rio de Janeiro, ganhando dimensão nacional ao longo dos meses de julho e agosto de 1979. (Cf. TELES, op. cit., p.430-440.)

apenas 29 dos 189 deputados do MDB apresentaram sua declaração de voto contrário ao projeto, denunciando a falta de isonomia na concessão da anistia[270].

Nesse mesmo dia, os familiares reunidos no gabinete do senador Teotônio Vilela para acompanhar a votação do projeto divulgaram uma nota pública, na qual diziam: "Eis aqui o paradeiro de dois desaparecidos políticos". Enquanto o Congresso votava um projeto de lei que determinava a emissão de atestados de "morte presumida" para os desaparecidos, os familiares apresentavam à opinião pública a descoberta de dois militantes enterrados como indigentes no Cemitério de Perus, em São Paulo: Luiz Eurico Tejera Lisbôa e Dênis Casemiro.

A notícia teve grande repercussão e estampou a capa da revista *IstoÉ* da semana seguinte. A esposa de Luiz Eurico, Suzana K. Lisbôa, ativista da Comissão de Familiares de Mortos e Desaparecidos Políticos, ao denunciar a morte do marido, anunciou que solicitaria a reabertura do inquérito policial para investigar o caso e apurar os responsáveis pelo seu assassinato. Ambas as iniciativas, contudo, não prosperaram[271].

A Lei de Anistia foi sancionada no dia 28 de agosto pelo general Figueiredo. Considerada "recíproca", contemplaria vítimas e algozes à luz dos argumentos de que se tratava de um período de "guerra", na qual os dois lados haviam cometido "excessos"; equiparando a violência praticada pelos agentes do Estado às das ações dos guerrilheiros. Entre 1979 e 1981, porém, militantes, familiares de mortos e desaparecidos, juristas e advogados como Nilo Batista[272], Seabra Fagundes, Samuel MacDowell, entre outros, questionaram essa interpretação, sem conseguir ampliar esse debate ou fazer prosperar as tentativas de julgar os crimes da ditadura.

O texto da lei, embora pouco claro, determinava a anistia "aos crimes políticos ou conexos a estes" (§ 1º, do art. 1º), ou seja, os crimes de qualquer natureza relacionados àqueles praticados por motivação política, os crimes previstos na LSN. O *crime conexo*, portanto, seria o assalto a banco ou roubo de carro realizado por militantes para apoiar a luta armada, aqueles que supostamente cometiam crimes contra o regime. Juristas explicaram que, para caracterizar a ligação ou conexão entre crimes, é necessário que os autores sejam os mesmos e que estes tenham os mesmos objetivos e motivações, o que não ocorreu entre os que torturaram e mataram presos políticos e suas vítimas.

Ademais, a lei não contemplou aqueles que foram *condenados* pela prática de terrorismo, assalto, sequestro e atentado pessoal (§ 2º do art. 1º). Diversos presos políticos foram libertados devido à redução das penas estipuladas pela LSN reformulada em

---

270 COMISSÃO MISTA SOBRE A ANISTIA. Anistia. Brasília, DF, 1982, p. 237-239. v. II.

271 Cf. TELES, op.cit., p.299-301.

272 BATISTA, Nilo. Aspectos Jurídico-Penais da Anistia. *Encontros com a Civilização Brasileira*, Rio de Janeiro, 19 jan. 1980.

dezembro de 1978. Estes não foram absolvidos nem anistiados, saíram das prisões em liberdade condicional. A anistia não foi recíproca. Na prática, apenas os torturadores permaneceram imunes aos julgamentos. Desde a Constituição de 1988, a sua abrangência vem sendo ampliada em um longo e peculiar processo de reparação material e simbólica das vítimas da ditadura, que manteve intacto o texto do art. 1º da Lei de 1979[273].

O período após a aprovação da anistia viu crescer o acirramento dos atentados terroristas organizados clandestinamente por agentes dos órgãos de segurança interna. Ocorreram atentados a bomba contra bancas de jornal que vendiam periódicos da imprensa alternativa em várias cidades do País, culminando nos atentados contra a Ordem dos Advogados do Brasil (OAB), a Associação Brasileira de Imprensa (ABI) e a Câmara Municipal do Rio de Janeiro, que levaram à morte da secretária da OAB, Lyda Monteiro, em 27 de agosto de 1980[274].

O debate sobre a punição aos torturadores voltou ao cenário político em fevereiro de 1981, quando a *Casa da Morte* foi localizada em Petrópolis (RJ), por Inês Etienne Romeu, uma sobrevivente deste centro clandestino de extermínio. A casa era utilizada pelo Centro de Informação do Exército (CIE) para torturar dissidentes, no qual desapareceram ao menos onze militantes[275]. A repercussão da notícia provocou dura reação dos militares, a qual ocupou as capas dos principais jornais e revistas do País. Em tom de ameaça, divulgada na TV, a nota das Forças Armadas (FFAA) deixava clara sua intenção de não admitir esse tipo de investigação, inviabilizando por muitos anos o debate sobre a abrangência da anistia aos torturadores[276].

Em abril daquele ano, houve ainda a tentativa de executar o que teria sido o maior atentado terrorista, durante um *show* realizado no Riocentro, por ocasião do 1º de maio, que contou com a presença de milhares de pessoas, frustrado pela inépcia dos militares do CIE encarregados de colocar as bombas no local. O caso do Riocentro, o qual possuía muitas evidências a respeito da sua autoria, teve a investigação protelada e arquivada, a despeito do fato de ter ocorrido em período posterior ao período contemplado pela Lei de Anistia.

Uma atmosfera de apreensão quanto à continuidade da transição democrática tomou conta dos agentes políticos, atentos à constante ameaça de retrocessos. Não obstante,

---

273 TELES, Janaína de A. op. cit., p. 243. Note-se que essa interpretação foi confirmada pelo STF, em 2010. BRASIL. Supremo Tribunal Federal. *Arguição de Descumprimento de Preceito Fundamental n. 153* – Distrito Federal. Brasília, DF: STF, 2010. Disponível em: <http://redir.stf.jus.br/paginadorpub/paginador.jsp?docTP=AC&docID=612960>. Acesso em: 5 mar.2017.

274 ALMEIDA, Crimeia A. S. de *et al*. Dossiê Ditadura: mortos e desaparecidos políticos no Brasil (1964-1985). São Paulo, IEVE/Imprensa Oficial, 2009, p.712-13.

275 TELES, op. cit., p.142-51.

276 TELES, op. cit., p.332.

outros setores persistiram, empurrando os limites da ação política. Familiares, sobreviventes e organizações de direitos humanos insistiram na defesa de um projeto de democracia indissociável das demandas por memória, verdade e justiça.

Os ecos traumáticos da ditadura tiveram um papel crucial no desenho institucional da transição e na avaliação do legado autoritário. A defesa dos direitos humanos converteu-se em um dos eixos mais importantes do debate político e das disputas entre estratégias diversas. Nesse contexto, os familiares de mortos e desaparecidos e os Grupos Tortura Nunca Mais erigiram-se ao papel de atores políticos e de gestores de memória. Os militares e as direitas mantiveram o papel de protagonistas, assegurando a impunidade e a manutenção de dispositivos da legalidade de exceção, ao passo que, em grande medida, os partidos políticos de esquerda (tradicionais e novos), adotaram posturas ambíguas a respeito da defesa dos direitos humanos.

No intervalo entre a publicação do *Brasil: Nunca Mais* (1985) e a abertura da Vala de Perus (1990) – os dois momentos "inaugurais" da memória sobre a ditadura[277] – ocorreu o Congresso Constituinte e a aprovação da Carta Magna de 1988. A Constituição "cidadã", como foi chamada na época, incluiu uma série de direitos progressistas em diversas áreas, ao mesmo tempo em que manteve elementos autoritários, sobretudo no que diz respeito à relação entre o poder político e as FFAA. A tortura foi abordada, mas sem enfrentar diversos aspectos da herança autoritária da ditadura.

No início dos trabalhos do Congresso Constituinte, em 1986, os familiares lançaram uma campanha solicitando a inserção de parágrafos na Carta Magna referentes à tortura e ao chamado "entulho autoritário"[278]. A proposta não foi aceita e a lei sobre a tortura foi regulamentada apenas em 1997, sem que fosse considerada crime contra a humanidade (e, portanto, imprescritível) e sem nenhum dispositivo que contemplasse a punição aos torturadores do período ditatorial.

Iniciados os trabalhos da Constituinte, a Comissão de Organização Eleitoral Partidária e Garantia das Instituições (responsável pela nova estrutura política, pelo papel dos militares e das instituições de segurança pública) foi presidida pelo coronel Jarbas Passarinho, ex-ministro dos governos dos generais Geisel, Médici e Figueiredo e signatário do AI-5[279]. O resultado gerou o controle do Exército sobre as forças de segurança pública e a tutela das FFAA diante do poder político legitimamente instituído.

---

[277] TELES, Janaína de A. A constituição das memórias sobre a repressão da ditadura: o projeto "Brasil: Nunca Mais" e a abertura da Vala de Perus. *Revista Anos 90*, Porto Alegre, v. 19, n. 35, p. 261-298, jul. 2012.

[278] PATRIOTA, Gonzaga. Proposta à Assembleia Nacional Constituinte, Câmara dos Deputados, Sala de Sessões, 27 abr. 1987, Arquivo da Comissão de Familiares de Mortos e Desaparecidos Políticos (ACFMDP).

[279] Passarinho escreveu em 2006 que os militares não pediriam perdão, pois não se arrependeram do que fizeram durante a ditadura. (Cf. PASSARINHO, Jarbas. A tortura e o terrorismo. *Folha de S.Paulo*, São Paulo, 28 nov. 2006, p.3.)

Na Constituição, o Título V trata "Da defesa do Estado e das Instituições", e o art.142 versa sobre a ingerência militar nos assuntos civis e no poder político, no qual se pode ler: "As Forças Armadas destinam-se à defesa da pátria, à garantia dos poderes constitucionais e, por iniciativa de qualquer destes, da *lei e da ordem*". Em um Estado de Direito, os militares não podem se submeter aos poderes constitucionais (Executivo, Legislativo e Judiciário) e, ao mesmo tempo, garanti-los. Ao instituir as FFAA como garantes da lei e da ordem, acaba-se por estabelecê-las como um dos poderes políticos da sociedade[280]. Desde modo, as FFAA acabam por protagonizar a manutenção da segurança interna e não a defesa das fronteiras, introduzindo medidas de exceção no cotidiano da sociedade.

Assim, tendo em vista a derrota da campanha das Diretas Já e a eleição do primeiro presidente civil por meio do Congresso Eleitoral, a transição para democracia no Brasil ocorreu sem rupturas evidentes com seu passado de ditadura. O momento no qual a ruptura se tornou mais evidente foi na Constituinte (1987-1988), a qual resultou em avanços substanciais, mas, também, na tutela das FFAA sobre o poder político, garantindo a permanência de uma série de leis e instituições fundamentais do período ditatorial[281].

O fim da ditadura e o julgamento das Juntas Militares na Argentina

Em setembro de 1979, uma missão da Comissão Interamericana de Direitos Humanos (CIDH) da OEA chegou à Argentina. Diferentemente do que ocorreu no Brasil entre 1972 e 1973 (a Comissão emitiu resolução referente ao Brasil em 1974[282]), a OEA conseguiu inspecionar *in loco* dependências militares e policiais e recebeu denúncias de desaparecimentos forçados nas principais cidades da Argentina[283]. Isso ocorreu em um contexto posterior à adoção, pelos EUA, de uma posição diplomática de defesa dos direitos humanos na América Latina, em uma tentativa de conquistar algum prestígio no País e no exterior[284].

---

280 ZAVERUCHA, Jorge. *FH, Forças Armadas e Polícia*: entre o autoritarismo e a democracia (1999-2002). Rio de Janeiro: Record, 2005, p. 63-64, 93-95, p.122.

281 Por exemplo, a Lei de Imprensa (1967), a Lei de Segurança Nacional (1983), ainda em vigência, e o Decreto n. 1.077, que autorizava a censura prévia. (Cf. SKIDMORE, op. cit., p. 506.) Note-se que o SNI (Serviço Nacional de Informação) foi extinto apenas em 1991.

282 A CIDH recomendou ao Brasil a apuração e punição dos responsáveis pelos assassinatos de Padre Henrique (1969) e Olavo Hansen (1970). (Cf. TELES, op. cit., p.106-119; GREEN, James N. *Apesar de vocês*: oposição à ditadura brasileira nos EUA (1964-1985). São Paulo, Companhia das Letras, 2009, p. 303-304.

283 CRENZEL, Emilio. *La historia política del nunca más*: la memoria de las desapariciones en la Argentina. Buenos Aires: Siglo XXI, 2008, p. 41-43.

284 SPEKTOR, Matias. *Kissinger e o Brasil*. Rio de Janeiro, Zahar Ed., 2009, p.80.

Dias antes dessa visita, os militares promulgaram a Lei n. 22.068, a qual declarava a presunção de falecimento das pessoas cujo desaparecimento houvesse sido denunciado e das quais não houvesse notícias. Essa lei foi rejeitada pelas organizações de direitos humanos e pela própria CIDH. Desse modo, a bandeira de luta "Aparição com vida" torna-se central para as *Mães da Praça de Maio*, relutantes em aceitar a morte dos filhos sem o devido esclarecimento das circunstâncias e sem a identificação dos responsáveis[285].

O informe da CIDH foi publicado em abril de 1980, calcado em 5.580 denúncias de desaparecimentos. O documento atribuiu a responsabilidade desses crimes às FFAA, recomendou a apuração dos fatos e o julgamento dos responsáveis. Essas denúncias foram neutralizadas com relativo êxito pela ditadura, a qual somente depois da derrota na Guerra das Malvinas, em junho de 1982, perdeu o apoio que a sustentava.

Ao contrário do que ocorreu no Brasil, a ditadura argentina não conseguiu impor condições para uma transição pactuada à democracia. Em meio à rejeição pública – cerca de 70% da população estava contra o regime de acordo com as pesquisas de opinião da época –, os militares sancionaram a lei de "pacificação nacional" em setembro de 1983, conhecida como a "lei de autoamnistia", declarando extintas as causas penais por delitos cometidos na "luta antisubversiva"[286].

As eleições diretas foram rapidamente convocadas. Italo Luder, candidato peronista à presidência (do Partido Justicialista), reafirmou a irreversibilidade dos efeitos jurídicos dessa lei[287]. Raúl Alfonsín, candidato da União Cívica Radical (UCR), pronunciou-se favorável à revogação da lei por considerá-la inconstitucional[288]. Com efeito, a "Marcha pela vida" de outubro de 1982, reunindo 100.000 pessoas, havia colocado em evidência a bandeira que pedia "julgamento e castigo para todos os culpados"[289].

Em outubro de 1983, Alfonsín é eleito com 52% dos votos. Ao assumir a presidência, em dezembro daquele ano, declarou a inconstitucionalidade da lei de "autoamnistia", com base no art. 29 da Constituição Federal, o qual impedia que se outorgassem poderes extraordinários ao Poder Executivo. Ademais, considerou que se deveria analisar a lei em termos morais e democráticos[290]. O presidente ordenou também o indiciamento

---

285 CRENZEL, Emilio. Entre la historia y la memória: a 40 años del golpe de estado en la Argentina. História: *Questões & Debates*, Curitiba, v. 64, n. 2, p. 48, jul./dez. 2016.

286 Idem, p.48.

287 O senador Luder assumira a presidência da Argentina em setembro de 1975, em decorrência dos problemas de saúde de Isabel M. Perón, e editou três decretos "contra a subversão". (Cf. LLONTO, Pablo. *El juicio que no se vio: una mirada testimonial sobre el juicio a las Juntas Militares*. Buenos Aires, Continente, 2015, p. 60.)

288 LLONTO, op. cit., p. 60.

289 CRENZEL, op. cit., p. 48.

290 LLONTO, op. cit., p. 17.

dos sete chefes guerrilheiros do Exército Revolucionário do Povo (ERP) e dos Montoneros por atos de violência cometidos desde 1973 e de nove militares das três primeiras Juntas Militares da ditadura por homicídio, privação ilegítima da liberdade e torturas, tendo em vista que o "desaparecimento forçado" não era um crime tipificado pelo Código Penal. Esta medida foi denominada "teoria dos dois demônios", a qual igualava a violência do Estado à da guerrilha, limitando a responsabilidade da violência do período ditatorial a "dois lados".

Haveria julgamento, mas Alfonsín propôs que os tribunais militares julgassem as violações de direitos humanos em 1ª instância, o que abria a possibilidade de apelação à Câmara Federal e ao princípio de presunção de obediência. Naquele momento, duas categorias de autores criminais seriam julgadas: os que planejaram a repressão e deram as ordens e, os que atuaram além das ordens, motivados por crueldade, perversão ou cobiça. Essa proposta visava estabelecer um castigo exemplar, mas também limitar as punições.

O julgamento das Juntas Militares, entretanto, foi rejeitado pelas FFAA, que reivindicavam o reconhecimento de sua vitória sobre a "subversão". Assim como foi repudiado pelas organizações de direitos humanos, as quais demandavam a atuação da justiça civil no caso, além de "julgamento e castigo para todos os culpados"[291].

Em seguida, ainda em dezembro de 1983, Alfonsín criou a Comissão Nacional sobre o Desaparecimento de Pessoas (Conadep), com o objetivo de investigar o destino dos desaparecidos políticos. Considerada uma das primeiras Comissões da Verdade[292], a Conadep foi igualmente rejeitada pelas FFAA e seus aliados, que se negavam a revisar a "luta antisubversiva", assim como pelo movimento de direitos humanos, que reivindicava a criação de uma Comissão Parlamentar Bicameral[293], similar à proposta dos familiares brasileiros, quando da "Crise dos Desaparecidos" em 1975, conforme vimos antes.

O intento de Alfonsín de não processar a maioria dos quadros militares, amparado pela alegação de obediência à hierarquia, foi rapidamente revertido. Em fevereiro de 1984, o senador Elías Sapag, do Movimento Popular Neuquino e tio de desaparecidos, fez aprovar uma emenda, excluindo os autores de feitos "atrozes e aberrantes" da alegação de obediência. Todas as práticas envolvendo desaparecimentos forçados eram passíveis de ser julgadas, conforme reivindicavam os grupos de direitos humanos[294].

A decisão da Justiça Militar de qualificar como "inobjetável" as ordens das Juntas terminou por desmontar a estratégia oficial[295]. Após sua edição, em outubro de 1984, o

---

291 CRENZEL, op. cit., p. 48.
292 HAYNER, Priscilla. *Verdades innombrables. El reto de las comisiones de la verdad*. México: FCE, 2008, p. 63-85.
293 CRENZEL, op. cit., p. 57-63.
294 CRENZEL, op. cit., p.51.
295 LLONTO, op. cit., p. 38.

procurador da Câmara Federal de Apelações da Capital solicitou a causa, interpretando aquele ato como uma recusa de se estabelecer a justiça. As *Mães da Praça de Maio*, contudo, criticaram o fato de o julgamento se voltar apenas para as Juntas e "não para todos os que foram executores de tanta barbárie[296]".

Nesse contexto, o julgamento das Juntas Militares (Processo n. 13) inicia-se em abril de 1985, estabelecendo uma decisão inédita no tratamento dispensado às graves violações dos direitos humanos no continente. Os principais mandatários da ditadura seriam levados a julgamento. O Ministério Público (MP) apresentou 709 casos de abusos a direitos humanos, os quais em sua maioria haviam sido apresentados pela Conadep, com uma diversidade que permitia demostrar a responsabilidade conjunta das Juntas na formação do aparato repressivo, nas privações ilegítimas de liberdade, torturas, eliminações de prisioneiros e roubos, cuja dimensão superava o mero "combate à subversão"[297].

O MP privilegiou os casos que possuíam mais provas e fossem capazes de demonstrar a coordenação repressiva então vigente no País. Cada caso deveria contar com o pedido de *habeas corpus*, a denúncia judicial e da Conadep e muitas testemunhas. Familiares e sobreviventes testemunharam com prudência para evitar perguntas sobre as organizações guerrilheiras e partidárias, às quais os desaparecidos pertenciam. Evitaram-se, desse modo, confrontações que desviassem a acusação dos que apoiaram a denominada "luta antissubversiva"[298]. Ressalte-se que os procuradores não estabeleceram os nexos existentes entre os desaparecimentos e as corporações econômicas, religiosas e políticas do País[299].

A defesa dos militares, por outro lado, validou a lei de autoanistia e denunciou o que considerava ser o caráter "político" do julgamento, que questionava as FFAA, vitoriosas na "guerra antissubversiva". Negou ainda as denúncias apresentadas, desqualificando as testemunhas por considerá-las "subversivas". Ademais, atribuíram a intervenção militar aos decretos do governo peronista, os quais lhes davam legalidade e legitimidade. A defesa ressaltou que os desaparecimentos começaram nesse período, desqualificando como "subversivos" aqueles que denunciaram essas práticas durante a ditadura[300].

Na noite após a primeira audiência do julgamento, sessenta mil pessoas se uniram em frente ao Congresso Nacional, depois de marcharem pelo centro da cidade exigindo justiça. O governo havia solicitado que a manifestação não terminasse na praça do tribunal e a polícia interditou as ruas próximas ao local. Empolgada, a maioria gritava em

---

296 *Boletim informativo mensal das Mães da Praça de Maio*, dez. 1984. Citado em: LLONTO, op. cit., p. 42.

297 LLONTO, op. cit., p. 44.

298 Idem, p. 53.

299 CRENZEL, op. cit., p. 52.

300 Idem, p. 53.

coro a palavra de ordem das *Mães da Praça de Maio*: "Agora, agora, resulta indispensável, aparição com vida e castigo aos culpados[301]".

Entre abril e setembro de 1985, 833 testemunhas de acusação declararam em juízo diante de seis juízes, procuradores, advogados de defesa, jornalistas e cerca de quatrocentas pessoas que a cada dia faziam fila por horas para conseguir um lugar no auditório do tribunal. A consistência dos testemunhos transformou os relatos em provas de que o que ocorreu durante a ditadura não era resultado de "excessos" promovidos pelos militares, mas sim da ação de um aparato de Estado organizado[302].

As *Mães da Praça de Maio* seguiram protestando ao longo do julgamento. Sua posição se expressou por meio da palavra de ordem: "*Julgamento e castigo para todos. Com nove não basta*". Nas tardes das quintas-feiras, elas marchavam da Praça de Maio até o tribunal, onde liam, semanalmente, os nomes de todos os genocidas e torturadores que não constavam do julgamento[303].

Os testemunhos sobre as torturas impostas aos presos, o tratamento dispensado às presas grávidas, os relatos sobre o episódio conhecido como "A Noite dos Lápis" e a apropriação de bebês ou os voos da morte causaram enorme impacto sobre os presentes ao tribunal e sobre a sociedade[304]. A repercussão do julgamento foi enorme, conforme relato do filósofo e escritor José Pablo Feinmann: "O informe da CONADEP chegou a muitos argentinos. Mas só a muitos. Esse julgamento inunda a República. Penetra as casas, os bares, em todas as instituições. Nada pode resistir a ele. [...] Cotidianamente, a Argentina recebe estes testemunhos[305]."

Em 9 de dezembro de 1985, ditou-se a sentença dos comandantes militares, a qual considerava que eles haviam adotado uma estratégia repressiva ilegal, utilizando métodos clandestinos, mas cuja condução não poderia ser atribuída de modo unificado. Assim, determinaram-se condenações distintas para os generais Videla e Viola, os almirantes Massera e Lambruschini e o brigadeiro Agosti; absolvendo os outros quatro acusados: o brigadeiro Graffigna, o general Galtieri, o almirante Anaya e o brigadeiro Lami Dozo. As absolvições revoltaram as organizações de direitos humanos e amplos setores da população.

Testemunhas, *Mães* e *Avós da Praça de Maio* não aguentaram e saíram do tribunal, antes do término da leitura da sentença. As penas foram consideras moderadas e as absolvições absurdas, pois não se levou em consideração a atuação associada das Juntas

---

301 LLONTO, op. cit., p. 64. (Tradução livre da autora).
302 OCAMPO, Luis Moreno. *Cuando el poder perdió el juicio*. Buenos Aires: Capital Intelectual, 2014. p. 33.
303 LLONTO, op. cit., p. 123.
304 LLONTO, op. cit. (Tradução livre da autora).
305 Tradução livre da autora, citado em: OCAMPO, op. cit., p. 36.

Militares, as circunstâncias agravantes dos crimes, tais como as violações sexuais, o sequestro de bebês, mas, sobretudo, porque havia provas suficientes para tanto. Por outro lado, o ponto 30 da sentença estendeu a ação penal contra outros oficiais, adotando sentido contrário ao da vontade oficial de limitar os julgamentos[306].

Prevaleceu, contudo, o pragmatismo político do *Radicalismo* de Alfonsín, visando molestar o mínimo possível as FFAA. Ademais, os seis juízes que emitiram a sentença haviam atuado nesta função ao longo da ditadura em distintos períodos[307].

A despeito de seus limites, o julgamento das Juntas foi um feito. Estabeleceu um novo patamar de respeito à lei na Argentina, estabelecendo um *lugar para o relato* do inimaginável, do intestemunhável e um *status* para as vítimas. O julgamento das Juntas representou um marco de ruptura histórica e um símbolo da transição à democracia na Argentina. Se pensarmos no papel desempenhado pela sociedade neste julgamento, não podemos dizer "[...] que tenha sido um Nüremberg, levado adiante sem maior participação pública"[308]. Com efeito, o julgamento das Juntas representou o *ato fundacional* da nova comunidade política na Argentina, mas significou também um limite à capacidade da democracia argentina de se interrogar sobre seu passado, transformando-se em fonte de intensos conflitos[309].

Responsabilização civil e a ação judicial da Guerrilha do Araguaia

Nos anos 1970, em plena ditadura brasileira, denúncias de assassinatos sob tortura e desaparecimentos forçados cometidos pelos órgãos de segurança foram encaminhadas pelos familiares ao Conselho de Defesa dos Direitos da Pessoa Humana (CDDPH), mas sem resultados[310]. Algumas ações judiciais de familiares foram então propostas visando obter informações e a responsabilização civil do Estado por tais crimes. Estas ações tornaram-se célebres, sobretudo a partir da condenação do Estado no caso referente ao assassinato do jornalista Vladimir Herzog, em outubro de 1975. A ação declaratória movida pela família Herzog pedia a responsabilização da União pela prisão arbitrária, tortura e morte do jornalista. Este foi o recurso encontrado pelos familiares para romper

---

306 O significado do Ponto 30 da sentença é um aspecto polêmico da Causa 13. (Cf. LLONTO, op. cit., p. 377-382, 391-97.)

307 LLONTO, op. cit., p. 380.

308 VEZZETTI, Hugo. *Sobre la violencia revolucionaria*: memórias y olvidos. Buenos Aires: Siglo XXI, 2009, p. 136.

309 CRENZEL, op. cit., p. 52.

310 TELES, op. cit., p. 149-160.

o cerco imposto ao Poder Judiciário. O jovem juiz Márcio José de Moraes foi o autor da sentença precursora que condenou o Estado brasileiro, em outubro de 1978[311].

Após a divulgação da sentença foram reabertos os casos do operário Manoel Fiel Filho e do tenente José Ferreira de Almeida, ambos assassinados sob tortura no DOI-Codi/SP, e cujas versões oficiais apontavam o suicídio como causa da morte, de maneira idêntica ao caso de Herzog. Outros familiares também começaram a acionar advogados para iniciar ações declaratórias voltadas ao esclarecimento de casos de desaparecimentos forçados.

É de se ter em vista, porém, que ao menos uma ação desse tipo já havia sido proposta antes. Em agosto de 1973, no auge da vigência do terrorismo de Estado, a viúva de Manoel Raimundo Soares, Elizabeth Challup Soares, iniciou uma ação na Justiça Federal do Rio Grande do Sul, requerendo a reparação integral por danos de natureza moral e material pelo assassinato de Soares, em agosto de 1966, no famoso "Caso das mãos amarradas"[312].

Militante do Movimento Revolucionário 26 de Março (MR-26), o ex-sargento Soares havia sido preso em março de 1966, em Porto Alegre (RS), tendo sido encontrado no dia 24 de agosto, em estado de putrefação, com as mãos atadas às costas, boiando no rio Jacuí, nas proximidades da cidade. Seu assassinato teve grande repercussão, o que levou a criação de uma CPI na Assembleia Legislativa (RS) para investigá-lo[313].

A investigação da CPI e o relatório do promotor de Justiça, Paulo C. Tovo, comprovaram a tortura a que Soares foi submetido, responsabilizando o major Luiz C. Mena Barreto, o delegado José Morsch e os membros das respectivas equipes. De acordo com as provas que serviram de base para o deferimento da CPI e seu relatório final de junho de 1967, Soares foi morto quando era submetido ao "caldo" ou "afogamento" e seu corpo foi posteriormente "desovado"[314]. As investigações, contudo, não prosperaram. É de se considerar que era comandante do III Exército, à época do crime, o general Orlando Geisel (irmão do futuro presidente Ernesto Geisel), o qual viria a se tornar ministro do Exército do governo Médici.

A ação judicial da viúva de Soares não alcançou a repercussão nacional que o caso de Herzog obteve. Possivelmente em decorrência disso, apenas em dezembro de 2000, o

---

311 BROSSARD, Paulo. *O caso Herzog*. Brasília/DF, Senado Federal, 1978; JORDÃO, Fernando. *Dossiê Herzog*: prisão, tortura e morte no Brasil. 2. ed. São Paulo, Global, 1979.

312 TELES, op. cit., p. 296-331.

313 ALMEIDA, et al., op. cit., p.101-104.

314 ALVES, Márcio Moreira, *Torturas e torturados*. 2. ed., Rio de Janeiro, Idade Nova, 1967, p. 218-21; D'ONELLAS, Jacques. *Tortura e Morte do sargento Manoel Raimundo Soares*. Brasília/DF, Centro de Documentação e Informação da Câmara de Deputados, 1984; TRIBUNAL REGIONAL FEDERAL DA 4a REGIÃO. *Acórdão da 3ª turma do TRF da 4ª Região*. Porto Alegre, 5 out. 2005.

juiz federal da 5ª Vara de Porto Alegre, Cândido A. Silva Leal Júnior, proferiu sentença favorável à autora, quando julgou parcialmente procedente a ação e condenou a União a pagar à autora uma pensão mensal vitalícia a partir de agosto de 1966 (no valor da remuneração integral de 2º sargento do Exército), uma indenização por danos morais e o ressarcimento das despesas de funerais, luto, despesa de viagem e jazigo perpétuo.

Na sentença, o juiz Leal Júnior responsabilizou os agentes do Dops, o major Mena Barreto e os delegados Souza e Morsch pela morte de Soares, corroborando as conclusões da CPI da Assembleia Legislativa e do "Relatório Tovo". Concluiu, porém, que "a petição inicial é [...] precária na indicação e detalhamento da contribuição de cada um dos réus para a morte". Desse modo, julgou improcedente o pedido, ao considerar que "não poderiam as pessoas físicas apontadas como rés serem condenadas tão somente com base na responsabilidade objetiva[315]". Em 2009, a viúva de Soares morreu sem obter a sentença definitiva da ação judicial[316].

A repercussão do caso Herzog levou à adoção desse tipo de demanda judicial no Brasil, difundida em diversos países – inclusive na Argentina, onde ficou conhecida por meio dos "julgamentos pela verdade" – conforme veremos adiante[317]. No Brasil, um caso de ação civil em particular se arrastou por décadas e ganhou grande repercussão nacional e internacional, o caso dos familiares dos desaparecidos da Guerrilha do Araguaia.

Em junho de 1979, os familiares de desaparecidos na Guerrilha do Araguaia tentaram, sem sucesso, interpelar judicialmente o então Presidente da República, general João Batista Figueiredo, sob a responsabilidade dos advogados Luiz Eduardo Greenhalgh e Francisca Abigail B. Paranhos, membros da Comissão Executiva Nacional dos CBAs. Em outubro de 1980, os familiares organizaram a primeira expedição à região da Guerrilha do Araguaia com o apoio dos CBAs, visando obter indícios sobre a localização dos restos mortais dos guerrilheiros e depoimentos dos moradores. Apenas em 1982, porém, os familiares conseguiram ajuizar a "ação ordinária para prestação de fato" contra a União perante a Justiça Federal[318]. A tramitação do processo judicial durou mais de

---

315   LEAL JÚNIOR, Cândido Alfredo Silva. *Sentença n. 1719/2000*. Ação ordinária do Processo 88.0009436-8, do juiz federal da 5ª Vara. Porto Alegre, dez. de 2000.

316   "Morre a viúva do sargento das 'mãos amarradas' sem receber a indenização", Disponível em <http://www.canaleletronico.net/index.php?view=article&id=331>, 26/6/2009. Acesso em: 15 fev. 2017.

317   Nos mesmos moldes outros familiares iniciaram processos. Consegui compilar outros casos, além dos mencionados, podemos citar: Fernando Augusto da Fonseca, Flávio Carvalho Molina, Rubens Paiva, Raul Amaro Nin Ferreira, Ruy Frazão Soares, Mario Alves de Souza Vieira, Santo Dias da Silva, Lincoln Bicalho Roque, Helio Navarro Magalhães e Pedro Alexandrino de Oliveira Filho, Fernando Augusto de Santa Cruz Oliveira, Honestino Monteiro Guimarães e Francisco Tenório Cerqueira Júnior. (Cf. TELES, op. cit., p. 296-305.)

318   GREENHALGH, Luiz Eduardo; PARANHOS, Francisca Abigail Barretos. *Interpelação Judicial*. Brasília/DF, 25 jun. 1979.

vinte anos, cuja sentença foi proferida em 2003. A decisão sobre mérito veio a transitar em julgado em meados de 2007, após o Estado brasileiro interpor diversos recursos e embargos às decisões judiciais. A sentença ainda aguarda a execução judicial.

Na petição inicial, as famílias enfatizaram a existência da Guerrilha do Araguaia, negada pelo governo, e o desaparecimento de pelo menos setenta guerrilheiros. Com base na Convenção de Genebra, os autores solicitaram ao Estado a indicação das sepulturas de seus parentes desaparecidos e os respectivos atestados de óbito, o traslado dos seus restos mortais, o esclarecimento das circunstâncias destas mortes e a divulgação do relatório final do Ministério da Guerra sobre a repressão à guerrilha, datado de janeiro de 1975.

Na contestação, a União Federal não reconheceu a Guerrilha do Araguaia, negou a existência do relatório final citado, apontou diversos vícios da ação e pediu a improcedência com base na impossibilidade jurídica do pedido; na ilegitimidade dos autores; na inexistência de interesse processual; na impropriedade da via cominatória e da prescrição quinquenal, sem discutir o mérito da ação. Em 1989, o juiz federal que passou a presidir o processo proferiu a primeira sentença sobre o caso, julgando-o extinto por considerar "os autores carecedores de ação", pois que envolvia um "pedido jurídica e materialmente impossível". Segundo ele, a Convenção de Genebra não era aplicável à ação judicial, pois não era possível empregar o conceito de "guerra" à guerrilha. Ademais, julgou impossível localizar os restos mortais dos guerrilheiros e obrigar a União a encontrá-los[319].

Em 1993, porém, o Tribunal Regional reconheceu o direito "subjetivo público do indivíduo de sepultar e homenagear seus mortos, segundo sua crença religiosa", bem como entendeu ter a parte direito à prova, dando aplicação à norma do art. 24 da Lei n. 8.159/1991, a Lei de Arquivos[320], facultando ao Poder Judiciário, em qualquer instância, determinar a exibição reservada de qualquer documento sigiloso, sempre que indispensável à defesa de direito próprio ou esclarecimento de situação pessoal à parte. O TRF adotou o entendimento do Superior Tribunal de Justiça (STJ) de que: "[...] a pretensão dos autores depende de produção de prova requerida, esta não lhe pode ser negada, nem reduzido o âmbito de seu pedido, sob pena de configurar-se uma situação de [...] denegação de justiça[321]".

Desse modo, entre 1982 e 1993, o Estado apresentou todos os recursos possíveis para protelar o julgamento do mérito. Com o advento da Lei dos Desaparecidos (Lei

---

319 SALGADO, Solange. *Sentença da Ação Ordinária dos familiares de desaparecidos da Guerrilha do Araguaia*, Processo n. I-44/82-B, 20 jun. 2003.

320 Essa lei dispunha sobre a política nacional de arquivos públicos e privados, mas foi substituída pela Lei de Informação (LAI), Lei n. 12.527/2011. Disponível em: <http://www.planalto.gov.br/ccivil_03/_ato2011-2014/2011/lei/l12527.htm>.

321 SALGADO, op. cit., p. 7. A juíza Celene M. Almeida concedeu uma liminar atendendo a apelação feita pelos autores para analisar o mérito da ação.

n. 9.140/1995)[322], a União sustentou o esvaziamento da pretensão dos autores da ação. Os autores ressaltaram a obstinação da União em negar-se a cumprir mandado judicial e requereram a apresentação de prova. Rejeitadas as alegações preliminares, o Judiciário deferiu a produção de prova documental e testemunhal, determinando à União que fornecesse a relação de civis mortos, a relação das atividades desenvolvidas e o destino dos restos mortais, bem como todos os documentos, oficiais ou não, relativos às baixas civis, com a indicação de autoria e responsabilidade pelos referidos textos.

A decisão judicial assinalou ainda o prazo de trinta dias para a União apresentar o Relatório da Guerrilha, mas esta reafirmou que o aludido relatório de 1975 não existia. A União limitou-se a anexar aos autos parecer da Consultoria Jurídica do Ministério do Exército. Os autores, em contrapartida, juntaram farta documentação e diversos depoimentos[323].

No julgamento do mérito, a juíza reconheceu que, diante de inúmeras provas presentes nos autos, tem-se que a ocorrência da Guerrilha do Araguaia é fato incontestável. E que o procedimento administrativo instaurado pela Lei n. 9.140/1995 não é capaz de satisfazer a pretensão dos autores, que se referem a alguns dos direitos fundamentais como o "direito à verdade", o direito à proteção da família e de prestar aos mortos, culto de tradição.

A juíza determinou a responsabilidade do Estado quanto às violações dos direitos fundamentais e ponderou, utilizando-se do Direito Internacional de Direitos Humanos, que o desaparecimento forçado constitui-se em uma violação de caráter permanente, o qual está acontecendo no presente, cessando apenas quando se desvenda o destino da vítima e se esclarecem as circunstâncias em que os fatos ocorreram. Observou que se trata de uma violação múltipla e contínua de muitos direitos reconhecidos na Constituição Federal e que surte efeitos prolongados no tempo. O desaparecimento forçado é um crime contra a humanidade particularmente cruel que, ademais é destinado a elidir a lei[324].

A longa duração desta batalha judicial reitera que o Estado tem se negado a fornecer informações aos familiares ou proceder a sérias investigações sobre o paradeiro das vítimas, o que a juíza Salgado descreveu como "a opressão do silêncio fabricado". Ela, portanto, considerou procedente o pedido dos familiares e determinou a quebra de sigilo das informações militares relativas a todas as operações de combate à Guerrilha do Araguaia.

A juíza determinou o prazo de 120 dias para a União informar onde estão sepultados os restos mortais dos guerrilheiros, proceder ao traslado destes, e fornecer os dados para serem lavrados os atestados de óbito. Determinou ainda o prazo de 120 dias para

---

322 Esta reconheceu como mortos os desaparecidos e a responsabilidade do Estado por estas mortes, pagando indenizações às suas famílias, sem, contudo, esclarecer as circunstâncias como se deram, nem a autoria dos crimes. (Cf. TELES, Janaína (Org.). *Mortos e desaparecidos políticos*: reparação ou impunidade? 2. ed. São Paulo: Humanitas/FFLCH, 2001.

323 SALGADO, op. cit., p. 8-9.

324 Idem, p. 15-21.

a União apresentar todas as informações relativas à totalidade das operações militares relacionadas à guerrilha. Ademais, estabeleceu que para o cumprimento da decisão faz-se necessário proceder à rigorosa investigação no âmbito das FFAA para obter um quadro preciso e detalhado das operações realizadas na guerrilha[325].

No transcorrer dessa longa e inacabada disputa judicial, os familiares de mortos e desaparecidos continuaram a se mobilizar, acionando entidades de defesa de direitos humanos no Brasil e no exterior. Em 1995, retomaram as práticas da mobilização jurídica transnacional e juntamente com ONGs internacionais de direitos humanos encaminharam o caso Gomes Lund referente à Guerrilha do Araguaia para a Comissão Interamericana de Direitos Humanos (CIDH) da OEA.

A despeito dessa e outras conquistas, ironicamente, a morosidade da justiça brasileira se repetiu na OEA. Apenas em março de 2001, a CIDH divulgou seu Relatório de Admissibilidade da petição e passou a analisar o mérito da solicitação. E, em março de 2009, o caso foi encaminhado para a Corte Interamericana de Direitos Humanos (CtIDH) da OEA, o que culminou na condenação do Brasil em novembro de 2010[326].

Além de corroborar a decisão judicial nacional, a Corte determinou que o Estado brasileiro deve investigar penalmente os fatos, pois "as disposições da Lei de Anistia que impedem a investigação e sanção de graves violações de direitos humanos são incompatíveis com a Convenção Americana de Direitos Humanos e carecem de efeitos jurídicos". Esta sentença estabeleceu a responsabilidade do Estado brasileiro "pela violação do direito à integridade pessoal" dos familiares das vítimas "em razão do sofrimento ocasionado pela falta de investigações efetivas para o esclarecimento dos fatos", ao mesmo tempo em que recomendou ao País a formulação de uma Lei de Informação e a criação de uma Comissão da Verdade[327].

Não obstante o Estado brasileiro ter seguido as recomendações da Corte quanto à LAI e à CNV, não cumpriu a sentença nos seus aspectos mais importantes, ou seja, na promoção de investigações efetivas relativas aos desaparecidos da Guerrilha do Araguaia e na promoção da justiça. Nesse aspecto, o contraste existente entre o Brasil e a Argentina é flagrante, tendo em vista que a Argentina tem um histórico de respeito ao Direito Internacional dos Direitos Humanos e de promoção da justiça após a transição, conforme veremos a seguir.

---

325 SALGADO, op. cit., p.45-46.

326 A respeito da mobilização jurídico-legal dos familiares dos desaparecidos na Guerrilha do Araguaia na Comissão e Corte Interamericana de Direitos Humanos, conferir: TELES, op. cit; p. 296-331; BERNARDI, Bruno Boti. *O Sistema Interamericano de Direitos Humanos e a Justiça de Transição*: Impactos no Brasil, Colômbia, México e Peru. 2015. Tese (Doutorado em Ciência Política) – Universidade de São Paulo, São Paulo, 2015.

327 CORTE INTERAMERICANA DE DIREITOS HUMANOS. *Caso Gomes Lund e Outros (Guerrilha do Araguaia) versus Brasil*: sentença de 24 de novembro de 2010 (Exceções Preliminares, Mérito, Reparações e Custas). Disponível em: < http://www.corteidh.or.cr/docs/casos/articulos/seriec_219_por.pdf.>. Acesso em: 23 fev. 2017.

A promoção da justiça e a centralidade do testemunho na Argentina

Entre 1985 e 1986, iniciaram-se na Argentina cerca de 1.500 ações judiciais contra militares e agentes dos órgãos responsáveis pela segurança interna[328]. Nesse contexto, Alfonsín retoma seu projeto inicial de restringir os julgamentos relativos aos crimes da ditadura.

Em abril de 1986, o Ministério da Defesa instruiu os procuradores para que apenas dessem continuidade aos casos em que os subordinados houvessem cometido "erros" sob ordens superiores, iniciativa repudiada pela Câmara Federal. Em dezembro, o Executivo encaminha ao Congresso Nacional um projeto de lei que determina um prazo de sessenta dias para a abertura de processos contra os implicados no terrorismo de Estado de 1976. A Lei n. 23.049, conhecida como *Lei de Ponto Final*, foi aprovada no mesmo mês, o que não evitou que os organismos de direitos humanos apresentassem centenas de casos à justiça antes que seu prazo expirasse[329].

Essa medida não evitou tampouco reações dos militares. Em abril de 1987 ocorre a primeira rebelião de setores do Exército contrários à continuidade dos julgamentos, conhecida como revolta dos "carapintadas". Cerca de 150 mil pessoas se reuniram na Praça de Maio para protestar contra o levante. Pouco depois, em maio, o presidente encaminha outro projeto de lei ao Congresso, no qual considera todo ato praticado durante a ditadura – exceto os de substituição de estado civil, de subtração de menores e de usurpação de propriedade –, como tendo sido executado sob coerção ou subordinação a ordens superiores. Em junho, é aprovada a Lei 23.521, mais conhecida como *Lei de Obediência Devida*, gerando indignação e controvérsia (denominada ao lado da *Lei de Ponto Final* como "leis de impunidade").

Alfonsín enfrenta duas novas rebeliões militares em janeiro e dezembro de 1988, mas a crise produzida pelo processo hiperinflacionário antecipa a entrega de seu governo ao peronista Carlos Menem, vencedor nas eleições de 1989. Ao assumir a presidência, em julho daquele ano, Menem declara sua intenção de "reconciliar" e "pacificar" a sociedade "resolvendo a questão militar". Menem enfrenta as críticas da opinião pública internacional, a rejeição de 90% dos argentinos, conforme pesquisas de opinião sobre este tema, além de protestos que contaram com cem mil pessoas nas ruas. Não obstante, em outubro, o presidente assina decretos conceden-

---

[328] BAUER, Caroline N. *Brasil e Argentina:* ditaduras, desaparecimentos e políticas de memória. Porto Alegre, Medianiz, 2012, p. 183-184.

[329] CRENZEL, op. cit., p.53.

do trezentos indultos aos agentes da repressão processados por violações de direitos humanos, aos militares sublevados contra o governo de Alfonsín e aos integrantes da cúpula das organizações guerrilheiras[330].

Após novo levante militar, em dezembro de 1990, Menem edita decretos que beneficiam os membros das Juntas Militares presos, os responsáveis por violações a direitos humanos e o líder dos Montoneros, Mario Firmenich. Essa temática sai temporariamente do cenário político e as FFAA são obrigadas a tentar se adaptar às reformas políticas do Estado e ao novo contexto internacional com o fim da Guerra Fria e a criação do Mercosul[331].

Nesse contexto, familiares e organismos de direitos humanos dirigem sua demanda por justiça à CIDH, a qual recomenda ao Estado argentino reparar as vítimas e assinala a incompatibilidade das então recentes leis e indultos com a Declaração Americana de Direitos e Deveres do Homem e com a Convenção Americana de Direitos Humanos. Paralelamente, na França, na Espanha, na Itália e na Suécia, os julgamentos relativos aos crimes cometidos pela ditadura argentina são retomados.

Pressionado, Menem outorga a lei de reparação aos presos políticos detidos entre 1974 e 1983, 1991 (Lei n. 24.043/1991). E, em 1991 sanciona a lei que estabelece reparações econômicas para os familiares de mortos e desaparecidos políticos (Lei 24.411), regulamentada em 1995[332]. As leis de reparação dividiram os organismos de direitos humanos, uma parte deles como as *Mães da Praça de Maio*[333] repudiou as reparações, argumentando que o Estado oferecia dinheiro enquanto se negava a promover a justiça. Aqueles favoráveis às reparações, por outro lado, diziam que as mesmas representavam um reconhecimento oficial dos abusos cometidos durante a ditadura e não impediam a sanção dos culpados[334].

No início de 1995, o debate sobre os crimes da ditadura voltou a ganhar destaque a partir da divulgação das declarações do capitão Adolfo Scilingo ao jornalista Horacio Verbitisky, a quem ele relatou sua participação nos "voos da morte"[335]. Sua confissão causou grande comoção e impacto, suscitando outras declarações de suboficiais, as quais

---

330 Decretos nn. 1.002, 1.003, 1.004 e 1.005. In: CRENZEL, op. cit., p. 54.

331 Decretos nn. 2.741, 2.742, 2.743, 2.744, 2.745 e 2.746. In: CRENZEL, op. cit., p. 54; OCAMPO, op. cit., p. 298.

332 Essa lei pagou valores de até 220 mil dólares. (Cf. CRENZEL, op. cit., p. 55-56.)

333 Em abril de 1986, a entidade das mães se divide e é criada a *Madres da Plaza de Mayo – Linha fundadora*. Elas divergiam quanto ao apoio às exumações e homenagens aos desaparecidos e aos julgamentos. (Cf. GORINI, Ulises. *La otra lucha*: la historia de las Madres de Plaza de Mayo. (1983-1986). Buenos Aires: Norma, 2008, p. 301-314, 486-498, 543-544, 551-567. tomo II.

334 CRENZEL, op. cit., p. 56.

335 Operações nas quais se jogavam prisioneiros políticos sedados ao mar, de aviões, sobretudo da ESMA (Cf. VERBITSKY, Horacio. *O voo*: a história da operação militar de extermínio que abalou a Argentina. São Paulo: Globo, 1995.)

se interromperam apenas quando, em abril daquele ano, o chefe do Exército, general Martín Balza, fez uma crítica pública à intervenção militar na vida política e repudiou a obediência à autoridade como justificativa para cometer crimes[336].

No vigésimo aniversário do golpe, em 24 de março de 1996, entidades de diversos matizes ideológicos organizaram um ato massivo para relembrá-lo, no qual despontaram grupos tais como H.I.J.O.S (traduzindo, filhos contra a impunidade, pela justiça, contra o esquecimento e o silêncio), que demandava verdade e justiça a partir de um novo lugar, desde uma perspectiva geracional, propondo-se a enfrentar a "teoria dos dois demônios", o silêncio da sociedade e a resgatar a militância política de seus pais desaparecidos.

A partir desse ano, a investigação levada adiante pelo juiz Baltazar Garzón, na Espanha, fez que Menem mudasse sua política relativa aos direitos humanos. A fim de evitar os pedidos de extradição do juiz espanhol, ele editou um decreto no qual afirmava que na Argentina havia causas judiciais em tramitação e, em seguida, em abril de 1998, revogou a *Lei de Obediência Devida* para torná-lo plausível. Ademais, juízes próximos a Menem prenderam Videla e Massera e novas ações judiciais foram abertas envolvendo o delito de subtração de menores. Garzón insistiu em investigar e, mais tarde, em processar Videla e mais de cem oficiais envolvidos em abusos de direitos humanos de cerca de trezentos cidadãos espanhóis durante a ditadura argentina[337].

Familiares e organizações de direitos humanos persistiram na luta por justiça e centenas de "julgamentos pela verdade", ou seja, ações civis sem consequências penais foram abertos no final dos anos 1990. O Centro de Estudos Legais e Sociais (Cels) demandou o "direito à verdade" e conseguiu que a Câmara Federal de La Plata iniciasse uma investigação nesse sentido em 1998, em moldes similares às ações ajuizadas no Brasil nos anos 1970. Em seguida, em diversas cidades iniciaram-se investigações similares[338], as quais envolveram centenas de testemunhos de sobreviventes e de familiares de desaparecidos.

Os "julgamentos pela verdade" se constituíram em elementos decisivos para impulsionar a justiça na Argentina, na medida em que permitiram a coleta de informação (algo imprescindível, tendo em vista a escassez de documentos da ditadura naquele país), a qual pôde ser utilizada posteriormente em causas penais ou na reabertura de causas iniciadas na década de 1980. Esses julgamentos impulsionaram também a memória social, na medida em que o direito à verdade envolve o direito ao luto, ou seja, o reclamo sobre o destino dos restos mortais do desaparecido e ao patrimônio cultural, considerando-se

---

336 Conferir: <http://www.desaparecidos.org/arg/doc/arrepentimiento/balza.html>. Acesso em: 18 fev. 2017; OCAMPO, op. cit., p. 300; CRENZEL, op. cit., p. 57.

337 OCAMPO, op. cit., p. 294-295, 301.

338 Idem, p. 300.

o rito funerário e tudo que ele envolve, após a localização do parente desaparecido, incluindo rituais e a elaboração simbólica, tais como a edificação de locais de recordação.

Nesse sentido, em novembro de 1999, o Estado argentino e a CIDH estabeleceram um acordo, no qual a Argentina se comprometia a garantir a investigação do que ocorreu aos desaparecidos com base no direito à verdade[339]. O presidente Fernando De la Rúa, contudo, manteve a política de se opor às solicitações de investigação provenientes de juízes estrangeiros. Em 2000, porém, o juiz Garzón novamente volta à cena, processando Ricardo M. Cavallo por sua participação nos crimes cometidos na Esma durante a ditadura argentina e solicita sua extradição ao México.

Durante o ano de 2001, novos juízes declararam a inconstitucionalidade das "leis de impunidade", processando, assim, dezenas de oficiais por crimes de lesa humanidade. A crise econômica, política e social, porém, resulta na renúncia do presidente De La Rúa naquele ano, assumindo Eduardo Duhalde como interino, o qual em um curto período de tempo indultou líderes condenados de esquerda e de direita.

Com a posse do presidente peronista Néstor Kirchner, em 2003, uma série de iniciativas foram adotadas no sentido de modificar o cenário dos direitos humanos na Argentina. A gestão de Kirchner começou reformando dezenove generais, catorze almirantes e doze brigadeiros e, modificando a composição da Corte Suprema do país, ao reduzir seu poder para selecionar os novos integrantes e estabelecer um procedimento mais transparente para sua designação[340].

Diante do pedido de extradição de Baltasar Garzón de 46 militares acusados de genocídio, o presidente decidiu revogar o decreto (Decreto n. 420) que a impedia e, em agosto de 2003, a partir da proposta de Patricia Walsh (deputada federal filha do escritor e militante montonero, Rodolfo Walsh, desaparecido durante a ditadura), o Congresso considerou nulas as "leis de impunidade". Neste mesmo mês, o presidente editou ainda um decreto por meio do qual a Argentina aderia à Convenção Internacional sobre a Imprescritibilidade dos Crimes de Guerra e dos Crimes de Lesa-Humanidade[341].

Em março de 2004, quando o golpe de 1976 completava 28 anos na Argentina, Kirchner realizou, ao lado do prefeito de Buenos Aires, a entrega da sede da Esma aos organismos de direitos humanos para a construção do *Museo de la Memoria*. Na cerimônia, o presidente pediu perdão em nome do Estado pelos crimes contra a humanidade, cometidos pela ditadura no país[342].

---

339 Idem, p.303.
340 Idem, p. 304.
341 OCAMPO, op. cit., p.304-305; CRENZEL, op. cit., p. 61.
342 BAUER, op. cit., p. 237-238.

Finalmente, em junho de 2005, a Corte Suprema de Justiça da Argentina declarou inconstitucionais as "leis de impunidade". E em novembro do ano seguinte, o Congresso Nacional, em uma decisão praticamente consensual (com apenas a abstenção de um deputado e de dois senadores) reduziu a composição da Corte de nove para cinco membros[343], tornando-a mais independente do Poder Executivo.

A partir da anulação das "leis de impunidade", a Corte Suprema determinou que os tribunais do país considerassem as decisões da CtIDH como paradigma interpretativo nos julgamentos de agentes da repressão acusados de cometerem crimes de lesa-humanidade, tendo em vista as convenções internacionais reconhecidas pela Argentina e a jurisprudência internacional. Ademais, deveriam aportar o máximo de informações relativas ao destino final dos desaparecidos políticos[344].

O tratamento do trauma histórico e do legado da barbárie na Argentina adquiriu novo relevo, e os processos penais foram retomados para estabelecer a culpa e a punição dos responsáveis pelo desaparecimento de milhares de pessoas. Nesse contexto, o testemunho retoma um lugar central na "judicialização do passado"[345], engrossando a chamada "era do testemunho"[346].

No caso argentino, conforme vimos, os discursos testemunhais foram amplamente divulgados pela mídia na Conadep, mas, sobretudo, no julgamento das Juntas Militares, erigindo-se ao papel de prova principal nos processos penais envolvendo crimes contra a humanidade. Durante a transição, a narração da vítima em primeira pessoa transformou-se em uma atividade de restauração dos laços sociais e comunitários perdidos no exílio ou destruídos pela violência de Estado. Estes discursos foram indispensáveis para a restauração de uma esfera pública de direitos.

Decorridos pouco mais de trinta anos após o julgamento das Juntas Militares, diversos sobreviventes voltaram a prestar depoimento, muitos pela primeira vez[347], apresentando fatos novos perante a justiça na Argentina[348]. Esses testemunhos têm-se transformado,

---

343 OCAMPO, op. cit., p. 306.

344 BAUER, op. cit., p. 304.

345 ROUSSO, Henry. La trayectoria de un historiador del tiempo presente, 1975-2000. In: PÉROTIN-DUMON, Anne (Dir.). *Historizar el pasado vivo en América Latina*, 2007. Disponível em: <http://etica.uahurtado.cl/historizarelpasadovivo/es_contenido.php>. Acesso em: 15 dez. 2016.

346 WIEVIORKA, Annette. *The Era of the Witness*. New York, Cornell, 2006.

347 VARSKY, Carolina. "El testimonio como prueba em procesos penales por delitos de lesa humanidad. Algunas reflexiones sobre su importancia en el proceso de justicia argentino". In: CELS. *Hacer justicia. Nuevos debates sobre el juzgamento de crímenes de lesa humanidad en Argentina*. Buenos Aires: Siglo Veintiuno, 2011. p. 49-50.

348 ROUSSEAUX, Fabiana. *Entrevista concedida a Janaína de A. Teles*. Buenos Aires, 20 set. 2015. Ex-diretora do Centro de Assistência às Vítimas de Violações de Direitos Humanos dr. Fernando Ulloa.

gradativamente, em narrativas que tratam da experiência direta do sobrevivente. Se a preocupação dos anos 1980 voltava-se, sobretudo, para a denúncia dos crimes da ditadura, a identificação dos responsáveis e a recordação dos desaparecidos; na atualidade, há mais espaço para a narrativa em primeira pessoa dos sobreviventes. Desse modo, presta-se mais atenção a seu sofrimento e à repercussão posterior dessas experiências[349]. Com a valorização da experiência dos sobreviventes, o *testemunho* torna-se cada vez menos *delegativo*.

Em larga medida, o debate sobre o alcance e os limites dos processos judiciais tem ocorrido na Argentina, onde muitos atores políticos defendem a palavra de ordem "*Todos por todos*" – a exigência de julgar todos os mandantes e executores dos crimes contra a humanidade a fim de fazer justiça a todos os desaparecidos políticos. Desse modo, ao menos 1.886 acusados, entre civis e membros das FFAA, estão ou estiveram envolvidos em processos judiciais vinculados ao terrorismo de Estado, nos quais 250 imputados obtiveram condenação definitiva, 264 foram denunciados e 790 estão sendo processados[350].

A permanente mobilização dos grupos de sobreviventes e familiares de desaparecidos na Argentina parece construir uma cultura política que logra evitar uma aceitação cômoda das condenações que possa gerar uma falsa sensação de superação. A possibilidade de forçar os limites da lei e do direito parece presidir a motivação dessas demandas. Na Argentina, há um amplo e intenso debate visando a construção de uma consciência da necessidade de mudanças, para além do âmbito jurídico, ou seja, na cultura, na educação, na política e nas instituições.

Diferentemente do que ocorreu no Brasil – onde não ocorreram muitas ações penais responsabilizando torturadores ou assassinos do período ditatorial (podemos citar como exceção os casos de Santo Dias e Fiel Filho durante a ditadura) –, na Argentina, a relação existente entre memória e justiça enfatiza que a repercussão dos julgamentos penais vai além do exercício e da vigência do direito e transborda as fronteiras dos procedimentos judiciais. Eles supõem que as vítimas (mesmo aquelas que não tiveram acesso à justiça) possam ser reconhecidas e ter suas memórias admitidas na esfera pública, possibilitando uma ampla deliberação e apropriação do passado, das normas do direito e dos valores de justiça[351].

Desde a ascensão de Macri à presidência da Argentina, em 2015, porém, verificam-se retrocessos nas políticas sociais e de memória, verdade e justiça, tal como no Brasil, após o impedimento de Dilma Rousseff. Rapidamente, segundo Crenzel, diversas áreas que investigavam as responsabilidades relativas aos julgamentos de crimes de lesa-humanidade

---

349 VARSKY, op. cit., p. 54.
350 Disponível em: <http://www.cels.org.ar/wpblogs/>. Acesso em: 14 mar. 2017.
351 VEZZETTI, op. cit., p.17-18.

foram desmanteladas parcial ou totalmente na Argentina. Setores tais como o Grupo Especial de Levantamento Documental, o Programa Verdade e Justiça, o Centro de Assistência às Vítimas de Violações de Direitos Humanos Doutor Fernando Ulloa, a Subgerência de Promoção dos Direitos Humanos do Banco Central, entre outros, estão sendo marginalizados ou fechados[352]. Este panorama coloca em perspectiva o debate sobre a consciência relativa à necessidade de mudanças políticas e sociais no que tange aos direitos humanos para além do âmbito jurídico na Argentina.

A justiça no Brasil: um caso contrastante com a Argentina

A situação relativa à demanda por justiça na América Latina não é homogênea. O maior contraste em relação ao paradigma argentino é o caso brasileiro. Como vimos, o processo de transição democrática no Brasil caracterizou-se pela "conciliação pelo alto" e a prevalência da política do silêncio e esquecimento quanto aos crimes da ditadura.

Na atualidade, ainda são enormes as dificuldades para construir uma esfera pública em que as experiências traumáticas do passado recente possam ser compartilhadas e sejam debatidos os direitos negados às vítimas do terrorismo de Estado do período. Essas características da história brasileira propiciaram um peculiar "silenciamento" da memória do passado recente e o bloqueio dos direitos das vítimas de crimes de lesa-humanidade.

Parte dos testemunhos existentes sobre os crimes da ditadura foi confirmada por outros documentos, muitos de origem policial, que comprovaram tais crimes, como os da Justiça Militar resguardados pelo projeto *Brasil: Nunca Mais*[353] e os produzidos pelas polícias políticas estaduais, os Dops[354]. Os testemunhos cumpriram um papel central nas campanhas de denúncias de violações a direitos humanos durante a ditadura, conseguindo impor desgaste ao regime. No período pós-ditadura, porém, passaram a ocupar um lugar marginal. As denúncias assumiram um papel simbólico, ocuparam *o lugar* da justiça, mas não foram acompanhadas por iniciativas políticas e institucionais efetivas e perenes de apuração da verdade.

As denúncias tiveram um papel preponderante na construção da memória da dita-

---

[352] CRENZEL, op. cit., p. 66.

[353] Do total de réus processados pela Justiça Militar por crimes políticos durante a ditadura, 1.843 (25%) pessoas denunciaram as torturas sofridas. Em diversas ocasiões, as denúncias feitas em juízo não foram registradas. Desse universo de denúncias, foram identificados 283 tipos de tortura e 444 torturadores. (Cf. WESCHLER, Lawrence. *Um milagre, um universo*: o acerto de contas com os torturadores. São Paulo: Companhia das Letras, 1990. p.23, 51-52, 60-61.)

[354] ALMEIDA, Crimeia A. S. de et. al., op. cit.; COMISSÃO NACIONAL DA VERDADE (CNV). *Relatório da Comissão Nacional da Verdade*. Brasília, DF: Presidência da República, 2014, vv. I-II.

dura, cujos marcos inaugurais foram o relatório *Brasil: Nunca Mais* (1985) e a abertura da vala comum de Perus (1990)[355], mas não levaram a uma ação política relevante e efetiva que propiciasse a livre narrativa do passado – a exemplo do que ocorreu na África do Sul[356] – ou à efetiva promoção da justiça, como na Argentina. As políticas de reparação[357], voltadas ao pagamento de indenizações, em sua maior parte não garantiram a recuperação factual dos crimes ou dos restos mortais dos militantes assassinados, nem a punição dos responsáveis pelas torturas, assassinatos ou desaparecimentos forçados[358].

O esclarecimento desses eventos avança com enormes dificuldades, tendo em vista que o Estado, em grande medida, desobrigou-se de fornecer esclarecimentos ou investigá-los, deixando às vítimas a incumbência da comprovação da autoria e das circunstâncias desses crimes em procedimentos administrativos instaurados em instâncias do Poder Executivo[359]. As ações civis solicitando informações e a restituição dos restos mortais dos desaparecidos têm sua tramitação prolongada por décadas em função dos obstáculos burocráticos e recursos interpostos pelo Estado e não chegam a uma decisão final ou a um desfecho.

Algumas das mais importantes fontes oficiais disponíveis sobre tais fatos sofreram processos de depuração e expurgos nos quais foram suprimidos documentos que constavam de seus acervos, antes de serem franqueados ao acesso público[360]. Estas práticas ocorreram nos arquivos do Deops/SP (1924-1983) – cujo acesso é irrestrito desde o final de 1994 – e nos do extinto Serviço Nacional de Informações (SNI) (1964-1990) – custodiados pelo Arquivo Nacional desde dezembro de 2005, em regime de acesso restrito.

Nesse contexto[361], influenciados pela repercussão internacional da retomada das

---

355 TELES, Janaína de A. op. cit. "A constituição das memórias sobre a repressão da ditadura: o projeto Brasil Nunca Mais e a abertura da vala de Perus"

356 Após dois anos de trabalho, a Comissão de Reconciliação e Verdade ouviu 29 mil pessoas. Destas, cerca de sete mil eram agentes da repressão, dos quais 17% foram anistiados (cerca de 1.100 pessoas), tendo em vista que os demais prestaram testemunho falso ou incompleto, conforme os documentos existentes indicavam. (Cf. TELES, Edson. *Democracia e estado de exceção*: transição e memória política no Brasil e África do Sul. São Paulo: Fap-Unifesp, 2015, p. 136-137.)

357 Cf. Lei n. 9.140/1995 e a indenização vitalícia, na forma de uma pensão mensal, estabelecida pela Lei n. 10.559/2002, a qual dispôs sobre a criação da Comissão de Anistia (CA), do Ministério da Justiça.

358 O trabalho da Comissão Especial sobre Mortos e Desaparecidos Políticos (CEMDP/Sedh), criada em 1996 pela Lei n. 9.140/95, conquistou avanços significativos, sustentados pelo esforço de grupos de familiares, graças, em grande medida, a sua limitação para realizar investigações (Cf. TELES, op. cit.)

359 As famílias têm de encaminhar suas solicitações à CEMDP fornecendo indícios de que seus parentes foram assassinados por motivos políticos. A CA exige dos requerentes a comprovação de que os *danos trabalhistas* sofridos foram decorrência de perseguição política para obterem a condição de anistiado e uma indenização.

360 ALMEIDA, op. cit., p. 29-30.

361 Nesse sentido, conferir também a repercussão da ação civil declaratória ajuizada pela família Teles, em 2005, contra Carlos Alberto Brilhante Ustra, ex-comandante do DOI-Codi/SP (1970-1974). (Cf. FREITAS, Pedro Henrique Aquino de. *A atuação do Ministério Público Federal na persecução penal das graves violações de direitos humanos ocorridas na ditadura militar no Brasil*. 2017. Dissertação (Mestrado em Ciência Política) – Universidade de São Paulo, São Paulo, 2017, p. 69.

ações penais na Argentina e o caso da condenação de Etchecolatz à prisão perpétua, em 2007[362], e pela persistência dos familiares em estabelecer o término das investigações sobre as ossadas da vala de Perus, o MPF/SP realiza suas primeiras iniciativas relativas à sanção penal dos agentes de Estado envolvidos em violações a direitos humanos durante a ditadura em 2008. Os procuradores Marlon Weichert, Eugênia Gonzaga e Ivan C. Marx solicitaram a instauração de oito procedimentos investigatórios criminais (seis em São Paulo, um no Rio de Janeiro e um em Uruguaiana), a fim de apurar casos de sequestro/desaparecimento forçado e homicídio/execução sumária nos três Estados[363].

Entre 2008 e 2010, contudo, os procuradores que examinaram os casos de Molina e Herzog requereram o arquivamento das investigações instauradas, fundamentando-se na prescrição e no fato de que o caso Herzog já havia transitado em julgado e, portanto, tornara-se inquestionável, não podendo ser reaberto. Em relação ao caso de Cunha, o arquivamento foi fundamentado na anterioridade e taxatividade da lei penal[364], interpretação bastante polêmica quando se refere a crimes contra a humanidade. O pedido de arquivamento do caso de Molina foi parcial. O juiz homologou o arquivamento com relação aos crimes de sequestro, homicídio e falsidade ideológica, argumentando pela validade da Lei de Anistia. Não homologou, entretanto, o arquivamento com relação ao crime de ocultação de cadáver, devido à sua natureza *permanente*[365].

No ano de 2009, a investigação sobre o desaparecimento dos argentinos Horacio Domingo Campiglia e Mônica Susana P. de Binstock, sequestrados no Brasil em março de 1980, no âmbito da Operação Condor, foi arquivada com fundamento na prescrição. O procurador que analisou o caso argumentou que era discutível considerar os atos da ditadura brasileira como crimes contra a humanidade, assim como resultava inaplicável a imprescritibilidade em razão da não adesão do Estado brasileiro à Convenção Internacional sobre a Imprescritibilidade dos Crimes de Guerra e dos Crimes Contra a Humanidade, de 1968[366]. Nesse mesmo ano, foi arquivada também a investigação criminal

---

[362] Cf. Debate Sul-Americano Sobre Verdade e Responsabilidade em Crimes Contra os Direitos Humanos, de maio de 2007, o MPF debate crimes contra a Humanidade. Disponível em: <http://www.prsp.mpf.mp.br/prdc/sala-de-imprensa/noticias_prdc/noticia-4968>. Acesso em: 15 fev. 2017.

[363] Os casos são relativos a Flávio de Carvalho Molina, Luis José da Cunha, Manoel Fiel Filho, Vladimir Herzog, Aluízio Palhano Pedreira Ferreira, Luiz Almeida Araújo e aos argentinos Horacio Domingo Campiglia, Mônica Susana Pinus de Binstock, Lorenzo Ismael Viñas e Jorge Oscar Adur (Cf. MINISTÉRIO PÚBLICO FEDERAL. *Justiça de Transição: atividades de persecução penal desenvolvidas pelo MPF*. Brasília, DF: MPF, 2014, p. 16-17.

[364] Em direito penal o crime deve ser previamente definido e de maneira taxativa e sem ampliações posteriores. (Cf. BITTENCOURT, Cezar Roberto. *Manual de Direito Penal*. 6. ed. São Paulo: Saraiva, 2000. p. 110. v. I; BATISTA, Nilo. *Introdução crítica ao Direito Penal Brasileiro*. 4ª ed. Rio de Janeiro: Revan, 1999. p. 69.)

[365] MPF, op. cit., p. 17-18.

[366] Idem, p.19.

relativa à morte de João Goulart, instaurada desde uma representação dos familiares do ex-presidente. A procuradora que analisou o caso argumentou pelo arquivamento com base na prescrição do suposto crime de homicídio[367].

Logo após o julgamento da ADPF n. 153, quando em 2010 o STF decidiu pela constitucionalidade da Lei de Anistia, um procurador da PR-PE pediu o arquivamento do inquérito policial instaurado a fim de apurar execuções e desaparecimentos ocorridos em Pernambuco durante a ditadura[368], sobretudo no "Massacre da Chácara São Bento".

Em seguida à decisão da CtIDH no caso da Guerrilha do Araguaia, foi possível examinar um recurso contra o arquivamento indireto das investigações dos casos de Aluísio Palhano P. Ferreira e de Luiz Almeida Araújo. No recurso contrário ao arquivamento, a relatora e o subprocurador-geral da República citaram a sentença da Corte como fundamento para rejeitá-lo, afirmando a competência do MPF e da Justiça Federal para promover a persecução penal dos responsáveis pelas graves violações a direitos humanos, cometidas por agentes do Estado durante a ditadura[369].

É possível afirmar que, até março de 2017, o MPF contabilizou mais de 202 procedimentos investigatórios criminais para apurar crimes cometidos durante a ditadura, ajuizando 27 ações penais contra 37 agentes da repressão acusados de sequestros, torturas, homicídios e ocultação de cadáveres, estupros, atentados a bomba e falsas perícias de 441 perseguidos políticos. Desse total, ao menos dezenove ações estavam em andamento ou aguardando resposta de recurso[370].

Desde este panorama de prevalência do bloqueio ou do postergamento da justiça relativa aos crimes contra a humanidade cometidos pela ditadura, podemos concluir que as repercussões do trabalho da CNV (2012-2014) não foram significativas no sentido de modificar a relação da sociedade brasileira com seu passado recente (tema a ser desenvolvido em outro estudo). A despeito dos esforços empenhados pela CNV e seus limitados resultados, uma série de questionamentos, tanto do ponto de vista factual quanto ético e político, ainda não foi estabelecida no Brasil. Na maioria dos casos, não sabemos as circunstâncias dos assassinatos e desaparecimentos forçados, nem a localização de seus restos mortais; não sabemos os nomes dos comandantes, dos componentes das operações de extermínio e de-

---

367 A autópsia nas ossadas de Jango não chegou a resultados conclusivos, mas permanecem as suspeitas de que sua morte tenha sido estabelecida no âmbito da Operação Condor. (Cf. SCHREIBER, Mariana. Exame em Jango não encontra veneno, mas investigação prossegue. BBC Brasil, 1 dez. 2014. Disponível em: <http://www.bbc.com/portuguese/noticias/2014/12/141201_jango_exame_pai_ms>. Acesso em 2 fev. 2017.

368 MPF, op. cit., p. 19-20.

369 Idem, p. 21-22.

370 FREITAS, op. cit., p. 193-200; entrevista realizada pela autora com o procurador Sérgio Suiama por *e-mail*, 27 mar. 2017.

saparecimento; assim como não sabemos de que maneira se davam as decisões de assassinar ou desaparecer, tendo em vista que se davam nos centros de tortura, como os DOI-Codis, ou nos campos de concentração, como os da Guerrilha do Araguaia.

Não obstante, podemos dizer que a condenação do Brasil na CtIDH teve repercussão positiva sobre as demandas por verdade, memória e justiça no Brasil, impulsionando, inclusive, a pauta do Judiciário, embora sua resposta tenha sido tímida. A tradição jurídica autoritária do Brasil, em um cenário institucional onde predominam as continuidades, fazem emergir um Judiciário refratário à proteção aos direitos humanos[371].

Este é o ponto nodal para se compreender a especificidade do panorama local, em sua diferenciação em relação à Argentina: diante da ausência de justiça e da insuficiência das políticas públicas de memória e verdade no Brasil, predominam o sigilo, o silêncio e certo revisionismo histórico. A relação com o passado de ditadura se constrói sem rupturas evidentes, prevalecendo as continuidades, tais como a militarização da polícia, a prática institucionalizada da tortura e a tutela militar sobre os demais poderes[372]. Com a promulgação da Constituição em 1988, finda a transição pactuada[373] pelas elites civis e militares, permanecendo instituições e normas do regime anterior que ainda hoje se interpõem para bloquear ou postergar a reflexão e elaboração social do passado recente.

Na Argentina, por outro lado, a relação existente entre memória e justiça enfatiza que a repercussão dos julgamentos penais vai além do exercício e da vigência do direito. Os procedimentos judiciais supõem que as vítimas possam ser reconhecidas e ter suas memórias admitidas na esfera pública, possibilitando uma ampla deliberação e apropriação do passado. Retrocessos recentes em ambos os países, porém, ressaltam a necessidade de uma profunda reflexão a respeito das demandas por mudanças políticas e sociais relativas aos direitos humanos.

---

371 FREITAS, op. cit., p. 217.

372 TELES, Os herdeiros da memória, op. cit., p.250.

373 A Emenda Constitucional (EC) n. 26/1985 definiu a data da Assembleia Constituinte (e sobre a anistia). Com a promulgação da Constituição, deixa de ter efeito legal a EC n. 11/1978, segundo a qual a prerrogativa de decretar estado de sítio e outras medidas de exceção era exclusiva do poder Executivo.

6

Todo direito é um Direito Humano! Da luta pela redemocratização à construção da cidadania pelos Direitos: a história do Centro de Defesa de Direitos Humanos de Osasco[374]

Claudia Moraes de Souza

Na historiografia corrente brasileira, é consenso afirmar que os movimentos pelos direitos humanos (MDH) foram atores centrais, nos processos de luta pela redemocratização ocorridos na Região Andina e Cone Sul, durante o período da crise política das ditaduras latino-americanas[375].

No Brasil, as demandas das vítimas de violações de direitos humanos para obter proteção, verdade e justiça constituíram um dos eixos em torno do qual giraram as pautas de contestação dos governos militares e das práticas de tortura e assassínio instituídas no Estado autoritário. Em finais dos anos de 1970, a ativação destas pautas resultou na articulação de um verdadeiro movimento social de defesa dos di-

---

[374] O presente artigo resulta do Projeto de Pesquisa Todo direito é humano: histórias do movimento de luta pelos direitos humanos em São Paulo, que analisa a atuação do Centro de Defesa dos Direitos Humanos em Osasco-CDDHO, financiado pelo Edital Universal do CNPq/2015 ao qual reiteramos nossos agradecimentos, agradecendo também aos colaboradores entrevistados para o banco de história de vida empreendido pelo projeto.

[375] Os movimentos sociais articulados à luta pelos direitos humanos, cumpriram um papel primordial na redemocratização política, nas resistências ao estado autoritário combatendo às violações da privacidade e da cidadania e posteriormente, na luta pela anistia de exilados e perseguidos políticos, em defesa da livre manifestação de pensamento, pelas eleições diretas e pela constituinte soberana, produzindo lutas contra a fome, pela saúde, pela educação, pelos direitos das mulheres, entre outros. A produção histórico- sociológica brasileira vem retratando este protagonismo e, para ilustrá-la, vale citar as obras de VIOLA, Solon Eduardo. *Direitos Humanos e a democracia no Brasil*. Rio Grande do Sul: Unisinos, 2008; VIEIRA, José Carlos Loyola. *Direitos Humanos e Democracia no Brasil*. São Paulo: Loyola, 2005.

reitos humanos envolvido na ação direta da denúncia, responsabilização e desmantelamento das instituições e da estrutura de violação dos direitos que vigia nos países da América Latina.

No bojo deste movimento social consolidaram-se as entidades centrais de direitos humanos vigentes, na contemporaneidade, em território brasileiro. A Anistia Internacional foi precursora das denúncias de violação de direitos civis e da tortura protagonizando, em 1972, o lançamento (fora do País) do "Primeiro Relatório Sobre a Tortura no Brasil". A Pastoral dos Direitos Humanos instalou-se, no ano de 1976, a partir do enrijecimento da repressão ditatorial, iniciada no Chile, Peru e Brasil e foi convertida em fato de dimensões continentais latino-americana no ano de 1978[376]. O Movimento Nacional de Direitos Humanos (MNDH) estruturou-se, a partir de 1982, pela ação do Conselho Episcopal Latino-Americano (Celam). A Conferência Nacional dos Bispos do Brasil (CNBB) que se responsabilizou pela organização do Encontros Nacionais de Direitos Humanos, entre 1982 e 1996, tendo ampla contribuição no processo de organização, caracterização e diversificação de agentes políticos para a luta pelos Direitos Humanos até os dias atuais. Todos estes movimentos – os MDH, uma vez instituídos e ativos, estenderam sua esfera de influência original, da luta específica contra as prisões arbitrárias, a tortura, o assassinato, os desaparecimentos, a privação dos direitos políticos, do contexto final das ditaduras, à participação de forma ativa em questões diversas. Presenciamos, entre a década de 1970 e a primeira década do século XXI, o deslocamento do campo específico da luta pelos direitos políticos ao campo dos direitos econômicos, sociais e difusos, que envolve o deslocamento da ação sobre sujeitos como o preso político aos sujeitos comuns: o preso comum, a mulher, o pobre, a criança. Por conseguinte, incorpora-se à luta dos direitos humanos um rol de lutas políticas que envolvem o combate à pobreza e à fome, a luta pela ética na política, o direito à saúde e moradia, o direito à diversidade sexual, questões de gênero, a denúncia da criminalização dos movimentos sociais.

Este artigo trata da experiência política de uma organização de Direitos Humanos que emergiu no contexto da Ditadura Civil-Militar brasileira, lutou pelos direitos civis e políticos de cidadãos vítimas do regime autoritário passando a ocupar espaços de mediação institucional na relação Sociedade-Estado no campo dos direitos humanos e das

---

[376] A luta pelos direitos humanos se converte em fato na América latina como um todo, após o ano de 1978. As ações materializam-se na Pastoral dos Direitos Humanos nascida do debate crescente sobre a consciência de missão histórica pelo humanismo empreendida na Instituição Católica desde o Concílio Vaticano II (1962-1965) e o Congresso de Medellín. No interior da Pastoral dos Direitos Humanos elabora-se o pensamento crítico às doutrinas de segurança nacional latino-americanas que conclama a Igreja e seus fiéis a atuarem de forma concreta contra os Estados e suas instituições que violam/violaram o direito à vida e a liberdade humana. (Cf. GALILEA, S. A Igreja da América Latina. In: MÜLLER, Alois; GREINACHER, Norbert. *Igreja e Direitos Humanos*. São Paulo: Vozes, s/d. p. 107-133.)

políticas públicas por direitos fundamentais. Sediado na cidade de Osasco, o Centro de Defesa de Direitos Humanos de Osasco (CDDHO) foi protagonista, no quadrante territorial da região oeste da grande São Paulo, tendo influências em todo o território estadual, como organização voltada para a proteção dos direitos humanos e denúncia de padrões de violações sistemáticas em direitos humanos e, para além disso, tornou-se um movimento amplo e diversificado politicamente em sua composição, ação e seus fins.

O protagonismo do CDDHO em Osasco acompanhou a transformação das organizações focadas nos direitos humanos no Brasil, que vivenciaram o desafio de ampliar suas ações de denúncia da violação sistemática das liberdades individuais e da integridade física de sujeitos políticos, em direção à diversificação e ampliação de atuação em um movimento que interliga a necessidade política da luta pela redemocratização brasileira à construção da defesa dos direitos sociais e econômicos.

Nosso intuito neste capítulo é o de analisar a história do CDDHO em suas interações com o processo da redemocratização brasileira, uma vez que este MDH se configurou como um espaço central da articulação de agentes responsáveis pela ativação da luta pela redemocratização das instituições políticas nacionais na crise e no pós-ditatorial expandindo o universo da luta do MDH em diferentes campos e direções: da defesa do direito à vida e à integridade física em direção à construção de um regime político democrático responsável pela garantia da participação política do cidadão na edificação das políticas públicas e garantia dos direitos econômicos e sociais.

Utopias de 68 em Osasco: Da resistência à Ditadura à organização da luta popular na transição democrática

Sobre as origens do CDDHO

A origem do Centro de Defesa dos Direitos Humanos de Osasco remete-nos, primeiramente, à iniciativa de um grupo de padres e leigos católicos atuantes em movimentos populares de Osasco e na região metropolitana de São Paulo, reunidos em torno da Frente Nacional do Trabalho (FNT), Pastorais Carcerárias e dos Direitos Humanos e as Comunidades Eclesiais de Base. Segundo a documentação do Fundo CDDHO[377], o projeto de criação do Centro foi idealizado por atuantes da Frente Nacional do Trabalho, durante o "1º Encontro Nacional de Justiça e Não Violência" de 1975, realizado em

---

377 O Centro de Documentação e Informação Científica (Cedic/PUC-SP) organizou e mantém a guarda do fundo CDDHO que contém a documentação institucional do Centro composta majoritariamente de documentação escrita: boletins informativos, documentos paroquiais, fichas de descrição dos casos, documentos jurídicos, atas de reuniões, relatórios anuais do organismo, correspondências, dentre outros. A documentação foi base da pesquisa ora apresentada.

São Paulo, sob a coordenação geral do padre Domingos Barbé. A iniciativa deu origem, em princípios do ano de 1977, ao primeiro organismo de defesa dos Direitos Humanos no Estado de São Paulo e segundo centro nacional de Direitos Humanos no Brasil, antecedido apenas pelo Centro de Defesa de Direitos Humanos de João Pessoa, na Paraíba.

Uma diversidade de fatores pode ser apontada como motivo originário da criação do CDDHO nas entrevistas realizadas com seus militantes e diretores[378]. Os protagonistas da história do Centro apontaram para alguns fatores fundamentais todos relacionados entre si. Primeiro elencamos a resistência política das esquerdas, classes populares e movimento sindical à ditadura militar, resistência esta materializada na região pela articulação do movimento popular, operário e a ação da Igreja Católica em seu viés da teologia da libertação. Como fatos influentes contextuais podemos enumerar as mortes de Wladimir Herzog e Manoel Filho. E, de forma direta, destacamos a realidade cotidiana da repressão policial e ação repressiva do Estado militar na cidade. Ação esta que culminou com o fato emblemático da fundação do CDDHO que envolve a prisão do líder camponês José Manuel da Conceição, no ano de 1975, abrigado em casa paroquial, no bairro de Munhoz em Osasco.

A articulação da história local com a história global se faz mais do que necessária caso queiramos compreender elementos centrais da institucionalização do CDDHO. Estes elementos relacionam a história da cidade e uma conjuntura nacional e mundial, na medida em que, a cidade de Osasco cumpriu um papel relevante no marco temporal que envolve o endurecimento do processo repressivo da Ditadura Civil-Militar brasileira, no ano de 1968, e, o início do processo de transição democrática iniciado em 1979[379].

Assim, antes de debater a estrutura e as ações do CDDHO é necessário focar em dois elementos importantes para compreender a relevância de sua ação política na redemocratização do País: falo da greve dos trabalhadores de Osasco, em 1968, e do

---

378 A história oral de vida foi aplicada ao projeto de pesquisa que origina este artigo e com base em sua metodologia entrevistamos membros atuantes do CDDHO: diretores, funcionários, militantes católicos e usuários do CDDHO, organizando um banco de história de vida em audiovisual sob a guarda da Universidade Federal de São Paulo (Unifesp), *campus* Osasco. O banco de história de vida é composto pela história oral de vida dos seis diretores do CDDHO ainda vivos e atuantes politicamente, uma entrevista da principal plantonista permanente e militante católica do CDDHO entre 1977 e 1997, uma entrevista de militante sindical e ativista político de Osasco membro e usuário do CDDHO entre 1977 e 1997. Trata-se de um projeto memória institucional que visa assegurar à cidade de Osasco a produção documental de registros orais acerca da história dos movimentos sociais e da resistência à Ditadura na região.

379 Consideramos o marco 1979-1988 o período da transição democrática com base nos argumentos de que, 1979, representa o ano final do estado de exceção com a revogação dos atos institucionais refazendo-se a ordem jurídica e, o ano de 1988, representa o estabelecimento de um Estado Constitucional e de Direito com a aprovação da Carta de 1988. Daniel Aarão Reis defende esta tese historiográfica em suas obras: *Ditadura Militar, esquerdas e sociedade*. Rio de Janeiro: Jorge Zahar, 2000; *Modernização, ditadura e democracia (1964-2010)*. Rio de Janeiro: Objetiva, 2014. p. 75-125. v. 5.

papel da Igreja Católica na organização da resistência e denúncia dos abusos repressivos dos regimes ditatoriais da América Latina. Posteriormente, havendo compreendido os elementos políticos da histórica local articulada ao contexto do regime autoritário é possível compreender a atuação do CDDHO e seu papel na resistência do movimento social em Osasco e sua relevância na transição democrática brasileira.

A Greve de 1968 em Osasco

Em 1968, a cidade de Osasco foi palco de uma greve de proporções e feições muito significativas para o período. A cidade tinha base econômica industrial, construída nas décadas de 1950 e 1960, possuindo um grande número de fábricas instaladas na região que atraiu um grande contingente operário. Os elevados preços de terrenos e moradias na cidade de São Paulo e a oferta de trabalho regular nas fábricas contribuíram para a expansão demográfica da região oeste metropolitana, sede da Cobrasma, da Brown Boveri, da Lonaflex, da Ford e da Forjaço – citando apenas as fábricas que envolveram a greve.

Sobre o ano de 1968 e o contexto urbano de Osasco podemos dizer que na cidade formou-se um movimento democrático radical protagonizado por operários, estudantes e populares que, com a estrutura dos setores progressistas da Igreja Católica, a expertise das organizações da esquerda comunista, sindical e as formas políticas da organização popular mobilizaram um contingente de pessoas dispostos à ação de enfrentamento do regime político instaurado pelo Golpe de 1964. Para Francisco Weffort[380], a greve de Osasco representou um elemento de contraste no período pós-golpe, moldando-se como um momento de retomada da vitalidade do movimento sindical articulado ao ativismo estudantil e popular.

O movimento urbano hegemonizado por estudantes e operários, entrelaçados aos ideais do Maio Francês, sustentou uma greve e um conjunto de expectativas que propunham alçar, para além da conquista de direitos do trabalho, direitos sociais e políticos. Para Cibele Saliba Rizek, a greve de Osasco é "exemplo de uma busca de autonomia e independência de classe que a distingue de experiências anteriores e posteriores do movimento sindical pelo fato de seus sujeitos terem construído, dentro do sindicato oficial, um terreno onde teve lugar a atividade autônoma, animada pelos próprios operários, na luta por seus interesses imediatos, bem como futuros e gerais de classe"[381]. Segundo Rizek há uma reinvenção "*dentro e contra o sindicato oficial*", ruptura com a tradição sindical varguista, fazendo surgir um desafio explícito ao Governo Militar quando contesta a política de arrocho salarial e a lei antigreve, algo sem precedentes desde o início da ditadura em 1964.

---

380 WEFFORT, Francisco. *Participação e conflito industrial*: Contagem e Osasco 1968. 1969. Disponível em: <http://cebrap.org.br/bv/arquivos/introducao_weffort.%20a.pdf>. Acesso em: 22 jan. 2017.

381 RIZEK, Cibele Saliba. *Osasco*: 1968, a experiência de um movimento. 1988. Dissertação (Mestrado em Ciências Sociais) – Pontifícia Universidade Católica de São Paulo, São Paulo, 1988.

O Golpe Militar em Osasco gerou um movimento peculiar na cidade. Ele ocorreu dois anos após a conquista da emancipação política efetivada em fevereiro de 1962. A emancipação havia sido fruto de mobilização popular apontando para um protagonismo do movimento de trabalhadores e do movimento estudantil. Após o Golpe de 1964, entre 1966 e 1967, esta articulação não arrefeceu. Lideranças sindicais e estudantis se fortaleceram. Osasco vivenciou a vitória de uma chapa de oposição à diretoria do Sindicato dos Metalúrgicos com forte articulação popular nas eleições de 1967. Primeira chapa de oposição a ganhar eleição sindical no pós-golpe, a diretoria nutria críticas às velhas formas de direção sindical, ao mesmo tempo que alimentava perspectivas novas de ação articulada a setores populares claramente descontentes com as intervenções sindicais. No período de ação da oposição sindical, as comissões de fábrica ganharam espaço político no contexto da organização de trabalhadores e estudantes. Estas comissões assumiram pauta ampla de reivindicações que partiam da exigência do aumento salarial, se dirigiam a defesa de melhores condições de trabalho chegando a atingir demandas contra a postura autoritária de chefes e engenheiros nas fábricas. Instalou-se nas comissões de fábrica de Osasco um debate muito amplo para além dos temas do chão da fábrica. A amálgama entre a figura do "estudante-operário", operários experientes, padres-operários e o movimento popular contribuiu para uma dinâmica de mobilizações políticas que ultrapassaram a formalidade da luta sindical: grupos de teatro popular pautados pela ótica do teatro do oprimido, festivais de música engajada, grupos de alfabetização aliados ao método Paulo Freire, formava-se um campo político cultural em que fervilhavam formas de resistência e o combate ideológico à Ditadura Civil-Militar.

Destarte, o movimento operário de Osasco expressou uma concepção política peculiar a respeito das relações trabalho, sociedade e o Estado, apresentando uma série de singularidades quando comparado a tradição getulista de outros movimentos sindicais pelo País. A comissão de fábrica da Cobrasma, que projetou lideranças representativas das bases operárias e popular e no movimento sindical, fortaleceu a liderança de populares como o operário José Ibrahim. Eleito presidente do sindicato dos metalúrgicos de Osasco em 1967, Ibrahim recebeu apoio da Frente Nacional do Trabalho (FNT), liderada pela Igreja Católica, e foi reconhecido como liderança sindical e popular defensora de uma luta sindical de cunho político engajada aos ideais da luta contra o Regime Militar. Em seu discurso e proposição política, o combate à política de arrocho salarial era um dos elementos chave do combate ao governo, não restringindo, assim, a pauta sindical às questões econômicas, mas fazendo delas uma plataforma política de oposição ao regime.

Assim, do ponto de vista político a greve desafiava a denominada "democracia restringida" moldada nos discursos do Governo Castelo Branco (1964-1966) como proposta do militarismo. Do ponto de vista econômico, contestava o Programa de Ação

Econômica do Governo (PAEG) cujo pilar central se ancorava na compressão salarial e controle do setor trabalho, uma vez que, entre as reinvindicações dos grevistas, estavam o aumento dos salários, afastamento remunerados em caso de acidentes no trabalho, equiparação salarial entre os funcionários que desempenham a mesma função, melhorias nas condições de higiene nas dependências das fábricas como sanitários e vestiários, melhoria no trato aos trabalhadores, a exigência de adicional de insalubridade.

Na historiografia referencial sobre a greve de Osasco[382], o movimento compõe o conjunto de fatores que impulsionam o movimento de oposição ao Regime Militar representando uma ameaça ao bloco de poder sedimentado na instância nacional pelo golpe de Estado 1964, ocupando destaque na cena de 1968, que tem seu desfecho com a publicação do Ato Institucional n. 5 (AI-5).

Deflagrada com a decisão em assembleia de ocupação de fábrica na manhã do 16 de julho de 1968, a greve terminou na noite do dia 18 de julho com uma violenta repressão por parte das forças governamentais. A intervenção direta nas fábricas ocupadas foi imediata, sem prévias negociações ou tentativas de contenção. O Ministério do Trabalho decretou a intervenção no Sindicato de Osasco acionando amplo contingente policial – cavalaria, brucutus, tanques e tropa de choque – as fábricas foram invadidas havendo disparo de metralhadoras nos portões e luta corpo a corpo entre operários, Exército e Força Pública. As lideranças grevistas foram presas, além de cerca de setenta trabalhadores encarcerados de imediato na retomada da primeira fábrica.

Ao final dos três dias de desocupação das fábricas e repressão à greve, estima-se cerca de quatrocentas prisões[383]. Membros presos das comissões sofreram torturas físicas, alguns líderes do movimento sindical conseguiram fugir para evitar a prisão e com isso o movimento sindical em Osasco foi severamente prejudicado. A repressão brutal evidenciou o significado da resistência e oposição à ditadura, quando organizada do ponto de vista do operário e das classes populares. As estratégias da ação sindical com princípios

---

382 Desde os anos de 1970, a greve vem sendo estudada por historiadores e sociólogos, o que já compôs um corpo historiográfico sobre a o movimento operário de 1968 em Osasco. Entre os trabalhos de autores referenciais, vale citar: WEFFORT, op. cit.; ALVES, Maria Helena Moreira. *Estado e Oposição no Brasil (1964-1984)*. Tradução de Clóvis Marques. 5. ed. Petrópolis: Vozes, 1984; RIZEK, op. cit.; ROVAI, Marta Gouveia de Oliveira. *Osasco 1968*: a greve no masculino e no feminino. Salvador: Pontocom, 2013. *E-book* disponível em: <http://www.editorapontocom.com.br/livro/19/19-marta-rovai-osasco-1968.pdf>; IBRAHIM, José. História do movimento de Osasco. In: FREDERICO, Celso. (Org.) *A esquerda e o movimento operário (1964-1984)*. São Paulo: Novos Rumos, 1987. v. 1.

383 Memorial da Democracia. Museu Virtual. Disponível em: <http://www.memorialdademocracia.com.br/card/exercito-reprime-a-greve-de-osasco>. Acesso em: 23 jan. 2017.

de organização dos trabalhadores pela base, democratização dos sindicatos e de liberdade e autonomia sindical marcaram o processo e foram o legado de Osasco ao movimento operário que despontará em fins da década de 1970.

O sentido da retomada da história da greve de 1968 neste artigo advém dos resultados repressivos à greve. Osasco foi sitiada pela Força Pública e pelo Exército. Cabe lembrar que o 4º Batalhão de Infantaria Blindado (4º BIB) se encontrava sediado em Quitaúna, nos limites da cidade, facilitando a ocupação do território urbano pelas forças do governo. A cidade foi cercada para propiciar a invasão das fábricas pelo policiamento mobilizado. Uma região no território metropolitano de São Paulo sob direta intervenção militar, o que, na memória dos moradores de Osasco e dos operários grevistas, aporta a verdadeiras cenas de Guerra. Toda a cidade, durante e após a greve, passou a ser intensamente vigiada, com ação repressiva massiva e diária. Antônio Roberto Espinosa, na época operário grevista e estudante secundarista, conta em entrevista como era a dinâmica na cidade no período da greve e anos após seu término:

> Osasco passou a ser uma das cidades mais vigiadas do Brasil. Durante a greve mesmo, foram presas várias centenas de pessoas. Algumas (fábricas) foram completamente ocupadas, a gente de sacanagem chamava de Romeu e Julieta, mas na verdade eram dois homens, dois soldados da Força Pública que hoje chama PM. As principais esquinas de todo a região das fábricas tinham dois meganhas permanentemente. As portas de fábricas, de escolas eram ocupadas pela polícia. Quer dizer, era uma intensa vigilância, listas negras de empresas, nomes de pessoas que não deveriam ser admitidas, listas negras de pessoas que foram demitidas e muita gente acabou sendo obrigada a viver fora de Osasco. Tiveram que mudar da cidade [...] várias dezenas passaram a ser procurados pela polícia e tiveram que mergulhar na clandestinidade e alguns assassinados [...] Toda segunda-feira (jornais) traziam uma manchete com a palavra Osasco e quando não tinha um crime [...] às vezes tinha, mas quando não tinha, pegavam um crime ocorrido na região e diziam que foi em Osasco, foi orientação editorial utilizar a palavra Osasco na manchete do jornal, sempre associada a algo criminoso [...] uma época o Notícias Populares criou uma lenda urbana de uma loira que frequentava os bares, era um fantasma, uma mulher loira com algodão no ouvido que frequentava os bares assombrando as pessoas [...] o cara ia dançar com ela, que era muito bonita [...] começava a estranhar a mão fria, o resto frio [...] e quando reparava na orelha via um algodão, era um cadáver, uma mentira, tá certo. Um dia saiu uma manchete em 1985, dezessete anos depois da greve: "Bode preto estupra moça loira em Osasco!" Bode, o marido da cabra e um monte de preconceitos, tinha que ser preto o bode!
> Um bode que estupra uma moça loira em Osasco era orientação do jornal, durante duas décadas, 20 anos esse jornal, o Sílvio Santos e os programas sensacionalistas de TV batendo em Osasco. Quer dizer, a ideia é que uma cidade em que aconteceram greves durante um

regime tão maravilhoso como a ditadura, só podia ser uma cidade de desajustados...de bandidos e essa imagem colou."[384]

De fato, a Força Pública e o Exército se estabeleceram pelo território fazendo da cidade um espaço vigiado. A greve de 1968 alterou a vida urbana e sua rotina. Nas salas de aulas das escolas secundárias, diretamente nas fábricas em suas linhas de montagem, nas instituições políticas, infiltrados do regime repressivo agiam cotidianamente. No ir e vir da cidade, trabalhadores das fábricas, funcionários públicos e moradores de bairros periféricos tornaram-se vítimas constantes dos cercos e batidas policiais, prisões arbitrárias, delações e acusações criminais cometidas pelos agentes da repressão política e da polícia comum. A imprensa colaboracionista do golpe e do governo empreendeu campanha difamatória e, ao longo da década de 1970, Osasco ficou marcada como território violento sendo manchete constante das sessões policias da imprensa em geral e, principalmente, da imprensa sensacionalista como bem demarca o entrevistado Antônio Roberto Espinosa[385].

A Igreja Católica e a ação em Direitos Humanos

Foi nesta cidade, território marcado pela violação constante aos direitos civis e humanos e pela violência institucional que se instituiu o CDDHO em 1977. Suas funções e objetivos centrais eram o de divulgar, promover e garantir a defesa dos DH difundindo a informação sobre os Direitos Humanos, oferecendo proteção e assistência jurídica às vítimas de repressão institucional e da violência em geral.

Segundo a interpretação de militantes e dirigentes do CDDHO ratificada pelos documentos institucionais, a ação de fundar o CDDHO efetivou uma parceria projetada, desde 1975, entre múltiplos agentes do movimento social católico. A Frente Nacional do Trabalho (FNT), sob a liderança de Mario Carvalho de Jesus, foi a protagonista em conceber a ideia de edificação de um centro atuante em Direitos Humanos para Osasco. Entidades católicas regionais, de suma importância, assumiram a missão de sustentar as ações estruturantes do novo centro entre elas: a recém-criada Pastoral dos Direitos Humanos, comandada pelo padre Agostinho e a Pastoral Operária, sob os comandos do padre Domingos Barbé.

---

384 Entrevista com Antônio Roberto Espinosa. Gravada em audiovisual em 11 de novembro de 2014 para Projeto Memórias de 1968: o movimento estudantil e a greve de Osasco. Iniciação Científica de Eusébio Pereira de Souza, sob orientação de Claudia Moraes de Souza. PIBIC/Cnpq. Arquivada no banco de história de vida em audiovisual sob a guarda da Universidade Federal de São Paulo/Unifesp, *campus* Osasco.

385 Em seu trabalho sobre as memórias da greve em Osasco, Marta Rovai aborda este aspecto sobre o papel da imprensa e a campanha difamatória contra a cidade. (Cf. ROVAI, op. cit.).

Em 1977, a ação das pastorais dos Direitos Humanos, Carcerária, da Mulher e da Criança transformava-se em realidade continental, sendo o combate a repressão política e a ação contra as marcantes desigualdades econômicas fatos primordiais das suas intervenções. O Concílio Vaticano II, a *Encíclica Mater et Magistra* (1961) e a *Pacem in Terris* (1963) precedidos pela criação do Pontifício Conselho de Justiça e Paz da Cúria de Roma haviam feito crescer no interior do catolicismo a percepção de uma Igreja comprometida com direitos fundamentais, com o combate a opressão política e o abuso do poder econômico. Firmava-se na Doutrina Social da Igreja o valor fundamental da dignidade humana como causa e fim das instituições, sendo o Estado considerado uma instituição responsável por zelar por estes valores e nunca um perpetrador da violência.

Desta forma se articulou o Movimento dos Direitos Humanos na América Latina ao viés católico. Em posicionamento oficial, a Igreja e sua militância leiga passou a discursar e agir contra os regimes de força bruta na Argentina, no Chile, no Brasil, na Bolívia, no Paraguai, no Equador, em El Salvador e no Peru. Nestes países, desde 1976, a Igreja Católica enfrentava diretamente os governos militares assumindo o lado da luta popular. No Paraguai, assumiu a luta camponesa; na Bolívia apoiou a greve dos mineiros; no Peru enfrentou o modelo de desenvolvimento econômico exportador e latifundista; posicionou-se fortemente pela reforma agrária no Equador e em El Salvador. Seguindo uma cronologia ativista, em 1977, posicionou-se firmemente no Chile, ao lado dos camponeses e, em 1978, pela causa operária e contra o aparelho repressor de Pinochet.

No Brasil, a trajetória católica foi longa e bastante conflitiva em relação ao poderio militar e repressão pós-golpe. O envolvimento da Igreja Católica com o movimento camponês no nordeste brasileiro, desde os anos 1950, já havia produzido setores críticos ao Golpe de 1964 desde seu período inicial[386]. No entanto, foi em 1968, que parte significativa do clero brasileiro ocupou papel na cena de oposição ao regime militar nos episódios que envolveram a forte repressão ao movimento estudantil e, inclusive, a repressão à greve e a ocupação militar da cidade de Osasco. Entre algumas figuras referenciais, d. Paulo Evaristo Arns, arcebispo metropolitano de São Paulo, entre 1970 e 1998, assumiu a liderança na defesa dos Direitos Humanos tendo reconhecido papel na articulação do MDH contra a tortura e pela defesa dos presos políticos, sendo citado recorrentemente pelas lideranças do CDDHO como um apoiador referencial da formação do Centro em Osasco.

Na cidade de Osasco, até o tempo presente, uma experiência advinda da ação católica marcou a memória social: a ação dos padres operários. Padre Barbé era francês e membro da Missão Operária São Pedro e São Paulo (MOPP), mudou-se para o Brasil

---

[386] SOUZA, Claudia M. *Pelas ondas do rádio*: cultura popular, camponeses e o rádio nos anos 1960. São Paulo: Alameda, 2013.

em 1964 e passou a morar na Vila Yolanda, bairro de Osasco. Estimulado pela atuação político-social em cidades e bairros de trabalhadores, os padres franceses da MOPP trabalhavam, viviam e evangelizavam em comunidades operárias. Domingos Barbé e Pierre Wauthier foram dois ícones ativistas da cidade que se empregaram, o primeiro, na Cobrasma e, o segundo, na Braseixos Rockwell S/A experimentando a vida e o cotidiano do trabalho fabril, convivendo com as famílias e atuando nas paróquias periféricas. Whauthier se associou ao Sindicato dos Metalúrgicos de Osasco e com os operários, em 18 de julho de 1968, foi preso durante a greve e encaminhado ao Dops/SP, sendo deportado pelo governo militar em agosto. Barbé, escapando da prisão e deportação, tornou-se um mediador referencial das comunidades operárias articulando ações visíveis de proteção a direitos humanos, do trabalho, direitos sociais e econômicos, sendo o CDDHO o *locus* que concentrava estas ações em 1977.

A estrutura do CDDHO

No contexto de sua origem cabe-nos também entender a dinâmica e estrutura de funcionamento do CDDHO. A primeira sede do CDDHO foi a casa paroquial onde vivia o padre Agostinho e, posteriormente, com a expansão de suas funções e atividades passou a funcionar em sede alugada mais próxima ao centro de Osasco. Geralmente a dinâmica de ação desenvolvia-se a partir dos plantonistas do organismo – pessoas responsáveis por receber os casos de denúncia e as solicitações de auxílio dos usuários. O plantonista era responsável pela triagem dos casos e passava a trabalhar com os advogados contratados pelo CDDHO, assim como com outros profissionais: sociólogos, assistentes sociais e psicólogos formando uma equipe responsável pelo encaminhamento de ações jurídicas de defesa individual ou de coletivos, nos campos dos direitos civis e políticos, com vocação inicial para o atendimento de presos políticos, violência institucional e abuso do poder policial. Paralelamente ao atendimento e encaminhamento jurídico, as equipes de plantonistas desencadeavam ações nas comunidades e paróquias a partir dos temas que envolviam os casos. Organizavam-se debates, reflexões e plenárias objetivando a compreensão, reflexão e ação coletiva sobre a realidade social. Maria Aparecida Lopes, assistente social, a primeira funcionária permanente do CDDHO, militante católica ativa da cidade de Osasco, colaboradora em nossa pesquisa, narrou:

> *[...] o Centro começou a funcionar onde o padre Agostinho morava, na casa que ele tinha alugado para desenvolver a atividade dele na pastoral carcerária junto com a pastoral de direitos humanos. Então o primeiro CDDHO, o primeiro endereço que a gente teve foi na Av. Nelson Camargo – acho que 342 ou 243 – e para cuidar dessa casa e mantê-la*

aberta e receber os atendimentos era necessário ter alguém para estar cuidando disso. Eu, então, era da pastoral de direitos humanos, participava de toda essa discussão da formação do CDDHO, fazia serviço social e trabalhava na Cobrasma, de 1972 a 1978. O pessoal me convidou quando eu estava no terceiro ano de Serviço Social, me convidaram para trabalhar no Centro. A gente chamava de permanentes, o pessoal que ficava no Centro, um plantonista permanente. Então a gente dava plantões na entidade para receber o pessoal, para acolher, para receber as denúncias de direitos humanos. O Centro de Defesa recebia a denúncia de violação de direitos humanos e procurava, a partir das denúncias, organizar o movimento popular, então a gente recebia a denúncia junto com o movimento popular, ia lá no bairro, articulava uma reunião lá no bairro, falava de direitos humanos, ia o padre Agostinho, ia o padre Domingos Barbé, ia outra pessoa, ia a gente. Sempre a partir de um caso individualizado a gente envolvia a comunidade para discutir a questão. Ao mesmo tempo, tinha um encaminhamento jurídico daquela demanda que estava chegando para a gente. A gente constituiu vários núcleos de diretos humanos que a gente chamava os "plantonistas de bairro" que, no bairro, ficavam atentos à violação de direitos humanos que aconteciam e relatavam pra gente e íamos articular, lá.[...].[387]

Em pouco tempo, a estrutura permitiu a formação de uma verdadeira teia de relações locais com equipes de plantonistas em diferentes paróquias de Osasco, do Jardim Munhoz e Vila Yolanda espalhou-se para Jardim Veloso, Cipava, KM 18, Santo Antônio, Jardim Novo atingindo outros municípios, Vila Analândia em Jandira, Jardim d'Abril e Jardim Arpoador em São Paulo, Cotia e Itapevi.

A gestão do Centro era realizada por uma diretoria eleita bienalmente e, a partir da diretoria organizavam-se as diretrizes do organismo, seus setores – o setor financeiro, de atendimento, de divulgação – além do fluxo de trabalho dos plantonistas e secretários executivos responsáveis pelas atividades rotineiras e atendimento na sede da entidade. Nas ações em paróquias o CDDHO contava com o trabalho voluntário organizado pela gestão, sendo o "plantonista da comunidade" um agente local voluntário, que nas paróquias recebia casos e encaminhava ao Centro.

Como instituição jurídica o CDDHO era financiado por recursos oriundos da Coordenadoria Ecumênica de Serviços (Cese) e de doações realizados em grande parte pelos associados da organização (usuários das paróquias). Desde o início de sua estruturação, o Centro buscou angariar fundos e recursos dos setores eclesiásticos, tanto em nível nacional quanto internacional. Por intermédio do padre Domingos Barbé o CDDHO

---

387 Entrevista com Maria Aparecida. Gravada em 5 de agosto de 2015 para o Projeto Todo Direito é Humano, Histórias do Movimento de Luta pelos Direitos Humanos em São Paulo (CDDHO). Projeto Universal com financiamento do CNPq, coordenado por Claudia Moraes de Souza. Arquivada no banco de história de vida em audiovisual sob a guarda da Universidade Federal de São Paulo/Unifesp, *campus* Osasco.

contou com o apoio de agências de cooperação internacional, tais como a Juventude Católica Austríaca e a Obra Kolping[388]. Entre os anos de 1978 e 1988, contou com uma estrutura sólida de plantonistas, advogados e outros profissionais, assim como com sede específica e de visibilidade na cidade de Osasco, tudo em função dos financiamentos externos de obras católicas.

Característica e tipos de ações organizacionais

A atuação do CDDHO superou todas as suas expectativas iniciais, transitou do estabelecimento de sua missão voltada à defesa jurídica e proteção humana articulada ao contexto da violência institucional, da repressão e tortura em Osasco, até o desempenho de funções junto aos poderes públicos em políticas sociais e organização de novos movimentos sociais. Não foi possível separar a demanda do direito civil e político das demandas sociais e econômicas. A demanda pela ação do CDDHO cresceu em múltiplas direções e sua atuação atingiu campos diversos do direito jurídico, bem como ações organizativas, educativas e mobilizatórias. Nas fichas de entrada preenchidas pelos plantonistas do CDDHO, nos casos que compõem parte da documentação do fundo analisado, pudemos encontrar ações nas áreas: familiar, moradia, defesa de menor, prisão arbitrária, violência policial, desaparecimentos, agressão física e violência familiar, saúde, reclamações diversas de golpes imobiliários e casos trabalhistas. Não apenas o contexto histórico explica o fato, mas também a própria metodologia de ação do CDDHO. Articulando pastorais, a FNT, as Comunidades Eclesiais de Base e grupos de teatro da JOC e JEC, o centro era responsável por formação e educação em direitos humanos, elaboração de projetos com as comunidades carentes na área social e cultural, promover encontros, seminários, debates, cursos, vivências, festas, festivais de cultura, fomentar a imprensa alternativa, ou seja, todo um conjunto de atividades mobilizadoras vinculadas a forma de agir das Comunidades Eclesiais de Base que passavam a atribuir sentido político às manifestações culturais, educacionais e religiosas fomentando ações políticas na defesa de direitos fundamentais e humanos.

Identificamos, no período de 1978 a 1986, uma ação incisiva contra prisões arbitrárias, encarceramento e violência institucional, o que propiciou ao centro compor o rol de organismos da luta pela Anistia em 1979. O CDDHO empreendeu campanha pela anistia, apoio a familiares de presos e desaparecidos, discussão dos direitos dos presos políticos, mobilização das comunidades e defesa de presos políticos. Após a luta pela

---

388 A Obra Kolping é uma associação internacional católica que atua no campo social à serviço do trabalhador e sua família. Como missão institucional busca promover o exercício da cidadania através do desenvolvimento profissional, ambiental, cultural, religioso e comunitário.

Anistia, já nos anos de 1980, empreendeu larga discussão e combate à ação do Esquadrão da Morte em Osasco, denunciando abertamente a ação letal da polícia, abuso das autoridades policiais em bairros pobres e periféricos. O CDDHO com sua ligação direta à Pastoral Carcerária e à Pastoral dos DH seguiu atuando (além da defesa jurídica) em campanhas públicas sobre a violência institucional e abuso do poder policial. Seu discurso organizacional relacionava a fome, a carestia, o desemprego e a ausência dos direitos à educação, saúde e moradia, ou seja, os elementos do modelo desigual de crescimento brasileiro, ao processo urbano de ampliação da insegurança social, demandando junto aos poderes locais e ao poder federal uma política pública para a construção da seguridade social. Em seu discurso sobre a violência policial, já debatida aqui como presença constante no circuito urbano local desde 1968, apresentava como causas do número abusivo de encarceramentos: a injustiça e o abuso de poder de polícia fruto do Estado autoritário e ditatorial.

O CDDHO manteve um boletim informativo – o *Jornal Passo a Passo* – desde 1983, responsável por denunciar amplamente a violência policial na região criticando o abuso dos poderes policiais junto ao cidadão comum e ao homem pobre e periférico; denunciando ações do Esquadrão da Morte e seus crimes; denunciando a situação da população carcerária em São Paulo e a violação dos DH nas instituições públicas prisionais e nos aparelhos de repressão paralelamente ao apoio jurídico às famílias pobres vítimas da violência institucional. Em 1983, ano de lançamento do *Jornal Passo a Passo*, o CDDHO organizou, em Osasco, o "Tribunal Santos Dias de Violência Policial", um júri popular para amplificação do debate sobre a violência policial, abusos de poder, tortura contra os presos comuns e abuso de autoridade contra a população pobre.

Para além da defesa dos DH, o CDDHO tornou-se o espaço referencial para organização de vários movimentos, entidades e associações, na região oeste de São Paulo, entre eles a reorganização do sindicato dos metalúrgicos, a formação do sindicato dos bancários e do Partido dos Trabalhadores em Osasco. Acirradamente a partir de 1981, ampliou o seu leque de ações políticas. Naquela conjuntura, a ação do Centro refletiu a multiplicidade de demandas da população periférica de Osasco e região. O movimento popular por moradia que começava a ganhar força tornou-se vigoroso, assim como, movimento pelos direitos das mulheres, a reorganização sindical, o movimento pela educação e por creches, a luta contra arrocho salarial e desemprego.

Entre 1981 e 1988, as questões sociais aparecem recorrentemente na documentação do CDDHO como foco da mobilização da instituição, o que resulta em muitas ações jurídicas, campanhas, organização de seminários e plenárias, manifestações de rua etc. O Centro aglutinou um trabalho referencial de defesa e orientação jurídica, mobilização e assessoria a movimentos sociais nas áreas: de moradia, no movimento contra o desemprego, reorganização sindical, saúde, educação, questões da mulher, reforma agrária, dentre outros. Em 1988, a amplificação da ação seguiu o processo político da transição democrática, claramente podemos perceber no CDDHO, guardadas a questões que diferenciam seus militantes, a edificação de um discurso coeso acerca da democratização. Os preceitos da democracia participativa foram condutores das ações e dos rumos tomados pelo organismo: o CDDHO expressava e defendia a força popular como agente executor e empreendedor de suas decisões; a participação política como forma de combater a ordem vigente e a desigualdade social; a superação do sujeito passivo e construção do sujeito ativo propositor da política pública e em relação dinâmica com o Estado. Na transição democrática, o Centro atuou com clareza na estimulação de processos de viabilização da democracia participativa em um marco temporal balizado pela Anistia e a luta pela Constituinte – com forte ação junto aos movimentos populares pelas demandas cidadãs na Assembleia Constituinte de 1987/1988.

Considerações finais

No contexto dos anos de finais dos anos de 1970 e a crise econômica que marca a década de 1980, os movimentos sociais brasileiros vigoraram na cena política manifestando-se acerca das incapacidades do Estado brasileiro em atender demandas dos direitos sociais e econômicos contra a desigualdade social, assim como, contra o autoritarismo do Estado que insistia na exclusão da participação popular da política institucional e da política pública. Como parte do contexto dos movimentos populares urbanos, o CDDHO manifestava a crítica direta ao Estado e suas incapacidades de responder as demandas dos direitos sociais, políticos e econômicos dos moradores das periferias de Osasco e região.

Com base política nitidamente composta pelas classes populares, o CDDHO agregou as múltiplas demandas do movimento social urbano tornando-se um ponto de convergência de demandas oriundas das deficiências de políticas urbanas na região. Seu ponto de destaque, no que tange à organização do movimento popular, advindo de seus vínculos com a Igreja Católica, focava a mobilização e a ampliação da participação política, principalmente a participação popular na construção de soluções aos problemas coletivos, o que se materializa em propostas de participação popular na política pública, em um momento histórico em que a estrutura das relações de poder transitava muito lentamente do autoritarismo à constitucionalidade.

Neste sentido, este artigo analisou a experiência política do CDDHO e seu papel de mediador institucional na relação Estado-sociedade no campo amplo dos direitos humanos como direitos fundamentais. O Estado autoritário negligenciou e omitiu-se de sua função de gestor responsável pela distribuição e garantia de serviços e renda aos setores carentes da sociedade brasileira; de outro lado; destacou-se como repressor, violador e ameaça aos direitos humanos a todo e qualquer cidadão brasileiro, foi neste contexto que os movimentos sociais urbanos potencialmente se tornariam agentes centrais da transformação política brasileira. Como peça-chave de uma ampla engrenagem social, os movimentos populares, de fins dos anos de 1970 e início dos anos 1980, fomentaram lutas urbanas e rurais de importância fundamental na transição democrática. A capacidade de inventar e reinventar formas de atuação política reivindicando participação social popular com a incorporação da maioria da população na tomada de decisões foi, de fato, o elemento dinâmico dos chamados "novos movimentos sociais" no Brasil e América Latina ao final das ditaduras.

Na análise da trajetória histórica do CDDHO em Osasco, visualizamos: o protagonismo na sedimentação de uma organização projetada para a proteção dos direitos humanos que, ao longo do tempo, e, no desenrolar da história local e global, adotou sentidos múltiplos de ação, que transitaram da denúncia de padrões de violações sistemáticas dos direitos humanos para a edificação de um movimento muito diverso em sua composição e seus fins. Se, no contexto de seus primeiros anos, o movimento de direitos humanos no Brasil e América Latina, se constituiu fundamentalmente por organizações de vítimas das ditaduras e seus familiares – especialmente nos países do Cone Sul – complementado por ativistas, juristas e militantes católicos que apoiavam as demandas desses grupos – na trajetória do lento restabelecimento da democracia, os processos de reinvindicação sociais e econômicos se desenvolveram no interior destas instituições, abrindo espaço para ramificação das pautas do movimento de direitos humanos para exigir os direitos fundamentais se expandindo nas direções do campo social e econômico[389].

A partir dos primeiros passos dados na transição democrática, as organizações de direitos humanos no Cone Sul estenderam sua esfera de influência original, passando a participar de forma ativa em questões tão diversas e atuais quanto a luta contra a discriminação racial, a luta pelo direito a diversidade sexual, a luta pela ética na política, a luta contra a fome e a pobreza. Assim ocorreu com o CDDHO, seu protagonismo fomentou a luta pela anistia, a luta pela contenção da violência institucional compondo o quadro da transição democrática, acrescentando a ela o fator da diversificação da luta dos DH, rompendo padrões da denúncia de violações sistemáticas e aberrantes e transitando para um movimento muito mais dinâmico em sua composição e seus fins, fato que caracteriza e identifica, até os dias atuais, o Movimento Nacional dos Direitos Humanos no Brasil (MNDH).

---

[389] ABREGÚ, Martín. Direitos humanos para todos: da luta contra o autoritarismo à construção de uma democracia inclusiva: um olhar a partir da região andina e do Cone Sul. *Revista Internacional de Direitos Humanos*, São Paulo, n. 8, p. 6-41, jun. 2008.

7

Liberdade, quilombos e pós-emancipação: caminhos da cidadania e usos do passado no Brasil contemporâneo

Flávio Gomes
Petrônio Domingues

Nos debates sobre cidadania no Brasil contemporâneo, a temática étnica e das desigualdades raciais ganharam agendas próprias. Não aquelas pautadas em uma narrativa do pensamento social brasileiro – os clássicos das Ciências Sociais – que tornaram invisíveis as populações negras sob os signos da modernidade, do folclore ou dos estudos sobre relações raciais. Narrativas subalternizadas têm sido resgatas entre discursos do silêncio. Debates sobre cidadania, educação e acesso a terra fizeram emergir (nunca desaparecidas) cada vez mais as expectativas e lutas por direitos à história (*passados presentes* como sugerem alguns) da escravidão e da pós-emancipação. Como tornar complexo o nosso conhecimento do passado escravista, ampliando cronologias para pensar pós-emancipação, considerando o *tempo presente*? Mais recentemente a questão agrária e os quilombos têm sido os fios condutores de algumas conexões e debates sobre história, memória e cidadania. Neste capítulo, apresentamos alguns caminhos deste processo, envolvendo pesquisadores, movimentos sociais e projetos políticos.

Dimensões hemisféricas: fugitivos em comunidades

A experiência das comunidades de fugitivos nas Américas foi um fenômeno hemisférico, com semelhanças nas sociedades escravistas e aquelas com escravidão. Em várias áreas, receberiam nomenclaturas/denominações diversas, como *Cumbes*, na Venezuela ou *Palenques*, na Colômbia. No Caribe inglês – com destaque para a Jamaica – ficariam conhecidos por *maroons;* enquanto em outras partes do Caribe Francês o termo mais comum foi *maronage*. Já para o México, Cuba, Porto Rico e outras partes caribenhas de ocupação espanhola, os fugitivos seriam chamados de *cimarrones*.[390] Na América Portuguesa, o nome inicial utilizado para classificar as comunidades de fugitivos escravos – a maior parte de africanos – no século XVI e XVII foi *mocambos*. A partir do final do século XVII, a nomenclatura *quilombo* também surgiria, cada vez mais ganhando uso na documentação colonial, embora a palavra *mocambos* continuasse sendo largamente utilizada. Stuart Schwartz chamou a atenção de como, no século XVIII, o termo *mocambos* era utilizado quase que exclusivamente na Capitania da Bahia, enquanto que na Capitania de Minas Gerais se utilizava *quilombos*, ambas expressões para classificar comunidades de fugitivos.[391]

A temática das origens dos diferentes termos utilizados nas Américas para classificar o mesmo fenômeno das comunidades de fugitivos nas Américas e suas sociedades coloniais ainda merece mais estudos e explicações. Algumas nomenclaturas tendo etimologias coloniais, cruzando experiências de colonização e ocupação nas Américas e nas Áfricas precisam ser analisadas. Sabe-se que as terminologias *quilombo/mocambo* em muitas línguas da África Central significava acampamentos. O termo *mukambu*, tanto em Kimbundu quanto em Kicongo, significava "pau de fieira", que seriam suportes verticais no formato de forquilhas utilizadas para erguer choupanas em acampamentos improvisados.[392]

Uma vez que falaremos de memória e usos do passado, a questão inicial é: por que as denominações – com etimologias africanas *mocambos/quilombos* se difundiram no Brasil? E mesmo em outras áreas coloniais as expressões *cimarrones* ou *palenques* tinham etimologias coloniais das línguas europeias. Já desenvolvemos um argumento, ainda que hipotético, sobre a possibilidade da propagação dos termos *quilombos/mocambos* a partir da documentação administrativa colonial em áreas da África Central. Sabemos que muitas autoridades coloniais no Império Português ocuparam postos nas Américas, nas Áfricas e nas Ásias, havendo uma circulação de agentes administrativos. Assim sendo, coisas diferentes no sentido dos significados históricos – acampamentos de guerra/prisioneiros africanos na África e comunidades de fugitivos no Brasil – podiam estar sendo nomeadas com a mesma nomenclatura. No caso, *mocambos* (estruturas para erguer casas) teriam

---

390 GOMES, Flávio dos Santos. *A hidra e os pântanos*: mocambos e quilombos no Brasil, séculos XVII-XIX. São Paulo: Editora da Unesp, 2003

391 SCHWARTZ, Stuart B. *Escravos, roceiros e rebeldes*. São Paulo: Companhia das Letras, 2001.

392 GOMES, Flávio dos Santos. *Mocambos e quilombos*: a história do campesinato negro no Brasil. São Paulo: Claro-Enigma/Companhia das Letras, 2015.

virado *quilombos* (acampamentos) e tais palavras ressignificando traduções entre o Brasil e a África. Teria ocorrido *traduções culturais* destes termos na linguagem da administração colonial?

Embora com a utilização tanto das terminologias ora *mocambos* ou *quilombos*, em termos de legislação colonial uma definição só apareceu em 1741, exatamente na documentação do Conselho Ultramarino. A definição colonial de comunidades de fugitivo surgiria associada à palavra *quilombo* como sinônimos de negros fugidos – leia-se africanos (embora na documentação colonial relativa à Amazônia tenha aparecido "mocambos de índios") – organizados com ranchos e pilões, sugerindo um olhar colonial sobre as expectativas socioeconômicas dos fugitivos no Brasil colonial, então setecentista. Nesta época, já havia grandes e populosas comunidades em Goiás, na Bahia, em Mato Grosso e em Minas Gerais. No século XIX, há uma verdadeira explosão de *quilombos* por todo o Brasil, embora paradoxalmente não mais surgiriam grandes comunidades – milhares de habitantes – como foram os *mocambos* de Palmares, Pernambuco, nos séculos XVI e XVII, ou os *quilombos* de Goiás, Mato Grosso e Minas Gerais, no século XVIII.[393]

De início, vale a pena lançar uma ideia que não poderemos explorar neste capítulo. Assim como historiadores têm analisado a categorização de uma *segunda escravidão* para pensar os ajustes entre capitalismo, tecnologia, formatação econômica, capitais e formas de domínio e poder da escravidão atlântica no século XIX, também seria possível pensar em novas formatações de comunidades de fugitivos nas Américas na segunda metade do século XVIII e no século XIX. Novas sociedades coloniais ou a emergência de sociedades pós-coloniais se formavam, considerando: o aumento do tráfico atlântico em algumas áreas, a desescravização em outras, as lutas anticoloniais e a explosão de microssociedades camponesas. Em toda a América – não obstante o fim da escravidão em boa parte delas no primeiro quartel do século XIX – não mais encontraremos as grandes e populosas comunidades de fugitivos dos séculos XVI, XVII e início do XVIII. Aquelas maiores podem ter se mantido isoladas ou constantemente fragmentadas pelas ações da repressão. O que ocorreu – e os estudos sobre o Brasil, a Colômbia, o Equador etc. tem sugerido isso – foi a explosão camponesa (migrações e fusões com as populações coloniais) das populações das comunidades de fugitivos e seus descendentes. No Brasil Pós-Colonial, por exemplo, elas estariam por toda a parte,

---

[393] GOMES, Flávio dos Santos; FERREIRA, Roquinaldo Ferreira. A miragem da miscigenação. Novos *Estudos Cebrap*, São Paulo, v. 80, p. 141-160, 2008.

muitas das vezes como setores invisíveis de áreas de fronteiras, daquelas de *plantation* ou de ocupação colonial tardia. Quilombos estariam próximos aos engenhos e fazendas de café, nas áreas de produção de alimentos, nas regiões de mineração ou de fronteiras econômicas abertas, sem falar dos subúrbios de cidades como Rio de Janeiro, Salvador, Recife, São Paulo, São Luís e Santos. Um outro fenômeno ainda a ser explorado é a segunda fase de expansão camponesa dos quilombos – no caso do Brasil – nos últimos anos da escravidão. Sabe-se que nas primeiras décadas do pós-emancipação *quilombos* se misturaram cada vez mais com os setores livres pobres – podiam incluir indígenas e seus descendentes – ampliando a movimentação camponesa. Caso esta hipótese tenha mais validade estaríamos no caminho para entender que, não obstante haver poucos registros – fontes textuais – de grandes e populosos quilombos no século XIX, seria possível verificar uma explosão de comunidades negras rurais formando bairros negros rurais e *comunidades remanescentes de quilombos*, espalhadas em todo o Brasil.[394]

Histórias e historiografias

No campo da historiografia, várias foram as questões. Embora uma tradição historiografia tenha superdimensionado os mocambos de Palmares – aparecendo como únicos, grandiosos e com narrativas de epopeia –, quilombos e mocambos foram dezenas e depois milhares desde o século XVI. Considerando a vastidão das experiências históricas, talvez fosse melhor perguntar onde eles não existiram. A escravidão – indígena e africana – pontilhou toda a América Portuguesa e depois o Império Brasileiro. A legislação colonial e depois a imperial que definiu os quilombos o fizeram como agrupamentos de dois a três negros fugidos. Acabariam sendo definidos pelo número inicial de habitantes. Não se quantificou um número ideal (mais de dez, cinquenta ou cem por exemplo) ou se qualificou uma organização social, embora houvesse referências em algumas legislações coloniais sobre ranchos e pilões.[395] Uma questão que merece mais aprofundamento: em que medida tal definição colonial – ampla, flexível e sugerindo ressignificações – diz respeito também à complexidade das experiências históricas da escravidão e, portanto, dos fugitivos e das suas possibilidades. Se assim for, a ideia e a experiência histórica de quilombo para o passado podem ter tanta ressignificação como aquela do presente para as comunidades remanescentes atualmente. Algo para se pensar.

---

394 GOMES, op. cit.

395 LARA, Silvia Hunold. *Campos da violência*: escravos e senhores na Capitania do Rio de Janeiro. Rio de Janeiro: Paz e Terra, 1986. (Capítulo sobre fugitivos.)

Seguir os caminhos da historiografia sobre os quilombos não é novidade. Muita coisa já foi escrita. Para resumir poderíamos destacar como os historiadores (definição pouco precisa para os intelectuais da primeira metade do século XX) analisaram os quilombos. Em linhas gerais foram reproduzidas duas visões. A primeira, uma visão culturalista – com destaque para os anos 1930 a 1950 e autores como Nina Rodrigues, Artur Ramos, Edison Carneiro e Roger Bastide – analisou os quilombos como um fenômeno da resistência cultural. Assim, o propósito da fuga e dos fugitivos era se organizarem – isolados – para resistir culturalmente à escravização.[396] O binômio liberdade e manutenção da cultura deram o tom desta interpretação, para a qual seria tão somente nos quilombos que os africanos e seus descendentes conseguiriam preservar identidades africanas. Não resta mais dúvida sobre o contexto e o protagonismo de autores que construiriam uma perspectiva idealizada, homogênea e essencializada de África. Como oposição a tais interpretações surgiria uma segunda visão sobre os quilombos. Uma visão materialista ganharia força nos anos 1960 e 1970, como crítica aos pressupostos de Gilberto Freyre de benevolência da escravidão no Brasil.[397] Os textos de Clóvis Moura, Luis Luna, Alípio Goulart e Décio Freitas abordariam a violência da sociedade escravista. E os quilombos seriam apresentados como a principal característica da resistência à escravidão, por causa dos castigos e maus-tratos.[398]

---

396 BASTIDE, Roger. *As Américas Negras*: as civilizações africanas no Novo Mundo. São Paulo: Difel, 1974; _____. *As religiões africanas no Brasil*: contribuição a uma sociologia das interpretações das civilizações. São Paulo: Pioneira, 1985; CARNEIRO, Edison. *O Quilombo dos Palmares*. Rio de Janeiro: Civilização Brasileira, 1966; RAMOS, Arthur. *A aculturação negra no Brasil*. São Paulo: Companhia Nacional, 1942; _____. *As culturas negras no Novo Mundo*. São Paulo: Companhia Editora Nacional, 1979; _____. *O negro brasileiro*. Rio de Janeiro: Civilização Brasileira, 1935; _____. *O negro na civilização brasileira*. Rio de Janeiro: Casa do Estudante do Brasil, 1953; RODRIGUES, Nina. *Os africanos no Brasil*. São Paulo: Companhia Editora Nacional, 1977 [1905]. Conferir um interessante debate em: DANTAS, Beatriz Góis Dantas. *Vovô Nagô e Papai Branco*: usos e abusos da África no Brasil. Rio de Janeiro: Graal, 1982; CUNHA, Manuela Carneiro da. *Negros estrangeiros*: os escravos libertos e sua volta à África. São Paulo: Brasiliense, 1985; SILVEIRA, Renato da. Pragmatismo e milagres de fé no Extremo Ocidente. In: REIS, João José (Org.). *Escravidão e invenção da liberdade*: estudos sobre o negro no Brasil. São Paulo: Brasiliense, 1988, p. 166-97.

397 FREYRE, Gilberto. *Casa Grande e Senzala*: Formação da família brasileira sob o regime da economia patriarcal. Rio de Janeiro: Maia & Schmidt, 1933.

398 FREITAS, Décio. *Insurreições escravas*. Porto Alegre: Movimento, 1976; _____. *O escravismo brasileiro*. Porto Alegre: Mercado Aberto, 1982; GOULART, José Alípio. *Da fuga ao suicídio* (aspectos de rebeldia dos escravos no Brasil). Rio de Janeiro: Conquista, 1972; JUREMA, Aderbal. *Insurreições negras no Brasil*. Recife: Mazart, 1935; LUNA, Luis. *O negro na luta contra a escravidão*. Rio de Janeiro: Leitura, 1968; MOURA, Clóvis. *Rebeliões da senzala*: quilombos, insurreições e guerrilhas. Rio de Janeiro: Conquista, 1972; _____. *Os quilombos e a rebeldia negra*. São Paulo: Brasiliense, 1981; _____. Reivindicação e consciência no Escravismo. In: _____. *Os quilombos e a rebelião negra*. São Paulo: Brasiliense, 1982. v. 12. (Tudo é História).

Temos argumentado que tais visões polarizadas – ora reforçando a dimensão exclusiva da cultura na perspectiva de uma dada antropologia, ora aquela na perspectiva materialista, com a marca de um marxismo estruturalista – produziram imagens da "marginalização" dos quilombos. Isolados pela cultura e/ou imunes às relações sociais da sociedade escravista. Muitas destas expectativas analíticas – sempre polarizadas – produziriam suportes para reflexões sobre imagens de resistência cultural e luta contra a escravidão dos quilombos. Houve mesmo um impacto – como história intelectual e história das ideias – e legado de tais explicações para as perspectivas de isolamentos territoriais e culturais, temas ainda hoje com ressonâncias na construção de imagens e representações a respeito das comunidades remanescentes de quilombos.[399]

Os estudos sobre quilombos tiveram uma inflexão nas últimas duas décadas. As suas histórias foram revisitadas, revelando-se dimensões complexas de arranjos, sociabilidades, cultura material, agências e mesmo projetos políticos. A história dos quilombos nunca mais *foi* e sim as experiências dos quilombolas *foram* nestas novas perspectivas analíticas. Quilombolas interagiram com a sociedade escravista, (re)criando mundos sociais diversos. As histórias dos quilombolas foram analisadas no interior das histórias da escravidão e da sociedade escravista,

---

[399] Sobre as comunidades quilombolas, os estudos clássicos continuam sendo: MARIN, Rosa Elizabeth Acevedo; CASTRO, Edna M. Ramos. *Negros do Trombetas: guardiães de matas e rios*. Belém: UFPA, 1993; ALMEIDA, Alfredo Wagner Berno de. Terras de preto, terras de santo, terras de índio: uso comum e conflito. In: CASTRO, Edna M. R.; HABETTE, Jean. (Org.). Na trilha dos grandes projetos: modernização e conflito na Amazônia. *Cadernos do NAEA/UFPa*, Belém, n. 10, 1990; BANDEIRA, Maria de Lourdes. *Território negro em espaço branco: estudo antropológico de Vila Bela*. São Paulo: Brasiliense, 1988; CARVALHO, José Jorge de (Org.). *O Quilombo do Rio das Rãs*: histórias, tradições e lutas. Salvador: CEAO/EDUFBA, 1996; FUNES, Eurípedes. Nasci nas matas, nunca tive senhor: história e memória dos mocambos do Baixo Amazonas. 1995. Tese (Doutorado em História) – Universidade de São Paulo, São Paulo, 1995; FUNES, Eurípedes. Nasci nas matas, nunca tive senhor: história e memória dos mocambos do Baixo Amazonas. In: REIS, João José; GOMES, Flávio dos Santos. Liberdade por um fio: história dos quilombos no Brasil. São Paulo: Companhia das Letras, 1996. p. 467-497; GUSMÃO, Neusa M. Mendes de. *Terra de pretos, terra de mulheres*: terra, mulher e raça num bairro negro. Brasília, DF: MEC/Fundação Cultural Palmares, 1996; LEITE, Ilka Boaventura (Org.). *Negros no Sul do Brasil*: invisibilidade e territorialidade. Santa Catarina: Letras Contemporâneas, 1996; MONTEIRO, Anita Maria de Queiroz. Castainho: etnografia de um bairro rural de negros. Recife: Mansangana, 1985; O'DWYER, Eliane Cantarino (Org.). *Quilombos*: identidade étnica e territorialidade. Rio de Janeiro: FGV/ABA, 2002; QUEIROZ, Renato da Silva. *Caipiras negros no Vale do Ribeira*: um estudo de antropologia econômica. São Paulo: FFLCH/USP, 1983; SILVA, Valdélio Santos. Rio das Rãs "à luz da noção de quilombo". *Afro-Ásia*, Salvador, n. 23, p. 267-295, 1999; VÉRAN, Jean-François. Rio das Rãs: memória de uma "comunidade remanescente de quilombo". *Afro-Ásia*, Salvador, n. 23, p. 297-330, 1999.

e não fora dela, como um mundo isolado e heroico.[400] Experiências múltiplas, reorganizando e transformando o universo da escravidão e dos quilombos tinham conexões.[401]

As próprias ideias de cultura escrava e protesto foram realinhadas em novos estudos sobre a escravidão e a presença africana no Brasil. Deste modo, a imagem romantizada dos quilombos como alternativa exclusiva do protesto negro foi reformulada. Abriram-se espaços de análise para outras abordagens a respeito das percepções políticas e formas de enfrentamento dos escravos. Negociações, conflitos, contestação, acomodação e confrontos foram agenciamentos

---

400 Para reflexões críticas da historiografia, conferir: CARDOSO, Hamilton. *Escravidão e Abolição no Brasil*: novas perspectivas. Rio de Janeiro: Jorge Zahar Editor, 1988; GORENDER, Jacob. *A escravidão reabilitada*. São Paulo: Ática, 1990; LARA, Silvia Hunold. Blowin in the Wind: E. P. Thompson e a experiência negra no Brasil. *Projeto História*, São Paulo, n. 12, p. 43-56, out. 1995; _____. Escravidão, cidadania e história do trabalho no Brasil. *Projeto História*, São Paulo, n. 16, p. 25-38, fev. 1998; QUEIROZ, Suely Robles Reis de. *Rebeldia escrava e historiografia*. Estudos econômicos da IPE-USP, São Paulo, v. 17, número especial, p. 7-35, 1987; REIS, João José. Resistência escrava na Bahia: "Poderemos brincar, folgar e cantar..." – o protesto escravo na América. *Afro-Ásia*, Salvador, n. 14, p. 107-122, dez. 1983; SCHWARTZ, Stuart B. Recent trends in the study of slavery in Brazil. Luso-Brazilian Review, Madisonm, v. 25, n. 1, p. 1-25, summer of 1988; SCHWARTZ, Stuart B. *Escravos, roceiros e rebeldes*. São Paulo: Companhia das Letras, 2001.

401 Para os estudos da historiografia da escravidão com impacto na última década do século XX, conferir: ALENCASTRO, Luiz Felipe. *O Trato dos Viventes*: a formação do Brasil no Atlântico-Sul. São Paulo: Companhia das Letras, 2000; AZEVEDO, Célia Maria Marinho de. *Onda negra, medo branco*: o negro no imaginário das elites, século XIX. São Paulo: Annablume, 2004 [1987]; CARDOSO, Hamilton. *Escravidão e Abolição no Brasil*: novas perspectivas. Rio de Janeiro: Jorge Zahar Editor, 1988; CASTRO, Hebe Mattos de. *Das cores do silêncio*: os significados da liberdade no Sudeste escravista, Brasil, século XIX. Rio de Janeiro: Nova Fronteira, 1998; CHALHOUB, Sidney. *Visões da liberdade*: uma história das últimas décadas da escravidão na Corte. São Paulo: Companhia das Letras, 1990; LARA, Silvia Hunold. *Campos da violência*: escravos e senhores na Capitania do Rio de Janeiro (1750-1808). Rio de Janeiro: Paz e Terra, 1988; MACHADO, Maria Helena Pereira Toledo. *Crime e escravidão*: trabalho, luta e resistência nas lavouras paulistas (1830-1888). São Paulo: Brasiliense, 1987; _____. *O plano e o pânico*: os movimentos sociais na década da Abolição. Rio de Janeiro: Ed. UFRJ/Edusp, 1994; REIS, João José. *Rebelião escrava no Brasil*: a história do Levante dos Malês (1835). São Paulo: Brasiliense, 1986; _____. O levante dos malês: uma interpretação política. In: _____; SILVA, Eduardo. *Negociação e conflito*: a resistência negra no Brasil escravista. São Paulo: Companhia das Letras, 1989. p. 99-122; _____; SILVA, Eduardo. *Negociação e conflito*: a resistência negra no Brasil escravista. São Paulo: Companhia das Letras, 1989. p. 62-78; SLENES, Robert W. *Lares negros, olhares brancos*: histórias da família escrava no século XIX. Revista Brasileira de História, São Paulo, v. 8, n. 16, p. 189-203, 1988; _____. "Malungu, Ngoma vem!": África coberta e descoberta no Brasil. Revista USP, São Paulo, n. 12, dez./jan./fev., 1991-1992; _____. Senhores e subalternos no oeste paulista. In: ALENCASTRO, Luiz Felipe (Org.). *História da Vida Privada*: Império: a corte e a modernidade nacional. São Paulo: Companhia das Letras, 1997; _____. *Da senzala uma flor*: esperanças e recordações na formação da família escrava. Rio de Janeiro: Nova Fronteira, 1999.

contínuos, reinventados e ampliados.[402] Vários significados acabaram sendo avaliados em novas abordagens dos historiadores da escravidão, passando pela percepção da legislação, do protesto cotidiano silencioso para controlar o tempo e o ritmo das tarefas diárias de trabalho, expectativas de terra e direitos costumeiros ao tentar viver próximo de familiares e pequenas roças cultivadas com a permissão senhorial. Mas isso não impedia de se considerar revoltas, motins, insurreições ou assassinato de feitores e senhores. Fugir, ainda que provisoriamente ou formar quilombos, grandes e pequenos podiam ser sempre possibilidades.[403]

Movimentos de ressignificação

Uma outra história, não menos importante, foi a ressignificação dos quilombos por intelectuais e movimentos sociais no século XX. Trata-se também de uma outra face da experiência dos quilombos no Brasil. Na década de 1970, houve uma revalorização da ideia do quilombo no imaginário racial brasileiro e na trajetória dos movimentos sociais. Apropriada em narrativas da memória e transmitida de geração a geração por meio da oralidade, a ideia de quilombo foi ressignificada como referência histórica fundamental, tornando-se, assim, um símbolo no processo de construção e afirmação social, política,

---

[402] Para a historiografia dos quilombos, conferir: CARVALHO, Marcus de. O Quilombo do Malunguinho, o rei das matas de Pernambuco. In: REIS, João José; GOMES, Flávio dos Santos. *Liberdade por um fio*: história dos quilombos no Brasil. São Paulo: Companhia das Letras, 1996. p. 407-432; GOMES, Flávio dos Santos. *A hidra e os pantânos*: mocambos, quilombos e comunidades de fugitivos no Brasil escravista (séculos XVII-XIX). São Paulo: Polis/Unesp, 2005; REIS, João José; _____. *Liberdade por um fio*: história dos quilombos no Brasil. São Paulo: Companhia das Letras, 1996; GUIMARÃES, Carlos Magno. Os quilombos do século do ouro. *Revista do Departamento de História*, Belo Horizonte, n. 6, jul. 1988; _____. Os quilombos do século do ouro (Minas Gerais – século XVIII). *Estudos Econômicos da IPE-USP*, São Paulo, n. 18, p. 7-43, 1988; _____. *Uma negação da ordem escravista*: quilombos em Minas Gerais no século XVIII. São Paulo: Ícone, 1988; _____. Quilombos e brecha camponesa: Minas Gerais (século XVIII). *Revista do Departamento de História da UFMG*, Belo Horizonte, n. 8, julho 1989; _____. *Quilombos*: classes, política e cotidiano (Minas Gerais no século XVIII). 1999. Tese (Doutorado em História) – Universidade de São Paulo, São Paulo, 1999; MAESTRI FILHO, Mário José. Em torno ao Quilombo. *História em Cadernos*, Rio de Janeiro, v. 2, n. 2, 1984; _____. *Quilombos e quilombolas em terras gaúchas*. Porto Alegre: Universidade de Caxias, 1979; REIS, João José. Quilombos e revoltas escravas no Brasil. "Nos achamos em campo a tratar da liberdade". *Revista USP*, São Paulo, v. 28, dez./fev. 1995-1996; SCHWARTZ, Stuart B. The mocambo: slave resistance in colonial Bahia. In: PRICE, Richard (Org.). *Maroon Societies*: rebel slaves communities in the Americas. Baltimore: The Johns Hopkins University Press, 1979. p. 305-311; _____. Mocambos, quilombos e Palmares: a resistência escrava no Brasil colonial. *Estudos Econômicos da IPE-USP*, São Paulo, v. 17, número especial, p. 61-88, 1987.

[403] Conferir um debate em REIS, João José. Resistência escrava na Bahia: "Poderemos brincar, folgar e cantar..." – o protesto escravo na América. *Afro-Ásia*, Salvador, n. 14, p. 107-122, dez. 1983; SCHWARTZ, Stuart B. The mocambo: slave resistance in colonial Bahia. In: PRICE, Richard (Org.). *Maroon Societies*: rebel slaves communities in the Americas. Baltimore: The Johns Hopkins University Press, 1979. p. 305-311.

cultural e identitária do movimento negro contemporâneo no Brasil. Se antes o quilombo era visto como resistência ao processo de escravização do negro, a partir dali ele se converteu em símbolo, não só de resistência pretérita, como também de luta no tempo presente pela reafirmação da herança afro-diaspórica e busca de um modelo brasileiro capaz de reforçar a identidade étnica e cultural. Assim aquelas ideias (duas visões da historiografia) sobre quilombos não apenas foram resgatas mas ajudaram na formação e fundamentação delas. Mais um tema em aberto, ainda mais considerando – entre outras coisas – as biografias de intelectuais negros como Edison Carneiro e Clóvis Moura.

O fato é que quilombo converteu-se em um paradigma para a formação da identidade histórica e política de segmentos negros no Brasil. Em 1974, o grupo Palmares, do Rio Grande do Sul, sugeriu que o 20 de novembro, a suposta data da morte de Zumbi dos Palmares em 1695, passasse a ser comemorada como Dia Nacional da Consciência Negra, contrapondo-se ao 13 de maio. Argumentava-se que a rememoração do passado centrada na "heroica" resistência do Quilombo dos Palmares traria uma identificação mais positivada do que a Lei Áurea (abolição da escravatura), até então vista como uma dádiva da Princesa Isabel.[404] A sugestão foi aceita e aos poucos os significados do 20 de novembro difundiram-se por meio de palestras, debates e atividades promovidas por escolas, entidades negras, político-partidárias e sindicais; universidades e órgãos da imprensa. Quilombo adquiriu diversos sentidos: de resistência e liberdade; rebeldia e solidariedade; esperança e insurgência por uma sociedade igualitária e, no limite, sentido de povo negro. Muitas experiências afro-diaspóricas – de personagens, episódios, movimentos e ações coletivas – remeteram-se à retórica do quilombo. Era a idealização do passado alimentando, em pleno "anos de chumbo", os anseios de cidadania plena, de emancipação e de reconhecimento da identidade negra.

Em várias manifestações artístico-culturais o quilombo se transmutou como desejo de uma utopia. Na peça teatral *Arena conta Zumbi* (1965), os autores Gianfrancesco Guarnieri e Augusto Boal buscaram vincular Palmares a território de resistência às formas de dominação. Assim, este quilombo teria significado um sopro de esperança de um Brasil mais justo, com liberdade, união e equidade.[405] Em 1975, o sambista Candeia fundou o Grêmio Recreativo de Arte Negra e Escola de Samba Quilombo, no Rio de Janeiro, e legou um samba-enredo celebrando os

---

404 SILVEIRA, Oliveira. Vinte de novembro: história e conteúdo. In: SILVA, Petronilha Beatriz Gonçalves; SILVÉRIO, Valter Roberto. *Educação e ações afirmativas*: entre a injustiça simbólica e a injustiça econômica. Brasília, DF: Inep/MEC-Instituto Nacional de Estudos e Pesquisas Educacionais Anísio Teixeira, 2003. p. 23-42.

405 PRADO, Décio de Almeida. *O teatro brasileiro moderno*. São Paulo: Perspectiva, 2003. p. 70-73.

"feitos" de uma "raça singular".[406] Enquanto Candeia evocava o "resgate das raízes negras", o bispo d. José Maria Pires celebrava, em 1981, a Missa dos Quilombos em Recife, uma cerimônia que reuniu cerca de oito mil pessoas em um misto de fé, comunhão, música e ritmo, a partir de um discurso a favor da introdução das referências culturais ditas *afro* na eucarística.[407] Três anos antes, o Movimento Negro Unificado (MNU) promoveu a primeira edição do Festival Comunitário Negro Zumbi. Na ocasião, um grupo de escritores paulistas editou o primeiro número da série *Cadernos Negros*, dedicada à literatura produzida por autores afro-brasileiros. Em 1982, o grupo adotou o nome Quilombhoje e continuou com o compromisso de publicar poesias e contos centrados na questão do negro.

No ano de 1984, o escritor Domício Proença Filho lançou o romance *Dionísio esfacelado*, uma tentativa de traduzir no plano literário a "epopeia" palmarina. Naquele mesmo ano, a metáfora do quilombo ainda apareceu na música popular brasileira – com a canção *Quilombo, o eldorado negro*, de Gilberto Gil – e no cinema. Vale registrar, nesse sentido, o filme *Quilombo*, dirigido por Cacá Diegues. Nele, Palmares é retratado como uma comunidade livre, igualitária, com uso coletivo da terra e poder de decisão compartilhado entre os habitantes dos povoados. Mais do que um quadro realista, o diretor expressou o sonho redentor, de um Brasil sem "exploração de classes" e "opressão racial".[408] O termo quilombo popularizou-se no mercado cultural, inspirando ou informando panfletos, cartazes, camisetas, *bottons*, poesias, crônicas, músicas, livros, histórias em quadrinhos, montagens teatrais, produções audiovisuais, sambas-enredo, coreografias para dança, pinturas, esculturas e indumentárias.

Nos domínios do movimento negro, a ideia de quilombo ganhou força simbólica e política no período. Para além do imaginário de resistência ao regime escravocrata, a noção de quilombo foi atualizada como metáfora de uma sociedade alternativa, sem desigualdades, sem obliterações da identidade afro-diaspórica, sem racismo. Em 1980, Abdias do Nascimento publicou um livro no qual formulou uma proposta batizada de "quilombismo – um conceito científico emergente no processo histórico-cultural das massas afro-brasileiras". Partindo do pressuposto de que tanto o Estado colonial portu-

---

406 BUSCACIO, Gabriela Cordeiro. *A chama não se apagou*: Candeia e a Gran Quilombo – movimentos negros e escolas de samba nos anos 70. 2005. 167 f. Dissertação (Mestrado em História) – Programa de Pós-Graduação em História, Universidade Federal Fluminense, Niterói, 2005.

407 HOORNAERT, Eduardo. A Missa dos Quilombos chegou tarde demais? *Tempo e Presença*, Rio de Janeiro, n. 173, p. 12-13, 1982.

408 STAM, Robert. *Multiculturalismo tropical*: uma história comparativa da raça na cultura e no cinema brasileiros. São Paulo: Edusp, 2008.

guês quanto o Estado brasileiro – Colônia, Império e República – significaram o "terror organizado" contra os "africanos escravizados", ele procurou encontrar um conceito que sistematizasse a experiência histórica da população afro-brasileira.[409] O projeto quilombista era sintetizado em duas partes: no "ABC do Quilombismo", Abdias traçava um diagnóstico dos impasses e desafios da mobilização negra; já na segunda parte, "alguns princípios e propósitos do quilombismo", ele anunciava os dezesseis pontos de seu programa "libertador", dos quais vale destacar:

> *1) O Quilombismo é um movimento político dos negros brasileiros, objetivando a implantação de um Estado Nacional Quilombista, inspirado no modelo da República dos Palmares, no século XVI, e em outros quilombos que existiram e existem no País; 2) O Estado Nacional Quilombista tem sua base numa sociedade livre, justa, igualitária e soberana. O igualitarismo democrático quilombista é compreendido no tocante à raça, economia, sexo, sociedade, religião, política, justiça, educação, cultura, enfim, em todas as expressões da vida em sociedade. O mesmo igualitarismo se aplica a todos os níveis de Poder e de instituições públicas e privadas; 3) A finalidade básica do Estado Nacional Quilombista é a de promover a felicidade do ser humano. Para atingir sua finalidade, o quilombismo acredita numa economia de base comunitário-cooperativista no setor da produção, da distribuição e da divisão dos resultados do trabalho coletivo; 4) O quilombismo considera a terra uma propriedade nacional de uso coletivo. As fábricas e outras instalações industriais, assim como todos os bens e instrumentos de produção, da mesma forma que a terra, são de propriedade e uso coletivo da sociedade. Os trabalhadores rurais ou camponeses trabalham a terra e são os próprios dirigentes das instituições agropecuárias [...]; 5) No quilombismo o trabalho é um direito e uma obrigação social, e os trabalhadores, que criam a riqueza agrícola e industrial da sociedade quilombista, são os únicos donos do produto do seu trabalho; [...] 11) A revolução quilombista é fundamentalmente antirracista, anticapitalista, antilatifundiária, anti-imperialista e antineocolonialista.[410]*

Apoiando-se na experiência histórica da resistência afro-brasileira e suas formas de organização social e comunitária, Abdias preconizava a implantação de um Estado Nacional Quilombista. Seu projeto, entretanto, não prosperou entre o conjunto da militância, nem

---

409 Essa perspectiva aparece em: GOMES, Flávio dos Santos. Repensando a construção de símbolos de identidade étnica no Brasil. In: FRY, Peter; REIS, Elisa; ALMEIDA, Maria Hermínia Tavares de. *Política e cultura*: visões do passado e perspectivas contemporâneas. São Paulo: Hucitec/Anpocs, 1996. p. 197-221. Conferir ainda a abordagem panorâmica de FIABANI, Adelmir. *Mato, palhoça e pilão*: o quilombo, da escravidão às comunidades remanescentes (1532-2004). São Paulo: Expressão Popular, 2005.

410 NASCIMENTO, Abdias. *O Quilombismo*: documentos de uma militância pan-africanista. Petrópolis: Vozes, 1980. p. 275-277.

abriu o debate com a sociedade brasileira.[411] A utopia quilombista foi reportada à plataforma do nacionalismo negro, cujo limite não apontaria a necessidade de romper radicalmente com as estruturas de classes vigentes do País. Naquele momento de consolidação do Movimento Negro Unificado, de "abertura política" e de ebulição das lutas sociais, boa parte das lideranças afro-brasileiras aderiu às correntes marxistas.[412] Em vez de um projeto "libertador" de cunho nacionalista, defendia-se uma perspectiva internacionalista, para não dizer pan-africanista, que combinasse os embates de "raça" e "classe" e estabelecesse conexão com os movimentos emancipatórios no Caribe, nos Estados Unidos e na África.

Para Hamilton Cardoso, Lélia Gonzalez, Beatriz do Nascimento, Clóvis Moura, Joel Rufino, entre outras lideranças e intelectuais afro-brasileiros, o quilombo foi o principal modelo de organização social e luta política do negro pela liberdade. Bebendo nas narrativas marxistas, viam os quilombos como lugares habitados por todos os "oprimidos" do sistema escravista – sobretudo negros, mas também índios e brancos pobres –, os quais viviam com liberdade, igualdade e abundância, afinal, as terras e o fruto do trabalho seriam coletivizados. Ao desenvolverem uma agricultura diversificada, oposta à monocultura, os quilombos produziriam excedentes que eram vendidos ou trocados por outras mercadorias com os vizinhos das comunidades quilombolas, constituindo uma rede de cooperação e solidariedade mútua. Por essas razões, os quilombos teriam se convertido em uma ameaça à ordem vigente, na medida em que forjaram, na prática, um modelo de sociedade alternativa.[413]

Essas diversas facetas das histórias dos quilombos e dos vários de seus interpretes (intelectuais e ativistas) não podem ser separadas dos quilombos *per si* – no passado e no presente. Não se trata de meras invenções, no sentido de ressignificações politizadas da memória, como querem alguns. Há inclusive uma dimensão atlântica e transnacional – em termos de atmosfera, personagens e experiências – para pensar o impacto de intelectuais no Brasil, na Colômbia, na África e no Caribe, quando movimentos políticos e armados se contrapunham aos colonialismos e aos racismos.

---

411 Conferir: "Quilombismo": debate entre Abdias do Nascimento, Rafael Pinto, Teresa Santos e Adão de Oliveira. *Folha de S.Paulo*, São Paulo, p. 7-9, 1979. Folhetim.

412 HANCHARD, Michael George. *Orfeu e o poder*: o movimento negro no Rio de Janeiro e São Paulo (1945-1988). Rio de Janeiro: Eduerj, 2001, p. 132; DOMINGUES, Petrônio. Movimento negro brasileiro: alguns apontamentos históricos. *Tempo*, Rio de Janeiro, n. 23, p. 113-135, 2007.

413 MOURA, Clóvis. *Esboço de uma sociologia da república de Palmares*: Brasil – raízes do protesto negro. São Paulo: Global, 1983, p. 107-120; NASCIMENTO, Maria Beatriz. O conceito de quilombo e a resistência cultural negra. *Afrodiáspora*, São Paulo, n. 6-7, p. 41-49, 1985; SANTOS, Joel Rufino dos. Zumbi. São Paulo: Moderna, 1985; CARDOSO, Hamilton. A contribuição de Palmares: tendências e debates, *Folha de S.Paulo*, p. 4, 5 dez. 1983; CARDOSO, Hamilton. O resgate de Zumbi. *Lua Nova*, São Paulo, v. 2, n. 4, p. 63-67, 1986; GONZALEZ, Lélia. Nanny. *Revista Humanidades* da UnB, Brasília, DF, n. 4, p. 23-25, 1988.

Direitos e outras batalhas quilombolas

Atualizada, a retórica do quilombo tornou-se um libelo contra todas as formas de opressão no Brasil contemporâneo. Sua mística alimentou o sonho especialmente de ativistas negros.[414] Esta mística foi reforçada com a entrada em cena das chamadas comunidades remanescentes de quilombos. Descobertas pela *mass media*, pelos intelectuais e pela opinião pública no final da década de 1970, as comunidades negras rurais, como o Cafundó (em Salto de Pirapora, SP), por exemplo, foram incorporadas à agenda dos movimentos de afirmação racial. O impulso ideológico não era outro senão a crença de que o Cafundó era um símbolo de resistência negra, cuja história inscrevia-se no circuito da herança africana no Brasil.[415] Várias entidades do movimento negro passaram a prestar solidariedade às comunidades remanescentes de quilombos – por meio de visitas, donativos, alimentos, roupas, debates, campanhas políticas e assistência jurídica. Essa aproximação desdobrou-se em uma trama de relações e alianças que foram se modificando e alargando os horizontes de atuação de ambas as partes. As mobilizações raciais trouxeram ao País a discussão sobre a questão quilombola e, a um só tempo, impulsionaram as articulações das comunidades negras rurais.

É importante dizer, porém, que tais articulações remontam ao período da ditadura. A política de desenvolvimento da agricultura, implementada pelo regime militar, privilegiava o latifúndio (concentração de terra) e a monocultura, o que causou grande impacto nas comunidades quilombolas. O foco desenvolvimentista voltado para o mercado e a especulação fundiária elevaram os níveis de conflito e disputa por terra no País. Muitas comunidades negras rurais tiveram partes de seu território tomadas por processos violentos de expropriação. Isto também fomentou a mobilização quilombola. Dialogando, portanto, com diversas organizações, tanto as do movimento negro quanto as do movimento campesino, as comunidades negras rurais foram à luta pelos seus direitos.[416] Um dos marcos importantes desse processo foram os encontros estaduais. O 1º Encontro foi realizado no Maranhão, em 1986, e teve a participação de aproximadamente 46 comunidades e sindicatos de trabalhadores rurais de várias regiões, além de ter contado com o apoio do Centro de Cultura Negra do Maranhão. Discutiram-se as formas de uso e posse da terra, manifestações culturais, religiosidade e memória oral. Entretanto,

---

414 CARDOSO, Hamilton. O quilombo de cada um. *Folha de S.Paulo*, p. 3-4, 22 dez. 1981. Folhetim.

415 FRY, Peter; VOGT, Carlos. *Cafundó*: a África no Brasil – linguagem e sociedade. São Paulo: Companhia das Letras, 1996. p. 18.

416 FIABANI, Adelmir. *Os novos quilombos*: luta pela terra e afirmação étnica no Brasil (1988-2008). 2008. 274 f. Tese (Doutorado em História) – Universidade do Vale dos Sinos, São Leopoldo, 2008; SOUZA, Bárbara Oliveira. Aquilombar-se: panorama histórico, identitário e político do Movimento Quilombola Brasileiro. 2008. Dissertação (Mestrado em Antropologia) – Universidade de Brasília, Brasília, DF, 2008.

sua principal reivindicação se relacionava à questão fundiária, envolta, naquele instante, em tensos processos de grilagem e expropriação. Os 2º e 3º Encontros das comunidades negras rurais do Maranhão acontecerem em 1988 e 1989, respectivamente. Eventos semelhantes tomaram lugar no Estado do Pará nesse mesmo biênio, reunindo comunidades quilombolas e agrupamentos do movimento negro. Outros encontros e mobilizações – com destaque para Rio de Janeiro, São Paulo, Bahia e Goiás – fortaleceram as demandas quilombolas, que passaram a se projetar como "sujeito político" e como "sujeito de direito" não apenas a partir da vontade dos membros das comunidades, mas igualmente por meio da ação de mediadores externos.[417] Na Assembleia Constituinte de 1988, comunidades negras rurais, organizações antirracistas, entidades campesinas, pesquisadores e parlamentares se engajaram em torno de um artigo constitucional que tratasse dos direitos fundiários dos quilombolas. Fruto dessa ação coletiva, a Constituição Federal consagrou o art. 68 do Ato das Disposições Constitucionais Transitórias, garantindo às comunidades remanescentes de quilombos o direito à propriedade de suas terras. Sem dúvida, tratou-se de um avanço democrático.

Operando discursos etnopolíticos, as organizações das comunidades quilombolas se multiplicaram em vários Estados nas décadas de 1990 e nos primeiros anos do século XXI. Algumas delas datam de mais de três décadas, como as do Maranhão e do Pará. Outras são mais recentes e significam, quase sempre, a resposta das comunidades aos constantes problemas enfrentados pela defesa de seus territórios. Cada processo estadual tem suas especificidades que estruturam a organização das comunidades em diferentes dinâmicas. Ao lado da regularização fundiária, o acesso às políticas públicas – como educação, saúde, saneamento básico e eletrificação – e a garantia dos Direitos Humanos são outras bandeiras do protagonismo quilombola. Em 1995, ocorreu o I Encontro Nacional das Comunidades Negras Rurais, em Brasília. Ao final do conclave, os quilombolas somaram-se aos movimentos negros na *Marcha Nacional Zumbi dos Palmares contra o Racismo, Pela Cidadania e Vida*, realizada no dia 20 de novembro, e remeteram um documento a Fernando Henrique Cardoso, então presidente da República. O documento falava dos negros cujos antepassados, nos tempos do cativeiro, haviam conquistado terra e formado comunidades rurais. A escravidão acabara oficialmente há107 anos, porém suas terras ainda continuavam sem o reconhecimento legado do

---

417 ARRUTI, José Maurício. *Mocambo*: antropologia e história do processo de formação quilombola. Bauru: Edusc, 2006; FRENCH, Jan Hoffman. *Legalizing identities*: becoming Black or Indian in Brazil's Northeast. Chapel Hill: University of Nort Carolina Press, 2009.

Estado.[418] Em 1996, a reunião de avaliação do I Encontro Nacional das Comunidades Negras Rurais ocorreu na cidade de Bom Jesus da Lapa (Bahia), ocasião na qual foi instituída a Coordenação Nacional de Articulação das Comunidades Negras Rurais Quilombolas (Conaq), congregando mais de vinte organizações locais e estaduais de diversos Estados. A Conaq passou a funcionar com sede no Maranhão – por ser um Estado com longa experiência de militância sobre a temática. O II Encontro Nacional das Comunidades Negras Rurais realizou-se em Salvador, em 2000, e marcou a consolidação do movimento quilombola em escala nacional. O III e IV Encontros tomaram lugar, respectivamente, nas cidades de Recife em 2003, e do Rio de Janeiro, em 2011. Sem perder de vista sua incidência em mais de vinte Estados brasileiros, a Conaq vem procurando abrir canal de contatos e interlocuções com circuitos mais amplos, como o Fórum Social Mundial, a Conferência Mundial de Combate ao Racismo, à Discriminação Racial, à Xenofobia e às Intolerâncias Correlatas – Conferência de Durban, em 2001, e o Quilombos das Américas – Articulação de Comunidades Afrorrurais, em 2011, pautando, assim, a questão quilombola em redes transnacionais. Em 2007, a Conaq esteve em audiência na Organização dos Estados Americanos (OEA), denunciando o Estado brasileiro pela violação dos direitos de algumas comunidades quilombolas, como as de Alcântara, no Maranhão, e de Marambaia, no Rio de Janeiro.[419]

Essas comunidades ganham cada vez mais importância no cenário nacional – na academia, na imprensa, nas decisões judiciais e no parlamento. Não é por acaso que tanto as *Diretrizes Curriculares Nacionais para a Educação das Relações Étnico-Raciais e para o Ensino de História e Cultura Afro-Brasileira e Africana*, estabelecidas pela Lei n. 10.639, de 2003, quanto o Estatuto da Igualdade Racial de 2010, preveem ações voltadas a elas.[420] As *Diretrizes Curriculares*, especialmente, propugnam a "oferta de Educação Fundamental em áreas de remanescentes de quilombos, contando as escolas com professores e pessoal administrativo que se disponha a conhecer física e culturalmente, a comunidade e formar-se para trabalhar com suas especificidades".[421] Em que pese um não desprezível acúmulo de forças e experiência catalizadora, o movimento quilombola ainda não foi plenamente atendido nas suas principais rei-

---

418 *Marcha Nacional Zumbi dos Palmares Contra o Racismo, pela Cidadania e a Vida*: por uma política de combate ao racismo e à desigualdade racial. Brasília, DF: Cultura Gráfica e Editora, 1996. p. 29-31. Documento do I Encontro Nacional das Comunidades Negras Rurais.

419 SOUZA, op. cit.

420 Lei n. 12.288 (Estatuto da Igualdade Racial). *Diário Oficial da União*, Seção 1, 21 jul. 2010.

421 BRASIL. Ministério da Educação. *Diretrizes Curriculares Nacionais para a Educação das Relações Étnico-Raciais e para o Ensino de História e Cultura Afro-Brasileira e Africana*. Brasília, DF, out. 2004.

vindicações: o fim das ameaças ou invasões aos seus territórios; o reconhecimento do direito à propriedade, conforme estabelecido pela Constituição Federal; e a implementação de políticas públicas – para suprir a escassez de recursos, meios técnicos e infraestrutura.[422]

Com mais de duas mil comunidades quilombolas já mapeadas em todo o País,[423] suas lideranças miram na construção de um novo futuro. Segundo a ativista Josilene Brandão, o movimento quilombola faz parte de um mosaico mais amplo: "Quando a gente fala 'movimento negro', ele engloba tanto o rural quanto o urbano. E o movimento quilombola é uma vertente no meio rural".[424] Por essa perspectiva, quilombo estaria associado à ruralidade, forma camponesa, terra de uso comum e *práxis* ecológica de preservação dos recursos da natureza. No entanto, ultimamente o conceito de quilombo vem se ampliando no sentido de incorporar comunidades urbanas ou antigos assentamentos de reforma agrária. Nestes dois casos, a autoatribuição questiona as definições essencialistas tradicionais. E não é para menos. A autoatribuição serviu como "ponto de fuga" contra a estratégia de conferir rótulos em um repertório fixo de características, em geral referidas a um estereótipo que excluiria muitos casos concretos. Como argumenta José Maurício Arruti, quilombo é uma categoria analítica em construção ou, antes, em disputa. Não apenas "em função de seu caráter polissêmico, aberto, com grandes variações empíricas de ocorrência no tempo e no espaço. Mas uma disputa em torno de como o plano analítico se conecta com os planos político e normativo".[425] Embora seja um aliado do movimento negro no sentido *lato sensu*, o movimento quilombola tem suas especificidades, de estratégias, de prioridades e mesmo de vocabulário, daí a importância de ele se relacionar com outros atores e agências da sociedade civil (sindicatos de agricultores e trabalhadores rurais, organizações não governamentais ligados ao movimento camponês e indígena e pastorais populares da Igreja Católica) e do poder público (governos municipais, estaduais e federal). O *fazer-se* desse movimento é um processo contínuo e dinâmico de

---

422 TELLES, Edward. *Racismo à brasileira*: uma nova perspectiva sociológica. Rio de Janeiro: Relume Dumará/Fundação Ford, 2003, p. 83.

423 ANJOS, Rafael Sanzio Araújo dos. *Quilombos*: geografia africana – cartografia étnica – territórios tradicionais. Brasília, DF: Mapas Editoras/Consultoria, 2009.

424 Depoimento de Josilene (Jô) Brandão, apud ALBERTI, Verena; PEREIRA, Amilcar Araújo. *Histórias do movimento negro no Brasil*: depoimentos ao CPDOC. Rio de Janeiro: Pallas, 2007. p. 310.

425 ARRUTI, José Maurício. Quilombos. In: SANSONE, Livio; PINHO, Osmundo. *Raça*: novas perspectivas antropológicas. Salvador: Associação Brasileira de Antropologia/EDUFBA, 2008. p. 315-316.

trocas, empréstimos, adaptações e reinvenções relacionadas aos desafios analíticos, políticos e identitários.[426]

Usos da memória, cidadania e protagonismo

As comunidades negras rurais quilombolas no Brasil têm uma característica única – quando comparadas às comunidades semelhantes em países como a Colômbia, a Venezuela, o Equador, o Suriname, a Jamaica, entre outros – no caso a densidade espacial e temporal e a articulação com outros setores sociais da população negra desde os tempos coloniais. Aqui nunca houve isolamentos, de modo que os quilombos cada vez mais se articularam com variadas formas de microssociedades camponesas. Em vez de obstáculos tais características devem ser pensadas como desafios de ampliação para as identidades e expectativas das atuais e inúmeras comunidades negras rurais quilombolas e todas as formas de políticas públicas a elas destinadas. No Brasil as comunidades negras rurais quilombolas – e as políticas públicas envolventes – devem também ser pensadas a partir das experiências da pós-emancipação. Apesar de muitas delas serem oriundas de escravos fugidos – a experiência dos remanescentes de quilombos no Brasil não se esgota em um dado passado da escravidão. É fundamental entender as suas formações, expectativas identitárias, demandas, a constituição da ideia de "nação" no alvorecer do século XX etc.

Atualmente as populações remanescentes de quilombos, as populações indígenas, as populações tradicionais e o próprio MST, aspiram, não só pelo direito à terra, mas fundamentalmente por cidadania e direitos constitucionais no sentido de desenvolvimento autossustentável. Infelizmente, no Brasil atual, políticas públicas relativas à questão agrária são tão somente vistas como demarcações/assentamentos de trabalhadores rurais. Além disso, as imagens que a cidade – basicamente por meio dos órgãos de comunicação – projetaram sobre o campo, portanto o campesinato, continuam muito distorcidas.

Para além da Constituição de 1988 por meio do seu art. 68 que garantiu o direito/posse e a demarcação das terras das populações remanescentes de quilombos, houve e tem havido intensos debates, para não dizer disputas políticas, dos quais fizeram parte muito mais antropólogos e operadores do direito (e estranhamente não os historiadores) para dizer/classificar o que foram os quilombos e o que são comunidades remanescentes deles. Em diversas áreas – com especificidades sociodemográficas – cativos e quilombos constituíram práticas socioeconômicas, costumeiras e culturais, a partir das quais interagiram. Existiriam "camponeses não proprietários", "camponeses

---

426 FRENCH, Jan Hoffman. Os quilombos e seus direitos hoje: entre a construção das identidades e a história. *Revista de História da USP*, São Paulo, n. 149, p. 45-68, 2003..

proprietários", "atividades camponesas dos quilombolas" e o "protocampesinato escravo". Ainda são poucos os estudos que acompanharam as populações de libertos e ex-escravos e as suas expectativas de ocupação de terra na pós-emancipação. Muitas terras podem ter sido legadas por gerações de famílias de escravos e depois libertos, ocasionando conflitos com antigos senhores no pós-1888. Isso sem falar em terras doadas em testamentos para escravos e libertos. O que aconteceu com muitas comunidades quilombolas na pós-emancipação? Certamente estigmatização, intolerância, truculência e a produção de uma "invisibilidade" social, travestida de um falso isolamento, algo que nunca houve historicamente.

Ainda durante o cativeiro, as relações da população livre pobre rural com as comunidades de fugitivos eram simbióticas. E podemos indagar em que medida a experiência de um campesinato negro (ocupações em áreas de fronteiras agrárias) se articulou com migração de populações de mocambos e terras doadas a libertos. É importante entender os processos de formação de um campesinato negro não só a partir dos quilombos/mocambos; mas fundamentalmente valendo-se das experiências de ocupação de terra via libertos e terras doadas nas últimas décadas do século XIX e início do XX. Estudos clássicos sobre campesinato no Brasil pouco enfatizaram as conexões – em termos de apropriação de terra, tradições, rituais, memórias, mundos do trabalho – com a pós-emancipação e a questão étnica. Seria um aspecto fundamental para pensar a história das políticas públicas de direitos humanos e cidadania (uma base da experiência quilombola) na fase contemporânea.

Ao longo de todo o Brasil, sejam próximas às grandes cidades, em áreas importantes da agroexportação e produção de alimentos dos séculos XVIII e XIX, como em áreas de fronteiras e mesmo em divisa com terras indígenas, são encontradas inúmeras vilas, povoados e comunidades negras. As formações históricas destas são diversas: terras herdadas de quilombolas/escravos fugidos e seus descendentes da escravidão; doações de senhores ou ordens religiosas a ex-escravos; terras compradas por libertos e herdadas pelos seus descendentes; terras conseguidas do Estado em troca de participação em guerras ou ainda de inúmeras migrações de libertos e suas famílias no período imediatamente pós-emancipação.[427] É possível identificar comunidades remanescentes em vários lugares, muitas das quais conhecidas pelas de-

---

[427] Para uma historiografia da pós-abolição articulando terra e as perspectivas dos libertos, conferir: FRAGA FILHO, Walter Silva. *Encruzilhadas da liberdade*: histórias e trajetórias de escravos e libertos na Bahia (1870-1910). Campinas: Unicamp, 2007; GUIMARÃES, Elione Silva. *Múltiplos viveres de afrodescendentes na escravidão e no pós-emancipação*: família, trabalho, terra e conflito (Juiz de Fora, MG, 1828-1928). São Paulo: Annablume; Juiz Fora: Funalfa Edições, 2006; MARTINS, Robson Luís Machado. *Os caminhos da liberdade*: abolicionistas, escravos e senhores na Província do Espírito Santo (1884-1888). Campinas: Centro de Memória/Unicamp, 2005.

nominações: populações tradicionais, comunidades e bairros rurais negros, também chamados de *terras de preto*. Na complexidade histórica de um campesinato negro no Brasil no alvorecer do século XX, vemos a emergência de culturas e identidades no mundo rural. Diversos fatores econômicos, geográficos, simbólicos e demográficos tiveram impacto sobre estas formações sociais onde elas existiram. As estratégias para manter autonomias podiam estar combinadas a contextos geográficos, históricos e socioeconômicos diversos. Na pós-emancipação, estratégias de grupos familiares de negros ex-escravos e filhos destes podem ter sido a perspectiva de forjarem comunidades camponesas, tentando integrar suas atividades econômicas não só com as antigas comunidades de senzalas próximas como também junto a pequenos lavradores, homens livres pobres, taberneiros etc.

Na perspectiva da formação de comunidades camponesas pode-se pensar a sua constituição e as suas articulações socioeconômicas. Tal horizonte talvez seja fundamental para articular as expectativas, por exemplo, da educação quilombola com outros mecanismos e projetos educacionais ampliados e com perspectiva de cidadania. Nunca em um sentido culturalista e, pior, de isolamento. Essas conexões – historiografia acadêmica e movimentos sociais – sobre os quilombos e os quilombolas no Brasil estiveram presentes nos debates dos projetos e propostas que se transformaram em 2003 em letra da Lei n. 10.639 como estão sendo importantes – dez anos depois – para a implementação dela. Um desafio de investigação seria produzir uma história intelectual e das ideias destas conexões, acompanhando trajetórias, personagens, narrativas, instituições e contextos – desde o final dos anos 1970 – que envolveram movimentos agrários de luta pela terra, redemocratização, participação da Igreja e sindicatos rurais, eleições e debates da Constituinte em 1987 e 1988, movimentos negros e ativistas.

Aparentemente detalhes da história, essas questões são importantes para ampliar os sentidos do mundo do trabalho, da liberdade, identidade e políticas públicas. Políticas redistributivas tendo em vista inclusão social, cidadania, diversidade, direitos humanos e reparação.[428] Os quilombolas de ontem e de hoje são o Brasil. Se não estiveram contemplados nas narrativas do passado colonial, nos modelos de formação do Estado Nacional no império e nos ideais republicanos de nação e modernidade, deverão estar hoje no acesso à terra, aos bens públicos e às políticas de igualdade.

---

428 SAILLANT, Francine. Direitos, cidadania e reparações pelos erros do passado escravista: perspectivas do movimento negro no Brasil. In: HERINGER, Rosana; PAULA, Marilene de (Orgs.). *Caminhos convergentes*: Estado e sociedade na superação das desigualdades raciais no Brasil. Rio de Janeiro: Fundação Heinrich Böll/ActionAid, 2009. p. 197-226; MATTOS, Hebe; ABREU, Martha. Remanescentes das comunidades dos quilombos: memória do cativeiro, patrimônio cultural e direito à reparação. *Iberoamericana*, Madri, n. 42, p. 147-160, 2011.

A história dos quilombos não foi escrita somente a partir de uma historiografia acadêmica.[429] Em diversos momentos, a temática quilombola – como metáfora – foi apropriada pelos movimentos e organizações políticas antirracistas. Os quilombos do passado seriam transformados em representações históricas da luta contra a discriminação racial e valorização da "cultura negra". Para diversos setores e intelectuais dos movimentos sociais, a resistência negra também apareceria como símbolo do passado a ser agenciado, de modo que aquelas comunidades eram ao mesmo tempo sinônimas de enfrentamentos e territórios de resistência cultural. O discurso sobre a etnicidade negra no Brasil foi em parte construído tendo os quilombos como paradigma. Além da etnicidade, era paradigma de cultura e de "raça". Memórias, esquecimentos, aproximações, distanciamentos, violência, benignidade, harmonia, negociações e conflitos seriam os roteiros das várias reconstruções históricas possíveis. Houve um diálogo entre a produção historiográfica mais contemporânea sobre a escravidão no Brasil e os movimentos sociais negros. As reflexões (fora e dentro do meio acadêmico) sobre as relações raciais e as desigualdades socioeconômicas no Brasil foram fundamentais, na perspectiva de provocarem questionamentos sobre um passado histórico do qual se tentava um movimento ora de aproximação, ora de distanciamento, ora de subsunção.

Desde as últimas décadas do século XX, o debate sobre a reforma agrária tem se articulado com as temáticas da questão racial, em particular das comunidades negras rurais e remanescentes de quilombos. Com visibilidade nacional, tem mobilizado a sociedade civil, como movimentos sociais, operadores do Direito, jornalistas, ONGs, intelectuais, universidades e não menos frequentemente partidos políticos, Ministério Público, Incra e agendas dos governos, federal, estaduais e municipais. Tal conexão sobre *terra* e *etnicidade* possibilitou a ampliação do debate sobre a própria história da população negra no Brasil – com destaque para a escravidão africana e os quilombos – para outros patamares. Eventos políticos e/ou efemérides comemorativas (transformadas em agendas de denúncias e protestos) como o centenário da Abolição da escravidão (1988), o aniversário de 300 anos da morte de Zumbi, líder do Quilombo de Palmares (1995) e mesmo a Conferência Mundial contra o Racismo, a Xenofobia e as Intolerâncias Correlatas (DURBAN, 2001) mobilizaram diversos setores sociais na reflexão e na intervenção política visando ao combate das desigualdades raciais.

---

429   Conferir os estudos de: MATTOS, Hebe Maria de; RIOS, Ana Maria Lugão. *Memórias do cativeiro*: família, trabalho e cidadania no pós-abolição. Rio de Janeiro: Civilização Brasileira, 2005; _____. Remanescentes das comunidades dos quilombos: memórias do cativeiro e políticas de reparação no Brasil. *Revista da USP*, São Paulo, n. 68, p. 104-111, 2006; _____. Políticas de reparação e identidade coletiva no mundo rural: Antônio Nascimento Fernandes e o Quilombo São José. *Revista de Estudos Históricos*, Rio de Janeiro, n. 37, p. 167-189, 2006.

O que para muitos aparecia como novidade na agenda política pública – a dimensão étnica, via os quilombos, da questão agrária – tinha, na verdade, percursos históricos mais longos e sinuosos, embora desconhecidos, silenciados e mesmo tornados invisíveis. É possível pensar em uma longa história social das lutas agrárias considerando os *sem--terra*, as populações tradicionais, os trabalhadores rurais e outros setores envolventes. Entre as historicidades possíveis e as memórias ressignificadas, encontraremos gerações e gerações de homens e mulheres do campo reconstruindo permanentemente sua própria história, territorialidade, tradição, gramática cultural e etnicidade. Temas diversos das memórias e lutas do passado e do *tempo presente* são amalgamados e conectados em tornos de novas narrativas, fragmentos, fios condutores, silêncios, esquecimentos e fundamentalmente *projetos* e *agências*. Para questões contemporâneas, é possível refletir como a temática quilombola (dos estudos acadêmicos aos movimentos sociais) tem-se transformado em um amplo vetor de mobilização e reflexão sobre a questão racial no Brasil com impactos nas políticas públicas de acesso a terra, saúde, cidadania e educação.

Seja como for, as comunidades quilombolas ressematizam uma memória viva da diáspora africana no Brasil. Isto significa que os projetos de cidadania e as ações no campo dos direitos devem dialogar com a história e a cultura dessas comunidades, respeitando, na medida do possível, suas tradições, seus "costumes em comum" e seu fecundo patrimônio multicultural.[430] Decerto os embates pelo direito à terra, ao desenvolvimento sustentável, à dignidade e às identidades étnicas continuam calibrando os impasses, desafios e horizontes da democracia. Não se trata, contudo, de idealizações idiossincráticas e sim de justiça, de respeito à diversidade, de reconhecimento de direitos e preservação de bens de natureza material e imaterial dos diferentes grupos formadores da sociedade brasileira.

---

430 Sobre a educação quilombola, conferir, entre outros: PARÉ, Marilene Leal; OLIVEIRA, Luana Paré; VELLOSO, Alessandra D'Aqui. A educação para quilombolas: experiências de São Miguel dos Pretos em Restinga Seca (RS) e da Comunidade Kalunga de Engelho II (GO). *Cadernos Cedes*, Campinas, v. 27, n. 72, p. 215-232, 2007; ARRUTI, José Maurício. Políticas públicas para quilombos: terra, saúde e educação. In: HERINGER, Rosana; PAULA, Marilene de (Orgs.). *Caminhos convergentes*: Estado e sociedade na superação das desigualdades raciais no Brasil. Rio de Janeiro: Fundação Heinrich Böll/ActionAid, p. 75-110, 2009; MIRANDA, Shirley Aparecida de. Educação escolar quilombola em Minas Gerais: entre ausências e emergências. *Revista Brasileira de Educação*, Belo Horizonte, v. 17, n. 50, p. 369-383, 2012.

Parte 2

Golpes na escola: liberdade de ensino, lutas identitárias e modelos educacionais na constituição da escola pública no Brasil e na Colômbia

1

O Ensino Médio no Brasil: uma história de suas finalidades, modelos e a sua atual reforma

Maria Rita de Almeida Toledo

Pelos seus resultados catastróficos, o Ensino Médio público tem sido uma das etapas mais problemáticas da Educação Básica no Brasil. Questões como o alto índice de evasão, da distorção idade-série e da conclusão de que muitos jovens saem dessa etapa de ensino sem nada saber marcam os debates em torno do que fazer com as escolas de Ensino Médio. Mas há uma outra dimensão bastante importante que atravessa o debate sobre o Ensino Médio e essa dimensão é justamente a de suas finalidades: para que serve o Ensino Médio? O que fazer para ampliar a educação do jovem brasileiro? O que é selecionado como referentes culturais importantes a serem ensinados na escola? Que sentidos são atribuídos a esses referentes? Que conhecimentos são tornados acessíveis (e quais conhecimentos não o são) para os jovens que frequentam essas escolas? Que tradições seletivas[431] estão configuradas nos currículos desse nível de ensino e para quais finalidades?[432]

Essas questões, de fundamental importância, ligam-se diretamente à função política e social da escola: instituição de poder, de distribuição de conhecimento e de símbolos, cuja finalidade é a de "preparar" pessoas para sociedades desiguais. Se a função política e social da escola parece ser a mesma nas sociedades capitalistas, a seleção do que deve configurar a "preparação" dos sujeitos está implicada nas finalidades sociais atribuídas à escola e ao currículo: tanto no que diz respeito aos referentes culturais ou às "tradições seletivas", quanto às relações de poder e disciplinares ordenadoras da arquitetura e dos tempos escolares[433].

---

431 O conceito de tradição seletiva é concebido por Raymond Williams e apropriado por Apple. (Cf. APPLE, Michael. *Ideologia e Currículo*. São Paulo: Brasiliense, 1982. p. 16-17.

432 Esse questionário sobre a instituição escolar foi apropriado de Apple (ibidem).

433 Para Apple, "[...] embora as escolas possam estar de fato a serviço de muitos, e isso não deveria ser negado, ao mesmo tempo, no entanto, empiricamente elas também parecem fazer as vezes de poderosos agentes da reprodução econômica e cultural das relações de classe numa sociedade estratificada como é a nossa". (Ibidem, p. 19.)

Essa observação está no reconhecimento de que o que é selecionado para compor a cultura escolar sempre é fruto de escolhas sobre "universos" muito mais vastos de "conhecimentos e princípios sociais possíveis". Para Apple, "é uma forma de capital cultural que provém de alguma parte, e em geral reflete as perspectivas e crenças de poderosos segmentos da nossa coletividade social"[434]. A escola e seu currículo, portanto, são espaços de disputas sociais e políticas. A tomada do lugar de poder que permite definir as regras de distribuição e organização do tempo escolar e a prescrição de seu currículo é por consequência a vitória de um conjunto de representações sobre quem são os alunos, do que precisam para serem "preparados" e como; quem devem ser os educadores, do que precisam para formar os alunos; e daí por diante. Nesse sentido, é de fundamental importância a análise do debate e disputas sobre as finalidades atribuídas à escola (e aos seus níveis e ramos) e o modo peculiar com o qual são selecionadas as "tradições seletivas" que lhe darão sentido. Essas "tradições" – nunca são neutras porque são justamente escolhas de segmentos da sociedade para à totalidade de suas crianças e jovens – estabelecem os contornos do capital cultural que se pretende distribuir, de uma hegemonia cultural[435] que se pretende engendrar. Essas finalidades, e a decorrente organização escolar, configuram as formalidades práticas do funcionamento da escola, projetando os padrões de sua "qualidade", e os jogos dos confrontos entre as diferentes representações – a dos professores, dos alunos, dos administradores, dos pais, entre outros – dos sentidos que essa instituição tem, assim como das apropriações que podem fazer em seu cotidiano da tradição seletiva instituída.

Esse artigo objetiva tratar das disputas que ocorreram em torno das propostas de reforma da escola média pública (ou secundária, como era conhecida) ao longo do tempo – da década de 1950 à última reforma – para desnaturalizar as representações dos atuais reformadores sobre as finalidades dessa escola e sua organização, acompanhando os deslocamentos desse debate e os desenhos que projetaram e instituíram.

A crise do secundário

Sílvia A. Fonseca, em seu mestrado, objetivou apresentar os termos da contenda sobre a *qualidade da escola* secundária, sobretudo a pública, entre 1946 e 1961. Para a autora, há pelo menos três posições distintas que, de um lado, concordavam que havia uma crise nesse nível de ensino, embora, do outro, analisassem seus termos com cores

---

434 Ibidem, p. 19.
435 Tanto Raymond Williams quanto Apple adotam o conceito de hegemonia de Gramsci. (Cf. Idem; WILLIAMS, Raymond. *Cultura e Materialismo*. São Paulo: Unesp, 2011.)

bastante diversas. E, para compreender esse debate, a autora retoma o desenho estabelecido pelas Leis Orgânicas do Ensino, assinadas pelo Ministro da Educação e Saúde, Gustavo Capanema, entre 1942 e 1946.[436] No conjunto dessas leis, o Ensino Médio era composto por diferentes ramos (Propedêutico, Técnico e Normal), com suas respectivas finalidades e níveis. Também é preciso notar que o acesso a esse nível de ensino se dava por meio da aprovação dos estudantes em exames de admissão, propostos pelas diferentes instituições do nível médio. Em síntese, os ramos estavam projetados para que fossem incomunicáveis e traçassem diferentes trajetórias para os jovens.

Para o ramo propedêutico, o mais procurado (e conhecido como escola secundária), atribuiu-se a finalidade da formação das "individualidades condutoras do País", oferecendo aos estudantes, além de formação literária, científica ou filosófica, a consciência de sua "responsabilidade dentro da sociedade e da nação" porque, com esse preparo, seriam "portadores das concepções e atitudes espirituais" que deveriam "infundir nas massas".[437] Para tal finalidade geral, o estudante deveria frequentar dois ciclos formativos: o ginásio, de quatro anos, e o colégio, de três. Se o ginásio ofereceria ao estudante "os elementos fundamentais do Ensino Secundário", o colégio deveria consolidar essa formação e aprofundá-la com a especialização dos estudos, enfatizada por meio do currículo "clássico" – com maior número de disciplinas filosóficas e das letras antigas – ou do currículo "científico" – com maior número de disciplinas das Ciências.[438] Essa formação, considerada ampla por seu legislador, permitia aos estudantes desse ramo de ensino transitar por todos os outros, garantindo também acesso a qualquer dos cursos em nível superior, pretendido pelos estudantes. Daí o prestígio adquirido pelo ensino secundário e a hierarquia cultural estabelecida entre este e os ramos técnico e normal. Os demais se conectavam ao Ensino Superior tão somente aos cursos afins com a formação específica: por exemplo, os cursos industriais às engenharias, as escolas normais às licenciaturas, oferecidas pelas Faculdades de Filosofia, Ciências e Letras.

Se as Leis Orgânicas tiveram vigência até o estabelecimento das Leis de Diretrizes e Bases de 1961 – Lei n. 4.024/1961 –, elas também foram rapidamente desconfiguradas por uma série de decretos-lei, portarias e circulares, emitidas pelas autoridades que deveriam gerir o funcionamento e os conflitos gerados pela expansão, sobretudo, da escola secundária pública e privada no período.[439] Esse processo foi acompanhado por intenso

---

436 Capanema fez publicar Leis Orgânicas para o Ensino Industrial (Decreto-Lei n. 4.073, de 30 de janeiro de 1942), para o Ensino Comercial (Decreto-Lei n. 6.141, de 28 de dezembro de 1943), para o Ensino Agrícola e para o Ensino Normal (Decreto-Lei n. 8.530, de 2 de janeiro de 1946).

437 BRASIL. *Decreto-Lei* n. 4.244, de 9 de abril de 1942, p. 48..

438 Idem, p.23.

439 FONSECA, op. cit., capítulo I.

debate em torno de possíveis modelos a serem adotados para esse nível de ensino, sobretudo, no que diz respeito a suas finalidades e seu público. Se, de um lado, os argumentos serviam para justificar as políticas de gestão demandadas pelo cotidiano escolar, por outro, esses argumentos se ampliavam no debate sobre a nova LDB.

Fonseca identifica pelo menos três importantes modelos projetados para o Ensino Médio. Dois deles partiam de uma mesma argumentação de fundo, que diagnosticava que esse nível de ensino deveria ser reestruturado porque só com sua reestruturação poder-se-ia de fato reordenar toda a educação brasileira – do Ensino Primário ao Superior. O terceiro conjunto de representações entendia que o problema do Ensino Médio não era o de seus fins, mas o de seus meios; mal organizado, esse nível deveria receber mais atenção das políticas educacionais para ser realizado a contento. As representações coincidiam, contudo, na avaliação de que mudanças profundas no Ensino Médio (ginásio e colégios) dependiam da opção por um investimento de ampliação da escola pública no lugar de se incentivar a expansão do ensino privado, como vinha-se fazendo desde o Ministério Capanema.[440] Nessas proposições, a escola pública deveria ser para todos, *constituindo-se uma cultura comum entre todas as classes sociais*. A tradição seletiva proposta em cada um dos modelos projetados partia da ideia de que a escola média deveria ser instituição de distribuição de uma cultura equânime. Colocados lado a lado pobres e ricos, poderia se constituir um sentido e significado para a ideia de não diferenciação na formação escolar. Portanto, as propostas colocavam em xeque o senso comum, hoje naturalizado, do lugar que a escola pública deveria ocupar na formação do jovem brasileiro: no lugar de ser uma escola para pobres, ela deveria ser hegemônica, garantindo a formação comum dos estudantes oriundos dos diferentes estratos sociais. Como se verá, a questão da seleção e organização curricular tinha como pressuposto a qualidade da escola pública para todos.

Se o diagnóstico da crise de qualidade da escola média era compartilhado, os diferentes grupos atribuíam diferentes significados para essa crise. Anísio Teixeira[441] – uma das lideranças educacionais desde os anos 1930 – entendia que era iminente a necessidade de transformação do Ensino Secundário propedêutico público, dada a transformação de sua clientela. Ramo do Ensino Médio mais procurado pela população, que buscava prolongar sua escolarização e alcançar o Ensino Superior, essa escola já não formava uma pequena elite, dado o próprio ritmo de sua expansão. Deveria, portanto, converter-se em "escola de formação básica" para todos, que formasse toda a população para participar de

---

440 Para dimensionar os investimentos do Estado na escola privada, consultar FONSECA, op. cit., capítulo IV.

441 Anísio Teixeira foi reformador da educação do Distrito Federal e do Estado da Bahia. Trabalhou na Unesco, foi diretor do Inep e lecionou em várias universidades no Brasil e nos Estados Unidos. Para uma biografia desse intelectual, conferir: NUNES, Clarice. *Anísio Teixeira*. Recife: Massangana, 2010. Disponível em: <http://www.dominiopublico.gov.br/download/texto/me4689.pdf>.

uma "civilização que não é simplesmente empírica, mas racional e científica, intencionalmente construída pelo homem e toda construída sobre tecnologias e técnicas cada vez mais dependentes da inteligência compreensiva". Por isso, essa escola deveria formar todos os jovens, com um currículo que contemplasse as técnicas e a tecnologia. A Escola Secundária, nesse sentido, deveria se adaptar à população que a procurava, não a população a ela. A escola linear, rígida e uniforme deveria dar lugar a uma escola média vária, diversificada e múltipla em seu desdobramento curricular, para atender a uma clientela diversificada e mais disposta a sentar em seus bancos. Segundo Fonseca, a perspectiva de Teixeira era de que a nova Escola Secundária não deveria ser nem técnico-profissionalizante, nem preparatória para o Ensino Superior; deveria se organizar com disciplinas essenciais – entendidas como aquelas que dariam a base do espírito científico – e uma série de disciplinas voltadas para o desenvolvimento das habilidades dos indivíduos, garantindo a diferença, mas guardando o que haveria de *comum na cultura brasileira*. É bom antecipar que, como se verá, se há alguma semelhança entre a proposta de Teixeira e a da atual reforma da LDB, no que tange a ideia da necessidade da flexibilização dos currículos, ela é apenas aparente. No centro da proposição de Teixeira, como já destacado, as ciências e o conhecimento profundo da cultura eram os pontos de partida e deveriam alimentar permanentemente as trajetórias formativas dos jovens estudantes. A flexibilização, nas suas representações, não deveria produzir hierarquias entre os repertórios das escolas e muito menos diferentes modelos escolares, cujas finalidades os distanciavam. A flexibilização ocorreria em uma mesma escola para todos, porque se articulava sobre uma cultura comum, formadora de todas as classes sociais e para todas as classes sociais.

Para os intelectuais ligados a Alberto Guerreiro Ramos e ao Instituto Superior de Estudos Brasileiros (Iseb)[442], como Maria Thétis Nunes[443], a inoperância da escola secundária estava justamente no fato dessa instituição ser uma instituição "transplantada" e em descompasso com o processo de industrialização e urbanização vivido pelo País. A educação, para esses intelectuais, deveria ser uma das molas de transformação da nação em direção ao desenvolvimento econômico. Para tanto, deveria formar mão de obra capaz de operar com as novas tecnologias do progresso. Esse grupo de pensadores entendia que era necessário transplantar outro modelo de escola, que propiciasse o desenvolvimento nacional e preparasse o jovem para a nova etapa industrial a que o

---

442 Para uma biografia de Alberto Guerreiro Ramos, conferir: <https://cpdoc.fgv.br/producao/dossies/AEraVargas2/biografias/guerreiro_ramos>. Para uma história do Iseb, conferir: TOLEDO. Caio Navarro de. *Iseb*: a fábrica de ideologias. Campinas: Unicamp, 1998.

443 Para uma biografia dessa intelectual marxista, conferir: BARRETO, Luiz Antônio. Maria Thétis Nunes: perfil historiográfico de uma mestra. *Revista do Mestrado em Educação*, Sergipe, v. 9, p. 9-16, jul./dez. 2004.

País adentrava, ao mesmo tempo que as escolas profissionais, voltadas para a industrialização, propiciariam o avanço do processo. Nunes, por exemplo, insistia que tanto os ginásios como os colégios deveriam se organizar com um núcleo de disciplinas comuns e uma parte diversificada, que encaminhassem os jovens em direção à profissionalização e adequassem o Ensino Secundário às condições históricas de desenvolvimento que o País vivia. Esse grupo defendia que a reorganização de todo o Ensino Médio em prol do desenvolvimento da escola técnico-profissionalizante deveria fazer parte de um esforço consciente do Estado que procurasse o desenvolvimento do Brasil e melhor se adequasse a suas condições históricas. Nessa perspectiva, os estudantes de todas as classes sociais deveriam estar nesta escola, alterando-se assim a mentalidade das elites, livresca e atrasada, e a mentalidade das outras camadas sociais que passariam a ser efetivamente preparadas na escola. Também, nesse caso, há uma longa distância entre as proposições atuais da reforma do Ensino Médio e da proposição do grupo do Iseb: para eles, a adoção do modelo da escola técnico-profissional não instauraria hierarquias entre as formações de ricos e pobres. Mas uma mentalidade comum que poderia alavancar o desenvolvimento econômico do País. Nessa perspectiva, não haveria sistemas paralelos de formação – uma escola propedêutica para ricos e uma técnica para pobres. A formação técnica comum a todos os jovens alteraria a mentalidade dos brasileiros e de sua cultura.

Ainda, tanto em um modelo quanto no outro, o problema da qualidade do ensino secundário e da sua eficácia – organização e finalidades – não era visto como efeito apenas na escola pública que se expandia, mas em todas as escolas que ofereciam essa modalidade de ensino. A política de mudança da escola deveria alcançar todos os jovens, com a oferta de uma escola pública comum de qualidade.

Para um terceiro grupo, o problema da crise do Ensino Secundário, público ou privado, estava justamente no fato do ramo propedêutico não preparar os jovens para a finalidade a ele estabelecida: o preparo para o Nível Superior. Para Almeida Júnior e Laerte Ramos de Carvalho[444], por exemplo, o problema do Secundário estava na formação dos docentes destinados a essa escola, nos currículos e no pouco aproveitamento dos estudantes do programa de estudos a eles destinado. A solução estaria em um maior controle dos processos de organização das escolas públicas, com rigoroso acompanhamento da formação dos

---

444 Esses foram intelectuais vinculados à Universidade de São Paulo e ocuparam importantes postos na constituição do ensino superior no Brasil. Para uma biografia de Laerte Ramos de Carvalho, conferir: PILETTI, Nelson. Laerte Ramos de Carvalho: a formação e os estudos histórico-filosóficos. *Revista da Faculdade de Educação*, São Paulo, v. 14, n. 2, 1988; BONTEMPI JÚNIOR, Bruno. *Laerte Ramos de Carvalho e a Constituição da História e Filosofia da Educação como disciplina acadêmica*. Uberlândia: Edufu, 2015. Para uma biografia de Almeida Júnior, conferir: FÁVERO, Maria de Lourdes de Albuquerque, BRITTO, Jader de Medeiros (Orgs.). *Dicionário de Educadores no Brasil*: da Colônia aos dias atuais. 2. ed. aum. Rio de Janeiro: Editora UFRJ/MEC/Inep/Comped, 2002.

docentes e de suas práticas em sala de aula. Além disso, essa formação deveria se dar nas universidades públicas e não nas faculdades privadas, pouco preparadas para realizar a formação dos docentes. Para esses críticos da escola secundária, os programas e os currículos também deveriam ser reorganizados de modo a de fato preparar os jovens estudantes para o Ensino Superior, para a cultura científica. A desconexão entre esses níveis de ensino deveria ser superada, não por reformas de todos os ramos do pós-primário, mas pela rearticulação dos programas, da formação docente e das práticas formativas engendradas na escola secundária.

O intenso debate apresentado aqui em largos termos não arrefeceu com a promulgação da Lei de Diretrizes e Bases, n. 4.024/1961. Muitos dos sujeitos envolvidos na luta pela transformação da escola secundária procuravam por outros meios fazer valer o aparecimento de escolas alternativas ao modelo em vigência e difundir suas experiências entre os docentes, administradores e políticos da educação. Os Colégios de Aplicação, Ginásios Experimentais ou Vocacionais apresentavam-se como alternativas importantes ao modelo "tradicional" reposto na LDB de 1961.

A Lei n. 5.692/1971 veio dar respostas ao intenso debate dos anos 1950 e 1960 relativo aos problemas da expansão da escola secundária, de suas finalidades e de seu processo formativo, impondo pela força da lei e da repressão um único modelo de escola para todo o Brasil, mas mantendo o aprofundamento da distância de qualidade entre a escola pública e a privada. Muitos de seus contornos foram apropriações dos diferentes projetos em debate e de seus termos, atrelados a significados restritos.

A Lei n. 5.692/1971: entre a democratização da escola secundária e o silenciamento do debate

No ano de 1971, com a Reforma de Ensino instituída pela Lei n. 5.692/1971, a escola brasileira é totalmente reconfigurada por meio da reorganização dos níveis de ensino e de seu público. O ginásio desaparece como nível de ensino ao ser integrado à escola primária, a partir de então a "escola de 1º Grau" e o colégio converte-se no "ensino de 2º Grau". Aos dois novos segmentos escolares são atribuídas finalidades diversas. Para Jorge Nagle, de acordo com o que argumenta em livro publicado em 1973, à escola de 1º Grau "cumpre desempenhar a função de agência homogeneizadora por excelência, criando e desenvolvendo uma base comum de comportamentos, que reflitam os ideais, valores e exigências da sociedade [...] a escola de 1º Grau substitui a antiga escola primária e o ginásio, por meio da integração de ambos. É preciso prestar bem atenção a essa particularidade: a escola de 1º Grau não significa superposição da escola primária com o primeiro ciclo da escola média, mas integração dos dois".[445]

Dissolve também a denominação clássica de organização curricular, substituindo o termo "disciplina" pelo de "matérias", para reorganizar as fronteiras entre as disciplinas escolares (Português, Matemática, História, Geografia). A nova configuração do núcleo comum era explicitada na classificação tríplice das seguintes matérias e conteúdos disciplinares: "Comunicação e Expressão" (Língua Portuguesa); "Estudos Sociais (História, Geografia, OSPB, EMC); e "Ciências" (Matemática e as Ciências Físicas e Biológicas) (Resolução n. 8/1971, art. 1º). Os conteúdos também foram classificados para o 1º Grau em atividades (a serem desenvolvidas até a 4ª série) e áreas de estudo. É dessa concepção de organização do currículo que decorre a crítica do *Movimento Nacional pelo Ensino Médio* sobre a PL n. 6.840/2013 e pode ser também atribuída à reforma da LDB em vigor.

A eliminação dos exames de admissão franqueou o acesso à escola de oito anos a um público até então dela excluído, provocando um reordenamento das relações no interior da escola, seja entre os professores dos diferentes níveis de ensino, seja entre professores e alunos. No primeiro caso, a lei reuniu em um único corpo docente tradições profissionais diferentes – a do professor primário e a do professor secundário; no segundo, os professores do antigo secundário passam a trabalhar com alunos que jamais teriam acesso aos bancos escolares daquele nível de ensino, incidindo assim em práticas didáticas já consolidadas.[446] Por causa dessa "integração vertical", ou, como salienta Jorge Nagle, a "continuidade", é "que se procedeu à alteração dos objetivos, currículo, regime escolar das antigas escolas primária e ginasial, pretendendo-se estabelecer outra estrutura e outro modo de funcionamento da escola".[447]

Uma das questões implicadas nessa mudança foi da primarização do ensino secundário, pelas finalidades políticas atribuídos à escola de 1º Grau, pela admissão de um novo público de alunos, ou ainda pela forma como se propôs a organização curricular, adequada a esse novo público que adentrava à escola. O ginásio passa a ser visto como prolongamento do primário e da escolarização obrigatória para todos; por extensão, a alteração das finalidades de parte da escola secundária implicava a rearticulação das culturas docentes até então vigentes.

Já para o ensino de 2º Grau, é atribuída a função de escola terminal, porque passa a ser escola profissionalizante, por meio de habilitações específicas. Em relação ao

---

445 NAGLE, Jorge. *Reforma e ensino*. São Paulo: Edart, 1973.
446 TOLEDO, Maria Rita de A.; REVAH, Daniel. Educação Hoje: uma revista para o ensino secundário no Brasil da década de 1960. *Revista Brasileira de História da Educação*, Paraná, 2014 (no prelo).
447 NAGLE, op. cit.

currículo para o 2º Grau, as matérias do 1º Grau deveriam reaparecer como disciplinas formalizadas, complementadas pelas disciplinas que deveriam organizar a formação profissional. O 2º Grau, também pelas suas finalidades, ficava assim desarticulado do Ensino Superior e da responsabilidade de ser a "ponte" que deveria levar os estudantes formados a este grau de ensino. Os ramos da Escola Média foram fundidos na escola de 2º Grau, esvaziando-se o debate sobre suas finalidades e sobre os tempos de estudos adequados a uma formação pós-primária.

Ainda é importante salientar que a massificação da escola pública foi acompanhada por um intenso crescimento do ensino privado, que passa a receber os filhos das classes médias, em busca da antiga qualidade de ensino e da distinção que a escola pública aberta não era mais – nas representações desse grupo – capaz de oferecer porque não preparava adequadamente para o Ensino Superior. Esse fenômeno deslocou o centro das proposições políticas de intelectuais como Anísio Teixeira, que propugnavam a expansão da escola pública para todos, diversificada e eficiente, para a proposição de uma escola pública aberta para as classes desprivilegiadas, separadas daqueles que poderiam pagar mensalidades e um ensino melhor ou ainda propedêutico. Essa diferença marcou sobremaneira o modo como o modelo da Lei n. 5.692/1971 foi apropriada pelas diferentes instituições, mantendo a falta de equidade entre os estudantes em relação aos bens culturais que a escola poderia oferecer e as trajetória futuras a escolher.

Esses mecanismos de reprodução das desigualdades ainda foram reforçados pelas políticas de formação docente. Com a Lei n. 5.692/1971 e a reforma universitária, a ditadura também rompeu com a perspectiva que articulava os ensinos secundário e superior, afirmando a distinção entre bacharelado e licenciatura e produzindo dentro dos processos formativos dos diferentes ofícios – historiadores, geógrafos, críticos literários, linguistas, cientistas sociais – uma alienação.[448] Os docentes do ensino de 1º Grau passam a ser diplomados em processos paralelos aos dos "cientistas/intelectuais", sobretudo nas licenciaturas curtas, o que, na prática, fez que se tornassem transmissores do conhecimento, alienados dos processos de sua produção e circulação. Com a implantação dos cursos de pós-graduação e o sistema de bolsas, ainda, muitas das possibilidades de produção do conhecimento foram territorializadas nesse nível formativo, consolidando a especialização e a hierarquização entre as diferentes dimensões do ofício docente.[449] A escola do Ensino Básico passou a

---

[448] COSTA, Wilma P.; TOLEDO, Maria Rita de A. Formação docente, história, memória e educação patrimonial: os desafios para a produção de novas práticas educativas. In: SIMPÓSIO NACIONAL DE HISTÓRIA: ANPUH 50 ANOS, 26., 2011. *Anais...* São Paulo: Cida Universitária, 2011. http://www.snh2011.anpuh.org/resources/anais/14/1308186024_ARQUIVO_anpuh2011texto3CostaeToledo.pdf

[449] Idem.

ser vista como o lugar dos intelectuais que "não deram certo" ou que optaram pela docência e não pelo ofício.

Esse processo é acompanhado pela expansão do Ensino Superior por meio das instituições privadas, responsáveis por implementar as licenciaturas curtas em todo o país e depois oferecer os cursos de formação docente a mais "baixo custo" (mensalidades e tempo de permanência). A valorização da carreira universitária e da pesquisa pública foram acompanhadas pela massificação do Ensino Fundamental e Médio, com a deterioração e a proletarização da carreira docente.[450] Esse processo, durante a ditadura e também após seu fim, pode ser notado pelo modo peculiar com que as políticas públicas investiram em ritmos desiguais na abertura de vagas do Ensino Fundamental e Médio e em relação à expansão de vagas públicas no Ensino Superior e universitário, deixando nas mãos da iniciativa privada, permanentemente denunciada pela sua falta de qualidade, a formação do docente da escola pública. Contraditoriamente, a chamada "crise da escola" se deslocou da falta de vagas, como diagnosticada nas décadas de 1920 e 1930, para a falta da formação do docente, agora definido como um "trabalhador do ensino", completamente distante do produtor do conhecimento. Tal proletarização explicitava-se ainda pela reorganização do regime de trabalho do docente "especialista" concursado, que deixa de ser professor catedrático para se converter no professor hora-aulista, com jornadas de trabalho variadas, segundo as necessidades de composição da renda, multiplicação dos vínculos com diversas escolas e número crescente de alunos.[451]

Se no fim da ditadura, com a nova LDBEN de 1996, muitos dos preceitos da Lei n. 5.692/1971 foram execrados, como o das escolas profissionalizantes compulsórias, o das matérias de formação moral e cívica ou o do "tecnicismo" como princípio de organização curricular, o debate sobre a organização dos Ensinos Fundamental e Médio pouco foi afetado: com as mesmas dinâmicas de distribuição de docentes – generalistas para o Ensino Fundamental I e especialistas para o Ensino Fundamental II e Médio – e de origem de sua formação; de organização do tempo escolar em hora aula; uso da hora aula como forma de remuneração e contagem do trabalho docente; manutenção das estruturas administrativas; só para citar as linhas estruturais mais aparentes da cultura escolar herdada da Ditadura Civil-Militar. Mas, sobretudo, desapareceu a discussão sobre a necessidade de uma escola pública para todos, naturalizando-se o princípio de que a escola privada deve ocupar fundamental posição nos processos de socialização da infância e da juventude da elite brasileira, mantendo-se assim a explícita dualidade econômica na forma de organização do ensino e das culturas escolares pública e privada.

---

450 Idem.
451 Idem.

O embate sobre a reforma do Ensino Médio nos anos 10 do século XXI: entre as heranças e apagamentos

A constatação de que a escola de Ensino Médio pública não se produziu com as qualidades esperadas leva, nos anos 2010, o reinício do debate de como reformá-la e para qual finalidade: uma escola mais profissionalizante ou uma escola de formação geral, ou ainda que abra os caminhos para o Ensino Superior? Deve ser a escola dual, que reforça as diferenças entre classes sociais, adaptando-se simplesmente às conjunturas do público atendido?

Certamente, a resposta dada pela recente reforma de ensino é a que elimina explicitamente a representação de que a escola pode ser uma maquinaria que produz equidade entre os jovens porque oferece uma cultura comum, um ponto de partida para todos. Mais do que isso, essa reforma oficializa mais uma vez a dualidade dos sistemas, reproduzindo as diferenças sociais e as hierarquias culturais do País.

No entanto, é necessário acompanhar o debate que deu origem à nova lei para deslindar os contornos que o processo tomou – de um autoritarismo contundente – para impor as finalidades e o novo desenho do Ensino Médio.

As iniciativas e o debate sobre a reforma de ensino durante o governo Dilma Rousseff

Em 2012, foi formada na Câmara dos Deputados uma Comissão Especial para estudar justamente estes problemas e propor reformulações na Lei de Diretrizes e Bases n. 9.394/1996, com o fito de solucioná-los. Essa iniciativa vinha na senda da discussão realizada no Conselho Nacional de Educação que, em 2011, estabeleceu as Diretrizes Curriculares Nacionais para o Ensino Médio (DCEM). Com o Projeto de Lei n. 6.840/2013, pretendia-se, de um lado, ampliar o tempo de formação dos estudantes, com um aumento significativo de horas de estudos nas instituições escolares; e, de outro, reformar o currículo, deslocando sua organização disciplinar para uma organização em áreas de conhecimento.

Em linhas gerais, o Ensino Médio diurno passaria a ser o único oferecido aos estudantes em idade escolar regular, com uma jornada completa (tempo integral) de sete horas, em três anos de duzentos dias letivos, elevando-se o tempo de formação de 2.400 horas, estabelecidas pelas DCEM, para 4.200 (1.400 horas anuais). No PL, também se proíbe o acesso ao ensino noturno para menores de dezoito anos. Essa modalidade ficaria destinada apenas aos estudantes fora da idade escolar indicada, organizando-se com a mesma duração de 4.200 horas, mas com a jornada diária mínima de três horas ao longo de quatro anos. Ainda propunha que o Ensino Médio noturno deveria contemplar o mesmo conteúdo curricular do ensino diurno, contudo, flexibilizava tal proposição, permitindo que até 1.000 horas fossem integralizadas a critério do sistema de ensino.

Para a organização curricular, o PL propunha dissolver as disciplinas em quatro áreas de conhecimento: Linguagem, Matemática, Ciências da Natureza e Humanas, com prioridade para Língua Portuguesa e Matemática. Tal organização, na visão dos proponentes, garantiria a interdisciplinaridade e desoneraria o currículo, aumentando o interesse dos estudantes e facilitando sua formação. Além disso, o currículo estaria submetido às "bases nacionais curriculares comuns" que, por sua vez, teriam como "componentes e conteúdos obrigatórios, o estudo da língua portuguesa; da matemática; do conhecimento do mundo físico e natural; da Filosofia e da Sociologia; da realidade social e política, especialmente do Brasil; e uma língua estrangeira moderna" (PL n. 6.840/2013, p. 3). No PL também se determinava que o estudante no terceiro ano deveria escolher uma dessas áreas/ênfases para o aprofundamento de seus estudos e direcionamento da carreira profissional. O ensino profissionalizante de Nível Médio seria realizado em um quarto ano, articulado às opções dos estudantes no terceiro ano.

Todo o currículo ainda deveria obrigatoriamente incluir os temas transversais: "empreendedorismo", "prevenção ao uso de drogas", "educação ambiental", "educação sexual", "de trânsito", "cultura da paz", "código do consumidor", e "noções sobre a Constituição Federal". Por fim, no PL propunha-se que as avaliações e processos seletivos que dariam acesso ao Ensino Superior fossem feitos com base na opção formativa do aluno (Ciências da Natureza, Ciências Humanas, Linguagens, Matemática ou Formação Profissional). Para esse novo Ensino Médio, os docentes deveriam ser formados não mais em disciplinas acadêmicas, mas nas áreas do conhecimento estabelecidas pelo currículo do Ensino Médio. Ainda é importante destacar que, no PL, estabeleceu-se como regra que qualquer introdução de matérias ou conteúdos no currículo do Ensino Médio só ocorreria mediante autorização do MEC.

Logo que circulou, o PL desencadeou um movimento contrário a ele, denominado *Movimento Nacional pelo Ensino Médio*, composto por várias entidades do campo educacional[452], com o objetivo de alterar os seus conteúdos, reformulando também suas principais proposições, com base nas DCEM. Para os atores do Movimento, o PL feria os direitos dos Jovens, cerceando o seu acesso à escola, sobretudo dos alunos trabalhadores; além disso, simplificava o currículo, com um projeto muito próximo àquele implementado na Ditadura Civil-Militar, com a Lei n. 5.692/1971 e requentava as "inócuas" diretrizes curriculares do início dos anos 2000, na retomada de temas transversais.

---

452 As entidades são: Associação Nacional de Pós-Graduação e Pesquisa em Educação (Anped); Centro de Estudos Educação e Sociedade (Cedes); Fórum Nacional de Diretores das Faculdades de Educação (Forumdir); Associação Nacional pela Formação dos Profissionais da Educação (Anfope); Sociedade Brasileira de Física, Ação Educativa, Campanha Nacional pelo Direito à Educação; Associação Nacional de Política e Administração da Educação (Anpae); Conselho Nacional Das Instituições da Rede Federal de Educação Profissional Científica e Tecnológica (Conif); e Confederação Nacional dos Trabalhadores em Educação (CNTE).

Além disso, para o *Movimento*, a inclusão da opção do estudante, no último ano do Ensino Médio, pela formação profissional contrariaria o disposto no art. 35 da LDB n. 9.394/1996 e desconsideraria a modalidade de Ensino Médio Integrado à Educação Profissional, mais próxima da concepção proposta nas DCNEM e já em prática nas redes estaduais e federal.

Para o *Movimento*, ainda, a proposta aproximava-se da Leis Orgânicas de Capanema, na medida em que vincularia a trajetória do estudante e sua escolha da área do conhecimento no terceiro ano à sua opção no Ensino Superior. Por fim, o *Movimento* criticava a proposição de formação docente nas áreas de conhecimento no lugar das disciplinas acadêmicas, denunciando o aligeiramento dessa formação e sua aproximação das proposições da 5.692/1971 para o 1º Grau.

Com a pressão do *Movimento Nacional pelo Ensino Médio*, apresentou-se na Câmara dos Deputados um "Substitutivo ao PL n. 6.840/2013", que alterou sobremaneira a proposição original, sobretudo, no que diz respeito à compulsoriedade do Ensino Médio integral, à proibição de acesso dos jovens menores de dezessete anos ao ensino noturno e ao desenho obrigatório do currículo em áreas do conhecimento e temas transversais. Nessa direção, o Substitutivo aproximou-se das DCEM, mantendo as áreas de conhecimento e descrevendo os componentes curriculares que cada uma dessas áreas deveria conter: I – Linguagens: a) Língua Portuguesa; b) Língua Materna, para as populações indígenas; c) Língua Estrangeira Moderna; d) Arte; e) Educação Física; II – Matemática; III – Ciências da Natureza: a) Biologia; b) Física; c) Química; IV – Ciências Humanas: a) História; b) Geografia; c) Filosofia; d) Sociologia. Além disso, desaparecem os temas transversais e a obrigatoriedade do MEC autorizar a introdução de novos conteúdos e componentes curriculares no Ensino Médio. No lugar dessas prescrições, indicou-se que as bases comuns curriculares deveriam conter as áreas de conhecimento descritas, mas, que as "instituições de ensino" poderiam definir suas propostas curriculares, desde que estivessem "articuladas com as dimensões do trabalho, da ciência, da tecnologia, da cultura como eixo integrador de conhecimentos de distintas naturezas, contextualizando-os em sua dimensão histórica e em relação ao contexto social contemporâneo" (Substitutivo do PL n. 6.840/2013, 2014, p. 23). Essa alteração reafirmou a liberdade das instituições em montarem seus próprios currículos e definirem conteúdos para as diferentes áreas/disciplinas.

Em decorrência da alteração do desenho curricular do PL, também foi alterada a proposição da formação docente, que volta a se dar nas disciplinas acadêmicas e não mais em áreas do conhecimento. Exigiu-se também que a estrutura dos cursos deveria "respeitar as bases comuns curriculares".

O substitutivo foi enviado para o parecer da Comissão Especial, designada em dezembro de 2014. Este parecer foi publicado em final de dezembro do mesmo ano, com o voto unânime da Comissão a favor do substitutivo. Desde então, o projeto ficou parado na Câmara dos Deputados, aguardando sua tramitação. Em agosto de 2016, o Deputado do DEM/

AM – Pauderney Avelino – entrou com "Requerimento de Urgência" para que o projeto fosse apreciado pelos deputados. No entanto, a mesa não deu continuidade ao trâmite.

No lugar do esperado trâmite, passado menos de um mês do *impeachment* de Dilma Rousseff, o novo Ministro da Educação José Mendonça Bezerra Filho editou uma Medida Provisória (n. 746, de 22/9/2016), que instituía a política das escolas de Ensino Médio.

O processo político da reforma do Ensino Médio/LDBEN no Governo Temer

A análise do processo político que deu origem à Lei n. 13.415/2017 não pode elidir a forma pela qual se deu: ao optar por editar uma medida provisória no lugar de respeitar o trâmite já instituído no Congresso Nacional, o ministro da Educação José Mendonça Bezerra Filho determinou o fim do debate entre sociedade e a Câmara dos Deputados, alterando o ritmo e a forma como a discussão da nova política vinha se processando. A nova proposta, na verdade, retomou a derrotada PL n. 6.840/2013, rechaçada pelo *Movimento Nacional pelo Ensino Médio*, e pouco alterou as suas proposições. Fica claro que o ministro lança mão de uma medida provisória porque optou pelo projeto de reforma que havia sido rechaçado e derrotado no jogo democrático até então vigente na política nacional. O uso da medida provisória foi uma forma eficaz de impor a toda sociedade aquilo que ela mesma rejeitou.

Para justificar a urgência do uso de medida provisória – e o ato de força contra o debate sobre a educação no Brasil e os seus resultados – o ministro José Mendonça Bezerra Filho apresenta a "crise do Ensino Médio" como eixo central da questão. Essa "crise", segundo sua "Exposição de Motivos", é decorrente, de um lado, da inadequação dos objetivos Lei de Diretrizes e Bases da Educação Nacional (Lei n. 9394/1996) e, de outro, do fracasso dessa escola no atendimento de seus alunos. A inadequação da LDB de 1996 estaria indicada, sobretudo, pela institucionalização de um currículo único e não flexível[453], com treze disciplinas fixas, adotado como padrão pelos sistemas de ensino. Na justificativa da MP, afirma-se que, mesmo com a flexibilização de 20% do currículo instaurada pelas Diretrizes Nacionais do Ensino Médio, esse padrão não se alterou, mantendo-se essa escola de "currículo extenso, superficial e fragmentado, que não dialoga com a juventude, com setor produtivo e tampouco com as demandas do século XXI". Ainda para reforçar o argumento do padrão curricular fracassado, na Exposição de Motivos, Mendonça Filho completa: "em uma pesquisa realizada pelo Centro Brasileiro de Análise e Planejamento (Cebrap), com apoio da Fundação Vitor Civita (FVC), evidenciou-se que os jovens de baixa renda não veem sentido no que a escola ensina"[454].

---

453 Na verdade, a LDB de 1996 já instituía a flexibilização dos currículos de Ensino Médio, desde que respeitassem as finalidades formativas desse nível de ensino nela instituída. (Cf. art. 36 da LDBN n. 9.394/1996.)

454 Exposição de Motivos da Medida Provisória n. 746, de 22 de setembro de 2015.

A crise do Ensino Médio, nas representações que Mendonça Filho e sua equipe fazem circular, está reduzida ao problema da inadequação curricular em relação ao público que atende: "muitas disciplinas para uma população pobre que pouco se interessa pela escola, porque esta não prepara para o mercado de trabalho (portanto, o setor produtivo também não se interessa pela escola)".

Essa representação da crise é reforçada por outros números: "apenas 58% dos jovens, na idade certa (entre quinze e dezessete anos), estão matriculados no Ensino Médio" e "85% dos matriculados frequentam a escola pública" e, ainda, desses "23,6% estudam no período noturno". A simplificação do currículo, pelo que é exposto, serviria para atender aos jovens pobres que "não precisam/não querem uma escola com muitas disciplinas".[455] Reforça-se o argumento pela explicação dos resultados aferidos pelos exames adotados no Brasil como avaliadores do desempenho das escolas: a Prova Brasil (para o Ensino Fundamental) e o Sistema de Avaliação da Educação Básica (Saeb) para o Ensino Médio. Nas duas disciplinas consideradas mais importantes nesses exames – Língua Portuguesa e Matemática – o desempenho dos alunos da escola brasileira é "preocupante". Para Mendonça Filho e sua equipe,

> *Isso é reflexo de um modelo prejudicial que não favorece a aprendizagem e induz os estudantes a não desenvolverem suas habilidades e competências, pois são forçados a cursar, no mínimo 13 disciplinas obrigatórias que não são alinhadas ao mundo do trabalho, situação essa que, aliada a diversas outras medidas, esta proposta visa corrigir, sendo notória, portanto, a relevância da alteração legislativa.*[456]

Interessante notar que os argumentos se apresentam em três movimentos: a maioria dos jovens que vai à escola é pobre e não se adapta à cultura disciplinar existente; essa cultura está desvinculada do mundo do trabalho; e ainda, um dos fins dessa escola é aumentar os índices de desempenho dos estudantes nas provas de avaliação, indicadoras do Ideb, portanto, os conteúdos de Matemática e de Língua Portuguesa devem ser os dominantes no currículo dessa escola simplificada. Esse argumento é ampliado com os números que demonstram que 16,5% da população jovem seguem para Ensino Superior e apenas 8% concluem cursos em Nível Médio profissionalizantes. Esses últimos dados levam a equipe a concluir que por volta de 75% da população[457] jovem "torna-se invisível" para os sistemas educacionais brasileiros e não conseguem "sequer boa colocação no mercado de trabalho".

Só com os dados apresentados, o leitor poderia questionar se a proposição cerne do documento – de que a crise do Ensino Médio resume-se ao problema de um "currículo

---

455 Idem

456 Ibidem.

457 Não cabe aqui discutir a incongruência dos 75% apresentadas no item da Exposição de Motivos e o dado de 58,5% de jovens matriculados nesse nível de ensino apresentados em item anterior.

extenso, superficial e fragmentado, que não dialoga com a juventude, com setor produtivo e tampouco com as demandas do século XXI"[458] – é suficiente para o tipo de reforma que se projeta e justifica. Se apenas 58,5% dos alunos em "idade certa" estão na escola, o que ocorre com os que não estão?; Saem da escola já no Ensino Fundamental? É esse nível de ensino que não prepararia adequadamente o estudante para o médio, levando os jovens a saírem da escola?; Por que saem da escola? São obrigados a trabalhar?; Os "fora da idade certa" voltam à escola em cursos como o de Educação de Jovens e Adultos? Procuram outras formas de educação mais informais e adequadas a seus interesses?; Se a questão central é uma escola para o trabalho, porque apenas 8% optam por esse tipo de escola?; Por que apenas 16,5% buscam formação para o trabalho no Ensino Superior?; São as redes dessas modalidades de ensino incapazes de receber esses jovens? Ou são também seus currículos que a eles não interessam?. Parece que as respostas a essas questões já indicam a complexidade do problema da "crise do Ensino Médio" para além da questão reducionista do currículo. Mas também indicam a forma simplificada como a Medida Provisória trata o complexo problema da escola média: entre os motivos apresentados não há professores (e sua falta) e outros profissionais da educação envolvidos nessa instituição; não comparecem os problemas administrativos das escolas; também não são citadas as contradições e dinâmicas sociais que nela incidem, como a violência, as mudanças culturais, entre outras questões; é ignorado o problema fundamental das finalidades diversas que esse tipo de escola poderia conter.

É também importante notar que nesse mesmo texto pouco se fala da escola privada – que também atende esse nível de ensino. Essa ausência ou silêncio sobre a outra parte da população jovem e supostamente rica (que não se sabe se está ou não entre os 75% dos "invisíveis") talvez indique que a escola que frequentam não tem iguais problemas da escola pública que se quer reformar – mesmo as diretrizes e currículo sendo os mesmos.

Projeta-se, portanto, uma reforma para a escola dos pobres e essa escola – esquecidos todos os outros problemas que a assolam – resolve-se estabelecendo-se o currículo do ler-escrever-contar-trabalhar. O velho modelo da dualidade do ensino brasileiro – uma escola para ricos e outra para pobres – é mais uma vez o cerne do projeto.

Concluem Mendonça Filho e sua equipe:

> *Um novo modelo de ensino médio oferecerá, além das opções de aprofundamento nas áreas de conhecimento, cursos de qualificação, estágios e ensino técnico profissional* de acordo com a disponibilidade de cada sistema de ensino, *o que alinha as premissas da presente proposta às recomendações do Banco Mundial e do fundo das Nações Unidas para a Infância (Unicef) (grifos da autora).*[459]

---

458 Ibidem.
459 Ibidem.

Nesse excerto, como se vê, pelos menos três tipos de escolas estão legitimadas para atender os jovens: aquelas que optam pelo aprofundamento dos conhecimentos nas "áreas de conhecimento" – obviamente com disciplinas como Física, Química, História, Geografia e outras não mais obrigatórias no currículo proposto; outras que continuarão nas tradições do "Ensino Técnico Profissional"; e outras, ainda, poderão oferecer "cursos de qualificação" e "estágios", dependendo da "disponibilidade" de cada sistema. A descrição que exemplifica a flexibilização da estrutura curricular contida nesses "motivos" legitima currículos muito diversos, com finalidades ainda muito mais diversas: uma forma para as carreiras intelectuais; outro para as técnicas-profissionais; e outros para o mercado de trabalho, cujos postos pouco exigem de conhecimento de seus trabalhadores. Tal proposição permite que escolas de alguns sistemas (privados?) continuem a oferecer seus cursos propedêuticos e preparar seus jovens para o Ensino Superior; outras continuem a oferecer cursos técnicos profissionais de boa qualidade, que se destinam a carreiras que aliam conhecimento e prática (algumas dos sistemas federal e estaduais); e outras que se reduzem a *escolas de trabalho*, organizadas em função de estágios ou cursos de qualificação, sem, necessariamente, oferecer a formação intelectual para seus alunos.

Pode-se perguntar que modelo de escola emerge dessa última proposição: seriam apenas instituições de "agenciamento" de mão de obra barata, com pouca formação, que a distribui e controla pelos estágios malpagos/não pagos, contabilizando as matrículas no afã de melhorar os índices brasileiros? Ou ainda, seriam simplesmente agências de disciplinamento dos jovens para um mercado de serviços, sem lhes oferecer a formação integral proposta até então na LDBEN e na DCEM?

Os critérios de estabelecimento dessas diferentes escolas não estão contidos nas necessidades dos jovens que atendem, mas, justamente na capacidade dos "sistemas". A proposta de lei institui e oficializa a precariedade como critério de organização dos modelos de ensino, já que é a capacidade dos sistemas que instituem esse ou aquele tipo de escola. A política educacional do governo Temer, pela voz de seu ministro, não projeta ações futuras que possam garantir a equidade de condições dos "sistemas", apenas reconhece diferenças entre eles (econômicas e estruturais) flexibilizando os currículos justamente para mantê-las.

A diminuição da disparidade entre esses modelos de escola, nos argumentos do Ministro, estaria na obrigatoriedade da introdução nos currículos dos conteúdos estabelecidos pela Base Nacional Curricular Comum (BNCC) e no aumento da carga horária anual para 1.400 horas, estabelecendo-se, assim, a escola de período integral. No entanto, a própria Exposição de Motivos já indica que esses conteúdos comuns que a escola deve oferecer a todos os jovens não podem ultrapassar as 1.200 horas anuais. Em contrapartida, nada fala do mínimo de horas que esses conteúdos deveriam ocupar na carga horária, destacando, apenas, a obrigatoriedade da presença de Matemática e Língua Portuguesa nos três anos de curso, acrescidos da Língua Inglesa – que serviria para atender as exigências do desenvolvimento econômico atual. O que se pode concluir é que alguns "sistemas" usarão 1.200 horas para os conteúdos da BNCC, outros poderão ocupar-se minimamente dos conteúdos que deveriam ser comuns e nacionais. Essa flexibilidade seria, portanto, mecanismo facilitador do nascimento do modelo da *escola de trabalho*, abrindo, inexoravelmente, a retomada oficial do sistema dual no Brasil.

Por fim, é importante notar que se, de um lado, esses "motivos" propõem a simplificação e flexibilidade dos currículos como panaceia da crise do Ensino Médio, de outro, propõem a escola de período integral, aumentando sensivelmente o número de horas que os jovens devem permanecer no ambiente escolar (e em estágios de trabalho), sem um currículo que lhes ofereça conteúdo dos repertórios culturais mais sofisticados, reforçando a representação de que o tempo escolar é o tempo vigiado, é o tempo em que não se está na rua. Esse tempo vigiado moraliza e disciplina, resolvendo, indiretamente, outra crise nacional, que só aparece nas entrelinhas do texto do ministro.

Como já explicitado, a MP retomou quase integralmente o Projeto de Lei n. 6.840/2013 já descrito, que tomou, por sua vez, a Lei n. 5.692/1971 como referente para a solução da "crise do ensino médio", não cabendo, portanto, descrever mais uma vez sua estrutura. No entanto, é importante retomar o modo peculiar como, na letra da já sancionada MP pela Presidência da República (agora denominada Lei n. 13.415/2017), se organizaram os mecanismos de flexibilização dos modelos de escola inaugurados nessa reforma.

A reforma da Lei de Diretrizes e Bases da Educação Nacional altera, sobretudo, o art. 36, no qual havia a descrição das ênfases e finalidades que as diferentes áreas do conhecimento deveriam conter para a formação integral dos jovens no Ensino Médio, substituindo-as simplesmente pelos nomes das novas áreas de conhecimento que o novo currículo deve conter. Assim, por exemplo, o inciso I desse artigo, que indicava as finalidades do currículo do Ensino Médio, dizia:

> *destacará a educação tecnológica básica, a compreensão do significado de ciência, das letras e das artes; o processo histórico de transformação da sociedade e da cultura; a língua portuguesa como instrumento de comunicação, acesso ao conhecimento e exercício da cidadania*[460]
>
> *Na nova lei, passou a ser : I – "Linguagens"*[461].

É importante notar que essa substituição simplesmente retira da lei a descrição daquilo que se esperava das escolas e da formação dos jovens brasileiros. Nessa direção, o inciso II,

---

[460] BRASIL. *Lei de Diretrizes e Bases da Educação Nacional* n. 9.394/1996.
[461] BRASIL. Lei n. 13.415/2017.

que especificava como deveriam ser os métodos de ensino e a avaliação, é substituído por "Matemática". O inciso III, que estabelecia as condições de oferta de línguas estrangeiras no currículo, é substituído por "Ciências da Natureza". O inciso IV, que instituía a obrigatoriedade de Filosofia e Sociologia no currículo, é substituído por "Ciências Humanas". Por fim, é incluído o inciso V, denominado de "formação técnica e profissional"[462]

Com a troca de textos para o Ensino Médio brasileiro, elimina-se a representação de que este deveria ter por finalidade geral a formação dos jovens nas ciências modernas, sejam elas físicas ou humanas. Essa representação é substituída por aquela que estabelece a adequação da finalidade da formação segundo os critérios de classe: para alguns, permanece a importância dos repertórios científicos; para outros, esse repertório é substituído pela importância única da experiência no trabalho[463].

Essa eliminação das finalidades gerais e comuns à formação dos jovens é reforçada pela substituição na lei da expressão "Ensino Médio" pela expressão "sistemas de ensino". Os "sistemas de ensino", portanto, reorganizam os contornos das suas finalidades, dependendo de quem está sob sua formação, ou por sua condição econômica de sustentabilidade.

Essa questão fica evidente na substituição do parágrafo primeiro desse mesmo art. 36. Lia-se no texto:

> *Os conteúdos, as metodologias e as formas de avaliação serão organizados de tal forma que ao final do ensino médio o educando demonstre:*
> *I – domínio dos princípios científicos e tecnológicos que presidem a produção moderna;*
> *II – conhecimento das formas contemporâneas de linguagem;*
> *III – domínio dos conhecimentos de Filosofia e Sociologia necessários ao exercício da cidadania*[464]*.*

Esse parágrafo de finalidades gerais passa a ser: "Os sistemas de ensino poderão compor seus currículos com base em mais de uma área prevista nos incisos de I a V do *caput*."[465], eliminando-se os incisos I e II do artigo (e mantendo apenas o item III). Veja-se que, a partir daí, a lei passa a tratar o "Ensino Médio" como "sistemas de ensino", trocando o que eram as finalidades comuns da formação dos jovens pelos interesses, necessidade e possibilidades de cada "sistema".

Assim, os parágrafos do mesmo art. 36 que se seguem estabelecem uma relação dual entre as necessidades de os sistemas estarem de acordo com a BNCC e ofertarem as disciplinas

---

462 Idem.

463 Não se pode deixar de comentar que o não uso do hífen entre as palavras técnico e profissional implica dois tipos de formação para o trabalho. Nesse sentido, alguns sistemas podem oferecer formação técnica e outros apenas profissional (sem os conhecimentos técnicos), abrindo assim mais uma brecha para o estabelecimento de modelos de escola que usam o tempo dos alunos para colocá-los para trabalhar.

464 LDBEN, op. cit.

465 Lei n. 13.415/2017, op. cit.

obrigatórias (Língua Portuguesa e Inglesa, Matemática, Sociologia e Filosofia) e a liberdade de apropriação dessa mesma Base, dependendo das capacidades estruturais dos sistemas, dos interesses e objetivos por eles estabelecidos ou dos "projetos de vida dos jovens".

Por fim, com o art. 36, a LDBEN reformada abre os caminhos para a escola de trabalho. No § 11, estabelece que:

> A critérios dos sistemas de ensino, a oferta de formação a que se refere o inciso V [formação técnico-profissional] do caput considerará:
>
> I – a inclusão de experiências práticas de trabalho no setor produtivo ou em ambientes de simulação, estabelecendo parcerias e fazendo uso, quando aplicável, de instrumentos estabelecidos pela legislação sobre aprendizagem profissional e
>
> II – a concessão de certificados intermediários de qualificação para o trabalho quando a formação for estruturada em etapas com terminalidade.[466]

Como se vê, os sistemas de ensino poderão estabelecer parcerias com as empresas privadas do "setor produtivo", que podem ofertar "estágios" nos horários em que os jovens deveriam estar na escola. Mas também, os sistemas podem oferecer "cursos de qualificação" mais rápidos com diplomas de terminalidade, também, em parceria com essas empresas, suspendendo o tempo da escolaridade obrigatória para os jovens brasileiros ao mesmo tempo que mascara a evasão do Ensino Médio, já que ela será diplomada. Esses incisos fazem jus à exposição de motivos apresentada pelo ministro, consolidando o modelo da escola de trabalho.

Nessa mesma direção, o coroamento da enfática reinstauração oficial da dualidade de ensino no Brasil aparece na reorganização das regras que estabelecem a formação dos docentes e a autorização do exercício do magistério nos sistemas de ensino da Educação Básica. No art. 61 da reforma da LDBEN, que descreve quem são os "profissionais da educação escolar básica", é mantido inciso III – "trabalhadores em educação, portadores de diplomas de curso técnico ou superior, ou área pedagógica ou afim" –, mas, este é ampliado pelo um novo inciso introduzido na reforma:

> IV – profissionais com notório saber reconhecido pelos respectivos sistemas de ensino para ministrar conteúdos de áreas afins à sua formação para atender o disposto no inciso V [técnico-profissional] do art. 36[467]

A nova legislação[468], de um lado, reafirma o termo "trabalhadores em educação" para se referir àqueles que não serão formados no Ensino Superior, restaurando essa

---

466 Idem.

467 Ibidem.

468 A nova legislação também altera a obrigatoriedade dos docentes da Educação Infantil e dos cinco primeiros anos do fundamental a serem formados no nível superior. (Cf. art. 62 da Lei n. 13.415/2017.)

possibilidade. De outro, autoriza profissionais não formados em licenciaturas e cursos afins a atuar no Ensino Médio, naqueles "cursos de qualificação", "estágios" etc. do novo modelo das *escolas de trabalho*.

O processo descrito sobre a aprovação da atual reforma do Ensino Médio e da LDBEN deixa claro como o problema das disputas políticas em torno desse nível de ensino, de suas finalidades e de sua expansão foram resolvidas pelo governo Temer. Já o conteúdo da reforma – que institui a oficialização das hierarquias constituídas pelas diferentes trajetórias dos jovens, dependendo do lugar (ensino público ou privado) e do currículo que lhe é disposto – é indicativo importante das representações "ordem" e de "progresso" que a elite representada por esse governo tem. Também fica claro a implicação das representações sobre o que seria a "crise do ensino médio" e seus componentes tiveram no encaminhamento das soluções apresentadas na reforma.

Como seu viu, parte das soluções encontradas para essa "crise" foi herdada da política instaurada com a Lei n. 5.692/1971 do Regime Civil-Militar. Entre essas heranças está a eliminação das representações que circulavam e disputavam a construção de modelos alternativos da escola média pública para a formação de todos – elite e trabalhadores. O apagar da memória dessas diferentes posições e proposições que implicavam escolhas de tradições seletivas para a formação comum, naturaliza as hierarquias entre as escolas privadas e públicas e a construção de trajetórias muito desiguais entre os jovens brasileiros. Esse apagamento também implica a suspensão da necessidade de se discutir a distribuição equânime de uma tradição seletiva comum, seja ela qual for, para todos os jovens brasileiros, por meio de uma escola única e pública que atenda a todos os estratos da sociedade estratificada brasileira. O senso comum que legitima e mantém a ideias dos "sistemas" - da escola privada e pública – deixou de ser questionado ou problematizado, permitindo a instituição oficial da dualidade da formação.

O que parece que se quer hegemonizar, com o atual desenho da lei, é apenas a reprodução da estratificação social, por meio da institucionalização de currículos também estratificados, desenhados de acordo com as diferenças econômicas de classe social. Nesse sentido, a escola como lugar de poder que teria como uma de suas finalidades a de distribuir mais ou menos uma mesma cultura formativa, que poderia mediar as diferenças de origem e de classe por meio da oferta de uma tradição seletiva instituída como referente comum, desaparece. Em seu lugar os "sistemas", conforme suas condições econômicas e conforme o público que atendem, podem oferecer capitais culturais muitíssimo diversos, instituindo, definitivamente e o oficialmente, a escola como espelho da estratificação social de uma sociedade completamente desigual.

2

Escola pública e função docente: pluralismo democrático, história e liberdade de ensinar

Fernando Seffner

Antes sonhava, hoje não durmo

> *Liberdade, liberdade!*
> *Abre as asas sobre nós*
> *E que a voz da igualdade*
> *Seja sempre a nossa voz*[469]

Começo com duas afirmações. Muito do que vivemos hoje em dia, e que por vezes consideramos absoluta novidade, já foi praticado na história, em outros povos e tempos, por vezes inclusive de modo similar e com intenção aproximada[470]. E tudo o que hoje acontece tem fios de explicação na história, e isso vale também para coisas que nos surpreendem pelo súbito surgimento, mas que a pesquisa histórica mostra que se gestaram por longo tempo, por vezes de forma discreta, mas presentes ali, ao nosso lado, sem que percebêssemos. Estas duas afirmações ajudam a pensar acerca dos tempos turbulentos para a escola e para a função docente que hoje vivemos, e que tiram o sono de muita gente, que sonhava com uma escola cidadã, libertadora, engajada na transformação social e na produção de um Brasil com maior densidade democrática. A turbulência não necessariamente decorre do fato único de que forças conservadoras tenham tomado a gestão do Brasil em 2016. Muitas manifestações de turbulência na escola e na função

---

469 Refrão do samba-enredo *Liberdade, Liberdade! Abre as asas sobre nós*, da G.R.E.S. Imperatriz Leopoldinense do Rio de Janeiro, de autoria de Niltinho Tristeza, Preto Joia, Vicentinho e Jurandir, com o qual a escola sagrou-se campeã do Grupo 1 do carnaval carioca de 1989. Letra, música e informações no *site* oficial da escola, disponível em <http://www.imperatrizleopoldinense.com.br/outroscarnavais.html#>. Acesso em: jan. 2017.

470 DARNTON, Robert. Entrevista concedida em 19 de fevereiro de 2017. Disponível em: <http://www1.folha.uol.com.br/ilustrissima/2017/02/1859726-noticias-falsas-existem-desde-o-seculo-6-afirma-historiador-robert-darnton.shtml>. Acesso em: fev. 2017.

docente têm raízes mais longínquas. Mas tem-se produzido um encontro entre processos mais antigos que desestabilizam a instituição escolar e o ambiente de visível restrição da densidade democrática no Brasil, onde proliferam propostas de mordaça sobre a escola e notadamente sobre a função docente. Basta lembrar projetos como "Escola Sem Partido", o movimento intitulado "contra a ideologia de gênero", a tramitação do Estatuto da Família e pedidos de alteração na Lei de Diretrizes e Bases da Educação Nacional (LDBEN) que garantem, entre outras coisas, que os valores morais da família tenham precedência sobre aqueles da escola, confundindo de modo proposital a educação fornecida pelos pais com aquela ofertada pela escola, com o visível propósito de cercear a segunda.

A função docente e a instituição escola vivem tempos turbulentos. São acusadas de não cumprir adequadamente com a tarefa de ensinar conhecimentos, têm seus orçamentos cada vez mais reduzidos – isso vale tanto para salários de professoras quanto para as verbas de custeio de programas como merenda escolar, transporte escolar, aquisição de equipamentos, reforma de prédios – e vivem ameaçadas pelas tecnologias de informação e comunicação que prometem aprendizados rápidos, fáceis e divertidos, sem necessidade de salas de aula e professoras (SIBILIA, 2012). Mas também a turbulência ocorre porque sobre a escola e os professores e professoras recaíram nos últimos anos muitas tarefas de ensino e socialização das culturas juvenis que antes eram de domínio da família e de outras instituições. Mapear este território de tensões educacionais e entender melhor as questões políticas aí envolvidas pode ajudar a traçar estratégias pedagógicas mais adequadas não apenas para lecionar mas para sobreviver nas salas de aula.

É no interior desse turbulento momento que o presente texto se instala, para efetuar dois movimentos. Um de caráter mais analítico e conceitual, e outro mais propositivo de natureza político-pedagógica. Estes dois movimentos estão a serviço de aprofundar o debate da questão: como se configura, qual o valor e de que modo se regula a liberdade de ensinar no exercício docente da escola pública brasileira? Dos múltiplos problemas que atingem a instituição escolar e a função docente selecionamos este, o direito à liberdade de ensinar, conhecido por muitos como direito à liberdade de cátedra. É um texto construído com impressões um tanto "a quente", ao calor dos embates dos últimos dois anos (2015 a 2017). É de 2015 o enfrentamento com o movimento conhecido como "contra a ideologia de gênero", que culminou com a retirada de menções a gênero e sexualidade, quando não a outros marcadores sociais, dos planos de educação (municipais, estaduais e do Plano Nacional de Educação)[471]. É de 2016 o recrudescimento no

---

471 Todo o embate entre os movimentos contra e a favor da permanência das questões de gênero e sexualidade nos planos de educação foi intensamente acompanhado pela imprensa. A título de exemplo, vale consultar a notícia disponível em: <http://www1.folha.uol.com.br/educacao/2015/06/1647528-por-pressao-planos-de-educacao-de-8-estados-excluem-ideologia-de-genero.shtml>. Acesso em: jan. 2017.

debate, na proposição e na aprovação dos projetos intitulados "Escola Sem Partido" nas câmaras municipais, assembleias estaduais bem como na Câmara Federal e no Senado[472], e concomitante crescimento dos movimentos de resistência a estes projetos, conhecidos como frentes escola sem mordaça, que se organizaram em nível nacional e nos vários Estados[473]. Ao longo destes dois anos segue em tramitação o estatuto da família[474], que entre outras coisas borra a laicidade do Estado, e ajuda a dar vigor às proposições de alteração da LDBEN que insistem em afirmar que os valores de ordem familiar tenham precedência sobre a educação escolar nos aspectos relacionados à educação moral, sexual e religiosa, quando não em crenças políticas[475].

Embora um texto com marcas de escrita "a quente", conforme já comentado, sua redação se estrutura a partir de dois projetos de pesquisa de longo alcance[476], que se ocupam em realizar a etnografia de cenas escolares. Isto se faz pelo entendimento de que é sobretudo na vida cotidiana escolar – nas salas de aula, nas conversas de corredores das escolas, nas atividades lúdicas, nas ocupações feitas pelos estudantes de escolas públicas em vários Estados do Brasil nos últimos dois anos, nos processos de sociabilidade e socialização entre os estudantes, nas reuniões entre professores, nas interações professores e alunos – que se podem flagrar novidades, resistências, composições, parcerias, criações de sentido, emergência de estratégias de luta, acomodações e ressignificações.

Para dar conta do conjunto de questões anteriormente citadas, o artigo organiza-se em dois tópicos, que correspondem aos dois movimentos. No primeiro, de caráter mais analítico e conceitual, pensa-se o território escolar pela abordagem de quatro unidades importantes para pensar processos educativos: escola, aula, professor e método. A par-

---

472   Entre as numerosas movimentações no ambiente legislativo envolvendo a proposição de projetos com teor idêntico ou muito similar, está o conteúdo do *link*: <http://www.programaescolasempartido.org/> destacamos uma notícia relativa à aprovação do projeto no Estado do Alagoas em http://g1.globo.com/al/alagoas/noticia/2016/04/entenda-o-que-o-projeto-escola-livre-muda-no-ensino-estadual-em-alagoas.html>. Acesso em: jan. 2017.

473   Vale navegar no *site* do movimento nacional, disponível em: <http://escolasemmordaca.org.br/> e a título de exemplo no perfil da Frente Gaúcha Escola Sem Mordaça em https://www.facebook.com/Frente-Ga%C3%BAcha-Escola-Sem-Morda%C3%A7a-279178942465808/?fref=ts>. Acesso em: jan. 2017.

474   A tramitação do Estatuto da Família pode ser acompanhada no *site* oficial da Câmara Federal: <http://www.camara.gov.br/proposicoesWeb/fichadetramitacao?idProposicao=597005>. Acesso em: jan. 2017.

475   Tal proposição pode ser conferida na tramitação do PL n. 1.859/2015, disponível no *site* oficial da Câmara Federal: <http://www.camara.gov.br/proposicoesWeb/fichadetramitacao?idProposicao=1302894>. Acesso em: jan. 2017.

476   Projetos de pesquisa Ensino religioso no interior do estado laico: análise e reflexões a partir das escolas públicas de Porto Alegre e Investigação das aprendizagens de estagiários na produção de atividades didáticas e na relação com as culturas juvenis a partir dos relatórios de estágio docente em Ensino de História. Para mais informações sobre proposta e metodologia dos projetos, acessar o link: <http://lattes.cnpq.br/2541553433398672 em Projetos/Projetos de Pesquisa>. Acesso em: jan. 2017.

tir destas quatro unidades analíticas discutem-se alguns elementos da gramática própria da escola, como currículo, culturas juvenis, diversidade, diferença, igualdade, cultura escolar, função docente, autonomia docente, inclusão, pluralismo, democracia e não discriminação. De modo breve, examinam-se as fronteiras educativas entre escola, família e pertencimentos religiosos diante do empreendimento educativo de crianças e jovens. De posse desse vocabulário, passa-se ao segundo tópico, que corresponde ao segundo movimento, em que se avança uma proposição político-pedagógica para compreender a liberdade de ensinar na escola em sintonia com o pluralismo democrático e com o direito à formação integral, e em articulação com o direito de aprender do aluno, a gestão democrática da escola, a atenção aos marcadores sociais da diferença das culturas juvenis, o direito de igualdade e de não discriminação, a responsabilidade estatal na educação e a garantia da liberdade de expressão. Desse modo, apresenta-se a liberdade de ensinar como um direito que é moderado por um conjunto de outros direitos, todos eles previstos em nosso ordenamento constitucional e legal, e de grande valor para os processos educacionais.

Compreender que há outros pontos de vista é sinal de muita sabedoria

Não existe educação neutra, toda neutralidade afirmada é uma opção escondida.
Paulo Freire[477]

A escola é uma "tecnologia de época"[478], produto da modernidade e do iluminismo. O regime de aprendizado escolar se ampara na noção de progresso, no primado da razão, na ideia de um sujeito que se faz cada vez mais autônomo, e de uma sociedade cada vez mais regrada pela ciência. A educação escolar carrega consigo valores universais de emancipação, de justiça social, de igualdade e de uma sociedade democrática em que os indivíduos possam experimentar mobilidade pelo justo uso de suas competências cognitivas. A tarefa escolar é nobre, e a função docente fundamental, para que se alcancem patamares de civilização, afastando as crianças das idiossincrasias da infância e os povos da situação de barbárie. "A escola pública se confunde, assim, com o próprio projeto da modernidade. É a instituição moderna por excelência".[479] Se pensada em comparação

---

[477] Dito normalmente atribuído a Paulo Freire, mas sem comprovação exata na referência bibliográfica disponível, embora em sintonia com seu pensamento, como se pode conferir em: HARTMANN, Hélio Roque. Movimentos do pensamento educacional de Paulo Freire. *Revista Profissão Docente*, Uberaba, v.2, n. 5, p. 27-47, maio/ago. 2002.

[478] SIBILIA, Paula. *Redes ou paredes*: a escola em tempos de dispersão. Rio de Janeiro: Contraponto, 2012, p. 13.

[479] TADEU, Tomaz. O projeto educacional moderno: identidade terminal? In: VEIGA-NETO, Alfredo. (Org.). *Crítica pós-estruturalista e Educação*. Porto Alegre: Sulina, 1995. p. 245-260.

com a família e com a religião, a escola é lugar de pluralismo, em que alunos e alunas sentam ao lado de outros que pensam diferente, agem diferente, têm credos diversos, projetos de futuro desiguais, crenças políticas que podem ser antagônicas, visões de mundo pouco coincidentes, são provenientes de famílias com estruturas diversas, e isso vale especialmente para a escola pública, republicana e laica. Família e religião agregam indivíduos de traços mais homogêneos. É bastante evidente que na sociedade brasileira contemporânea o pluralismo provoca certo pânico, que com facilidade pode escorregar para o pânico moral, em que se atribuem a grupos de "diferentes" a culpa pelos males sociais, ainda mais quando estes "diferentes" começam a reivindicar e desfrutar direitos e oportunidades outrora reservados às "pessoas de bem".

A escola prepara os jovens para mundos futuros possíveis, muitas vezes em conexão com o projeto de nação, pois a escola é tributária do projeto de Estado-nação da modernidade, anterior à globalização. No auge da vigência dos valores modernos, havia grande acordo e fé positiva sobre o futuro – fruto da crença no progresso, que cada vez melhorava mais o mundo, curava doenças, prometia felicidade e conforto para todos e todas. Mas hoje em dia muitas dessas certezas se erodiram, dando lugar a temores, dúvidas, crenças milenaristas de ajuste de contas e certo pessimismo em relação ao futuro, agravado pela persistente ideia de que "as coisas estão piorando, elas já foram melhores no passado". A escola, como instituição moderna, funciona bem em um ambiente onde o futuro é sempre luminoso em relação às trevas do passado, então sua tarefa de preparar a juventude para o futuro encontra sentido e interesse dos alunos.

A escola é lugar tradicional de alfabetização científica, de encontro com as verdades da ciência. Mas ela não é mais o único lugar onde circulam os conhecimentos, que se disseminaram em uma multiplicidade de suportes. Mas na escola ainda é possível um diálogo sobre os conhecimentos; ela não é um canal unidirecional, podendo realizar a tarefa de conexão de saberes. Mas a escola é também lugar de exercícios de sociabilidade – interações dos jovens entre si – e de socialização – interação dos jovens com as regras do espaço público, com as normas que organizam a vida em sociedade. A escola é em geral a primeira e bastante longa experiência de pluralismo na vida de crianças e jovens, aprendizado das regras que vigem no espaço público, pautadas pela negociação das diferenças, pelos acordos da vida em comum, sem o recurso a exclusões. Após a Constituição Federal de 1988, a frequência à escola no Brasil é obrigatória, e pelo menos no Ensino Fundamental alcançou patamares de quase cem por cento. A isto se soma o fato de que há um processo em andamento de transformar as escolas em escolas de turno integral, onde o jovem passa todo o dia, realiza as principais refeições, interações sociais, estudos e leituras, além de assistir a outros eventos providenciados pelo sistema escolar. Com isso a escola passou a desempenhar no Brasil um papel relevante na gestão e diálogo com as culturas juvenis.

O momento mais importante na transmissão dos saberes escolares é a aula. Ela se insere na proposta de currículo da instituição, e é local de aprendizagens planejadas, ordenadas levando em conta faixas etárias de progressão. Por muito tempo, os materiais utilizados para produzir aprendizagens em aula estavam restritos a poucos elementos: o livro didático, o mapa do atlas escolar, cartazes, o quadro-negro e o giz, além de algumas obras selecionadas por conta de seu "potencial didático". Atualmente se produzem aulas a partir de uma multiplicidade de materiais: diferentes mídias, grande diversidade de livros, histórias em quadrinhos, fontes históricas, excertos de textos acadêmicos científicos, literatura de cordel, obras literárias consagradas, conceitos, provérbios, músicas de todo tipo, imagens, roupas, objetos, propagandas, jogos, vídeos e documentários, filmes, depoimentos orais, etc. Esta dispersão de suportes para as aprendizagens introduziu um campo de disputas, pois que nem todos aceitam todos os suportes como válidos. Reacendeu-se o debate acerca da porosidade entre o que é próprio da cultura escolar e o que circula nas culturas juvenis. Uma aula de história pode ser montada a partir de uma música de *rock* contemporânea, ao gosto dos jovens, como *Admirável Chip Novo*, da cantora Pitty, onde se diz:

> *Pane no sistema alguém me desconfigurou / Aonde estão meus olhos de robô? / Eu não sabia, eu não tinha percebido / Eu sempre achei que era vivo / [...] Nada é orgânico é tudo programado / E eu achando que tinha me libertado / Mas lá vem eles novamente, eu sei o que vão fazer: / Reinstalar o sistema / Pense, fale, compre, beba / Leia, vote, não se esqueça / Use, seja, ouça, diga / Tenha, more, gaste, viva / Pense, fale, compre, beba / Leia, vote, não se esqueça / Use, seja, ouça, diga / Não senhor, sim senhor, / Não senhor, sim senhor*[480]

A letra estabelece conexões com o romance *Admirável Mundo Novo*[481], e, a partir daí, pode-se discutir a organização social contemporânea. Não é certamente um material didático tradicional, e muitos professores resistem a aceitar, mas outros tantos adotam.

Em uma aula se cruzam saberes da docência ("Os saberes da docência são em geral saberes de caráter prático. Constituem aquilo que um professor aprende ao longo dos anos de exercício docente, saberes muito diversos, em geral pouco sistematizados e pouco refletidos, pouco discutidos, pouco valorizados, mas essenciais para a gerência e condução das aulas e para a 'sobrevivência' do professor no ambiente escolar")[482]; saberes da disciplina ("De modo sucinto, os saberes da disciplina compõem-se dos conhecimentos,

---

[480] Letra e música disponíveis em: <https://www.vagalume.com.br/pitty/admiravel-chip-novo.html>. Acesso em: jan. 2017.

[481] HUXLEY, Aldous. *Admirável mundo novo*. São Paulo: Globo, 2012.

[482] SEFFNER, Fernando. Saberes da docência, saberes da disciplina e muitos imprevistos: atravessamentos no território do ensino de História. In: BARROSO, Vera Lúcia Maciel *et al.* (Orgs.). *Ensino de História*: desafios contemporâneos. Porto Alegre: EST, 2010. p. 213-230. v. 1.

teorias, métodos, conceitos, autores e tradições de uma determinada disciplina")[483]; e os imprevistos, na forma de temas trazidos pelos alunos[484]. Cruzam-se saberes das culturas juvenis com a tradição científica. Em uma aula há jovens e crianças. Em alguns momentos há alunos. Aluno é posição de sujeito passageira. Aluno é uma invenção da escola e da pedagogia, só existe quando existe professor. Aluno é uma relação: no momento que um sujeito se coloca na posição de aprender, um outro sujeito exerce seu papel de professor. Esta relação pode durar pouco tempo, em alguns casos não mais que alguns minutos. Logo depois ela se perde, mas pode voltar a ocorrer logo adiante. Há um esforço constante da parte das professoras em produzir nos jovens alunos e alunas, mas não há uma garantia *a priori* de que isso se consiga o tempo todo. O planejamento cuidadoso das atividades pode otimizar os resultados, bem como o uso de recursos didáticos que tenham sintonia com as culturas juvenis. Mas aqui residem polêmicas, pois como se sabe, qualquer decisão pedagógica é igualmente uma decisão política.

O professor e a professora[485] são elementos centrais no projeto educacional escolar. Professor se forma a partir de cursar uma licenciatura, e recebe então uma licença para ensinar às novas gerações. Ensinar, explicar o mundo para as novas gerações, contar do passado, apresentar valores éticos da sociedade, é tarefa desde sempre sujeita a controles, tensões, disputas. Na esteira do que já se falou da escola, nem ela é apenas local de aprendizagem, nem o professor é apenas sujeito que tem *expertise* em uma área do conhecimento, em verdade podemos discutir

> *[...] a natureza e as tarefas do espaço público no Brasil, tomando como exemplo a função pedagógica da escola pública. A escola é abordada em uma dupla-chave: como local de alfabetização científica e como local de sociabilidade, a sociabilidade do espaço público e dos ideais republicanos, que difere da sociabilidade familiar. O professor é discutido também em dupla-chave: aquele que tem expertise em uma área do conhecimento e o professor como adulto de referência, servidor público que opera a política pública de educação, diferente da educação que se dá em casa. A experiência escolar é uma experiência de relação direta com a autoridade pública, adequada à idade das crianças e jovens. E o professor público é uma função de estado[486].*

---

483   Idem, p. 214.

484   Idem, p. 217.

485   Ao longo do texto, alterna-se entre professor e professora, aluno e aluna, no sentido de sempre lembrar o leitor ou a leitora dessa diferença de gênero, que acarreta tensão e disputa no território escolar, sendo um marcador social da diferença que não pode ser esquecido, com outros como raça, orientação sexual, pertença religiosa, geração, classe social, origem regional, nacionalidade.

486   SEFFNER, Fernando. Escola pública e professor como adulto de referência: indispensáveis em qualquer projeto de nação. Educação Unisinos, São Leopoldo, v. 20, p. 48-57, 2016. Disponível em: <http://www.revistas.unisinos.br/index.php/educacao/article/view/9284>. Acesso em: jan. 2017.

Professores e professoras constituem-se em interlocutores privilegiados dos jovens, por conta de seu vínculo não ser familiar nem religioso, ser um vínculo de natureza pública e de Estado. Há tentativas recorrentes de transformar a professora em uma segunda mãe, na forma de "tia", mas a professora é sobretudo uma servidora pública, com estabilidade no emprego, que opera uma política pública dirigida aos jovens, portando valores de Estado acerca de temas éticos, morais, de saúde, de política, de conhecimentos científicos, etc. Há certa tradição no ensino de que uma pessoa mais velha educa alguém mais jovem. Nesta equação, a pessoa mais velha é vista como alguém experiente para mostrar aos jovens os modos adequados de se preparar para o futuro. Mas hoje temos uma geração jovem que domina as tecnologias e inclusive se diverte com elas[487], e isso tende a subverter essa equação, colocando muitas vezes os adultos na dependência dos jovens quando o assunto é a preparação para o futuro. Sob muitos aspectos se perdeu a noção de que um velho pode ensinar um jovem, e esta foi substituída pela noção inversa de que são os jovens que têm a nos ensinar, aos mais velhos, no caso, o domínio da tecnologia. Na esteira desse raciocínio, dissemina-se uma forte ideia de que as tecnologias podem substituir o sujeito professor. Elas fariam a função docente. Os alunos aprenderiam entre si, coletivamente, mediados pelas tecnologias[488]. Na modalidade de cursos em regime EAD, dissemina-se também a ideia de que cada um aprende sozinho, sem a necessidade de colegas ou professores, nos momentos em que lhe for mais adequado, sem a rigidez de horários das escolas, diante de ambientes virtuais inteligentes que substituiriam os professores, pois que assumem a função docente[489].

Das quatro unidades analíticas escolhidas, a última diz respeito ao método, planejamento e teorias educacionais, que já foi anunciado nos parágrafos acima, na esteira da discussão sobre a figura do professor. Há uma forte politização do campo e as teorias educacionais são diversas contemporaneamente. Sua escolha envolve evidentes compromissos políticos. A discussão sobre os processos de aprendizagem – os métodos, que dizem respeito mais propriamente à docência – e os modos de aprender – disposições próprias dos alunos para o aprendizado – são intensas hoje em dia, com a entrada decisiva de teorias de conhecimento do

---

487 SIBILIA, op. cit., p. 81.

488 Exemplo ilustrativo dessa proposição é a primeira universidade sem professores, inaugurada em 2016 nos Estados Unidos. Disponível em <http://www.bbc.com/portuguese/internacional-37797400>. Acesso em: jan. 2017.

489 Variações da afirmação "liberdade para estudar onde quiser, na hora que quiser" estão presentes na propaganda da maioria das instituições que ofertam cursos em regime EAD, eliminando ou diminuindo a importância do regime horário coletivo, da turma de colegas e da figura do professor como mediadores das aprendizagens.

funcionamento do cérebro para informar quando as crianças podem aprender o que e como, segundo seus ritmos próprios e naturais. Vai aí mais uma crítica à instituição escolar, acusada de tolher os modos individuais de aprender, uma vez que opera com a categoria da "classe de alunos". O que temos em verdade hoje em dia é que o debate acerca da capacidade de aprender está fortemente influenciado por um discurso de viés psicológico e biomédico. O respeito ao modo de aprender de cada um, à identidade única que cada pessoa porta, ajuda a explicar em parte o pânico do pluralismo, a escola vista como ajuntamento de tantas pessoas diferentes, todas elas influenciado ou "perturbando" aquela identidade individual pura da criança, formada pela família. A alma da escola é o currículo, conjunto de disposições sobre o percurso das aprendizagens, que é feito sempre pensando a coletividade dos alunos. O currículo oscila entre tradição e inovação. Vai-se à escola para aprender o que já virou patrimônio da humanidade, e se vai à escola para saber viver no futuro. O currículo insere o sujeito em uma tradição, dando-lhe a possibilidade de seguir, negar ou modificar esta tradição[490]. Mediação didática, seleção de conteúdos a ensinar, escolha de procedimentos de avaliação, eleição de estratégias de recuperação ou reforço, adoção de livros didáticos, opção por fontes e recursos, todos estes elementos ajudam a compor o método de ensino, e todas estas escolhas são tanto pedagógicas quanto políticas. Deste modo, é visível que todo o terreno da educação é atravessado por fortes tensões políticas, e não é com surpresa que se verifica que há tantas propostas com a pretensão de "eliminar" estes conteúdos, "purificando" os processos educacionais, vistos nesta ótica como algo da racionalidade técnica simplesmente.

    Encerramos estas considerações de ordem conceitual e analítica reiterando os vínculos entre os processos educacionais e a densidade democrática. O Brasil não teve, em seus mais de quinhentos anos de história, mais do que poucos momentos de regimes democráticos. A partir da Constituição Federal de 1988[491], estamos vivendo talvez o mais intenso período democrático, mas que já dá mostras de perda de vigor, com as constantes quebras das garantias constitucionais. A vida na democracia é um bem raro na trajetória dos brasileiros. Temos um histórico de resolver os impasses democráticos com redução da democracia e uso de medidas de exceção, e não com ampliação da densidade democrática. Há entre os brasileiros uma baixa crença na democracia como forma de organização social capaz de efetivamente

---

[490] ARENDT, Hannah. A crise na educação. In: _____. *Entre o passado e o futuro*. São Paulo: Perspectiva, 2011. p. 221-247.

[491] *Constituição da República Federativa do Brasil de 1988*. Disponível em: <http://www.planalto.gov.br/ccivil_03/constituicao/constituicaocompilado.htm>. Acesso em: jan. 2017.

gerir a vida coletiva[492]. Entre as obrigações constitucionais estabelecidas pela Constituição Federal de 1988, está a obrigatoriedade de frequência escolar no Ensino Fundamental, que produziu forte efeito de inclusão da diversidade nos sistemas escolares. Embora já prometida em legislações anteriores, foi na conjuntura pós-1988 que ela se efetivou, inserindo a quase totalidade das crianças em idade escolar na escola. A isto se associa um conjunto de leis promulgadas a partir da Constituição Federal que instalaram entre nós políticas públicas com foco na diminuição ou eliminação das históricas desigualdades sociais de constituição do País. A ampliação das liberdades democráticas, das liberdades laicas e do pluralismo do espaço público cresceu nos últimos anos, e ajuda a explicar certo temor da esfera pública por aqueles que já estavam incluídos nos benefícios sociais, e que agora convivem com os recém-chegados[493]. É possível pensar uma democracia respeitosa das diferenças como ambiente que traz a possibilidade de viver muitas trajetórias, ser de muitos modos e jeitos, alargar as possibilidades do vivível. E isso traz, inevitavelmente, disputas e tensões, pois alguns vão considerar que apenas certos modos de viver são aceitáveis, e vão lutar pelo fechamento das possibilidades. Enquanto outros, indivíduos e movimentos sociais, vão investir em pedagogias culturais que buscam convencer os demais da viabilidade e da possibilidade de projetos de felicidade em seus valores e modos de viver. Os processos educacionais, dentro e fora da escola, estão centralmente envolvidos com essas disputas, são tanto produtores quanto são produzidos por elas. A educação escolar está envolvida com dois grandes campos: a alfabetização científica e os processos de formação dos jovens para o exercício da cidadania, entendida essa de modo diferente a cada contexto histórico:

> *É importante ressaltar aqui que, se afirmamos que o exercício da cidadania consiste em identificar-se com os princípios éticos e políticos da moderna democracia, devemos reconhecer também que pode haver tantas formas de cidadania quantos forem as interpretações destes princípios, e que uma interpretação democrática radical enfatizará as numerosas relações sociais nas quais existem situações de dominação que devem ser questionadas se forem aplicados os princípios de liberdade e igualdade. Isto indica o reconhecimento comum, dos diferentes grupos que lutam*

---

492 Para uma análise dos significados atribuídos pelos brasileiros à democracia ao longo de uma série cronológica pós--1988, conferir: MOISÉS, José Álvaro. Os significados da democracia segundo os brasileiros. *Opinião Pública*, Campinas, v. 16, n. 2, p. 269-309, nov. 2010. Disponível em: <http://www.scielo.br/pdf/op/v16n2/a01v16n2.pdf>. Para uma análise de ordem jornalística acerca das percepções dos brasileiros em relação à democracia a partir de pesquisa de opinião em plena conjuntura do processo que foi chamado de *impeachment* pela imprensa brasileira, conferir a reportagem: *Qual a percepção dos brasileiros em relação à democracia*. Disponível em <https://www.nexojornal.com.br/grafico/2016/09/05/Qual-a-percep%C3%A7%C3%A3o-dos-brasileiros-em-rela%C3%A7%C3%A3o-%C3%A0-democracia>. Acesso em: jan. 2017.

493 CARDOSO JR, Nerione N. *Hannah Arendt e o declínio da esfera pública*. Brasília, DF: Senado Federal, Subsecretaria de Edições Técnicas, 2013.

por uma extensão e radicalização da democracia, de que possuem uma preocupação comum, e levará à articulação das exigências democráticas reivindicadas por diferentes movimentos: as mulheres, os trabalhadores, os negros, os homossexuais, os ecologistas, assim como outros "movimentos sociais novos". O objetivo é construir um "nós" como cidadãos democráticos radicais, uma identidade política coletiva articulada mediante o princípio de equivalência democrática. Deve-se sublinhar que tal relação de equivalência não elimina as diferenças porque, caso contrário, seria simples identidade. Somente na medida em que as diferenças democráticas se oponham às forças ou discursos que negam todas elas, essas diferenças serão substituíveis entre si.[494]

Colocar-se na posição do outro e perceber os processos de dominação, buscando inventar um modo de organizar a vida em sociedade em que não tenhamos opressores e oprimidos é tarefa política gigantesca. Em qualquer desses dois campos – alfabetização científica e formação para a cidadania –, há temas sensíveis, aqueles nos quais temos uma forte marca de disputas, tensões, divergências pessoais e políticas. Um componente da educação em temas sensíveis é a capacidade de construir acordos entre indivíduos e grupos cujas opiniões diferem, estabelecendo um *modus vivendi* que implica manutenção do espaço de diálogo. Colocar-se na posição do outro é esforço pedagógico de grande efeito pessoal. Diversidade não é só valor moral de aceitar os outros, é dinâmica cognitiva e de planejamento, que necessita ser incorporada ao trabalho dos educadores.

Liberdade de ensinar: importância e articulações

Ó abre alas que eu quero passar
Chiquinha Gonzaga[495]

Assumimos que a liberdade de ensinar é componente essencial de uma educação de qualidade, pública, laica, de corte republicano, em conexão com a ampliação da densidade democrática e com os processos de inclusão social. Nos tempos que correm, a julgar pelas proposições em especial dos partidários do programa "Escola Sem Partido", talvez possa parecer que a liberdade de ensinar – ou liberdade de cátedra – tenha sido uma invenção recente dos governos de esquerda. Nada mais equivocado. A liberdade de ensinar é garantia constitucional antiga na história brasileira, tem longa história legal no Brasil. Ela está presente com este nome – liberdade de ensinar – na Constituição Federal de 1988, em conexão com outros princípios que devem reger a educação nacional:

---

[494] MOUFFE, Chantal. *Feminismo, cidadania e política democrática radical*: debate feminista. São Paulo: Melhoramentos, 1999. p. 29-47. (Cidadania e Feminismo).

[495] Chiquinha Gonzaga (Francisca Edwiges Neves Gonzaga) compôs, em 1899, a música *Ó abre alas*. Posteriormente, esta seria considerada a primeira marcha carnavalesca do País.

> *Art. 206. O ensino será ministrado com base nos seguintes princípios:*
> *I – igualdade de condições para o acesso e permanência na escola;*
> *II – liberdade de aprender, ensinar, pesquisar e divulgar o pensamento, a arte e o saber;*
> *III – pluralismo de ideias e de concepções pedagógicas, e coexistência de instituições públicas e privadas de ensino;*
> *IV – gratuidade do ensino público em estabelecimentos oficiais;*
> *V – valorização dos profissionais da educação escolar, garantidos, na forma da lei, planos de carreira, com ingresso exclusivamente por concurso público de provas e títulos, aos das redes públicas; (Redação dada pela Emenda Constitucional n. 53, de 2006)*
> *VI – gestão democrática do ensino público, na forma da lei;*
> *VII – garantia de padrão de qualidade.*
> *VIII – piso salarial profissional nacional para os profissionais da educação escolar pública, nos termos de lei federal. (Incluído pela Emenda Constitucional n. 53, de 2006)*[496]

Na Constituição Federal de 1988, ela está denominada de liberdade de ensinar, mas nos textos constitucionais anteriores foi sempre chamada de liberdade de cátedra. Na Constituição Federal de 1967, em pleno período da Ditadura Civil-Militar, a liberdade de cátedra estava assegurada:

> *TÍTULO IV Da Família, da Educação e da Cultura*
> *Art. 168 § 3º - A legislação do ensino adotará os seguintes princípios e normas:*
> *VI – é garantida a liberdade de cátedra*
> *Art. 171 – As ciências, as letras e as artes são livres.*[497]

Após a promulgação do AI-5, em 13 de dezembro de 1968[498], o Regime Civil-Militar sofreu um endurecimento, e foi proclamada a emenda constitucional de 1969, que igualmente mantinha a garantia da liberdade de cátedra, com alguma restrição:

> *EMENDA CONSTITUCIONAL N. 1, DE 17 DE OUTUBRO DE 1969*
> *Edita o novo texto da Constituição Federal de 24 de janeiro de 1967.*
> *TÍTULO IV DA FAMÍLIA, DA EDUCAÇÃO E DA CULTURA*
> *Art. 176. A educação, inspirada no princípio da unidade nacional e nos ideais de liberdade e solidariedade humana, é direito de todos e dever do Estado, e será dada no lar e na escola.*
> *§ 3º A legislação do ensino adotará os seguintes princípios e normas:*
> *VII – a liberdade de comunicação de conhecimentos no exercício do magistério, ressalvado o disposto no artigo 154.*
> *Art. 179. As ciências, as letras e as artes são livres, ressalvado o disposto no parágrafo 8º do artigo 153.*

---

496 CEF, op. cit.

497 *Constituição Federal de 1967.* Disponível em: <http://www.planalto.gov.br/CCivil_03/Constituicao/Constituicao67.htm>. Acesso em: jan. 2017.

498 *Ato Institucional n. 5, de 13 de dezembro de 1968.* Disponível em: <http://www.planalto.gov.br/ccivil_03/AIT/ait-05-68.htm>. Acesso em: jan. 2017.

CAPÍTULO IV DOS DIREITOS E GARANTIAS INDIVIDUAIS
Art. 153. A Constituição assegura aos brasileiros e aos estrangeiros residentes no País a inviolabilidade dos direitos concernentes à vida, à liberdade, à segurança e à propriedade, nos termos seguintes:
§ 8º É livre a manifestação de pensamento, de convicção política ou filosófica, bem como a prestação de informação independentemente de censura, salvo quanto a diversões e espetáculos públicos, respondendo cada um, nos termos da lei, pelos abusos que cometer. É assegurado o direito de resposta. A publicação de livros, jornais e periódicos não depende de licença da autoridade. Não serão, porém, toleradas a propaganda de guerra, de subversão da ordem ou de preconceitos de religião, de raça ou de classe, e as publicações e exteriorizações contrárias à moral e aos bons costumes.
Art. 154. O abuso de direito individual ou político, com o propósito de subversão do regime democrático ou de corrupção, importará a suspensão daqueles direitos de dois a dez anos, a qual será declarada pelo Supremo Tribunal Federal, mediante representação do Procurador-Geral da República, sem prejuízo da ação cível ou penal que couber, assegurada ao paciente ampla defesa[499].

A Constituição Brasileira anterior é a de 1946, que inaugura um período democrático, saindo da legislação do Estado Novo getulista, e lá encontramos novamente a garantia da liberdade de cátedra:

CONSTITUIÇÃO DOS ESTADOS UNIDOS DO BRASIL (DE 18 DE SETEMBRO DE 1946)
CAPÍTULO II Da Educação e da Cultura
Art. 168 – A legislação do ensino adotará os seguintes princípios:
VII – é garantida a liberdade de cátedra[500].

Após a chamada Revolução de 1930, o regime instaurado proclamou sua constituição, em que estava garantida a liberdade de cátedra:

CONSTITUIÇÃO DA REPÚBLICA DOS ESTADOS UNIDOS DO BRASIL (DE 16 DE JULHO DE 1934)
CAPÍTULO II Da Educação e da Cultura
Art. 155 – É garantida a liberdade de cátedra.[501]

---

[499] *Emenda Constitucional n. 1, de 17 de outubro de 1969.* Disponível em: <http://www.planalto.gov.br/ccivil_03/Constituicao/Emendas/Emc_anterior1988/emc01-69.htm>. Acesso em: jan. 2017.

[500] *Constituição Brasileira de 1946.* Disponível em: <http://www.planalto.gov.br/ccivil_03/constituicao/constituicao46.htm>. Acesso em: jan. 2017.

[501] *Constituição de 1934.* Disponível em: http://www.planalto.gov.br/ccivil_03/Constituicao/Constituicao34.htm. Acesso em: jan. 2017.

Mas, com o Estado Novo, foi proclamada nova constituição, que embora tenha capítulo dedicado à educação e cultura, não toca no tema da liberdade de cátedra.[502] As Constituições de 1891[503] e de 1824[504] trazem vagas referências ao ensino, mas não falam da liberdade de cátedra. Também a reforma curricular do Ensino Primário e Secundário do Distrito Federal, antigo município da Corte, pelo Decreto n. 981, de 8 de novembro de 1890, não faz referência à liberdade de cátedra[505]. A legislação educacional também se ocupa da liberdade de ensinar. Na Lei n. 5.692, de 11 de agosto de 1971, que fixa Diretrizes e Bases para o ensino de 1º e 2º Graus, e dá outras providências[506], não há citação acerca da liberdade de ensinar. Na legislação anterior, de 1961, este princípio aparece:

> *LEI N. 4.024, DE 20 DE DEZEMBRO DE 1961*
> *Fixa as Diretrizes e Bases da Educação Nacional.*
> *TÍTULO III Da Liberdade do Ensino*
> *Art. 4º É assegurado a todos, na forma da lei, o direito de transmitir seus conhecimentos.*
> *Art. 39. A apuração do rendimento escolar ficará a cargo dos estabelecimentos de ensino, aos quais caberá expedir certificados de conclusão de séries e ciclos e diplomas de conclusão de cursos.*
> *§ 1º Na avaliação do aproveitamento do aluno preponderarão os resultados alcançados, durante o ano letivo, nas atividades escolares, asseguradas ao professor, nos exames e provas, liberdade de formulação de questões e autoridade de julgamento[507].*

A legislação educacional ora vigente no País, que estabelece diretrizes e bases para a educação nacional, expressamente ocupa-se com a questão da liberdade de ensinar:

> *LEI N. 9.394, DE 20 DE DEZEMBRO DE 1996*
> *Estabelece as Diretrizes e Bases da Educação Nacional.*
> *TÍTULO II Dos Princípios e Fins da Educação Nacional*

---

502 *Constituição de 1937*. Disponível em: <http://www.planalto.gov.br/ccivil_03/constituicao/constituicao37.htm>. Acesso em: jan. 2017.

503 *Constituição de 1891*. Disponível em: <https://www.planalto.gov.br/ccivil_03/constituicao/constituicao91.htm>. Acesso em: jan. 2017.

504 *Constituição Política do Império do Brasil, de 25 de março de 1824*. Disponível em <http://www.planalto.gov.br/ccivil_03/constituicao/constituicao24.htm>. Acesso em: jan. 2017.

505 Legislação disponível na íntegra em: <http://www.histedbr.fe.unicamp.br/navegando/fontes_escritas/4_1a_Republica/decreto%20981-1890%20reforma%20benjamin%20constant.htm>. Acesso em: jan. 2017.

506 Legislação disponível na íntegra em: <http://www2.camara.leg.br/legin/fed/lei/1970-1979/lei-5692-11-agosto-1971-357752-publicacaooriginal-1-pl.html>. Acesso em: jan. 2017.

507 Legislação disponível na íntegra em: <http://www2.camara.leg.br/legin/fed/lei/1960-1969/lei-4024-20-dezembro-1961-353722-publicacaooriginal-1-pl.html>. Acesso em: jan. 2017.

Art. 2º A educação, dever da família e do Estado, inspirada nos princípios de liberdade e nos ideais de solidariedade humana, tem por finalidade o pleno desenvolvimento do educando, seu preparo para o exercício da cidadania e sua qualificação para o trabalho.

Art. 3º O ensino será ministrado com base nos seguintes princípios:

I – igualdade de condições para o acesso e permanência na escola;

II – liberdade de aprender, ensinar, pesquisar e divulgar a cultura, o pensamento, a arte e o saber;

III – pluralismo de ideias e de concepções pedagógicas;

IV – respeito à liberdade e apreço à tolerância;

V – coexistência de instituições públicas e privadas de ensino;

VI – gratuidade do ensino público em estabelecimentos oficiais;

VII – valorização do profissional da educação escolar;

VIII – gestão democrática do ensino público, na forma desta Lei e da legislação dos sistemas de ensino;

IX – garantia de padrão de qualidade;

X – valorização da experiência extraescolar;

XI – vinculação entre a educação escolar, o trabalho e as práticas sociais.

XII – consideração com a diversidade étnico-racial. (Incluído pela Lei n. 12.796, de 2013)[508]

O exame destas legislações nos permite afirmar que os princípios da educação nacional de longa data se inserem dentro do direito à formação integral dos jovens, em processo que alimenta a autonomia da escola. A liberdade de ensinar é uma modalidade particular da liberdade de expressão, atributo dos professores, quando no exercício da função docente. As duas liberdades – de expressão e de ensinar – estão previstas na constituição atual, bem como na maior parte das anteriores. A liberdade de ensinar não é um direito absoluto, porque não há direitos absolutos, todos eles são moderados por outros direitos. A leitura atenta das legislações faz saber que a liberdade de ensinar é um direito em conexão com o direito de aprender, dos alunos, que citado na Constituição Federal está amparado também no Estatuto da Criança e do Adolescente:

Estatuto da Criança e do Adolescente – Lei Federal n. 8.069/1990

Art. 15 – A criança e o adolescente têm direito à liberdade, ao respeito e à dignidade como pessoas humanas em processo de desenvolvimento e como sujeitos de direitos civis, humanos e sociais garantidos na Constituição e nas leis.

Art. 16 – O direito à liberdade compreende os seguintes aspectos:

II – opinião e expressão;

---

508 Legislação disponível na íntegra em: <http://www.planalto.gov.br/ccivil_03/leis/L9394.htm>. Acesso em: jan. 2017.

> VI – *participar da vida política na forma da lei. [...]*
> Art. 53 – *A criança e o adolescente têm direito à educação, visando ao pleno desenvolvimento de sua pessoa para o exercício da cidadania e qualificação para o trabalho, assegurando-se-lhes:*
> II – *direito de ser respeitado por seus educadores;*
> III – *direito de contestar critérios avaliativos, podendo recorrer às instâncias escolares superiores;*
> IV – *direito de organização e participação em entidades estudantis*[509].

A liberdade de ensinar está em diálogo e é moderada por outros conjuntos de direitos. Ela se articula com as responsabilidades estatais envolvidas no empreendimento educacional: a gestão democrática da escola pública – que tem previsão constitucional e também está citada na Lei de Diretrizes e Bases que vige atualmente; os procedimentos da ciência que orientam a alfabetização científica – o compromisso da escola é com a aprendizagem científica que prepara para o futuro; as disposições curriculares – todos os sistemas de educação têm diretrizes curriculares desenhadas e aprovadas pelos conselhos de educação; a formação cidadã em sintonia com os direitos humanos – há diretrizes nacionais da educação em direitos humanos fixadas em lei[510]; as disposições sobre metas, avaliações e provas, tanto em nível nacional quanto nas redes locais e escolas. A liberdade de ensinar se articula com os direitos constitucionais de igualdade e não discriminação, e isso tem a ver com o diálogo com os marcadores sociais da diferença, o compromisso com o pluralismo democrático e o respeito às culturas juvenis, que devem encontrar na escola um lugar de expressão e respeito. Um professor não tem liberdade de ensinar ao ponto de promover em sala de aula discursos de ódio e discriminação. Um professor tem o dever de ir além de sua visão particular do evento, respeitando o direito de aprender do aluno, e mostrando outras visões, e aqui temos material para pensar o ensino de História:

> *Organizar uma aula de História é organizar o relato em torno de um tempo, de um evento, e isso implica a decisão de construir seu próprio enredamento, sua própria versão para o evento ou reproduzir versões já prontas, que podem e devem ser confrontadas, facilitando o aprendizado por parte dos alunos de que não existem verdades definitivas, não existem certezas absolutas, não só na historiografia como em qualquer ciência. [...] Uma boa maneira de combater o estereótipo da História como um amontoado de mentiras é discutir com os*

---

509 Legislação disponível na íntegra em: <http://www.planalto.gov.br/ccivil_03/leis/L8069.htm>. Acesso em: jan. 2017.

510 *Resolução n. 1, de 30 de maio de 2012*, do Conselho Nacional de Educação (Conselho Pleno). Disponível em: <http://portal.mec.gov.br/index.php?option=com_docman&view=download&alias=10889-rcp001-12&category_slug=maio-2012-pdf&Itemid=30192>. Acesso em: jan. 2017.

alunos como se constroem socialmente e culturalmente as verdades, a quem elas interessam e a quem servem. [...] A aula de História é uma trama, só se realiza se traz à cena, se encena, se coloca à frente dos alunos dada configuração, determinada encenação do passado[511].

Como já afirmado anteriormente, a liberdade de ensinar na escola se constrói em sintonia com o pluralismo democrático e com o direito à formação integral, e também com a garantia da liberdade de expressão. Todos estes direitos que moderam a liberdade de ensinar estão previstos em nosso ordenamento constitucional e legal[512]. Há outras possibilidades de pensar o ensino de História no interior desse conjunto de princípios éticos, garantias constitucionais e estratégias educacionais. O ensino de História tem compromisso com a proliferação de histórias, de narrativas e com a noção de emancipação:

> Mais do que ensinar fatos, eventos, falar de datas e personagens, mais do que falar do passado, o professor de História deve ser um veículo de experimentação dos tempos em suas diferenças, em suas descontinuidades, em seus deslocamentos. [...] é o de preparar o aluno para conviver com o diferente, com o distante, com o estranho, com a alteridade, com a descontinuidade, com a mudança[513].

A divergência de posições políticas no ensino de História se resolve com o pluralismo, a proliferação de ideias e narrativas, colocadas em debate e confronto, e não com a restrição do debate ao modo de programas como "Escola Sem Partido". E o exercício da liberdade de expressão é próprio da sala de aula, e é um antídoto para as estratégias de pensamento único e restrição do debate. Quem vai à escola vai para ser influenciado, para abertura de horizontes, para escutar o que não escutou na família, na tradição religiosa, no grupo de amigos, no bairro onde mora:

> O ensino da História tem a finalidade óbvia de fazer o aluno realizar a experiência de ir para fora de seu tempo. [...] Uma aula de História propõe uma atividade bastante lúdica [...] que é de brincar de sair de nosso tempo e dar um passeio por paisagens e tempos, cenários e cenas, personagens e pessoas que constituíram e habitaram outros tempos.[514]

---

511 ALBUQUERQUE JÚNIOR, Durval Muniz. Regimes de historicidade: como se alimentar de narrativas temporais através do ensino de História. In: GABRIEL, Carmen Teresa *et al.* (Orgs.). *Narrativas do Rio de Janeiro nas aulas de História*. Rio de Janeiro: Mauad, 2016. p. 21-42.

512 RODRIGUES, Horácio Wanderlei; MAROCCO, Andréa de Almeida Leite. *Liberdade de cátedra e a Constituição Federal de 1988*: alcance e limites da autonomia docente. Texto sem data, para debate no âmbito da ABMES, Disponível em: <http://abmes.org.br/arquivos/documentos/hwr_artigo2014-liberdadecatedra_unifor.pdf>. Acesso em: jan. 2017.

513 ALBUQUERQUE JÚNIOR, op. cit., p. 25.

514 ALBUQUERQUE JÚNIOR, op. cit., p. 26.

> *Para termos uma sociedade menos conservadora é fundamental que o professor de História seja efetivamente um educador, no sentido etimológico da palavra. [...] que significava "conduzir ou direcionar para fora", para o mundo, levar alguém a ultrapassar o seu estado atual, mostrar as diferenças do mundo, [...].*[515]

O ensino de História colabora para uma educação de respeito às minorias, para a construção de uma democracia respeitosa das diferenças. No âmbito do ensino de História, podem-se realizar numerosas atividades para reflexão sobre questões sociais que marcam a construção do Brasil, como a desigualdade, as conflitualidades, a pouca crença na democracia. A bússola da boa escola e da educação de qualidade é o pluralismo democrático. O bom ensino de História fornece conhecimentos para inserir os jovens de forma crítica em um conjunto de tradições[516]. Alunos e alunas demonstram inteligência quando, a partir destes ensinamentos, tanto desenham metas para onde ir, quanto demonstram ter aprendido para onde não devemos voltar.

---

515 ALBUQUERQUE JÚNIOR, op. cit., p. 25.
516 ARENDT, op. cit.,

3

Ideología de género: semblanza de un debate pospuesto
Nancy Prada Prada

El creciente proceso de instalación en el imaginario colombiano de que existe una "ideología de género" y de la carga negativa que un sector mayoritario de la sociedad vuelca sobre ella, ha tenido en la historia más reciente dos hitos fundamentales: primero, la utilización de la categoría, por parte de sectores conservadores, en el debate suscitado por los intentos del Ministerio de Educación Nacional de frenar la violencia contra estudiantes lesbianas, gays, bisexuales y transgeneristas en los contextos escolares, y, segundo, la misma utilización para atacar la inclusión de las categorías de orientación sexual e identidad de género en los Acuerdos de Paz.

El presente texto documenta ambos episodios, ocurridos en el segundo semestre del año 2016, para proponer, posteriormente, una aproximación crítica a los mecanismos discursivos y políticos empleados en este proceso.

Sobre los esfuerzos del Ministerio de Educación

El 4 de agosto de 2014, Sergio Urrego, un joven de 16 años, se suicidó lanzándose desde el último piso de un centro comercial, en Bogotá. Las investigaciones judiciales han logrado demostrar que su suicidio estuvo motivado, en buena medida, por la discriminación que sufrió en su colegio, a causa de su orientación sexual[517]. En el marco de este proceso, todavía en curso, la Corte Constitucional colombiana emitió la sentencia T478/15, en la cual le ordena al Ministerio de Educación, entre otras acciones, la creación definitiva del Sistema Nacional de Convivencia Escolar. La orden al Ministerio de Educación incluía "una revisión extensiva e integral de todos los Manuales de Convivencia en el país para determinar que los mismos sean respetuosos de la orientación sexual y la identidad de género de los estudiantes y para que incorporen nuevas formas y alternativas para

---

517 *Periódico El Tiempo*. Corte Constitucional falló a favor de la familia de Sergio Urrego. Disponible en: <http://www.ics.ul.pt/rdonweb-docs/Nuno%20Monteiro_2010_n1.pdf>. Acceso en: 15 marzo 2017.

incentivar y fortalecer la convivencia escolar"[518], revisión que debía hacerse en el plazo de un año.

Al momento de emitirse la orden de la Corte Constitucional, era Gina Parody quien estaba al frente del Ministerio de Educación. Parody había sido nombrada como Ministra de Educación en agosto de 2014, luego de una amplia trayectoria en el sector público[519]. Su orientación sexual (como mujer lesbiana), que hasta entonces era relativamente pública, sería luego ampliamente comentada e instrumentalizada.

Como parte del cumplimiento de la orden emitida por la Corte Constitucional, el Ministerio de Educación, en cabeza de Parody, construyó un instrumento de "Preguntas orientadoras" para ser utilizado en el marco de unos talleres con los Comités Escolares de Convivencia[520], que les permitieran facilitar la reflexión, entre otros asuntos, sobre el respeto a la orientación sexual y la identidad de género del estudiantado.

El instrumento, que se utilizó en 189 talleres, en los que participaron 9.904 personas de 5.610 establecimientos educativos en el país[521], constaba de 34 preguntas que debían servir como guía para evaluar sus manuales de convivencia. Estas preguntas estaban estructuradas en varios apartados, uno de ellos sobre "Diversidad y Pluralidad"[522], que incluía cuestiones como las siguientes:

> *"¿Permite que estudiantes usen el uniforme que les hace sentirse a gusto con su identidad de género? ¿Restringe las demostraciones de afecto entre parejas homosexuales o parejas heterosexuales?"*

---

518 El Manual de Convivencia es "una herramienta en la que se consignan los acuerdos que la comunidad académica establece en pro de garantizar la convivencia escolar. En su construcción, se deben tener en cuenta los intereses, motivaciones y aportes de estudiantes, docentes, padres de familia, entre otros, cuyos acuerdos serán pactos establecidos a partir de la participación real de toda la comunidad". Portal Colombia Aprende. El manual de convivencia fortalece la educación. Disponible en: <http://www.colombiaaprende.edu.co/html/micrositios/1752/w3-article-340940.html>. Acceso en: 15 marzo 2017.

519 Gyna Parody fue Representante a la Cámara (2002-2006), Senadora de la República (2006-2009), excandidata a la Alcaldía Mayor de Bogotá (2011), Alta Consejera Presidencial para los asuntos de la capital (2012-2013) y Directora General del Servicio Nacional de Aprendizaje – Sena (2013-2014). Parody es abogada, con especialización en Resolución de Conflictos y una maestría en Administración Pública de la Universidad de Harvard.

520 "Todas las instituciones educativas y centros educativos oficiales y no oficiales del país deberán conformar, como parte de su estructura, el Comité Escolar de Convivencia, encargado de apoyar la labor de promoción y seguimiento a la convivencia escolar, a la educación para el ejercicio de los Derechos Humanos, sexuales y reproductivos, así como del desarrollo y aplicación del manual de convivencia y de la prevención y mitigación de la violencia escolar". Decreto n. 1965 de 2013: "Por el cual se reglamenta la Ley 1620 de 2013, que crea el Sistema Nacional de Convivencia Escolar y Formación para el Ejercicio de los Derechos Humanos, la Educación para la Sexualidad y la Prevención y Mitigación de la Violencia Escolar".

521 Ministerio de Educación Nacional. Respuesta Derecho de Petición 2017ER028013. 7 de marzo de 2017.

522 Los otros apartados del instrumento eran: i) Enfoque de Derechos II) Construcción y actualización del Manual de Convivencia III) Medidas Pedagógicas IV) Resolución de conflictos, y Promoción de la Convivência.

Adicionalmente, el Ministerio de Educación suscribió un Convenio de Asociación[523] con una alianza entre cuatro organizaciones (el Fondo de las Naciones Unidas Para la Infancia – Unicef; el Fondo de Población de las Naciones Unidas – UNFPA, la organización Colombia Diversa y el Comitato Internazionale Per Lo Sviluppo dei Popo – Cisp), que tenía como propósito "aunar esfuerzos técnicos, administrativos y financieros para el desarrollo de competencias ciudadanas en el ejercicio de los derechos humanos, sexuales y reproductivos y contribuir a gestionar escenarios de paz y reconciliación en el marco de la implementación del Sistema Nacional de Convivencia Escolar".

Aunque no hacía parte de los productos del Convenio, con el ánimo de aportar a la comprensión y prevención de las situaciones de discriminación por orientación sexual o identidad de género en la escuela, el UNFPA produjo, de manera simultánea, una cartilla titulada "Ambientes escolares Libres de Discriminación", que fue publicada en su momento en la página web de la entidad.

En julio de 2016, el escándalo explotó cuando la diputada del departamento de Santander, Ángela Hernández, lideró un debate en la Asamblea Departamental, que rápidamente se volvió mediático, sobre las acciones que estaba adelantando el Ministerio, afirmando que la ministra Parody, basada en su "condición", pretendía adelantar una "colonización homosexual" en los colegios[524] y que ello iba en contra del bienestar de la niñez colombiana:

> ¿Qué va a pensar un niño de preescolar, de 5 o 6 años de edad, que en su descanso mientras se come su lonchera, ve a una pareja de estudiantes de décimo u once grado, dos hombres o dos mujeres, besándose? ¿no estamos dañando ahí la inocencia de los niños y las niñas? ¿no estamos colocando ya en sus mentes algo predeterminado?[525]

Lo que vino luego fueron días intensos de informaciones cruzadas y debates encendidos. El tema inundó los medios de comunicación, las redes sociales, las discusiones en la calle. Se hablaba de "las cartillas" del Ministerio, sin hacer distinción entre el instrumento de Preguntas Orientadoras – que, en efecto, había sido utilizado en los talleres con delegados y delegadas de los comités escolares de convivencia – y la cartilla producida por el UNFPA – que no había sido distribuida en los colegios –, e incluso se hizo circular un material de origen belga, que incluía contenido sexual explícito, afirmando – y así lo creyó mucha gente – que ese era el texto que el Ministerio estaba llevando a las instituciones educativas.

---

523 Convenio 753 de 2015.

524 Intervención de la Diputada Ángela Hernández Álvarez, en el debate realizado en la Asamblea de Santander, el 25 de julio de 2016.

525 Video de invitación a las marchas cristinas del 10 de agosto. Diputada Ángela Hernández Álvarez. Disponible en: < https://www.youtube.com/watch?v=PVMOiER3vLk>. Acceso em: 1 marzo 2017.

La diputada Ángela Hernández, que llegó a la Asamblea Departamental gracias al apoyo de la iglesia Cristiana Cuadrangular, de la que hace parte, y del Movimiento Misionero Mundial, afirmó entonces que el Ministerio de Educación promovía "una tendencia a que en esos manuales se incluya la ideología de género", que su lucha era "por los derechos de los padres de familia a educar a sus hijos", e invitó a "enarbolar las banderas de las familias", insistiendo en que "vamos a llevar esto hasta las últimas consecuencias"[526].

Tras una amplia convocatoria, el 10 de agosto de 2016 se realizaron en las principales ciudades del país multitudinarias marchas, lideradas por grupos religiosos que anunciaban su rechazo a la "imposición de la ideología de género en las aulas" y movilizaron múltiples mensajes de odio contra la población de sectores LGBTI. Al día siguiente, el presidente de la república, Juan Manuel Santos, hizo una alocución pública, en la que terminó avalando el concepto pero quitándole su respaldo, al señalar que "ni el Ministerio de Educación, ni el Gobierno Nacional, han implementado, ni promovido, ni van a promover, la llamada ideología de género", concluyendo que "ese documento [refiriéndose a la cartilla "Ambientes escolares libres de discriminación"] no será autorizado"[527].

El 17 de agosto, el Congreso de la República citó a un debate de control político a la ministra Parody. Dicho debate, sintetizó el estado de la argumentación sobre el asunto:

> *Este es un debate contra la familia. Un debate que posicionó ella con sus acciones contra la familia. Y si tenemos miedo los padres de Colombia a que desde el Ministerio de Educación no nos permitan educar a nuestros hijos como nosotros los queremos educar (José David Name, Senador por el Partido de la U).*

> *[estas cartillas] excluyen la familia, y entonces excluyen también un valor, que es el valor de la moral, expresamente [...] le crean confusiones a los niños, anticipando los tiempos de la naturaleza [...] llegan a decir que [...] el ser humano no nace hembra o varón, sino que lo define como tal el ambiente, una clara contradicción con las comunidades científicas [...] no respeta el derecho de los niños ni respeta a la familia [...] (Álvaro Uribe Vélez, Senador por el Partido Centro Democrático)*

En su intervención, Parody defendió el accionar del Ministerio de Educación, recordando que daba cumplimiento a una orden emitida por la Corte Constitucional, y mostró otras cartillas que habían sido producidas en gobiernos anteriores, con contenidos muy similares a los que ahora se estaban criticando, concluyendo que "cuando otros Gobiernos

---

526 *Periódico El Espectador*. Comunidad LGBTI ya tiene derechos, que además son privilegios. Disponible en: <http://www.elespectador.com/noticias/nacional/comunidad-lgbti-ya-tiene-derechos-ademas-son-privilegio-articulo-645536>.

527 Declaraciones del presidente Juan Manuel Santos. 11 de agosto de 2016. Disponible en: <http://noticias.caracoltv.com/bogota/colombia/no-promoveremos-ideologia-de-genero-santos-no-autorizara-cuestionada-cartilla>.

sí definieron y sí utilizaron cartillas, no pasó nada. Solo hoy, cuando yo cumplo con el fallo de la Corte, se arma todo esto. ¿Qué más puede explicarlo, sino mi condición sexual?"[528].

Finalmente, el 30 de agosto, el Gobierno anunció que la ministra Parody dejaría el cargo, por un mes, para sumarse a la campaña por el SÍ en el plebiscito por la paz. Dicho Plebiscito se votó el 2 de octubre de 2016, ganando, por una mínima diferencia, el NO. Dos días después, el 4 de octubre, Gina Parody presentó su renuncia al Ministerio de Educación.

Por su parte, el Convenio suscrito para "aunar esfuerzos técnicos, administrativos y financieros para el desarrollo de competencias ciudadanas en el ejercicio de los derechos humanos, sexuales y reproductivos", que había dado inicio el 7 de marzo de 2016, fue finalizado y liquidado el 30 de diciembre del mismo año, con lo cual se detuvieron las acciones en la materia. Todavía en marzo de 2017, el Ministerio no reportaba ninguna medida de continuidad y se encontraba aún "definiendo los mecanismos de seguimiento y monitoreo pertinentes para garantizar que se cumpla la orden de la Corte de acuerdo a las competencias de cada una de las instancias y actores del Sistema Nacional de Convivencia Escolar"[529].

Sobre el Acuerdo de Paz

Colombia ha vivido una guerra interna que suma cerca de seis décadas, llegando a ser, en su momento, el segundo conflicto armado interno de más larga duración en la historia (siendo el primero el conflicto israelí-palestino). Esta guerra ha dejado más de 8.300.000 víctimas civiles registradas, entre las que se cuentan cerca de 267.000 personas asesinadas, alrededor de 60.000 desaparecidas y un poco más de 18.500 víctimas de violencia sexual[530].

En noviembre de 2012, se instalaron oficialmente los diálogos de paz entre el Gobierno colombiano y las Fuerzas Armadas Revolucionarias de Colombia – Farc (el principal actor armado ilegal implicado en esta guerra), diálogos que se llevaron a cabo en La Habana, Cuba. En septiembre de 2014, cuando ya existían acuerdos parciales sobre cuatro de los seis puntos en discusión, se instaló la Subcomisión de Género, que tenía como propósito incluir la perspectiva de género en los acuerdos parciales ya adoptados y garantizarla en aquellos puntos que faltaba discutir. Para ello, la subcomisión recibió en La Habana a delegaciones de víctimas mujeres y de sectores sociales LGBT, que presentaron sus propuestas. En julio de 2016, las partes negociadoras emitieron el Comunicado conjunto número 81, en el que anunciaban que la Subcomisión de Género había concluido su trabajo en La Habana.

---

528 Intervención de la Ministra Gina Parody, en el debate de control político que se le realizó en el Congreso.

529 Respuesta Derecho de Petición. Ministerio de Educación.

530 Unidad para las Víctimas. Cifras del registro Único de Víctimas, con corte a febrero 1 de 2017. Disponible en: <http://rni.unidadvictimas.gov.co/v-reportes>.

Tras cerca de cuatro años de negociaciones, las partes llegaron, finalmente, al "Acuerdo Final para la Terminación del Conflicto y la Construcción de una Paz Estable y Duradera", que incluía disposiciones para los seis puntos de discusión pactados en la agenda inicial: 1. Reforma Rural Integral, 2. Participación política, 3. Cese al Fuego y de Hostilidades Bilateral y Definitivo y la Dejación de las Armas, 4. Solución al Problema de las Drogas Ilícitas, 5. Víctimas, y 6. Mecanismos de implementación y verificación. El sexto punto de este acuerdo establecía que, tras su firma, el mismo debía ser refrendado por la ciudadanía en las urnas.

El mecanismo mediante el cual debería realizarse esta refrendación ciudadana fue objeto de un intenso debate jurídico, tras el cual la Corte Constitucional aprobó, el 18 de julio, que se realizara a través de un Plebiscito[531]. En este Plebiscito el pueblo colombiano debía responder con un "SÍ" o un "NO" a una única pregunta: "¿Apoya usted el acuerdo final para terminar el conflicto y construir una paz estable y duradera?".

Inmediatamente después de que la Corte Constitucional diera vía libre a la realización del Plebiscito, comenzaron las campañas, tanto a favor del "SÍ", como a favor del "NO", las primeras, lideradas por amplios sectores del movimiento social y de víctimas, así como fuerzas políticas de izquierda y otras que habían respaldado al gobierno durante las negociaciones con las Farc; las segundas, encabezadas por fuerzas políticas de derecha, entre las que destaca el Centro Democrático, partido liderado por el expresidente y entonces congresista de la República, Álvaro Uribe Vélez, quien durante sus dos periodos presidenciales (2002-2004 y 2004-2008) se negó a reconocer la existencia de un conflicto armado en el país y la alternativa de una salida negociada a la confrontación armada, reduciendo la problemática a la existencia de "grupos terroristas" e impulsando, a través de su política de "Seguridad democrática", la presencia de los órganos de seguridad a lo largo del territorio nacional, en busca de un éxito militar de la Fuerza Pública sobre los grupos armados al margen de la ley.

La campaña por el SÍ hizo énfasis en la pedagogía de los Acuerdos, intentando, en un periodo tan corto (el Plebiscito estaba citado para el 2 de octubre) explicar a la ciudadanía el contenido de las 267 páginas del Acuerdo Final. Por su parte, la estrategia de la campaña por el NO fue "dejar de explicar los acuerdos para centrar el mensaje en la indignación", como lo reconoció públicamente, días después de votado el Plebiscito,

---

[531] "El plebiscito es uno de los mecanismos de participación que brinda la Constitución para que los colombianos participen en las decisiones políticas que los afecta. Únicamente el Presidente de la República, con la firma de todos los ministros, puede convocar al pueblo para que se pronuncie en torno a decisiones del Ejecutivo. Estas tienen que ver con la conformación, ejercicio y control del poder político en el país". Disponible en: <http://www.banrepcultural.org/blaa-virtual/ayudadetareas/politica/el_plebiscito>.

Juan Carlos Vélez, gerente administrativo de esta campaña, agregando que "estábamos buscando que la gente saliera a votar verraca"[532].

En efecto, la campaña por el NO se propuso generar indignación a fuerza de mensajes distorsionados o claramente falsos, afirmando, por ejemplo, que a cada guerrillero desmovilizado se le pagaría un millón ochocientos mil pesos mensuales como salario, que se haría necesaria una drástica reforma tributaria (evitable si la guerra continuaba o se negociaba en otros términos) para financiar la implementación de los Acuerdos, que el Acuerdo garantizaba la impunidad mediante generosas amnistías, o que, de ganar el "SI" el país estaría *ad portas* de convertirse en una nación "castro-chavista" y seguir los pasos de la hermana República de Venezuela (lo que incluía el fantasma de la persecución a los capitales de clases altas y medias).

El paquete de falsos argumentos que la campaña por el "NO" construyó para que "la gente saliera a votar verraca", incluía que "la 'ideología de género' podría estar encriptada en el Acuerdo Final"[533]. En ello insistieron múltiples sectores religiosos, que, dada su histórica saña contra temas relacionados con la sexualidad, hicieron de este tema su principal bandera de oposición. Tales sectores, autoproclamados como defensores "de los derechos de la familia tradicional" sostuvieron que, de aprobarse el Acuerdo para la terminación del conflicto, se impondría la "ideología de género", que apuntaría, justamente, a destruir ese modelo de familia. Dicho argumento estuvo siempre conectado con el escándalo de "las cartillas" del Ministerio de Educación. El exprocurador General de la Nación, Alejandro Ordoñez, afirmó en su momento: "Ya no será la ideología de género impuesta a nuestros hijos mediante una cartilla, sino que estará en la Constitución. El *Gobierno* y las *Farc* pretenden que la ideología de género quede en la norma constitucional. Desde luego, no la llaman así, la llaman enfoque de género"[534].

Finalmente, el 2 de octubre se vota el Plebiscito, en el cual resulta ganador, por una mínima diferencia, el "NO" (50,2% de los votos)[535]. Ese mismo día, tras conocerse los

---

532 *Periódico El Espectador*. La estrategia era dejar de explicar los acuerdos: gerente de la campaña del No. Disponible en: <http://www.vanguardia.com/colombia/375582-la-estrategia-era-dejar-de-explicar-los-acuerdos-gerente-de-la-campana-del-no>.

533 HOYOS, Ilva Myriam. El Enfoque de Género en el acuerdo final para la terminación del conflicto y la construcción de una paz estable y duradera. Disponible en: <https://es.scribd.com/document/323396145/A-EL-ENFOQUEAnalisis--de-los-acuerdos-de-La-Habana-en-relacion-con-la-ideologia-de-genero-DE-GE-NERO-EN-ACUERDO-FINAL-LA-HABANA-verdef-sept-2016a#from_embed>.

534 Canal de Youtube" de Alejandro Ordoñez. Disponible en: <https://www.youtube.com/watch?v=gh3Gd4gv0mM>.

535 Registraduría Nacional del Estado Civil. Disponible en: <http://plebiscito.registraduria.gov.co/99PL/DPLZZZZ ZZZZZZZZZZZZZZ_L1.htm>.

resultados de la votación, el congresista Uribe Vélez hizo unas declaraciones públicas en las que insistía en la necesidad de modificar los términos del Acuerdo, de manera que atendiera a "la necesidad de estimular los valores de la familia, sin ponerla en riesgo"[536].

Desde el día siguiente, tanto el gobierno como la delegación de las Farc dieron inicio a una serie de diálogos con las principales fuerzas políticas y sectores sociales del país, que permitieran hacer ajustes al Acuerdo y conseguir su refrendación. Pese a la insistencia de lesbianas, gays, bisexuales y transgeneristas, articulados en la plataforma "LGBTI por la Paz", de participar de esos diálogos, el gobierno no agendó una reunión con ellos. Sí lo hizo la delegación de las Farc, que les atendió en La Habana el 2 de noviembre de 2016.

Finalmente, el 24 de noviembre, se firma el "Nuevo Acuerdo Final", que fue refrendado ya no a través de una consulta popular, sino en el Congreso, el 30 de noviembre. Si bien el texto del nuevo Acuerdo continúa mencionando a las víctimas de sectores LGBTI, plantea una transformación sustantiva respecto a la comprensión del enfoque de género, que fue en muchos casos sustituido por enunciados que atienden únicamente a la particularidad de las mujeres, eliminando toda alusión a la identidad de género u orientación sexual.

Persecución e instrumentalización

En el marco de esta coyuntura, varios asuntos saltan a la vista. En primer lugar, existió una persecución política a la Ministra de Educación, por su orientación sexual. Como quedó claro en el debate de control político que se le dedicó en el Congreso, durante gobiernos anteriores se habían producido materiales dirigidos a las instituciones educativas, con contenidos similares respecto a los temas de orientación sexual e identidad de género. Concretamente, en el año 2008 (durante el gobierno de Uribe Vélez) circularon unas cartillas creadas por el Instituto Colombiano de Bienestar Familiar (ICBF), escritas en términos de sexo, identidad de género y orientación sexual, es decir, con las mismas categorías cuyo uso se estaba sancionando en los actuales materiales del Ministerio. Sin embargo, nadie reviró en su momento, sino ahora, cuando quien sigue el mismo camino es una mujer lesbiana.

Resulta perfectamente comprensible que, tanto en gobiernos anteriores como en éste, las políticas estatales – y los materiales producidos en su marco – estén alineados con los compromisos del Estado en ámbitos internacionales y sus pronunciamientos en

---

536 Declaración Álvaro Uribe Vélez. Disponible en: <https://www.youtube.com/watch?v=1mnrSPISZfQ>.

la materia[537], de manera que el marco conceptual expuesto en "las cartillas" no parece la motivación real de las expresiones que pululan, pidiendo la cabeza de la Ministra.

Además de persecución política, esta coyuntura constituye un ejemplo de instrumentalización de los asuntos referidos a la sexualidad, a favor de otros intereses. En un movimiento similar al anterior (repudiar las cartillas del gobierno actual, habiendo promovido antes unas similares), Alejandro Ordóñez, ex-Procurador General de la Nación y otro de los opositores más visibles a los Acuerdos de Paz, abanderó la campaña por el "NO" arguyendo, como he citado antes, que el gobierno pretendía "que la ideología de género quede como una norma constitucional".

Sin embargo, con Ordoñez a la cabeza, la Procuraduría había emitido en su momento documentos que incluían explícitamente el enfoque de género, "por ejemplo, en mayo de 2010, divulgó la edición "Procurando la Equidad 5. Vigilancia superior a la garantía de los derechos desde la perspectiva de género", cuya el editorial, escrita por Alejandro Ordóñez, dice que 'entre las acciones emprendidas por la Procuraduría General de la Nación para atender estas exigencias o deudas de justicia, se destaca el sistema de vigilancia superior a la garantía de los derechos desde la perspectiva de género que de forma sistemática y permanente realiza ejercicios de vigilancia preventiva'".

Así, acogiendo durante el cargo el enfoque de género, en atención a la normativa internacional y nacional que así lo establece, pero satanizándolo luego, con el propósito claro de obtener réditos electorales (en este caso, en el Plebiscito), los asuntos de género se instrumentalizan, dejan de ser en sí mismos el fin de la discusión, para convertirse en el medio a través del cual obtener un beneficio mayor. En este caso, tales intereses superiores estarían relacionados con el fracaso de las negociaciones en La Habana, pues el fin del conflicto armado con las Farc puede, entre otras cosas, debilitar los movimientos de capital de los sectores poderosos, y favorecer el conocimiento público de verdades sobre lo ocurrido que dichos sectores de poder prefieren mantener ocultas. Para lograr el bien

---

[537] Entre la normativa internacional destacan: la Resolución AG/RES. 2435 (XXXVIII-O/08), sobre derechos humanos, orientación sexual e identidad de género, de la Organización de Estados Americanos – OEA. Los Principios de Yogyakarta sobre la Aplicación de la Legislación Internacional de Derechos Humanos a las Cuestiones de Orientación Sexual e Identidad de Género', adoptados en 2008 por el Consejo de Derechos Humanos de la ONU. Entre los pronunciamientos de instancias internacionales en la materia, destacan: El informe del año 2005 sobre la situación de derechos humanos en Colombia 2005, de la Oficina de la Alta Comisionada de las Naciones Unidas para los Derechos Humanos; el documento de análisis de informes Estatales sobre Derechos Humanos del Comité de Derechos Humanos del Sistema de Naciones Unidas; el documento E/CN.4/2005/64/Add.3, sobre el derecho a la libertad de opinión y de expresión, del Relator Especial; el documento Lista de cuestiones que deben abordarse, al examinar el cuarto informe periódico de Colombia, del Comité de Derechos Económicos, Sociales y Culturales; o el documento E/CN.4/2005/10 de la Alta Comisionada de las Naciones Unidas para los Derechos Humanos, al referirse a la situación de los derechos humanos en Colombia.

mayor (la oposición del pueblo colombiano a los Acuerdos de Paz) había, entonces, que usar medios (como infundir miedo a través de la "ideología de género") que garantizaran que "la gente saliera a votar verraca".

¿Ideología o enfoque?

Por cuenta de las dos coyunturas antes documentadas, durante el segundo semestre del año 2016, Colombia sufrió la oleada de mensajes de odio contra sectores LGBT más recalcitrante de los últimos tiempos. Esta violencia simbólica y verbal tuvo también efectos materiales, pues las manifestaciones masivas, y las comunicaciones públicas de voces con mucho poder político, en contra de la "ideología de género", reanimaron una suerte de sentimiento de legitimidad de quienes siempre se han opuesto a las libertades sexuales y la transformación de los arreglos de género[538] imperantes. Ese sentimiento de "estar en lo correcto", en el lugar de la "conciencia verdadera", desató otras manifestaciones de violencia hacia gays, lesbianas, bisexuales y transgeneristas a lo largo del territorio nacional, desde insultos desmesurados hacia parejas homosexuales que tenían demostraciones de afecto en el espacio público (en ciudades y zonas donde esas formas habían disminuido), hasta amenazas, agresiones físicas y asesinatos en pueblos y comunidades más pequeñas, que comenzaron a reportar el recrudecimiento de las persecuciones motivadas en la orientación sexual y la identidad de género alejadas de la heteronorma[539].

Sin embargo, los debates públicos no se concentraron en esos impactos, sino en los enunciados que los motivaron, eludiendo con ello la profundidad que la coyuntura demandaba y sigue demandando. En efecto, cuando los sectores conservadores comenzaron a señalar que el gobierno (vía "cartillas" y Acuerdos de paz) estaba adoctrinando en "ideología de género", la respuesta de un amplio sector de investigadoras, activistas, políticas y otras personas comprometidas con la perspectiva de género – en consonancia con la respuesta del gobierno – fue que no existía tal cosa, que eso era un invento con fines de desacreditar algo que sí existía,

---

[538] El concepto de "arreglos de género", se refiere a las normas explícitas e implícitas que modulan las relaciones entre los hombres, las mujeres y las personas con otras identidades de género. Los arreglos de género se expresan en "reglas de juego, algunas formales – constituciones, leyes, decretos, resoluciones – otras informales – convenciones culturales, costumbres y prácticas cotidianas – que regulan las relaciones entre hombres y mujeres. En estos arreglos, lo masculino-heterosexual tiende a subordinar y desvalorizar lo femenino y las diferencias y sexuales. CENTRO NACIONAL DE MEMORIA HISTÓRICA. *Conceptos y herramientas de memoria histórica desde la perspectiva de género*. Bogotá, 2011.

[539] Por mi propio trabajo como activista independiente y como coordinadora del equipo de Enfoque de Género en el Centro Nacional de Memoria Histórica (CNMH), tuve noticia de algunos de estos casos. Concretamente las víctimas del conflicto armado de sectores sociales LGBT comenzaron a llamar al CNMH, afirmando que tenían miedo, porque el contexto se estaba "calentando".

el "enfoque de género", cuya aplicación, según el consenso internacional, era muy favorable para la sociedad[540].

Más que adentrarse en aclaraciones sobre los contenidos de ambas categorías, la discusión se restringió a "Sí, existe la ideología de género y eso es malo" y "No, eso no existe, lo que existe es el enfoque de género y eso es bueno".

Sea que la estrategia usada para encajar la embestida de la derecha, en este caso, haya sido premeditada o no, probablemente esta opción de la negación encuentra sentido al revisar las alternativas que tenía la defensa de los Acuerdos de paz: a sólo tres meses de una votación trascendental, ya no había tiempo de hacer la tarea hasta ahora incumplida (la apropiación social de la categoría de género y la comprensión de sus bondades). Negar enfáticamente que existiera algo como una "ideología de género" parecía el camino más estratégico, afincarse en la negación resultaba la alternativa con más posibilidad de éxito en el plazo inmediato. Lastimosamente, el plazo inmediato parece el criterio más recurrente a la hora de tomar decisiones de agenda social en estos temas, que demandan transformaciones estructurales y no sólo superficiales.

Así se hizo, pero la estrategia no alcanzó. Los promotores del "NO" capitalizaron hábilmente el miedo que generaba esa endemoniada "ideología de género", homosexualizadora y destructora de familias, frente al que poco pudo hacer el mensaje pretendidamente alentador que afirmaba que el demonio era inventado. Así, la negación de la "ideología de género" no sólo no favoreció la transformación estructural necesaria, sino que tampoco rindió efectos positivos en el plazo inmediato. Ahora bien, en el plano conceptual, ¿tiene sentido hablar de "ideología de género"?

En tanto conjunto de creencias que describen y explican el mundo, todo posicionamiento político implica una ideología. Sin embargo, la genealogía de este concepto remite con mucha fuerza a Marx, para quien la ideología es un recurso de la clase dominante para mantener sus privilegios, y constituye, entonces, una forma de alienación. En su argumentación, la ideología se reviste de un contenido negativo, indeseable, relacionado directamente con la falsedad. Se trata, en efecto, de un conjunto de creencias, pero un conjunto de creencias falsas.

Sin embargo, el concepto de ideología ha tenido posteriores relecturas que han complejizado su sentido. Como señala el filósofo colombiano Santiago

---

540 Resulta interesante notar que existiría una diferencia entre quienes denuncian la imposición de "la ideología de género" y quienes la de "una ideología de género". En el primer caso, se implica la existencia de la verdad, no marcada, opuesta a la falsedad (marcada como "ideología"): yo afirmo la idea verdadera; tú afirmas una ideología. En el segundo caso, en cambio, se admitiría que lo afirmado es "una" opción, entre tantas. Lo curioso, es que esa implicación no se hace consciente en quien afirma la existencia de "una ideología de género", cuya contradicción entre la forma y el sentido buscado es otro buen ejemplo de cómo se interioriza el privilegio, dejando de ser una opción más, para autoconvertirse en la norma, frente a la cual todo lo otro es determinado y definido.

Castro-Gómez[541], dicho concepto "se convirtió en la categoría analítica más importante de los estudios culturales en los años setenta", apropiando teorías como las de Althusser, para quien "las ideologías no son el espacio donde se establece el juego del error y la verdad, sino el terreno de la lucha por el control de los significados". Esta comprensión permite entender que existen ideologías de raza, de sexualidad, de posición social y, por supuesto, ideologías de género, que compiten por el control de sentido, y que estas ideologías se desarrollan a través de instituciones específicas que funcionan como aparatos ideológicos.

En este sentido, las iglesias pueden entenderse como aparatos ideológicos que vehiculan cierta ideología de género. La ideología de género que construyen e intentan imponer las iglesias más poderosas en Colombia, coincide en afirmar como "naturales" el binarismo de género y la heterosexualidad, en repudiar todo aquello que vaya contra-natura y en el cisgenerismo como norma. Otras ideologías de género, por el contrario, afirmarán que no existe nada "natural", que el género es construido y no un *a priori* biológico, y que, además, es independiente de la orientación sexual. Dos ideologías de género distintas. Entre ellas y las demás existentes, sería de esperar que el Estado promoviera aquellas coincidentes con las otras representaciones ideológicas que lo sustentan (como el paradigma de los Derechos Humanos, por ejemplo).

No obstante, las iglesias lanzan la acusación: "nos quieren imponer la ideología de género", sin reconocer que la suya también es una posición ideológica, perfectamente acomodadas en el control de los significados y señalando como ilegítima cualquier pretensión de entrar a disputar esa lucha por el sentido. Lejos de reconocer sus enunciados como ideología, las iglesias recogen de la historia del concepto tan sólo su primigenio sentido peyorativo ("ideología" como conjunto de creencias fundadas en una falsa conciencia), y levantan el dedo acusador: lo "otro" es la "ideología", lo "nuestro" es la "verdad".

Tenemos, entonces, que, si bien tiene sentido hablar de "ideologías de género", así, en plural, ideologías en cuya pugna por el saber – poder una de ellas (la producida por algunos aparatos religiosos) ha conquistado la hegemonía, la connotación que imprimieron en el término quienes se levantaron contra la "ideología de género" era distinta, en tanto se señaló como un conjunto de ideas falsas, en contraposición a las propias, que serían verdaderas. Ese fue el sustento de la reacción de defensa: "no existe la ideología de género", pues, en efecto, no existe en el sentido que se le pretende endilgar (como creencias falsas).

---

541 CASTRO-GÓMEZ, Santiago. Althusser, los estudios culturales y el concepto de ideología. *Revista Iberoamericana*, v. LXVI, n. 193, oct./dic. 1969.

Como he señalado, la urgencia de la coyuntura condujo al camino más prometedor de negar su existencia para combatir el estigma con el que se revistió a la "ideología de género"[542]. Sin embargo, es tiempo ya de profundizar en ese debate abierto: ¿tiene el "enfoque de género", que cada vez cobra mayor presencia – al menos como enunciado – en la formulación de políticas públicas, un contenido ideológico? ¿qué significa que lo tenga? ¿son censurables las ideologías? ¿puede existir un posicionamiento político que no sea ideológico? ¿qué diremos, entonces, de la política feminista? ¿por qué resulta inadmisible que otra ideología de género pretenda impugnar aquella que ha sido predominante, y que ha favorecido siempre a los hombres blancos heterosexuales y adinerados? ¿por qué no podemos decir eso en la palestra pública?

Más allá de la categoría

Como he señalado, la existencia de una "ideología de género" se usó como argumento para frenar los intentos institucionales de combatir la discriminación por orientación sexual e identidad de género en las escuelas, y como argumento para frenar el proceso de paz. Hasta el momento, nuestro procedimiento discursivo para hacer frente a esos señalamientos ha sido negar que exista la "ideología de género. Sin embargo, no hace falta demasiada profundidad para notar que, aunque denotado con una terminología imprecisa que le endilga un estigma, aquello a lo que refieren los sectores conservadores cuando dicen "ideología de género" sí coincide en muchos puntos con algunos pilares que sostienen el enfoque de género[543].

En pleno corazón del debate social en torno a la "ideología de género", algunas instancias académicas y de gobierno se pronunciaron intentando claridades. La Escuela de Estudios de Género, de la Universidad Nacional de Colombia, por ejemplo, emitió un "Comunicado contra la confusión entre 'ideología de género' y 'enfoque de género'", en el que señalaba que "el género no es una teoría ni una ideología sino un concepto

---

[542] Algunas opiniones sugieren que, finalmente, ese camino resultó provechoso para los sectores conservadores, pues "Los abanderados del 'No', cobraron como engaño al pueblo colombiano el hecho de que el 11 de agosto de 2016 Juan Manuel Santos declarara: y debemos dejar claro ante todas las confesiones religiosas que ni el Ministerio de Educación, ni el Gobierno Nacional han implementado, ni han promovido, ni van a promover la llamada ideología de género", mientras el 24 de julio del mismo año Humberto de la Calle [jefe del equipo negociador del gobierno, en La Habana], a través del comunicado conjunto número 82 presentara las razones políticas y filosóficas del enfoque de género en los acuerdos de paz". LONDOÑO, Alejandra. "Ideología de género" versus la exclusividad del "problema de las mujeres". 12 oct. 2016. Colombia Plural. Disponible en: <https://colombiaplural.com/ideologia-genero-versus-la-exclusividad-del--problema-las-mujeres/>.

[543] Así comienzan a señalarlo algunas feministas: "Ante la "ideología de género", los promotores del No, poseen argumentos. No podemos quedarnos repitiendo que todo lo que dicen es una sarta de mentiras". IBID.

desarrollado en torno a la noción de sexo y de las relaciones entre hombres y mujeres. El género es un instrumento de análisis que ha dado lugar a un campo de estudios, los estudios de género, dentro del cual, como en todo campo de estudios, hay distintas escuelas teóricas, pero no ideologías".

En efecto, el género es un concepto, que, si bien ha sido ampliamente problematizado extrayéndose consecuencias muy diferentes según el marco de los distintos análisis, plantea, fundamentalmente, la existencia de la diferencia entre biología y cultura, con el propósito primigenio de explicar "que 'mujer' no era una identidad natural sino una identidad y un proyecto culturalmente interpretado"[544]. El concepto de género, se entiende entonces como "un principio singular de ordenamiento jerárquico de la práctica social". De ahí en adelante, los debates son prolíferos y las conceptualizaciones disímiles, pero cuesta trabajo pensar una aplicación de la categoría de género que no parta de esta premisa fundamental.

Revisemos ahora cuál es el contenido que los sectores conservadores atribuyen a la "ideología de género". Ilva Myriam Hoyos Castañeda, procuradora Delegada para la Defensa de los Derechos de la Infancia, "quien por años ha sido considerada la escudera el ex procurador Alejandro Ordóñez", es decir, una fuerte opositora a los derechos sexuales y reproductivos, documentó[545] las razones por las que la sociedad colombiana debía resistirse a la "ideología de género". Cito en extenso algunos apartados de su argumentación:

> se evidencia que la intención de las partes que suscribieron los acuerdos, además de reivindicar los derechos de las mujeres y buscar medidas que eviten su discriminación y, por ende, les restablezcan sus derechos, tiene como finalidad la de <u>reivindicar los derechos de la población LGTBI</u>, justificar la adopción de políticas públicas en las que ellos mismos serán los promotores, así como legitimar en todos los ámbitos de la vida social la identidad diversa, para asegurarle a esa población <u>medidas que superen las brechas sociales que han hecho a la sociedad colombiana desigual y estigmatizante.</u>
>
> para el Gobierno Nacional [...] el "enfoque de género" no se reduce a la reivindicación de los derechos de las mujeres, va más allá porque pretende establecer ejes centrales como <u>modelos de desarrollo incluyentes y no discriminatorios.</u>
>
> En el Acuerdo Final de la paz de La Habana [se] <u>defiende la libertad, la inclusión, la no</u>

---

[544] VIVEROS VIGOYA, Mara Viveros. "El concepto de 'género' y sus avatares: Interrogantes en torno a algunas viejas y nuevas controversias", en Millán de Benavides, C. y Estrada A. (Eds.) Pensar (en) género: teoría y práctica para nuevas cartografías del cuerpo. Bogotá; Universidad Javeriana, 2004. p. 170-191.

[545] HOYOS, op. cit. El enfoque de género en el Acuerdo Final para la terminación del conflicto y la construcción de una paz estable y duradera".

discriminación a partir del reconocimiento de la tesis que deben superarse los estereotipos de carácter sexual para promover, ejecutar, desarrollar políticas públicas a partir de las identidades y orientaciones sexuales y de género.

Desde esta perspectiva, como lo han reconocido los mismos negociadores, "el enfoque de género" en el Acuerdo Final no se reduce a una simple cuestión de "redacción", no es problema de "palabras", porque en ese enfoque subyace una propuesta de pensar el país y de reconstruir desde ese modelo una sociedad para así alcanzar una paz duradera y estable[546].

Volvamos al "enfoque de género". Resulta razonable afirmar que su aplicación en el diseño de políticas públicas es favorable dado que permite "reivindicar los derechos de la población LGTBI [...] para asegurarle a esa población medidas que superen las brechas sociales que han hecho a la sociedad colombiana desigual y estigmatizante"; que la incorporación de la perspectiva de género apunta a la defensa de "la libertad, la inclusión, [y] la no discriminación, a partir del reconocimiento de la tesis que deben superarse los estereotipos de carácter sexual"; y que "en ese enfoque subyace una propuesta de pensar el país y de reconstruir desde ese modelo una sociedad para así alcanzar una paz duradera y estable", que pasa necesariamente por plantear nuevos "modelos de desarrollo incluyentes y no discriminatorios".

Es decir, los contenidos que se le endilgan a la "ideología de género" parecen coincidentes, en varios puntos, con las aplicaciones derivables del "enfoque de género". No basta, entonces, con decir que no existe la "ideología de género". Lo que no existe, por supuesto, es la carga negativa que se le atribuye (vía conceptualización anacrónica y descontextualizada), pero seguramente desde el campo de los estudios de género se aceptará – como le reclama Hoyos al gobierno nacional – que "con el término 'género' se reivindica una nueva manera de entender la persona, la familia, la sociedad, las relaciones entre hombres y hombres, la libertad, la autonomía, los derechos fundamentales e incluso los deberes del Estado para sustituirla por nuevas realidades".

Así las cosas, se abre la posibilidad de encarar la "ideología de género", no evadiéndola, sino recuperando la categoría de "ideologías", entendiendo que cumplen la función de ser "concepciones del mundo que penetran en la vida práctica [...] y son capaces de animar e inspirar su praxis social [...] [que] suministran [...] un horizonte simbólico para comprender el mundo y una regla de conducta moral para guiar sus prácticas [...] que sirven para imputar 'sentido' al mundo y a nuestra praxis en el mundo"[547].

Ese camino demandaría señalar que la sociedad colombiana funciona ya según cierta ideología de género – la que han impuesto, entre otros, las iglesias más poderosas

---

546 Los textos no aparecen subrayados en el original.
547 CASTRO-GÓMEZ, op. Cit.

– que ha promovido la dominación, frente a la que se yergue una ideología de género distinta, que promueve la resistencia; que señala el fascismo intrínseco del *statu quo*[548]; que no pretende "homosexualizar" a los niños y niñas, sino educarles para que comprendan que la homosexualidad o el transgenerismo, lejos de ser despreciables, son opciones tan legítimas como otras; que defiende la libertad de madres y padres de educar a su descendencia sin que ello justifique la promoción de la violencia y la discriminación; que no le apunta a restringir la libertad religiosa sino a desligarla del ordenamiento social y jurídico; y que sí afirma – como le reclama la derecha conservadora – "que no se nace siendo hombre o mujer, sino que a través del ejercicio de la libertad cada quien construye su identidad de género y determina su orientación sexual".

---

548 "Las recientes declaraciones de Alejandro Ordoñez respecto a su apuesta por "purgar" (término que recuerda experiencias nefastas de eliminación de contradictores por diversos regímenes totalitarios) dichos acuerdos de la "ideología de género" (Cf. *Diario El Tiempo*, 11 de octubre) alertan sobre los riesgos que conllevan actitudes reaccionarias como la suya frente a los avances que grupos feministas y de mujeres han logrado llevar a cabo en las últimas décadas en nuestro país en lo que refiere a la violencia de género, el derecho a decidir sobre los propios cuerpos y la necesidad de reconocer en condiciones de igualdad nuestro lugar en la esfera pública, laboral y política". Escuela de Estudios de Género. Universidad Nacional de Colombia.

4

Do arco-íris à monocromia: o Movimento Escola Sem Partido e as reações ao debate sobre gênero nas escolas

Stella Maris Scatena Franco

O objetivo deste capítulo é refletir sobre os impactos que a onda conservadora recente, dominante na política brasileira, tem produzido na área do ensino, especialmente no que se refere às questões de gênero. O caráter das mudanças em curso pode ser visualizado na simbólica apropriação e ressignificação que o movimento denominado Escola Sem Partido fez do *slogan* feminista *Meu corpo, minhas regras*, referente à descriminalização do aborto, transformando-o no lema *Meus filhos, minhas regras*, aludindo à ingerência dos pais sobre conteúdos ministrados na escola, para que os mesmos não entrem em desacordo com suas convicções. No lugar dos princípios de liberdade e autonomia presentes na primeira versão do *slogan*, notamos que na segunda a ênfase recai sobre as ideias de tutela e restrição.

As discussões sobre gênero, desenvolvidas nas últimas décadas por movimentos sociais organizados – como o feminista e o LGBT –, com ou sem apoio de instituições públicas, ganharam amplo alcance, envolvendo as escolas, não raro por meio de coletivos de jovens, formados para debater temas durante muito tempo considerados *tabus*. Ainda que não isentos de conflitos, esses movimentos buscaram discutir as diferenças como construções do mundo social; afirmar a defesa da liberdade no campo da sexualidade; garantir o respeito à diversidade e condenar as formas de preconceito e violência sexual e de gênero, que tendem a se reproduzir quando o desconhecimento e o silêncio ocupam o lugar da informação e da argumentação.

Neste texto, pretendemos refletir sobre ações reativas às discussões de gênero nas escolas, que ganharam força recentemente. Enfocaremos especialmente a produção discursiva do Movimento Escola Sem Partido, fundado em 2004. Este é um dos grupos que mais tem mobilizado esforços para empunhar a bandeira conservadora no que diz respeito às relações entre ensino e questões de gênero.

Origens, ligações e projetos

O Movimento Escola Sem Partido surgiu em 2004 e é idealizado pelo advogado e procurador do Estado de São Paulo Miguel Nagib. As referências ao idealizador e ao movimento aparecem atreladas a associações e iniciativas respaldadas por um pensamento ultraconservador e de direita, geralmente associados a políticos evangélicos e católicos, e do ponto de vista econômico, a grupos de orientação neoliberal, como o chamado Movimento Brasil Livre.[549] Seu programa se posiciona contra a liberdade de expressão dos docentes em sala de aula, o diálogo franco entre professores e alunos e o pensamento crítico. Daí defenderem a necessidade de criação de novas leis, que mudem as regras do jogo e por meio das quais seus projetos tenham espaço. Entre as iniciativas inspiradas no Movimento Escola Sem Partido, estão os anteprojetos de lei que, além de pretender restringir o ensino crítico impondo censura aos docentes nas escolas – razão pela qual fala-se em uma "nova lei da mordaça" –, querem banir as discussões sobre gênero em sala de aula. Tais projetos são redigidos e intermediados por figuras como o já citado Miguel Nagib e políticos como o Flávio Bolsonaro, deputado estadual pelo Rio de Janeiro, do Partido Social Cristão, polêmico por fazer declarações homofóbicas e defender a volta do regime militar; e Magno Malta, senador do Partido da República pelo Espírito Santo, que é um pastor evangélico.[550]

As imprecações do Movimento Escola Sem Partido não têm como alvo apenas as questões de gênero, mas tudo o que diz respeito a um universo de ideias progressistas. Estas têm como foco as transformações sociais, em relação às quais o movimento se coloca contra de partida, já que é, essencialmente, reativo a mudanças. Suas posições também se opõem a uma cultura política constituída a partir de princípios democráticos. A democracia, segundo Pierre Rosanvallon, carrega tensões e incertezas e "constitui o político em um campo amplamente aberto", não sendo as condições da vida "fixadas

---

549 Vera Masagão destaca ainda o alinhamento do movimento Escola Sem Partido ao Movimento de Direita Revoltados Online. (Cf. MASAGÃO, Vera. Introdução. In: _____. Ação Educativa Assessoria, Pesquisa e Informação [Org.]. *A ideologia do Movimento Escola Sem Partido*. São Paulo: Ação Educativa, 2016. p. 5.)

550 CARLOTTI, Tatiana. O que está por trás do Escola Sem Partido. Entrevista com Fernando Penna. *Carta Maior*, São Paulo, 20 jul. 2016. Disponível em: <http://cartamaior.com.br/?/Editoria/Politica/O-que-esta-por-tras-do-Escola--Sem-Partido-/4/36486>. Acesso em: 3 fev. 2017. A Proposta de Lei Programa Escola Sem Partido está disponível no link: <http://www.programaescolasempartido.org> Acesso em: 3 fev. 2007. Chamamos a atenção para como seus propositores reforçam que seu único objetivo é conscientizar estudantes sobre seus direitos de receberem uma formação isenta de aspectos ideológicos. A ênfase na palavra *único*, grafada no original em itálico, mostra a precaução frente às denúncias que já têm sofrido, por realizarem uma campanha francamente ideológica e que serve a grupos particulares, mas que aparece mascarada como um projeto neutro e isento de interesses.

por uma tradição ou impostas por uma autoridade".[551] Noção aberta e flexível, está na contramão de um pensamento tão rígido como o do Escola Sem Partido, que defende formas de controle da sociedade por meio de campanhas de caráter autoritário, como a eliminação do debate sobre questões sociais relevantes, como são as questões de gênero. Assim, para eles, tudo o que se refere a questionamentos de ordem política ou comportamental deve ser sistematicamente ceifado, extirpado, incluindo-se aí as contestações dos diversos movimentos sociais, os métodos educacionais construídos a partir de perspectivas dialógicas e as múltiplas orientações políticas de cunho progressista.

"Ideologia de gênero"?

Apesar da diversidade de aspectos com os quais se preocupam, a ênfase deste texto é sobre um tema que os aflige particularmente, qual seja, o das relações entre gênero e educação. Antes de avançarmos, cabe afirmar que os idealizadores e seguidores do Escola Sem Partido divulgaram uma forma de uso do conceito de gênero não corrente nos trabalhos acadêmico-científicos. Referimo-nos ao que chamam de "ideologia de gênero", termo que alcunharam para designar práticas e pensamentos críticos às representações heteronormativas da sociedade. A esse epíteto, são sempre associadas imagens negativas e alusivas a comportamentos imorais. Tal significado, que tem se tornado corrente nos veículos da mídia, encontra pouca correspondência nas reflexões acadêmicas que vêm se desenvolvendo nas diversas áreas das Ciências Humanas. Neste âmbito, gênero refere-se a um campo de estudos e também a uma forma de se compreender historicamente as relações entre os sexos.[552] Corresponde a dizer que os comportamentos de homens e mulheres não são fixos nem determinados pelo sexo no sentido biológico, uma vez que suas funções e papéis não são naturais, mas construídos e atrelados a cada um dos sexos social e historicamente. Assim como certos preceitos foram construídos podem ser também revistos, criticados, desmantelados, reestruturados. A própria ideia de empoderamento feminino, bastante defendido pelos movimentos feministas dos anos 1960 até a atualidade, diz respeito a uma visão sobre a mulheres que combate fortemente a

---

551 ROSANVALLON, Pierre. *Por uma história do político*. São Paulo: Alameda, 2010. p. 74.

552 Duas importantes referências nos estudos sobre as relações de gênero são a historiadora Joan W. Scott e a filósofa Judith Butler. De acordo com Scott, gênero é uma categoria analítica forjada para se analisar a organização social das relações entre os sexos. As reflexões de Butler apontam para a necessidade de se repensar a própria noção de gênero, para não se cair em um novo engessamento que oponha mecanicamente o gênero feminino ao masculino. Ambas têm em comum a compreensão de que a natureza não determina os comportamentos dos indivíduos no que diz respeito aos âmbitos sexual e de gênero. (Cf. SCOTT, Joan W. Gênero: uma categoria útil de análise histórica. *Educação e Realidade*, Porto Alegre, v. 20, n. 2, p. 71-99, 1995; BUTLER, Judith. *Problemas de gênero*: feminismo e subversão da identidade. Rio de Janeiro: Civilização Brasileira, 2003.)

imagem tradicional, que atrelava a passividade feminina a uma suposta natureza da mulher, hipoteticamente mais frágil, a começar por sua compleição física estendendo-se até os aspectos comportamentais.[553] Da mesma maneira, questiona-se a concepção tradicional e conservadora, segundo a qual os homens devem ser objetivos, fortes, viris e racionais, posto que a "natureza masculina" assim o determina. O desmantelamento desses "dogmas" vem possibilitar a compreensão de que pode haver homens que não se identificam com essa descrição, ou de que os sentimentos de vulnerabilidade possam ser tão frequentes "nelas" quanto "neles". Daí a emergência de outras vozes, que se juntam às do movimento feminista, para visibilizar e fortalecer diferentes grupos não afinados com a divisão binária entre os sexos. Referimo-nos sobretudo aos movimentos LGBT. A ideia de que há diferenças no interior das categorias "homem" e "mulher", e de que as mesmas sejam concebidas como noções não categóricas e estanques, mas inclusive permeáveis entre si, ou relacionais, é o que, em grande parte, define a concepção de gênero tal como utilizada na academia.

Mas essa noção relacional, e em certa medida também mais flexível e menos categórica, passa muito longe daquilo que os representantes do Movimento Escola Sem Partido mobilizam para se referirem a gênero. Para eles, a "ideologia de gênero" é o pensamento de um grupo que defende o relaxamento das regras morais em termos de condutas sexuais. Procedem a uma sorte de deturpação do conceito, apropriando-se dele de maneira seletiva e interessada e adulterando-o de forma simplificada e reducionista. Faz sentido não se preocuparem demais em refletirem sobre este conceito, já que, na realidade, a intenção é bani-lo. Em outras palavras, seria "perda de tempo" tratar de temas como sexualidade, contracepção, modelos familiares, homossexualidade, pretendem-se que eles sequer sejam debatidos.

Adeptos de um pensamento maniqueísta, anulam a sofisticação dos termos que embasam a discussão, eliminando as *nuances* e matizes caros a uma reflexão de teor histórico e filosófico, tal qual se configura o debate sobre gênero. Este mecanismo de apropriação e deturpação das ideias alheias, desvirtuando-as de seus contextos originais, condiz com outras práticas peculiares ao Movimento Escola Sem Partido, tal como po-

---

[553] Para uma reflexão sobre as perspectivas da história das mulheres e das relações de gênero, conferir: SOIHET, Rachel. História, mulheres, gênero: contribuições para um debate. In: AGUIAR, Neuma (Org.). *Gênero e Ciências Humanas*: desafio às ciências desde a perspectiva das mulheres. Rio de Janeiro: Record/Rosa dos Tempos, 1997; SOIHET, Rachel; PEDRO, Joana Maria. A emergência da pesquisa da história das mulheres e das relações de gênero. *Revista Brasileira de História*, São Paulo, v. 27 n. 54, p. 281-300, 2007; FRANCO, Stella Maris Scatena. Gênero em debate: problemas metodológicos e perspectivas historiográficas. In: VILLAÇA, Mariana; PRADO, Maria Ligia C. (Orgs.). *História das Américas*: fontes e abordagens historiográficas. São Paulo: Humanitas/Capes, 2015. p. 36 a 51.

demos visualizar em seu *site* da internet, que é um dos principais veículos de divulgação de suas ideias.[554]

Mecanismos de apropriação, seleção de ressignificação de discursos

Ao navegarmos no aludido veículo de comunicação – o *site* do Escola Sem Partido –, detivemo-nos principalmente em uma seção atrelada à crítica ao que ali se concebe como "ideologia de gênero", intitulada *Educação Moral*.[555] Pode-se afirmar que o mecanismo de produção do discurso aí presente é o de apropriação de textos alheios e de manipulação dos conteúdos para angariar adeptos para sua causa e repudiar qualquer pensamento que seja divergente. Queremos dizer com isso que não há, no arsenal de pensamento do Escola Sem Partido, a produção de um pensamento próprio, um aporte criativo ou inovador. Há muito mais apropriação e estereotipia. Raramente nos deparamos com textos da própria lavra dos adeptos do movimento[556], sendo muito mais frequente encontrarmos simples comentários feitos sobre matérias extraídas de outros veículos de comunicação. Esse mecanismo faz do *site*, muitas vezes, quase um repositório de notícias publicadas por outrem, às quais rebatem ou apoiam (dependendo do conteúdo da matéria).

Utilizam-se de reportagens da imprensa que buscam dar respaldo às diferentes posições sobre polêmicas relacionadas a questões de gênero nas escolas, mas a apropriação que é feita presta-se sempre à crítica e condenação de uma política que valorize a diversidade sexual e de gênero. Esse tipo de apropriação de matérias é realizado pelo Movimento Escola Sem Partido, mas é bem comum também em um canal do Youtube reproduzido no interior do *site* do Escola Sem Partido[557], em que uma apresentadora chamada Paula Marisa, que se diz professora de Educação Física e especialista em

---

554 Essas análises se fundamentam em exemplos extraídos do próprio *site* do movimento Escola Sem Partido. Disponível em: <http://www.escolasempartido.org>. Acesso em: fev. 2017.

555 Há outras seções que tratam do tema. Em uma delas, intitulada Proteja seu filho, são divulgadas cartas de pais com acusações a professores que supostamente tentaram executar manipulação ideológica das crianças. No entanto, a seção Educação Moral é mais diretamente ligada à questão de gênero.

556 Esse é um dos raros exemplos, na seção Educação Moral, de texto assinado pelo próprio Miguel Nagib. (Cf. NAGIB, Miguel. *Quem disse que conteúdo sexual é obrigatório?* Disponível em: <http://escolasempartido.org/educacao-moral/442-quem-disse-que-educacao-sexual-e-conteudo-obrigatorio>. Acesso em: 3 fev. 2017.)

557 Em 6 de fevereiro de 2016, havia 33 vídeos postados nesse canal. Eles podem ser vistos no *site* do Escola Sem Partido, na Seção Educação Moral, já citada, ou diretamente no canal do Youtube®, disponível em: <https://www.youtube.com/user/profepaulamarisa>. Acesso em: 6 fev. 2017.

supervisão escolar e orientação educacional[558], e que se autodenomina "cristã, feminina e politicamente incorreta"[559], realiza comentários opinativos sobre matérias reportadas na imprensa. Por vezes, ainda usam o que foi produzido pelo que chamam de pensamento "progressista" (que colocam entre aspas para dar caráter pejorativo ao termo) e apresentam a face inversa ao argumento. Com isso, revelam que não têm uma reflexão nova ou autônoma sobre a questão e que só combatem o que existe em termos de conhecimento mais amadurecido sobre as relações de gênero.

Outra estratégia é o uso de notícias de casos extraordinários e contestáveis envolvendo o ambiente escolar, que foram reportados em veículos da imprensa. Sua leitura, no interior do *site,* dá a entender que todos os grupos que defendem algum tipo de pensamento progressista, ou os especialistas em gênero, concordariam com tais casos. Cria-se uma falsa impressão de que a ampliação das discussões de gênero engendrou um relaxamento moral tão grande que teria levado a uma ocorrência muito mais frequente de casos como os enfocados. Citamos alguns exemplos das matérias reportadas, para que se tenha noção do uso que é feito. Uma reportagem narra o caso de uma diretora de escola que decidiu mostrar imagens de sexo entre homens para alunos que haviam brigado e se chamado de homossexuais. Outra matéria noticia que um professor é flagrado acariciando aluna em sala de aula. Deparamo-nos ainda com uma divulgação de que uma escola usou em uma prova uma história em quadrinhos na qual havia menção ao órgão sexual masculino. Ora, ao colocarem casos desse tipo no mesmo nível de importantes iniciativas relacionadas a gênero, sem realizarem distinção alguma, fazem um uso ideológico descarado do tema – apesar da autodeclaração de neutralidade. Casos extraordinários são tratados como se fossem consensualmente aceitos por especialistas. Ademais, em sua visão, as escolas são projetadas como lugares alheios às questões da sociedade, não se concebendo que os problemas sociais sejam reproduzidos naquele mesmo ambiente.

Alguns livros didáticos que abordam temáticas relacionadas à sexualidade também são apontados, no *site,* como impróprios, por supostamente não trazerem conteúdos adequados às idades escolares ou ainda por tratarem abertamente de temas que, sob a perspectiva do Escola Sem Partido, deveriam ser banidos, tais como concepção e contracepção; homossexualidade, masturbação, entre outros. Não se trata aqui de defender

---

558 Apesar de se apresentar dessa maneira, diz que prefere ser vista como uma autodidata, pois na faculdade só teria aprendido "doutrinação marxista". Disponível em: <https://www.youtube.com/watch?v=ftWcXVsku4Q>. Acesso em: 11 fev. 2017.

559 O "politicamente incorreta" é uma referência aos "guias" de "história politicamente incorreta" do Brasil, da América Latina, do mundo, escritos pelo jornalista Leandro Narloch e que é uma das bases bibliográficas do Escola Sem Partido. Conferir referência à autonominação da professora em canal disponível em: <https://paulamarisa.com> . Acesso em: 11 fev. 2017.

que todo o material produzido para as escolas seja de boa qualidade. Problemas em livros didáticos das mais variadas disciplinas vêm sendo frequentemente apontados e os mesmos vêm sofrendo constantes revisões por parte de especialistas nas distintas áreas do conhecimento. O Escola Sem Partido não pretende fazer uma avaliação crítica e construtiva desses materiais. As escolhas dessas matérias e livros são feitas "a dedo", com o objetivo claro de tirar a credibilidade de qualquer tipo de discussão mais aberta que possa existir sobre as relações de gênero.

Apesar de óbvio, é preciso reiterar que existe uma *seleção* neste *site*, que é o principal canal de notícias sobre o Escola Sem Partido. A despeito de se pretenderem *sem partido*, grupo *neutro*, sem *ideologia*, as apropriações de matérias alheias e comentários realizados delineiam uma análise extremamente parcial, partidária e ideológica. Este mecanismo está sustentado por uma visão maniqueísta e simplória, da luta do "bem" contra o "mal", na qual eles defendem a moral e os bons costumes e os outros, partidários da igualdade entre os sexos, da defesa da diversidade de gênero, da luta contra o machismo e outros preconceitos são taxados como um "bando de degenerados".

Heróis e vilões segundo o Escola Sem Partido

O dualismo implícito e explícito no discurso do Escola Sem Partido é sustentado pela eleição de personagens e instituições que, por um lado, o movimento pretende valorizar e, por outro, que quer condenar. Os primeiros são citados ou indicados sem contestação, servindo como base de sustentação para o movimento. Articulistas, pensadores, educadores, missionários religiosos estão entre eles. No Brasil, os nomes do jornalista Reinaldo Azevedo e do filósofo Luiz Felipe Pondé estão entre os de autores citados e reproduzidos sem refutação. Entre os estrangeiros, há recomendação da leitura de Pascal Bernardin, autor de *Maquiavel Pedagogo ou o ministério da reforma psicológica* (livro publicado na França em 1995 e traduzido no Brasil em 2012), segundo o qual haveria uma conspiração global, promovida por instituições como a Organização das Nações Unidas (ONU) e a Organização das Nações Unidas para a Educação, a Ciência e a Cultura (Unesco), para promover as políticas de gênero. Segundo o autor, tais organizações afirmam-se preocupadas com o desenvolvimento da cidadania quando, na prática estariam interessadas fundamentalmente na a "manipulação mental" dos alunos. O autor é citado pelo próprio Miguel Nagib, para quem a inclusão de temáticas relacionadas a gênero no universo escolar faz parte de um tipo de educação que lança mão "de lavagem cerebral, porque utiliza, muitas vezes, de técnicas de manipulação mental".[560]

---

560 NAGIB, op. cit.

Na outra ponta estão aqueles que são taxados "inimigos", representantes de uma escola imoral, interesseira, e que por isso devem ser combatidos, eliminados, defenestrados. Inspirando-se no já citado Pascal Bernardin, os ataques são desferidos contra instituições internacionais (como a ONU e a Unesco), mas também contra nacionais, como o Ministério da Educação (MEC), como se elas fizessem parte de uma grande conspiração global, supostamente em defesa dos ideais de cidadania, mas na prática postulante de ataques aos valores da família. No *site* do Escola Sem Partido, o MEC é acusado de promover "erotização das salas de aula".[561] No já mencionado canal de Paula Marisa, no Youtube, também há acusações ao MEC, mostrando consonância de suas ideias com o projeto do modelo do Escola Sem Partido. Em um dos vídeos deste canal, a professora-apresentadora reproduz matéria recente sobre um prefeito de Rondônia que determinou a retirada das páginas dedicadas à questão de gênero dos livros didáticos (ato que acabou por gerar um processo, ora em trâmite, contra as autoridades de Rondônia responsáveis pelo caso, acusadas de censura e homofobia).[562] O MEC, segundo ela, seria responsável por esse tipo de situação, uma vez que não respeitaria as decisões tomadas nas instâncias municipal e estadual, referentes à retirada da "ideologia de gênero" dos materiais didáticos. A crítica à instituição se estende a todos os funcionários públicos, que estariam decidindo os critérios de escolha para definição de conteúdos que afetam valores morais no ensino. Uma ferramenta atacada no *site* do Escola Sem Partido são os Parâmetros Curriculares Nacionais (PCNs), publicados pelo MEC entre 1997 e 2000. Em uma postagem do *site*, os PCNs são condenados por defenderem uma noção de gênero não pautada pelo essencialismo biológico, e em outra, o caderno de orientação sexual dos PCNs é criticado por trazer o uso "excessivo" da palavra "preconceito" e por ter como princípio o direito ao prazer e ao sexo seguro. O *site* ainda alveja polos de produção de conhecimento acadêmico-científico sobre gênero, como a Universidade Federal de Santa Catarina, com produção internacionalmente reconhecida na área. O *Fazendo Gênero*, importante evento sediado nesta Universidade, é mencionado por meio de uma seleção de um texto publicado nos anais do encontro de 2013. Na legenda da postagem – "Nossos filhos na mira dos especialistas em educação" –, o Escola Sem Partido traz uma crítica implícita à proposta do texto, de fomentar o papel da educação no diálogo aberto sobre sexualidade.[563] Ademais, noticiam iniciativas de núcleos da Universidade, como um concurso de cartazes contra preconceitos sexuais e de gênero,

---

561 Disponível em: <www.escolasempartido.org/educação-moral/421>. Acesso em: 3 fev. 2017.

562 A matéria intitula-se Prefeito retira ideologia de gênero de livros e esquerda dá "piti". Disponível em: <https://youtu.be/0B6azYq07qk?list=PLTjzFlbIYwAIJ0ukYyboBPhlUAxMjMYnG&t=6>. Acesso em: 3 fev. 2017.

563 Disponível em: <http://www.escolasempartido.org/educacao-moral/541-nossos-filhos-na-mira-dos-especialistas-em-educacao>. Acesso em: 3 fev. 2017.

usando termos pejorativos e ofensivos, como na afirmação de que o concurso favorece o "sindicalismo *gay*", que os professores promovem "covardia intelectual" e que fazem "lavagem cerebral".[564] Algumas personalidades também são demonizadas, seja por terem defendido uma educação crítica, como é o caso de Paulo Freire, ou por lutarem pelos direitos da população LGBT, como o deputado federal pelo Rio de Janeiro, Jean Wyllys, pelo Partido Socialismo e Liberdade (PSOL). Todo esse quadro de oposições entre o "bem e o mal" é coroado com os termos utilizados para condenarem o que taxam como nocivo, que não raro colocam entre aspas para darem conotação pejorativa: o "progressismo", o "feminismo", o "marxismo" e os "especialistas" em educação.

Propósitos explícitos e implícitos na ideologia do Escola Sem Partido no que concerne às questões de gênero e educação sexual

O objetivo alegado pelo Movimento Escola Sem Partido para condenar a abordagem de gênero em sala de aula é de que a Educação Moral (sobretudo a moral sexual) não cabe à escola, mas aos pais. Miguel Nagib, idealizador do Escola Sem Partido, afirma que este direito está apoiado na Convenção Americana dos Direitos Humanos – também chamada de Pacto de San José da Costa Rica –, de 1969, da qual o Brasil se tornou signatário em 1992. O artigo da Convenção no qual se apoia é o de número 12, intitulado *Liberdade de Consciência e de Religião*, que em seu 4º parágrafo define que: "Os pais, e quando for o caso os tutores, têm direito a que seus filhos ou pupilos recebam a educação religiosa e moral que esteja acorde com suas próprias convicções".[565] Censurar temas de relevância social como os envolvidos nas questões de gênero, corre no sentido contrário às prescrições da Constituição Federal. Como bem lembra Toni Reis, nossa Carta Magna garante a "liberdade de cátedra dos(as) professores(as), estabelecendo entre os princípios da educação os '[d]a liberdade de aprender, ensinar, pesquisar e divulgar o pensamento, a arte e o saber; o pluralismo de ideias e de concepções pedagógicas...' "[566] Ademais, há de se lembrar que as orientações do Ministério da Educação têm de estar de acordo com o que dita a nossa Carta Magna. Mas, para darem sustentação à campanha

---

564 Disponível em: <http://www.escolasempartido.org/educacao-moral/400-engenharia-social-e-comportamental-nas-escolas-de-santa-catarina>. Acesso em: 3 fev. 2017.

565 Convenção Americana Sobre Direitos Humanos. Disponível em: <http://www.cidh.oas.org/basicos/portugues/c.convencao_americana.htm>. Acesso em 03 fev. 2017.

566 *Constituição do Brasil de 1988*, art. 206, incisos II e III. Apud REIS, Toni. Gênero e "LGBTfobia" na educação. In: AÇÃO EDUCATIVA ASSESSORIA, PESQUISA E INFORMAÇÃO (Org.)., op. cit., p. 120-121.

coibidora dos temas ligados a gênero, dão mais destaque a um tratado internacional – a Convenção Americana dos Direitos Humanos –, do que à própria constituição brasileira, e aproveitam para tentar tirar a legitimidade do MEC.

A proposta defendida pelo Escola Sem Partido em seu *site* é que os pais de alunos aprovem os conteúdos relativos a sexualidade e gênero a serem ministrados pelos professores, sobretudo se fazem parte das disciplinas da grade obrigatória. Esse tipo de proposta esbarra na questão da laicidade do Estado e, por consequência, no direito a uma educação pública com critérios que podem e devem ser definidos em diálogo com a sociedade, mas não pautados por segmentos particulares, sobretudo se estes mostram tendências fundamentalistas em termos de religião. Como aponta Denise Carreira, ao discutir o Escola Sem Partido, o fundamentalismo religioso se coloca acima da lei, pretendendo preservar os tradicionalismos e extirpar a liberdade e a diversidade, vistas como ameaçadoras.[567]

Além dessa proposta da escolha dos conteúdos pelos pais, deparamo-nos com uma campanha muito forte pela delimitação estrita das disciplinas escolares, condenando-se o uso de temas transversais, sobretudo os atrelados às discussões de gênero. Nessa perspectiva, o já citado Miguel Nagib e Luiz Carlos Faria da Silva – educador e professor da Universidade Estadual de Maringá –, defendem que esses tópicos devem ser "*varridos*" das disciplinas obrigatórias. Afirmam que, "quando muito, poderão ser veiculados em disciplinas facultativas, como ocorre com o ensino religioso".[568] Projeta-se, com isso, um rigor na estruturação das disciplinas, que descarta qualquer interação entre alunos e professores pautada em temas colocados socialmente na contemporaneidade. Tomemos apenas um exemplo atinente às questões de gênero e atacado pelo Escola Sem Partido: a homossexualidade e as relações homoafetivas. O casamento civil entre pessoas do mesmo sexo é permitido no Brasil desde 2011. Não se trata mais de preservar ou superar *tabus*, mas sim de abordar um tema que é considerado legal, um direito, e é institucionalizado em nosso país. A emergência deste e de outros temas no ambiente escolar é praticamente inevitável, visto que eles estão instalados nos mais diversos espaços sociais e são divulgados pelos mais diferentes veículos, da mídia televisiva às digitais. Evitá-los significa tentar infrutiferamente manter os alunos em uma redoma. Se esses temas forem realmente "varridos" do ambiente escolar, como propõem os autores, certamente eles não deixarão de existir, mas serão apenas lançados "para deixo do tapete", para voltarem com mais força em outras circunstâncias.

---

567 CARREIRA, Denise. No chão da escola: conversando com famílias e profissionais da educação sobre o Escola Sem Partido. In: AÇÃO EDUCATIVA ASSESSORIA, PESQUISA E INFORMAÇÃO (Org.)., op. cit., p. 132-133.

568 SILVA, Luiz Carlos Faria da; NAGIB, Miguel. Direito dos pais ou do Estado? Disponível em: <http://www.escolasempartido.org/66-direito-dos-pais-ou-do-estado>. Acesso em: 3 fev. 2017. Também publicado no jornal *Folha de S. Paulo*, em 30 jan. 2011.

Um outro propósito claro do Movimento Escola Sem Partido é criminalizar a discussão sobre gênero, bem como, de resto, qualquer debate de caráter político que venha a fazer parte do espaço escolar. Nagib incita os pais a recorrerem ao judiciário e a processarem escolas por danos morais, para fazerem valer seu "direito" de interferir nos conteúdos ministrados aos filhos.

Apesar dos propósitos acima serem claramente explicitados no *site* do Movimento Escola Sem Partido, o já citado Anteprojeto de Lei de Miguel Nagib é muito mais contido. Como destaca o autor, o *único* objetivo deste seria obrigar que as escolas afixassem cartazes lembrando dos deveres dos professores, tais como, entre outros, o de não prejudicar os alunos por suas convicções religiosas e o de respeitar o direito dos pais a que seus filhos recebam a educação moral de acordo com suas convicções.[569]

Para além de uma compreensão mais óbvia dos propósitos do Movimento Escola Sem Partido – explanados de forma mais veemente no *site* e mais depurada do anteprojeto –, é preciso buscar compreender ainda, e sem nenhuma ingenuidade, o que subjaz a esse discurso quando o lemos nas suas entrelinhas.

Acompanhamos as várias publicações retransmitidas no *site* do Escola Sem Partido e notamos que se posicionam ferrenhamente contra alguns temas, enquanto são ardorosamente favoráveis a outros. Não só o movimento não é neutro, como nesse jogo há uma intencionalidade insidiosa. Ao reproduzirem algumas ideias e combaterem outras, querem forjar essa aparência de falta de posição ideológica. Exercício capcioso que precisa ser desmascarado, fazendo-se uma leitura a contrapelo do que propõem.

O que podemos pensar, por exemplo, quando nos deparamos, em seu *site*, com a reprodução, sem contestação, de uma matéria de um veículo católico, que, entre coisas, se opõe à vacina contra HPV?[570] Se as jovens em idade escolar não forem orientadas nem vacinadas será infinitamente mais alto o número das futuras potenciais portadoras de câncer de colo de útero. Ora, se reproduzem matéria desse teor, sem qualquer objeção a ela, por pretenderem evitar um diálogo em ambiente escolar que fira a conduta moral de pais religiosos, é porque implicitamente concordam que o Estado se omita em relação às possibilidades de contenção e erradicação da doença. No limite, seriam cúmplices da disseminação da mesma. Outra situação: se lançam críticas aos Parâmetros Curriculares Nacionais por trazerem muitas vezes a palavra "preconceito", é porque são adeptos das práticas que a justiça e as associações educacionais consideram preconceituosas. Se não querem discutir nem aceitar debater sobre sexo com segurança é porque acatam e são coniventes com os casos de gravidez indesejada na adolescência. Se não concebem a abordagem de

---

569 Anteprojeto de lei. Disponível em: <http://www.programaescolasempartido.org>. Acesso em: 3 fev. 2017.

570 Disponível em: <http://www.escolasempartido.org/educacao-moral/467-pais-catolicos-reagem>. Acesso em: 3 fev. 2017.

temas como o prazer sexual, é porque aceitam a noção da prática sexual apenas para fins reprodutivos; e, se não há nenhum prazer implicado, convenhamos, aceitam a ideia de que o mesmo é feito à base da força. Se condenam uma perspectiva flexível em relação à autodeterminação da identidade sexual, é porque são restritivos, concebendo uma única via: a que divide a sociedade entre homens e mulheres, definidos no sentido biológico do termo. As ideias que defendem têm consequências práticas e, caso ganhem espaço, afetarão fortemente as vidas das pessoas. Geralmente costumam reagir a um tipo de postura, mas não chegam a afirmar claramente o que sustentam e as possíveis repercussões que, no limite, seus atos podem engendrar. Este é um exercício que precisa ser feito, para que se tome consciência de tudo o que esse discurso carrega e omite.

É lamentável que tenhamos que fazer esta discussão em pleno século XXI, quando pensávamos estarem asseguradas demandas que foram historicamente reivindicadas e conquistadas pelos diversos movimentos sociais, sendo o feminista e o movimento LGBT os mais diretamente implicados aqui. A história, como sabemos, não é um processo evolutivo e unilinear. Prega-nos muitas peças, apresenta suas contradições no próprio processo dinâmico de seu curso. Por isso, ainda que as expectativas e esperanças sejam de que as bandeiras duramente alcançadas sejam consolidadas, não podemos crer ingenuamente que esses processos não correm o risco de retroceder. Já temos assistido a alguns episódios, os quais, acreditamos, encontram-se conectados com o espírito dominante do programa do Escola Sem Partido.

Uma versão muito similar ao que é proposto por este movimento, foi implementada em âmbito regional, no Estado de Alagoas, por meio da promulgação da Lei n. 7.800, de 5 de maio de 2016, de autoria do Deputado Estadual Ricardo Nezinho (PMDB-AL), intitulada Escola Livre. A lei – suspensa por determinação do Supremo Tribunal Federal, em março de 2017 – proibia o que chamava de exercício de doutrinação política e ideológica com os alunos e concedia aos pais o direito de autorizar ou desautorizar conteúdos ministrados em disciplinas facultativas. Os funcionários públicos que desacatassem a lei estariam sujeitos a penalidades.[571] A lei parece contraditória em mais de um artigo. Por uma parte, exigia neutralidade política, mas por outra, garantia o pluralismo de ideias e liberdade no aprendizado. Além disso, concedia o direito aos pais a que os filhos recebessem educação moral, sendo esta, no entanto, "livre de doutrinação política, religiosa ou ideológica". É difícil imaginar como os pais podem garantir aos filhos uma educação moral coincidente com a sua, mas depurada dos elementos político, religioso e ideológico. Não há menção direta às questões de gênero na lei, mas acreditamos que o

---

571 O conteúdo completo da Lei está disponível no *Diário Oficial do Estado de Alagoas* de 11 de maio de 2016, que pode ser acessado *on-line*. Disponível em <http://www.doeal.com.br>. Acesso em: 3 fev. 2017.

controle dos pais sobre os conteúdos a serem ministrados em disciplinas facultativas, bem como o direito deles a que seus filhos recebam educação moral de acordo com a sua, eram flancos abertos para que discussões sobre educação sexual e de gênero fossem censuradas.

Outro episódio marca as repercussões práticas relacionadas ao contexto de controles do debate sobre o gênero, do qual em boa medida o Escola Sem Partido é um grande divulgador. Referimo-nos à votação do Plano Municipal de Educação (PME) da cidade de São Paulo, com exclusão da palavra gênero de seu conteúdo. A iniciativa foi fortemente defendida pelo vereador Ricardo Nunes (PMDB-SP), e fomentada pela bancada religiosa da Câmara dos Vereadores. O Plano, sem a menção a gênero, foi sancionado em setembro de 2016. Pouco tempo depois, o vereador citado esteve envolvido em novo episódio na cidade de São Paulo. Em outubro de 2016, a Escola Municipal E. F. Desembargador Amorim Lima, situada no Bairro do Butantã, em São Paulo, e reconhecida por adotar diretrizes inovadoras, conectadas com a proposta da Escola da Ponte, de Portugal, decidiu, de forma colegiada, realizar um evento intitulado Semana de Gênero, com atividades variadas que envolviam desde debates sobre filmes até palestras com especialistas. Em razão disso, a escola recebeu uma notificação do próprio vereador Ricardo Nunes (PMDB), acusando o evento de ilegal, exigindo suspensão das atividades, indagando sobre o material utilizado e solicitando os nomes dos docentes envolvidos. Em sua notificação, o vereador faz menção à retirada de gênero dos planos de educação. Mesmo assim, o processo não foi levado adiante, pois a Diretoria Regional do Ensino do Butantã comunicou ao parlamentar, depois de receber carta e documentos da escola, que as atividades estavam de acordo com os Planos Nacional e Municipal de Educação por trabalharem aspectos ali previstos, relacionados à luta pelo fim das desigualdades e à promoção da cidadania. Além disso, um dado ressaltado pela direção da escola e pela Diretoria Regional é que o Plano Municipal de Educação prevê em suas normativas o direito à autonomia escolar, o que foi usado também como argumento contra a tentativa do vereador de impedir o desenvolvimento do evento.[572] Mesmo tendo tido um desfecho satisfatório, o ocorrido mostra o afã de certos personagens e grupos em reinstaurar o clima de vigilância e de "caça às bruxas" tão característico do período da ditadura militar.

Como foi afirmado, esses exemplos são uma repercussão prática do que vem pregando o Escola Sem Partido, além de estarem em sintonia com este programa. Este movimento, em suas prescrições sobre a relação entre gênero e ensino, coloca-se contra a diversidade de gênero, rechaça os movimentos sociais organizados e é avesso à ideia de

---

[572] Todos os documentos referentes ao processo podem ser lidos no *site* da escola. Disponível em: <http://amorimlima.org.br/2016/10/carta-em-reposta-a-notificacao-contra-a-semana-de-genero>. Acesso em: 3 fev. 2017.

liberdade. No lugar das cores do arco-íris – símbolo do movimento LGBT –, o Escola Sem Partido sonha com uma sociedade monocromática.

Considerações finais

A despeito de estrategicamente proclamarem a neutralidade como princípio norteador a ser adotado nas escolas, as ações dos atores envolvidos nesta onda conservadora são motivadas por interesses econômicos e por filiações políticas, ideológicas e religiosas específicas. A sociedade tem de estar atenta para flagrar estas contradições. É importante trazer à luz as motivações particulares que têm presidido encaminhamentos governamentais e públicos que estão atingindo a vida de ampla parcela da população brasileira.

Nós, educadores, sabemos que nunca houve ensinamento neutro, e que nunca haverá. Nem no campo da política, nem da sexualidade e do gênero. Isso, por outro lado, não permite concluir que haja doutrinação. O pensamento crítico se pretende questionador dos dogmas e das leituras simplistas, maniqueístas e duais, e este só pode emergir a partir do diálogo franco e aberto. Nenhuma campanha anti-intelectual auxiliará nesse sentido. Muito pelo contrário. Daí só sairão novos dogmas e simplificações, como, por exemplo, a ideia que apregoam, de que gênero e sexualidade são questões apenas relativas à moral. Não são! Discutir a sexualidade tem impactos sobre a saúde pública, na prevenção à contração de doenças sexualmente transmissíveis; na diminuição ou erradicação das taxas de casos gravidez indesejada ou de problemas com abortos mal realizados por não serem ainda legalizados. Discutir gênero interfere nas regras de convívio social e pode transformar atitudes violentas que levam a estupros e homicídios de mulheres, homossexuais, transexuais e travestis. Atribuir a questões dessa grandeza um cunho meramente moral é, no mínimo, torpeza de visão. Mas as lideranças desse movimento não são ingênuas. Mesmo sem ideias inovadoras e embora apenas reajam a discursos prontos há propósitos bem claros e definidos. E infelizmente eles têm alcançado projeção no cenário político do Brasil de hoje em dia.

Para podermos embasar a crítica ao Movimento Escola Sem Partido é preciso conhecê-lo, por mais indigesto que isso possa ser. Por isso, nossa intenção primordial nesse texto foi procurar compreender os mecanismos de seu discurso. Subjaz ainda à nossa proposta a reafirmação da importância de se manter os fóruns de discussão sobre gênero e sexualidade abertos, tendo em vista a necessidade e o direto dos indivíduos de elaborarem criticamente seus pensamentos sobre o tema das identidades sexuais e de gênero, inclusive no ambiente escolar, lugar por excelência de produção da consciência social e cidadã.

5

"Escola sem Partido" como ameaça à Educação Democrática: fabricando o ódio aos professores e destruindo o potencial educacional da escola

Fernando de Araújo Penna

> *Com relação ao problema do argumento surrado de que o aluno não é uma folha em branco, que uma criança de doze anos de idade sabe perfeitamente como dialogar com o professor, com o professor tarimbado, com o militante... que eles estão ali em pé de igualdade. Evidentemente como disse o professor Jungmann isso é um argumento de pessoa sonsa, com todo o respeito. E mais: é um argumento que é típico dos abusadores que procuram minimizar a gravidade dos seus atos apelando para a condição pessoal das suas vítimas. [...] E digo mais: é um argumento também típico dos estupradores que alegam em sua defesa que aquela menina de doze anos, que eles acabaram de violentar, não é tão inocente quanto parece. Este é o argumento de que o aluno não é uma folha em branco.*
> Miguel Nagib em Audiência Pública na Câmara dos Deputados (14/2/2017)[573]

No dia 5 de outubro de 2016, foi instaurada a Comissão Especial "PL n. 7.180/2014 – Escola Sem Partido" na Câmara dos Deputados[574]. No ano 2017, já foram realizadas, até o momento, quatro audiências públicas e já existem requerimentos para várias outras. A fala acima reproduzida foi parte de uma das intervenções do advogado Miguel Nagib

---

[573] Audiência Pública ocorreu na Câmara dos Deputados no dia 14 de fevereiro de 2017. A fala em questão ocorreu às 19:34:53. Disponível em: <http://www2.camara.leg.br/atividade-legislativa/webcamara/arquivos/videoArquivo?codSessao=58813#videoTitulo>. Acesso em: 1 mar. 2017.

[574] O objetivo da referida comissão é apreciar o Projeto de Lei n. 7.180, de 2014, e os demais projetos a ele apensados: PL 7.181/2014, PL 867/2015 ("Escola Sem Partido"), PL 1.859/2015, PL 5.487/2016 e PL 6005/2016. Todas as informações sobre a referida comissão podem ser encontradas em sua página no *site* da Câmara. Disponível em: <http://www2.camara.leg.br/atividade-legislativa/comissoes/comissoes-temporarias/especiais/55a-legislatura/pl-7180-14-valores-de-ordem-familiar-na-educacao>. Acesso em: 1 mar. 2017.

– criador e coordenador do Movimento "Escola Sem Partido" (Mesp) – em uma dessas audiências, na qual ele falou como um expositor convidado. O que realmente tem chamado a atenção são as falas dos deputados que têm participado dessas audiências pelos seus ataques grosseiros à categoria profissional dos professores. Passagens de algumas dessas falas serão utilizadas como material para a análise do discurso dos defensores do projeto "Escola Sem Partido" no presente texto. Este será o principal material empírico aqui analisado.

A citação anterior reproduzida da fala do advogado Miguel Nagib é muito significativa para compreendermos a atuação e o discurso do Mesp. Ela revela uma enorme incompreensão sobre o argumento de que "o aluno não é uma folha em branco", tendo como base dois pressupostos: de que ele significa que alunos e professores estão em pé de igualdade com relação às suas capacidades e que mobilizá-lo seria apelar para a condição pessoal dos alunos. O primeiro pressuposto está equivocado porque, no campo educacional, quando se afirma que "o aluno não é uma folha em branco" o objetivo não é comparar as capacidades, seja entre os alunos, seja entre alunos e professores. A ideia é afirmar que os alunos não são incapazes, muito pelo contrário: eles questionam o que lhes é ensinado e tem seus próprios interesses[575]. O problema é que o Mesp, para combater esse pressuposto equivocado, apela para o outro extremo: representa os alunos como verdadeiros prisioneiros (audiência cativa) em sala de aula à mercê da vontade do professor e como vítimas do professor abusador[576]. E, graças a essa representação, fazem a defesa de que o professor seja apenas um burocrata que transmite um conteúdo predeterminado (indícios para corroborar essa leitura serão apresentados ao longo do texto). O primeiro objetivo deste artigo será problematizar a redução da figura do professor a um burocrata e da escolarização à instrução, por meio de uma discussão teórica sobre a relação entre a escola e a democracia (Seção II – *Educação democrática: a relação entre a escola e a democracia*).

O segundo pressuposto é absolutamente descabido, já que a fala de que o "aluno não é uma folha em branco" não está se referindo a um aluno específico ou à sua condição

---

575 Essas ideias são quase consensuais no campo da educação, o que torna difícil citar uma referência específica que dê conta do tema. No entanto, a própria obra de Gert Biesta, autor que utilizarei como referencial teórico nesse texto, pode ser usada para defender essa ideia. (Cf. BIESTA, Gert. Para além da aprendizagem: educação democrática para um futuro humano. Belo Horizonte: Autêntica, 2013.)

576 PENNA, Fernando de A. O ódio aos professores. In: AÇÃO EDUCATIVA ASSESSORIA, PESQUISA E INFORMAÇÃO. (Org.). *A ideologia do movimento Escola Sem Partido*: 20 autores desmontam o discurso. São Paulo: Ação Educativa, 2016, p. 93-100. Esse texto já foi publicado em diversos meios de divulgação e sua versão original pode ser encontrada no *blog* Professores contra o Escola sem Partido. Disponível em: <https://professorescontraoescolasempartido.wordpress.com/2016/06/03/o-odio-aos-professores/>. Acesso em: 1 mar. 2017. Uma continuação desse texto original, intitulada O ódio aos professores se profissionaliza, foi publicada no mesmo *blog*. Disponível em: <https://professorescontraoescolasempartido.wordpress.com/2016/11/14/o-odio-aos-professores-se-profissionaliza/>. Acesso em: 1 mar. 2017.

pessoal, mas ao aluno como uma generalização: nenhum aluno é uma folha em branco. A desconstrução desses dois pressupostos já bastaria para invalidar o argumento de que, quando o professor afirma que "o aluno não é uma folha em branco", ele estaria procedendo como estuprador que apela para a condição pessoal de uma determinada vítima menor de idade afirmando que ela não era tão inocente assim. No entanto, devemos considerar a possibilidade de que o objetivo deste discurso não seja argumentar racionalmente a favor de uma comparação entre professores e estupradores, mas simplesmente usar de forma retórica a aproximação entre o profissional da educação e um criminoso responsável por um crime repulsivo com a intenção de demonizar os docentes. Já analisei em texto anterior este discurso de ódio direcionado aos professores disseminado pelo próprio Mesp nas suas redes sociais e falas públicas de seus representantes[577]. O segundo objetivo deste texto será tentar compreender como o Mesp se aproveita de circunstâncias conjunturais para fomentar o medo e, consequentemente, o ódio aos professores (Seção *III - Fabricando o medo e o ódio aos professores*).

O presente texto, para alcançar os dois objetivos propostos, iniciará com uma breve discussão teórica pertinente para ambas temáticas, focando em uma caracterização dos domínios público e privado e uma definição do conceito de liberdade na última fase da modernidade (*I - A interface entre o público e o privado e a liberdade para mudar o mundo*), e terminará com breves considerações finais articulando as temáticas abordadas.

A interface entre o público e o privado e a liberdade para mudar o mundo

> *O jogo segue em frente, não importa o que façamos, anotou Günther Anders pela primeira vez em 1956 [...] Meio século depois, ouvimos as mesmas preocupações expressadas por grandes pensadores do nosso tempo. Pierre Bourdieu, Claus Offe e Ulrich Beck podem diferir consideravelmente em suas descrições deste mundo que joga conosco, compelindo-nos, do mesmo modo, a participar de um jogo de "livres" participantes – mas todos eles lutam para alcançar em suas empreitadas descritivas o mesmo paradoxo: quanto maior nossa liberdade individual, menos pertinente ela é para o mundo em que a colocamos em prática[578].*

Grandes pensadores do nosso tempo defrontaram-se com o paradoxo anteriormente descrito e Zygmunt Bauman também dedicou parte dos seus escritos para enfrentá-lo. Com seu olhar sociológico perspicaz, ele identificou que nós, nos dias de hoje, nutrimos

---

577 Ibidem.

578 BAUMAN, Zygmunt. *A ética é possível num mundo de consumidores?* Rio de Janeiro: Zahar, 2011, p. 115. (grifos nossos).

duas crenças contraditórias com relação à liberdade. A primeira delas remete ao fato de considerarmos que a questão da liberdade humana, de uma maneira geral, já está resolvida na sociedade ocidental. Os indivíduos, com poucas exceções, sentem-se livres. Essa, no entanto, é uma liberdade negativa, no sentido de não serem coagidos a fazer algo que não fariam de livre e espontânea vontade. A segunda crença diz respeito ao fato de não nos percebermos capazes de mudar a maneira como as coisas acontecem no mundo à nossa volta ou a forma como elas são conduzidas. Não nos sentimos positivamente livres para mudar o mundo no qual vivemos[579].

O pensador explica essa contradição (nossa percepção do aumento simultâneo na liberdade individual e da impotência coletiva) por meio do diagnóstico da perda da nossa capacidade de perceber o que há de comum nas nossas experiências individuais e traduzir essas preocupações privadas em questões públicas. Essa "arte da tradução" constrói pontes entre a vida privada e a pública e, para compreender por que esta arte vem caindo em desuso, precisamos entender como as transformações sofridas pelas esferas das atividades humanas afetaram a construção dessas pontes[580].

A teoria política em geral e a teoria da democracia em particular devem ter no seu centro a preocupação com a ligação, a dependência mútua, a comunicação entre os domínios privado e público e a fronteira entre eles deve ser vista como uma interface. A distinção entre as esferas privada e pública remonta à experiência dos gregos antigos e pode ser captada na sua língua: *oikos* – o ambiente doméstico da família – e *eclésia* – o ambiente formalmente político da assembleia no qual os assuntos da cidade eram discutidos e resolvidos. A vida privada, então, estava associada às experiências pessoais e ao direito a mantê-las em segredo e a vida pública, ao espaço apropriado para exposição, debate e decisões sobre questões e eventos de natureza coletiva. No entanto, os gregos situavam, entre estas duas, uma terceira esfera, intermediária: a *ágora* – mercado-lugar de reunião. A *ágora* é um espaço nem só público nem só privado, mas simultaneamente ambos. Seu papel era unir e manter juntas as esferas privada e pública: o espaço no qual as questões particulares podem vir a público, seja para simplesmente serem expostas em busca de celebridade ou articuladas de forma a se tornarem uma questão pública. Se para a teoria democrática é importante perceber a fronteira entre o privado e o público como uma interface, a tarefa de compreender como a *ágora* está configurada em uma determinada sociedade é central. Assim como também é central para aqueles preocupados com a arte da tradução, pois este é seu *locus* privilegiado.[581]

---

579 BAUMAN, Zygmunt. *Em busca da política*. Rio de Janeiro: Zahar, 2000, p. 9.
580 Ididem, p. 10.
581 Ibidem, p. 70-71, 92-93.

O problema com relação a estas esferas das atividades humanas é que, na última fase da modernidade[582], os termos "privado" e "público" sofreram uma reversão. Bauman narra o seguinte episódio para tornar essa mudança mais clara:

> *Alain Ehrenberg aponta um início de noite de outubro, numa quarta de 1983, como o divisor de águas. Naquela noite, Viviane e Michel, um casal comum, sem nada demais, que facilmente se confundia na massa urbana apareceu diante das câmeras da televisão francesa (e portanto de milhões de telinhas) e Viviane declarou sobre Michel: "Meu marido sofre de ejaculação precoce", queixando-se de que "nunca tinha prazer com ele". Bem, esse foi o divisor de águas na França (momentos semelhantes ocorreram em outros países em datas diferentes): importante tabu foi rompido de uma vez por todas – palavras impronunciáveis em público tornaram-se pronunciáveis, experiências que supostamente se deveriam confiar apenas às pessoas mais íntimas e queridas tornaram-se passíveis de confissão pública*[583].

Os termos privado e público, no período no qual vivemos, tiveram seus sentidos alterados. A esfera privada, que se caracterizava pelo direito ao segredo, passou a ser marcada pelo direito à publicidade, e a esfera pública, que era o espaço para o debate e decisão sobre assuntos coletivos, tornou-se o território para a exposição de assuntos e bens particulares. O "ser de interesse público" passou por uma mudança, sendo reduzido à exposição de qualquer coisa que possa despertar a curiosidade. O público foi despojado de sua agenda própria e não passa mais de um aglomerado de problemas e assuntos privados. O problema é que esse aglomerado não é mais do que a soma de suas parcelas – não conseguimos traduzir esses problemas privados em causas comuns.

As consequências destas mudanças para a nossa liberdade foram severas. A liberdade individual só pode ser produto do trabalho coletivo, mas caminhamos hoje rumo à privatização dos meios de garantir essa mesma liberdade. Esta incapacidade de traduzir os problemas privados em questões públicas e a consequente necessidade de cada um enfrentá-los sozinho veio a ser chamada de liberdade individual. Esta forma de individualidade privatizada significa essencialmente uma antiliberdade. Ser livre é poder fazer algo da própria liberdade. "E isso significa primordialmente poder influenciar as condições da própria existência, dar um significado para o 'bem comum' e fazer as instituições sociais se adequarem a esse significado"[584]. Este tipo de ação só é possível na vida pública, quando agimos coletivamente, e depende da existência de uma esfera de interface entre o público e o privado, onde os problemas pessoais possam ser traduzidos em causas

---

582 Bauman chama esta última fase da modernidade, na qual vivemos, de modernidade líquida. (Cf. BAUMAN, Zygmunt. *Modernidade líquida*. Rio de Janeiro: Zahar, 2001.)

583 BAUMAN, op. cit., p. 70.

584 Ibidem, p. 112.

comuns. As questões da educação democrática e da aprendizagem cívica não podem ser esquecidas porque ainda não foi realizado o projeto democrático de ter uma sociedade livre constituída de indivíduos livres.

Educação democrática: a relação entre a escola e a democracia

> *Burocrata não faz sermão. Burocrata aplica a lei, pune, exige o cumprimento da norma, mas ele não faz sermão. Quem faz sermão é padre. Quem diz o que é moral ou imoral é o padre, o pastor, o pai e a mãe. Não é o funcionário público. O funcionário público só faz aquilo que a lei determina. E a lei brasileira, a legislação brasileira não possui um decálogo, não possui um código moral. Quem possui código moral são as religiões. Então essa é a diferença: burocrata não faz sermão, burocrata aplica a lei. O professor é um burocrata. Ele transmite aos alunos o conteúdo do currículo, aquilo que está escrito e foi aprovado pelas autoridades competentes. Não lhe cabe dizer aos filhos dos outros o que é certo e o que é errado em matéria de moral. Esse é o ponto.*
> *Miguel Nagib em Audiência Pública na Câmara dos Deputados (14/02/2017)*[585]

Esta fala foi recortada da mesma intervenção feita pelo advogado Miguel Nagib da qual retirei a citação que abre o presente texto. Nela o criador e coordenador do Mesp tenta reduzir a docência a um ato burocrático de aplicar a lei, exigir o cumprimento das normas e punir aqueles que as infringem. O maior equívoco desta citação, no entanto, é considerar que a única maneira de trabalhar valores em sala de aula seria por meio de um sermão e, desta forma, proibir o professor de discuti-los e ensiná-los em sala de aula. É possível que a escolarização só transmita conteúdos, sem socializar os alunos de acordo com valores e restringindo todo espaço para a emergência da subjetividade em sala de aula? Mais do que isso, seria desejável que a escola se reduzisse a isso? Qual é a relação entre a educação e a democracia? Qual é o papel das escolas em uma sociedade democrática? Qual é o tipo de subjetividade que se considera desejável ou necessário para uma sociedade democrática? Tentarei indicar algumas respostas parciais para essas perguntas na presente seção, focando a questão sobre a relação entre a escola e a democracia.

Na citação da fala do criador e coordenador do Mesp reproduzida no início deste texto há a tentativa de negação do argumento de que "o aluno não é uma folha em branco", tendo como pressuposto que isso significaria igualar a capacidade de alunos

---

[585] Essa Audiência Pública ocorreu na Câmara dos Deputados no dia 14 de fevereiro de 2017. A fala em questão ocorreu às 19:34:53. Disponível em: <http://www2.camara.leg.br/atividade-legislativa/webcamara/arquivos/videoArquivo?codSessao=58813#videoTitulo>. Acesso em: 1 mar. 2017.

e professores. Apesar deste pressuposto estar equivocado (como argumentei no início do texto), a resposta do Mesp é o oposto contrário: de que os alunos, prisioneiros dentro da sala de aula, são tão incapazes que os professores não podem discutir nada que possa contradizer as crenças de seus pais. Os professores teriam de agir como meros burocratas que apenas transmitiriam as informações que lhes foram determinadas. Neste caso, a escolarização seria reduzida à *dimensão da qualificação*, que corresponde em proporcionar aos alunos "conhecimento, habilidades e entendimento e também, quase sempre, disposições e formas de julgamento que lhes permitam fazer alguma coisa"[586]. O problema aqui não se encontra na dimensão da qualificação no fenômeno da escolarização, mas à redução deste último somente a esta dimensão. Não poderíamos nem falar em educação (afinal de contas, para o Mesp, o "professor não é educador" como afirma o título do livro que consta da biblioteca politicamente incorreta do *site* do movimento) e muito menos em um aprendizado para a cidadania – a escola nada teria a ver com isso[587]. Uma *ruptura total* entre a escola e a democracia.

Uma segunda maneira de conceber a relação entre a escola e a democracia seria na forma de uma sucessão temporal: uma começa quando a outra termina. O papel da escola seria preparar o indivíduo (as crianças e os jovens) para a sua futura participação na democracia. A democracia precisaria de um determinado perfil de indivíduo e a tarefa da educação seria produzi-lo, por isso podemos chamar este modelo de *educação para a democracia*, com uma *concepção individualista de pessoa democrática*. Uma variação sobre esse tema seria o argumento de que a melhor maneira de educar para a democracia seria por meio da democracia: por meio de formas democráticas de educação. Neste caso, teríamos uma *educação por meio da democracia*, correspondendo a uma *concepção social de pessoa democrática*[588]. Nestas duas formas, existiria uma *relação externa* (de sucessão temporal) entre a escola e a democracia.

Algumas críticas são feitas atualmente com relação à *educação para a democracia* e à *educação por meio da democracia*. Em ambos os casos se opera com uma perspectiva instrumentalista da educação, que gera expectativas irrealistas com relação à escola como se ela pudesse solucionar os problemas de não engajamento ou participação política dos indivíduos. Outra crítica pertinente é que já se espera das crianças e dos jovens que se portem de acordo com os valores democráticos, não se pode esperar que elas se tornem adultas para tanto[589]. Uma maneira de lidar com essas questões acima apontadas seria

---

586 BIESTA, Gert. A boa educação na era da mensuração. *Cadernos de Pesquisa*, São Paulo, v. 42 n. 147, p. 818, set./dez. 2012.

587 Em texto anterior, fiz uma análise aprofundada desses temas. (Cf. PENNA, Fernando de Araújo. Programa "Escola Sem partido": uma ameaça à educação emancipadora. In: GABRIEL, Carmem Teresa; MONTEIRO, Ana Maria; MARTINS, Marcus Leonardo Bonfim. (Orgs.). *Narrativas do Rio de Janeiro nas aulas de história*. Rio de Janeiro: Mauad, 2016a. p. 43-58.

588 BIESTA, op. cit., p. 162-174.

589 Ibidem, p. 166-167.

operar com uma *concepção política da pessoa democrática*, a subjetividade não é mais vista como um atributo dos indivíduos, mas como uma qualidade da interação humana (nem toda situação social servirá)[590]. Neste ponto, as reflexões de Bauman e Biesta convergem: essa qualidade da interação humana reside nas circunstâncias nas quais os indivíduos se encontram juntos na vida pública e a liberdade pode emergir. Não a liberdade negativa de não ser coagido a fazer algo que não faria de livre e espontânea vontade, mas a liberdade positiva de poder mudar o mundo através da ação coletiva. No entanto, a minha subjetividade (capacidade de agir) só é possível quando os outros também podem agir. A condição da democracia ideal é que todos possam tomar parte na condução dos assuntos coletivos e possamos viver e aprender uns com os outros:

> *Democracia, na sua fórmula mais curta, é sobre aprender com a diferença e aprender a viver com outros que não são como nós. Por esta exata razão, a democracia só pode ser aprendida com a vida. E este tipo de aprendizado democrático é verdadeiramente uma tarefa para a vida toda*[591].

Assumir essa concepção política da pessoa democrática teria grandes impactos sobre a forma como entendemos a relação entre a escola e a democracia. A condição de viver em uma democracia não estaria associada a um perfil restrito e predeterminado de cidadão democrático que pudesse ser produzido pela escola. A *aprendizagem cívica* não se daria apenas nas escolas, mas em todas nossas experiências políticas, sejam elas positivas ou negativas em termos de convivência democrática.

> *Se, como sugeri, a aprendizagem cívica é a aprendizagem que ocorre nos e através dos processos e práticas que compõem a vida cotidiana das crianças, jovens e adultos e que estão proximamente conectados com a sua atual condição de cidadania, então, diferente do assumido em muitas correntes de pensamento curricular, nós não deveríamos conceber a aprendizagem cívica como um processo linear movendo de uma situação de "ainda não ser um cidadão" para uma situação de cidadania plena. A aprendizagem cívica deveria, ao invés disso, ser compreendida como não linear, recursiva e cumulativa. A aprendizagem cívica é um processo não linear porque está proximamente conectada às experiências positivas e negativas ainda em curso com a democracia e a cidadania e, portanto, é provável que reflita as flutuações nessas experiências. Além disso, a aprendizagem cívica não é simplesmente o resultado das experiências cotidianas com a democracia e a cidadania, mas também se retroalimentam dentro destas experiências, o que constitui a razão de classificarmos a aprendizagem cívica como um processo recursivo. Apesar da aprendizagem cívica não ser um processo linear, é*

---

590 Ibidem, p. 174-180.

591 BIESTA, Gert. Learning democracy in school and society: education, lifelong learning and the politics of citizenship. Rotterdam: Sense Publishers, 2011. p. 70. (Tradução minha.)

importante perceber que é cumulativa porque experiências positivas e negativas no passado não podem simplesmente ser erradicadas e influenciarão a ação e o aprendizado futuros[592].

A *educação por meio da democracia* pode ser compreendida como uma concepção da *aprendizagem cívica* como *socialização*, que percebe o objetivo primário desta aprendizagem como a reprodução de uma ordem sociopolítica e a adaptação dos indivíduos a essa ordem. No entanto, podemos operar com uma concepção da *aprendizagem cívica* como *subjetivação*, neste caso, o foco seria na promoção de uma subjetividade democrática. Dentro desta proposta, a educação democrática teria como ênfase da aprendizagem cívica a oferta de oportunidades para que as crianças e os jovens tivessem experiências democráticas nas escolas e inserir processos de reflexão sobre as experiências políticas negativas ou positivas vividas na sociedade mais ampla. Este segundo aspecto é, inclusive, um enorme potencial da educação democrática na escola: é talvez a única instituição por onde toda a população passa em um momento ou outro da sua vida e temos a possibilidade de realizar este tipo de reflexão[593].

Aqui temos uma contundente contradição entre a discussão acadêmica qualificada sobre a educação democrática e o discurso do Mesp. No centro desta contradição, está a expressão "audiência cativa", que no seu sentido mais restrito se refere ao fato de os alunos serem obrigados a estar dentro da sala de aula, mas no discurso do Mesp assume toda força da analogia entre a escola e a prisão. Os alunos seriam prisioneiros e estariam à completa mercê da vontade do professor. Sabemos que isso é um absurdo justamente pelo aluno ser dotado de capacidade crítica e não ser obrigado a concordar com o que o professor fala. Enquanto o Mesp justifica todas as proibições que pretende impor sobre os professores no fato de os alunos serem uma audiência cativa, os pesquisadores acadêmicos da educação democrática afirmam que, justamente por a escola se constituir como essa oportunidade única de inserir processos de reflexão nas experiências democráticas, aí está o seu potencial:

> *O que é único sobre as escolas é a possibilidade de inserir processos de reflexão nas tentativas de existir politicamente. Isso não se dá devido a uma autoridade especial dos educadores – apesar disso desempenhar um papel também – mas primeiro e acima de tudo pela mais mundana razão de que no espaço escolar as crianças e os jovens são em um sentido (e apenas em um sentido) uma "audiência cativa". Isso mostra qual é o problema se nós declararmos a escola uma "área proibida" para a existência política, isto é, se concebermos a escola apenas como um espaço para a aquisição de conhecimento e habilidades mas não também um*

---

592 Ibidem, p. 86. (Tradução minha.)
593 Ibidem, p. 86-87.

> *lugar onde a liberdade pode aparecer, porque neste caso qualquer aprendizagem que pode ser significante para a existência política torna-se estéril e desconectado da experiência real. Não é apenas irresponsável tentar manter a existência política fora da escola, é também impossível fazer isso porque a vida das crianças e dos jovens – dentro e fora da escola – são permeadas por questões sobre estar junto na pluralidade*[594].

Fabricando o medo e o ódio aos professores

Não é surpresa que o discurso de um movimento que representa os alunos como prisioneiros em sala de aula e vítimas de um professor que se aproxima de um abusador de menores gere nos seus ouvintes (especialmente pais de alunos em idade escolar) medo de que isso aconteça com os seus filhos e ódio aos professores assim como representados. Em outro texto, já analisei a campanha de ódio direcionada aos professores, sempre os representando como abusadores das crianças e jovens e até como vampiros[595]. Nesta seção, pretendo compreender por que essa estratégia tem obtido sucesso, por que a demonização dos professores tem gerado uma mobilização. Para tanto, tentarei entender esse movimento de demonização e perseguição dos professores como uma forma de comunidade característica do momento no qual vivemos e do quadro que descrevi na primeira seção.

A tarefa de lidar com os problemas foi privatizada (entregue aos recursos pessoais de cada indivíduo) e, graças a isso, os medos que cada um sente tornam-se mais difíceis de serem unidos em uma causa comum e enfrentados a partir de uma ação conjunta. Bauman afirma que a principal forma de comunhão nestas circunstâncias é uma "comunidade do gancho": esse tipo de grupo se reúne quando encontram um gancho onde podem pendurar simultaneamente os medos de muitos indivíduos. Um aglomerado de medos privados em busca de uma válvula comum de escape[596].

Bauman descreve um caso muito peculiar que aconteceu em três cidades inglesas, nas quais se pode perceber um típico caso de "comunidade de gancho". Este caso é muito pertinente porque algumas das reflexões produzidas a partir dele podem ser aplicadas ao caso da campanha de perseguição dos professores levada a cabo pelo Mesp. O caso dá-se quando o pedófilo Sidney Cooke é liberado da prisão e volta para casa, levando uma multidão eclética às ruas em protesto. Essas pessoas se reúnem em torno da delegacia local, sem ao menos saber se ele lá se encontrava. Muitos pediam a sua morte

---

594 BIESTA, Gert. *The beautiful risk of education.* New York: Routledge, 2016. p. 117-118.
595 PENNA, op. cit.
596 BAUMAN, op. cit., p. 54-55.

e acreditavam ter encontrado a sua "causa" pessoal na perseguição ao pedófilo. Sidney Cooke era o gancho perfeito para reunir pessoas que precisavam de uma válvula de escape para a sua ansiedade difusa longamente acumulada. Bauman descreve os motivos pelos quais a figura do pedófilo torna-se o gancho perfeito para a formação dessa comunidade fugaz:

> *Primeiro, Cooke tem um nome, o que o torna um alvo palpável, fisgando-o em meio ao mingau de medos ambientes e lhe dá uma realidade corpórea que poucos medos possuem; mesmo sem ser visto, ele ainda pode ser construído como um objeto sólido que pode ser manuseado, amarrado, trancado e neutralizado, até destruído – ao contrário da maioria das ameaças, essa tende a ser desconcertantemente difusa, escorregadia, evasiva, derramando-se por todos os lugares, não identificável. Segundo, por feliz coincidência, Cooke foi colocado num lugar que as preocupações privadas e as questões públicas se encontram; mais precisamente, seu caso é um cadinho alquímico no qual o amor pelos próprios filhos – experiência diária, rotineira, embora privada – pode ser miraculosamente transubstanciado num espetáculo público de solidariedade. Cooke tornou-se uma espécie de prancha de desembarque, ainda que frágil e provisória, para escapar à prisão da privacidade. Por fim, mas não menos importante, a prancha é larga o bastante para que um grupo, talvez um grupo grande, possa escapar; é provável que a cada fugitivo solitário se reúna mais gente a fugir das próprias prisões particulares, criando-se assim uma comunidade apenas com o uso do mesmo caminho de fuga, comunidade que vai perdurar enquanto todos os pés estiverem sobre a prancha*[597].

Um primeiro paralelo possível entre a comunidade de gancho formada em torno da perseguição ao pedófilo narrada por Bauman e a campanha de ódio aos professores conduzida pelo Mesp é que ambas tocam em um tema onde as preocupações privadas e as questões públicas estão sobrepostas: o bem-estar das crianças e dos jovens. A princípio parece absurdo imaginar no que os professores podem ameaçar o bem-estar dos jovens, mas o Mesp esforça-se em representar os professores como agentes que se aproveitam da inocência das crianças para explorá-las. Esta estratégia é levada ao extremo quando o criador e coordenador do Mesp compara professores a estupradores, conforme pode ser visto na citação reproduzida no início deste texto.

A estratégia de associar a figura do professor à de abusadores e estupradores cria um poderoso gancho no qual uma comunidade pode se formar em torno do ódio aos professores. Podemos traçar paralelos entre esses motivos no caso da comunidade de gancho formada pelos perseguidores de Sidney Cooke e aqueles que se reúnem para perseguir os professores, mas há diferenças importantes. A primeira delas é que a tentativa de demonização dos professores é menos espontânea do que o caso narrado por

---

597 BAUMAN, op. cit., p. 18-19.

Bauman: o Mesp vem se esforçando na fabricação dessa figura negativa do professor há anos e esse discurso vem encontrando eco mais recentemente[598]. A ideia principal é a de que há uma conspiração de esquerda que chegou ao poder com os governos recentes de presidentes do Partido do Trabalhadores. Eles teriam chegado ao poder graças a uma mudança de estratégia adotada pela esquerda mundial e a referência para essa mudança seria o pensamento de Antônio Gramsci, que, segundo essa narrativa, recomendaria o fim de um conflito direto e uma lenta infiltração nas instituições. Seria parte de um plano executado intencionalmente:

> *O projeto Escola Sem Partido tem que prever uma criminalização, uma pena, porque eles sabem o que eles estão fazendo! E estão fazendo de tão ruim, tão ruim que esses treze anos de PT vão ser difíceis de ser recuperados. A economia a gente corre atrás, corrupção a gente pode debater um projeto de lei, mas a molecada formada na escola – nesse pensamento de Paulo Freire – isso aí vai demorar décadas. Eles na verdade estão aqui é mudando a estratégia: passaram do Marx – tentaram tomar os quartéis no passado e não conseguiram graças aos militares, obrigado aos militares de 64 – e tentam agora através de Gramsci, filósofo italiano, que prega o seguinte: não tomem quartéis, tomem escolas. E tem feito esse trabalho.*
> *Deputado Eduardo Bolsonaro em Audiência Pública na Câmara dos Deputados (14/2/2017)[599]*

Este discurso, compartilhado pelo Mesp, aproveita-se de um contexto de polarização política no Brasil para demonizar o professor como parte desta conspiração. Temos aqui um paralelo com a descrição de Bauman do caso de Sidney Cooke: os professores tornam-se um inimigo palpável e facilmente localizável frente ao medo difuso de uma conspiração de esquerda. Para demonizá-los ainda mais, os professores são responsabilizados por todos os fracassos educacionais, especialmente os resultados ruins em avaliações. Nenhum outro fator é considerado, por exemplo, falta de estrutura, baixos salários, violência escolar etc. O único problema, segundo eles, são os professores e a ideologia que domina a toda esta categoria profissional:

> *Uma nota que foi aprovada por unanimidade pelo Fórum Nacional de Educação que determina que o Escola Sem Partido é uma iniciativa intimidatória (sic). Essa é a prova cabal de que há um pensamento único nas universidades e nas academias brasileiras. [...] Isso tem que ser combatido e combatido com muita ênfase porque o resultado aí para quem quiser*

---

[598] PENNA, op. cit.

[599] Essa Audiência Pública ocorreu na Câmara dos Deputados no dia 7 de fevereiro de 2017. A fala em questão ocorreu às 17:52:55. Disponível em: <http://www2.camara.leg.br/atividade-legislativa/webcamara/arquivos/videoArquivo?codSessao=58813#videoTitulo>. Acesso em: 1 mar. 2017.

ver: o ANA, Avaliação Nacional da Alfabetização, de 2015 – jovens, crianças na terceira série do ensino fundamental com oito anos de idade – demonstrou que 56% das crianças brasileiras são analfabetas e analfabetas funcionais. [...] Isso é fruto justamente da doutrinação na formação dos professores alfabetizadores que são formados nas nossas universidades com uma grade sem evidências científicas e com um viés ideológico e doutrinário [...] É a constituição brasileira que tem sido aviltada, rasgada, dilacerada, depredada com a estratégia de Joseph Goebbels: as mentiras reiteradas e repetidas se tornam verdadeiras. São as palavras de ordem.
Deputado Rogério Marinho em Audiência Pública na Câmara dos Deputados (14/2/2017)[600]

Considerações finais

Bauman afirma que na última fase da modernidade, na qual nós vivemos, os sentidos de público e privado sofreram reversões e, neste processo, a arte de traduzir problemas pessoais em questões públicas caiu em desuso. Privatizamos a resolução de questões que antes poderiam ser percebidas como coletivas, mas muitas destas não podem ser solucionadas por pessoas isoladamente – apenas por meio da ação coletiva no espaço público. A liberdade negativa (de não ser coagido a fazer nada que não se faria por livre e espontânea vontade) não significa muito, quando outras formas mais sutis de limitar as opções e induzir à escolha de algumas delas podem ser aplicadas sem gerar resistência. A capacidade de influenciar coletivamente as condições sob as quais levamos as nossas vidas – a liberdade positiva para mudar o mundo – parece perdida e seu resgate depende da interface entre a vida pública e privada.

Biesta coloca-nos o desafio de utilizarmos uma concepção política da pessoa democrática, na qual a subjetividade é pensada como uma qualidade da interação humana, e um conceito de aprendizagem cívica, no qual esta é uma tarefa para a vida toda conforme refletimos sobre as experiências positivas e negativas com a democracia. Ao aceitarmos este desafio, começamos a operar com a proposta de uma educação democrática, que não busca a produção de um perfil preestabelecido de cidadão para uma vida democrática futura, mas oferece a vivência de experiências democráticas no espaço escolar e insere processos de reflexão no debate sobre as experiências vivenciadas dentro e fora da escola. A escola tem um papel estratégico na aprendizagem cívica, mas as condições da cidadania em uma sociedade também são de extrema importância. As experiências positivas de engajamento democrático fora da escola são essenciais para todo esse processo.

---

600 Essa Audiência Pública ocorreu na Câmara dos Deputados no dia 7 de fevereiro de 2017. A fala em questão ocorreu às 17:28:38. Disponível em: <http://www2.camara.leg.br/atividade-legislativa/webcamara/arquivos/videoArquivo?codSessao=58813#videoTitulo>. Acesso em: 1 mar. 2017.

O projeto "Escola Sem Partido" constitui uma ameaça à proposta de uma educação democrática. Como vimos, o coordenador do movimento homônimo defende que professores não passam de burocratas que devem apenas transmitir um conhecimento que foi pré-determinado e não podem mobilizar valores em sala de aula. Como abrir espaço para que os alunos aprendam com as suas diferenças e estimular a emergência de uma subjetividade que se caracterize por essa interação humana onde a liberdade possa surgir? Impossível. E mais: vimos que o discurso dos defensores do projeto, especialmente na Câmara dos Deputados, responsabiliza os professores por todas as mazelas da educação e defendem abertamente a criminalização da sua prática. Sem a valorização dos professores, nenhum projeto educacional pode prosperar, seja ele voltado para a educação democrática ou não.

Concluo com uma pergunta: será que as escolas não poderiam ser um espaço de interface entre a vida privada e a pública, no qual os jovens convivem – talvez pela primeira vez – com uma pluralidade característica do espaço público? Espaço público no qual os jovens poderiam perceber quais de seus problemas privados são compartilhados por outras pessoas e serem estimulados a agir coletivamente com relação a eles? Os gregos antigos diferenciavam os termos *koinós*[601], referente ao que é comum ou público, e *ídios*[602], indicando o que é pessoal ou privado. A escola pode ser essa interface, na qual os alunos entram em diálogo com o que é comum a todos que ocupam aquele espaço ou podem continuar presos em suas vidas privadas, sem aprender com a diferença. De *ídion* deriva a palavra *idiótes*[603], de onde vem o nosso termo idiota, para se referir à pessoa privada que não se preocupa com os assuntos públicos. Neste sentido, o projeto "Escola Sem Partido" seria o melhor caminho para a formação de idiotas.

---

601 Disponível em: <http://www.perseus.tufts.edu/hopper/morph?l=koino%2Fs&la=greek&can=koino%2Fs0&prior=on#lexicon>. Acesso em: 1 mar. 2017.

602 Disponível em: <http://www.perseus.tufts.edu/hopper/text?doc=Perseus%3Atext%3A1999.04.0057%3Aentry%3Di%29%2Fdios>. Acesso em: 1 mar. 2017.

603 Disponível em: <http://www.perseus.tufts.edu/hopper/text?doc=Perseus%3Atext%3A1999.04.0057%3Aentry%3Di%29diw%2Fths>. Acesso em: 1 mar. 2017.

6

Escola Sem Partido ou sem autonomia? O cerco ao sentido público da educação

Antonio Simplicio de Almeida Neto
Diana Mendes Machado da Silva

Entre as diversas e inquietantes gravuras de M. C. Escher (1898-1972), *Möbius Strip II*[604] (1963) chama a atenção pelo que instiga a pensar sobre algumas questões do Brasil recente. Algumas formigas transitam sobre uma fita ou faixa de Möbius ilustrada como uma rede quadriculada, que nos permite uma maior percepção do movimento dos insetos em diversos ângulos e posições. A fita de Möbius, como se sabe, é obtida pela colagem das duas extremidades de uma fita, após efetuar meia volta em uma delas. Caracteriza-se por ser uma superfície não orientável, de um só lado, uma só borda, sem início e sem fim. As formigas de Escher parecem caminhar sem sentido, sem orientação e sem propósito.

Möbius Strip – M.C. Escher (1963)

---

604 Disponível em: <http://www.mcescher.com/gallery/recognition-success/mobius-strip-ii/>.

Uma rede translúcida sobre o Brasil daria a ver, no geral: golpes políticos, ondas de conservadorismo que se imiscuem com discursos progressistas, ameaça a direitos sociais e trabalhistas, conclamas ao retorno da ditadura militar, incertezas econômicas, fragmentação das demandas e das lutas sociais. Na educação: assédio privado à educação pública garantida no texto constitucional, à carta de Direitos Humanos e à Lei de Diretrizes e Bases; acusações de doutrinação ideológica aos professores, supressão de disciplinas escolares, aprofundamento do dualismo educacional e ameaça à formação humanística; desfiguração dos cursos de formação de professores, cursos apostilados, padronização e controle das práticas pedagógicas, rebaixamento de salários, sucateamento das universidades públicas, ameaças aos sistemas de cotas, lógica do consumo aplicada à educação, simulacros de retórica pedagógica.

Tal qual a fita de Möbius, parece não haver orientação ou sentido, início ou fim, finalidade ou lado. Apenas caminhamos como aquelas formigas. No entanto, na busca por alguma referência, alguns questionamentos parecem pertinentes ao combate a esse ciclo que não cessa de se recolocar. No âmbito da educação eles figuram como ainda mais necessários ao ajudarem a tecer projetos de futuro: para que formar professores capazes de pensar e criar suas aulas, de propor e executar projetos em acordo com as diferentes realidades sócio-históricas do País, de inventar materiais didáticos, de optar pelas metodologias mais adequadas, de inovar suas abordagens, de fazer escolhas diante do imponderável e das precariedades do cotidiano escolar? Precisamos de uma base curricular única para todo o país? Qual é a função de uma base curricular? Por que autonomia da escola? Formar alunos críticos é doutrinação ideológica? Ainda faz sentido falar em liberdade de ensinar? Para que ensinar filosofia, história ou sociologia? Pais, alunos e professores devem participar das decisões da escola? Conteúdos como relações de gênero devem compor o currículo escolar ou trata-se de ideologia? História e cultura africana, afro-brasileira e indígena são relevantes na composição do currículo? Interesses públicos e privados na educação devem caminhar juntos? Quem deve definir o currículo escolar? Quais interesses e elementos estão implicados no currículo?

Essas e outras indagações foram realizadas em meio a uma série de debates realizados durante o segundo semestre de 2016[605] em torno da urgência de retomar as discussões sobre a escola democrática e autônoma diante da desorientação causada pelo movimento autodenominado "Escola Sem Partido" e seus congêneres. Sem a pretensão de sermos conclusivos ou, muito menos, de apontarmos a direção a ser seguida, apresentamos algumas das reflexões produzidas nesses encontros, sobretudo aquelas relacionadas às ameaças à educação pública, estatal, laica e gratuita ao atentar contra a autonomia da escola e a liberdade de ensinar do professor, esta última expressa na seleção e organização do currículo escolar.

---

605   O Grupo de Trabalho (GT) de Ensino de História e Educação da Associação Nacional de História – seção São Paulo (Anpuh-SP), em parceria com o Fórum 21, realizou ao menos quinze eventos discutindo o Movimento ESP (debates, palestras, seminários, mesa-redonda) atingindo um público direto de 1.200 pessoas, aproximadamente. A eles somou-se o seminário Escola Sem Partido ou sem autonomia? O princípio da igualdade em questão, realizado pelo grupo de pesquisa Direitos Humanos, Democracia, Política e Memória do Instituto de Estudos Avançados da USP. Disponível em: <http://www.iea.usp.br/eventos/escola-sem-partido-ou-sem-autonomia-o-principio-da-igualdade-em-questao>.

Autonomia da escola e liberdade de ensinar do professor

A primeira dessas reflexões surgiu em face das ameaças realizadas pelo autodenominado Movimento "Escola Sem Partido" (ESP) ao princípio de "autonomia da escola" e de liberdade do professor de "ensinar e divulgar a cultura, o pensamento, a arte e o saber". Idealizado pelo advogado Miguel Nagib, o ESP alimenta um *site* virtual e tem criado, em parceria com inúmeros deputados, vereadores e outros profissionais vinculados a partidos políticos, anteprojetos de lei contra o que denominam *doutrinação ideológica*, como afirma o texto de apresentação disponibilizado virtualmente[606].

Criado em 2004, o movimento surge paralelamente às sucessivas e até então inéditas ações institucionais de ampliação do direito à educação expressas pelas Leis nn. 10.639, de 2003, e 11.645, de 2008, que versam sobre a obrigatoriedade de inclusão da história afro-brasileira e indígena nos currículos escolares; pela promoção da política de cotas raciais e sociais para acesso ao ensino superior e pela criação do Fundeb, em 2006, que amplia e distribui com maior equidade os recursos destinados à educação básica em território nacional.

Curiosamente, o movimento adquiriu vigor e visibilidade apenas uma década depois, em meio aos desdobramentos políticos que forneceram as condições para o surgimento do que se pode aqui chamar de um *estado de exceção* criado entre o final de 2015 e o início de 2016 a partir do pedido de *impeachment* pelo parlamento, sob frágeis alegações, da presidente legitimamente eleita ao final de 2014.

Para Agamben, até pouco tempo, a *exceção*, como ponto de "desequilíbrio entre direito público e fato político"[607] era característica do momento de ascensão do nazismo na Europa, quando inúmeros países substituíram as vias de base constitucional por medidas de controle, de *polícia*, então compreendidas como inevitáveis em face da grave crise política e institucional. O autor nota que, desde então, mesmo em contextos de relativa paz internacional, alegações de instabilidade política tornaram-se "práticas essenciais dos Estados contemporâneos, inclusive dos chamados democráticos"[608] para justificar a suspensão das distinções e formas de conexão entre os Poderes Legislativo, Executivo e Judiciário. Assim, a *exceção*, "medida provisória e excepcional" acabou se transformando em uma "técnica de governo"[609] que tem ameaçado justamente a ordem jurídica que alega proteger[610].

Esse quadro é o que parece descrever com precisão os eventos políticos que marcam a história recente do País e fornecem o pano de fundo a partir do qual se deseja analisar

---

606 Disponível em: <http://www.escolasempartido.org/>.

607 AGAMBEN, Giorgio. *Estado de exceção*. São Paulo: Boitempo, 2004. p. 12.

608 AGANBEM, op. cit., p. 13.

609 Ibidem, p. 13.

610 Ainda para Agamben, a aceitação desse modelo de gestão alimenta a criação de um 'vazio de direito' contra o qual restaria apenas a ação política.

a tentativa do Movimento ESP de interferir nas pautas políticas e pedagógicas da educação nacional. Ao estabelecer como objetivos a "descontaminação e a desmonopolização política e ideológica das escolas" ou a afirmação do "respeito ao direito dos pais de dar aos seus filhos a educação moral que esteja de acordo com suas próprias convicções"[611] contra os "excessos" cometidos pelos professores no uso de sua "liberdade de ensinar" – o que exigiria ações de denúncia por parte dos alunos e suas famílias e de vigilância e punição por parte do Estado[612] –, o movimento alega proteger os valores que animam a educação sendo o princípio de pluralidade o principal deles.

Um rápido exame às formulações do ESP acima enumeradas parece suficiente para revelar não apenas os equívocos conceituais decorrentes do desconhecimento (ou da deturpação) dos artigos da Constituição e da Lei de Diretrizes e Bases – em vigor desde 1988 e 1996, mas também a mais completa inexperiência de seus autores no que concerne às realidades educacionais nas quais desejam intervir. Figuram, ainda, como um índice do tom autoritário no qual se fundamenta o movimento.

Primeiramente, a Constituição Federal assinala, em seu art. 206, que "o ensino será ministrado com base nos seguintes princípios: II – liberdade de aprender, ensinar, pesquisar e divulgar o pensamento, a arte e o saber; III – pluralismo de ideias e de concepções pedagógicas, e coexistência de instituições públicas e privadas de ensino". Ao texto constitucional, seguiram-se os arts. 13 e 14 da Lei de Diretrizes e Bases da Educação Nacional que dispõem especificamente sobre autonomia da escola e o direito e o dever de participação do professor na vida da escola. O art. 13 afirma ser prerrogativa do docente elaborar "a proposta pedagógica do estabelecimento de ensino".

Já o art. 14 versa sobre as normas da gestão democrática do ensino público, a partir da "participação dos profissionais da educação na elaboração do projeto pedagógico da escola" (inciso I) e da "participação das comunidades escolar e local em conselhos escolares ou equivalentes" (inciso II)[613].

Esse conjunto de diretrizes legais já é suficiente para desvelar a estreita relação entre a autonomia da escola – expressa pelo direito de criar sua proposta pedagógica – e a liberdade de ensinar do professor como a base para o exercício da função pública da educação. Sem a liberdade de escolher conteúdos e perspectivas pedagógicas em acordo com as tradições de sua área de conhecimento, suas convicções e valores pessoais e profissionais, os professores ficam impossibilitados de contribuir para a construção de uma proposta pedagógica na qual possam se reconhecer e a partir da qual possam trabalhar

---

611 A lista completa dos objetivos está disponível no *site* do movimento (op. cit.).

612 A lista completa de sugestões para efetuar denúncia contra professores nos itens "flagrando o doutrinador", "planeje sua denúncia", "conselho aos pais" está disponível no *site* do movimento.

613 Ainda que reformulados, esses parágrafos figuraram como base para a carta Escola sem censura, que alicerçou os debates ocorridos nas escolas e universidades públicas sobre a temática no ano de 2016.

em prol da instituição de que fazem parte e dos ideais que fundamentam a educação. Evidentemente, as convicções e valores que testemunham o lugar assumido no mundo por esses professores não devem ser conflituosos com os princípios que organizam a educação pública, sob pena de ameaçá-los, questão essa, mais uma vez, concernente ao âmbito da instituição escolar, a que voltaremos.

Por outro lado, a autonomia da escola e seu documento material, a proposta pedagógica, atestam o exercício de liberdade realizado pelos professores e equipes técnicas de apoio a partir de sua própria produção. Segundo o professor José Mário Pires Azanha, é a partir da Lei de Diretrizes e Bases de 1996 que os projetos pedagógicos das escolas assumem o papel de afirmar o caráter autônomo de cada unidade escolar que antes era atribuído aos regimentos escolares. Ainda para o autor, não se trata de desprezar os regimentos, importantes por propiciarem as condições para a execução das tarefas necessárias ao andamento de uma escola. Trata-se, antes, de valorizar o projeto pedagógico na medida em que, diferentemente do regimento geral, ele se caracteriza pela "intenção de transformação do real guiada por uma representação do sentido dessa transformação, levando em conta as condições dessa realidade"[614] – variável, como se sabe, conforme cada unidade escolar.

Nesse sentido, a relação entre autonomia da escola e liberdade de ensinar do professor desvela também o tipo de erro em que incide o ESP ao procurar estabelecer parâmetros e dispositivos de controle externos às instituições escolares onde se materializam esses princípios.

Pluralidade e sentido público em educação

A comunidade escolar, representada pelo Conselho de Escola, em que figuram representantes de todos os segmentos que compõem a instituição de ensino, dos gestores aos porteiros, passando por professores, alunos e suas famílias até as organizações da sociedade civil, é a instância legítima de debates, decisões e condução do cotidiano da escola, o que inclui a administração de eventuais problemas[615].

Somente a comunidade criada em torno da escola possui as condições para acompanhar e avaliar o trabalho de seus docentes, "examinar sua realidade específica e local; fazer um balanço das suas dificuldades e se organizar para vencê-las"[616]. Essas condições,

---

614 AZANHA, José Mário Pires. Proposta pedagógica e autonomia da escola. In: _____. *A formação do professor e outros escritos*. São Paulo: Senac, 2006.

615 Sobre o papel dos conselhos de escola na vida comunitária, conferir: GOHN, Maria da Glória. Educação não formal, participação da sociedade civil e estruturas colegiadas nas escolas. *Ensaio: aval.pol.públ.Educ [on-line]*, v. 14, n. 50, p. 27-38, 2006. Disponível em: <http://www.scielo.br/scielo.php?pid=S0104-40362006000100003&script=sci_abstract&tlng=pt>. Acesso em: 20 dez. 2016.

616 AZANHA, José Mário Pires. Melhoria do ensino e autonomia da escola. In: _____. *Educação: temas polêmicos*. São Paulo: Martins Fontes, 1995. p. 24.

por sua vez, não advêm de mandatos, decretos ou títulos acadêmicos, mas da participação na elaboração do projeto pedagógico que organiza a unidade, em propostas curriculares, em planos de trabalho e nas práticas cotidianas que, afinal, dão corpo a escola. Por essa razão, os parâmetros para esse acompanhamento só podem ser forjados em meio a esse cotidiano e não em matrizes alheias aos princípios e às práticas que as regulam.

Em outras palavras, apenas a instância, política por excelência, que reúne em um órgão colegiado profissionais da educação, famílias, alunos e organizações da sociedade civil em uma escola pode realizar o princípio da pluralidade de ideias e de concepções pedagógicas e, nessa medida, zelar por ele. É nesse sentido que afirmações como "o professor apresentará aos alunos de forma justa [...] as principais versões, teorias e opiniões e perspectivas concorrentes a respeito de questões políticas, socioculturais e econômicas,"[617] revelam quão frágeis são as concepções que sustentam o ESP. Ao ignorar que o princípio da pluralidade só pode ser realizado *em meio* a uma comunidade, pois é experiência que se dá *entre* as pessoas e não em indivíduos isoladamente considerados[618], tais concepções ficam sujeitas a artificialismo insustentáveis. Apenas a troca de vivências, ideias e opiniões *entre* sujeitos que compartilham tempos e lugares comuns realiza o princípio da pluralidade e enriquece a vida social. Qualquer simulacro de pluralidade empreendido por individualidades empenhadas em mostrar "os vários pontos de vista sobre um evento" apenas ressaltará, uma vez mais, o viés autoritário da acepção adotada, além de ser uma ficção irrealizável na prática cotidiana. Para compreendê-la, basta imaginar um professor de História em face de eventos como o assassinato em massa de presos sob a tutela do Estado no Presídio do Carandiru, em 1992. Seria possível apresentar, paralelamente e sem juízos de valor, as "várias versões" envolvidas no evento? Quais seriam os possíveis desdobramentos dessa suposta neutralidade em face desse e de tantos outros gêneros e graus de atrocidade recorrentes em nossa sociedade?

Evidentemente, há muitos filtros para a análise de quaisquer eventos que assumem a natureza de conteúdo escolar. Porém, como também se sabe, cada um deles é fruto de um complexo processo que compreende a formação do sujeito – e se estende na do professor – em diálogo com valores, posições políticas e também pessoas ao longo de uma vida. É impossível se desvestir desse complexo processo que também é marca da singularidade e da individualidade de cada sujeito.

Ainda sobre essa questão, vale mencionar a tentativa do ESP de fazer que a escola seja a extensão dos valores e normas construídos no âmbito familiar. Primeiramente, cabe perguntar se não parece evidente que a defesa da contiguidade entre valores da família e da

---

617 Deveres do professor. Disponível no *site* do movimento.
618 ARENDT, Hannah. *A condição humana*. 10. ed. Rio de Janeiro: Forense Universitária, 2007.

escola fere, uma vez mais, o próprio princípio de pluralidade que o movimento alega defender? Como conciliar a defesa da pluralidade – ou seja, do valor político da diferença, da multiplicidade de formas de ser e estar no mundo – com a proposta de homogeneização de valores presente na afirmação do "respeito ao direito dos pais de dar aos seus filhos a educação moral que esteja de acordo com suas próprias convicções"? Sendo a família o *locus* por excelência da vida privada como tornar seus valores os parâmetros para a esfera pública sem recair em dogmatismos?

Com essa afirmação, desconsidera-se, ainda, o direito de o "filho" tornar-se "aluno" e, por meio dessa condição, experimentar o contato com um universo de pessoas, linguagens, práticas e valores de que é constituída uma escola[619]. Em outras palavras, é apenas a condição de aluno que permite às crianças suspenderem o tempo da reprodução da *vida*, representada principalmente pela família, para vivenciar a pluralidade do mundo público via escola quando esta permite que:

> *conhecimentos e habilidades [sejam] libertados, isto é, separados dos usos sociais convencionais, atribuídos na medida em que são apropriados por eles [...] o material tratado em uma escola não está mais nas mãos de um grupo social ou geração particulares [pois] foi removido – liberado – da circulação regular*[620].

O tempo da escola (do grego *scholé*: tempo livre)[621] é, por excelência, o tempo da *suspensão*, da *desprivatização* e da *desapropriação* de saberes, habilidades e conhecimentos[622]. Nessa medida, seu compromisso é com o tempo presente, que permite a criação da igualdade ao suspender, ainda que temporariamente, as marcas do passado e as expectativas do futuro presentes, por exemplo, nas escolhas representadas pelas famílias.

As relações entre autonomia da escola, proposta pedagógica e liberdade de ensinar do professor foram intensamente exploradas por José Mário Pires Azanha que, preocupado com a promoção do sentido público da educação desde o início dos anos 1970, apontava para as frequentes ameaças dirigidas a esse princípio. Seus textos revelam que, em verdade, as ameaças a esses princípios são anteriores ao ESP. No artigo *Melhoria do ensino e autonomia da escola*[623], por exemplo, Azanha menciona os ataques realizados ao processo de democratização do acesso aos ginásios públicos, cujas vagas foram consideravelmente expandidas a partir de 1969 no Estado de São Paulo, permitindo a entrada maciça que até então permaneciam alijados da escola em função dos seletivos

---

619 CARVALHO, José Sérgio. *Por uma pedagogia da dignidade*. São Paulo: Summus, 2016.
620 MASSCHELEIN, Jan; SIMONS, Maarten. *Em defesa da escola*. Belo Horizonte: Autêntica, 2013. p. 32.
621 Idem, p.25.
622 Idem, p.33.
623 AZANHA, op. cit.

exames de admissão[624]. Denúncias sobre má qualidade educacional, falta de condições e de materiais de trabalho ou baixa remuneração dos profissionais foram razões fartamente mobilizadas contra as medidas de expansão e contra as unidades educacionais que as realizaram, infelizmente, sem grandes contrapontos à época.

Para o autor, as objeções veiculadas representavam reais fragilidades do sistema educacional, mas, naquele momento, foram utilizadas contra o acesso de milhares de pessoas ao ginásio, contrariando, desse modo, a vocação da escola à função pública que lhe deu origem como instituição. Quarenta anos depois, as posições assumidas por movimentos como o ESP no bojo da *exceção* criada ao final de 2015 voltam a representar uma ameaça à educação como um direito de todos. As tentativas de intervenção exógena às práticas, sentidos e dispositivos construídos nas instituições escolares figuram como novas formas de cercear sua autonomia e a de seus professores, bases sobre as quais se fundamenta a garantia do sentido público da escolarização. Interessa ainda deter-se nos desdobramentos dessa questão considerando especificamente a questão curricular.

ESP, currículo, poder e subjetividade

Além das ameaças realizadas ao caráter autônomo das escolas e à liberdade de cátedra do professor, a insistente tentativa de interferência nas disciplinas, conteúdos, abordagem e materiais didáticos das aulas da educação básica das escolas públicas e privadas, sob a alegação de que os professores promovem doutrinação ideológica, indica que o ESP também se dirige especificamente às questões relacionadas ao currículo escolar.

O *site* do movimento menciona os conteúdos favoritos, tornados alvos de suas ações: relações de gênero, sexualidade, homossexualidade, educação sexual, educação moral, família, religião, teoria da evolução, ambientalismo, marxismo, comunismo, socialismo. Alguns desses conteúdos seriam absolutamente inadequados para o ambiente escolar, informa o *site*, devendo ser banidos do currículo, como é o caso de relações de gênero, educação sexual e homossexualidade, denominada por esse grupo como "ideologia de gênero". Outros seriam abordados de maneira inadequada, já que professores e livros didáticos tendenciosos mostrariam apenas "um lado da questão" sem a devida imparcialidade, como é o caso de ambientalismo, marxismo ou comunismo.

---

[624] Até 1969, cada ginásio público organizava seu próprio processo seletivo (exame de admissão). Embora não haja estatísticas confiáveis, estima-se que apenas 15% dos candidatos eram admitidos. Com a centralização do exame de admissão pela Secretaria de Educação, foram admitidos cerca de 95% dos candidatos. Anos depois, com a criação da escola de 1º Grau, esse gênero de exame foi abolido.

Relações de gênero também poderiam entrar nesse segundo grupo, como se pode depreender do processo movido pelo ESP contra o Instituto Nacional de Estudos e Pesquisas Educacionais Anísio Teixeira (Inep) por exigir dos candidatos que respeitem os direitos humanos na redação do Exame Nacional do Ensino Médio (Enem), sob pena de ter sua nota zerada, conforme edital (item 14.9.4). Segundo o documento da Ação Pública Civil[625] movida pelo ESP o tema de redação de 2015 "A persistência da violência contra a mulher na sociedade brasileira" fere *"a liberdade de consciência e de crença dos candidatos"*, pois impede que os candidatos expressem sua opinião, induz os candidatos a se apegarem aos *"clichês do politicamente correto"* e transforma a prova em um *"imenso filtro ideológico de acesso ao ensino superior"*[626]. Curiosamente, esse mesmo documento exemplifica o suposto problema com dois casos hipotéticos caricatos: uma candidata ao Enem "A" feminista e um candidato "B" muçulmano que, no entendimento do Movimento ESP, seriam favoráveis ao aborto (A) e violento com as mulheres (B), respectivamente. Ambas as redações seriam fatalmente corrigidas segundo *"clichês do politicamente correto"*, a candidata "A" seria aprovada, mesmo atentando contra o direito à vida, e o candidato "B" levaria zero, por não poder expressar livremente seu ponto de vista.

A argumentação dos partidários do ESP incide basicamente sobre três aspectos do currículo que se mesclam: as disciplinas escolares, os conteúdos e a abordagem. Algumas disciplinas constituem o alvo preferencial do movimento por, inevitavelmente, tratarem de temas políticos, como é o caso de História, Geografia e Sociologia, ao discutirem lutas e grupos sociais, revoltas e revoluções, conflitos territoriais etc. Contudo, mesmo aquelas disciplinas que estariam a salvo de temas polêmicos, podem entrar na mira de tiro desse grupo, como é o caso de Língua Portuguesa com textos ou redações eventualmente "ideológicos", Educação Física com esportes "de menino" ou "de menina", Ciências com discussões sobre corpo humano, reprodução e sexualidade. O fato é que nenhuma disciplina ou conteúdo está a salvo da sanha persecutória do ESP.

Fica evidente que os partidários do ESP concebem o currículo como instituição idealmente neutra, em que seria possível e desejável a escolha de disciplinas, seleção de conteúdos e abordagens equidistantes, desapaixonadas e independentes dos diferentes grupos que compõem a sociedade. Assim, em uma aula sobre nazismo ou revoltas

---

625 Disponível em: <http://www.escolasempartido.org/images/MPF>. Acesso em: 24 nov. 2016.
626 Idem, p. 10.

de escravos no Brasil colonial, seria necessário mostrar os vários lados da questão, dispensando igual tratamento às vítimas e seus algozes, e o próprio uso dos termos vítima e algoz seria inadequado; em um debate sobre violência contra a mulher seria razoável que se compreendessem as razões daqueles que batem e matam; uma aula sobre o tema família, muito comum nas séries iniciais da Educação Básica, contudo, deveria garantir que seja apresentada apenas a família supostamente "normal", composta por pai, mãe e filhos brancos e cristãos, qualquer outro modelo poderia caracterizar doutrinação ideológica.

O pressuposto da neutralidade do currículo nos obriga a um recuo de algumas décadas nesse debate. Sabe-se desde, pelo menos, os anos 1960, que o currículo implica seleção de conhecimentos e saberes e que *"selecionar é uma operação de poder"*[627], ou seja, alguém ou algum grupo social determina os conteúdos que devem ou não compor o currículo. Considerando que as relações sociais são sempre assimétricas, as disputas em torno do poder de influir e determinar o currículo estarão sempre postas. Bourdieu e Passeron demonstraram em *A Reprodução*[628] que o conjunto de conhecimentos que são trabalhados e valorizados na escola é o da cultura *"da classe dominante, transformada em cultura legítima, objetivável e indiscutível"*[629], de modo que o simples fato de estudarmos Machado de Assis e não História em Quadrinhos (HQ), música erudita e não *rap*, pintura renascentista e não grafite, implica uma seleção efetuada por grupos sociais que determinam o que é distinto ou vulgar, raro ou comum.

Um exemplo bastante ilustrativo é o recente e, ainda, candente debate sobre a Base Nacional Comum Curricular (BNCC), cujos mentores propugnam haver *"conhecimentos essenciais aos quais todos os estudantes brasileiros têm o direito de ter acesso"*, escamoteando a operação de seleção. O suposto consenso sobre os *"conhecimentos essenciais"*, portanto, é uma peça de abstração que nem sempre explicita os interesses envolvidos na questão, como os das fundações Lemann, Roberto Marinho, Victor Civita e Ayrton Senna; os institutos Natura e Millenium, Bradesco, Telefônica, Gerdau, Camargo Corrêa e Volkswagen, Centro de Estudos e Pesquisas em Educação, Cultura e Ação Comunitária (Cenpec), Amigos da Escola, Todos pela Educação e editoras nacionais e internacionais. Tais sujeitos privados participam da construção desse consenso direta e ostensivamente em parceria com alguns sujeitos públicos, como o Ministério de

---

[627] SILVA, Tomaz Tadeu da. *Documentos de Identidade*: uma introdução às teorias do currículo. Belo Horizonte: Autêntica, 1999. p. 16

[628] BOURDIEU, Pierre; PASSERON, Jean-Claude. *A reprodução: elementos para uma teoria do sistema de ensino*. Rio de Janeiro: Francisco Alves, 1975.

[629] BONNEWITZ, Patrice. Primeiras *lições sobre a Sociologia de P. Bourdieu*. Petrópolis: Vozes, 2003. p. 114.

Educação (MEC), Conselho Nacional de Secretários de Educação (Consed), Conselho Nacional de Educação (CNE) e União Nacional dos Dirigentes Municipais de Educação (Undime), ao organizarem eventos, produzirem documentos, financiarem hospedagem, deslocamento e alimentação para representantes dos órgãos públicos.

Ainda no âmbito da BNCC, a disciplina História certamente foi a que gerou mais polêmica quando publicada a primeira versão do documento, em setembro de 2015, que orbitava quase que exclusivamente em torno de quais conteúdos seriam os mais adequados e legítimos: América ou Europa, gregos ou negros, indígenas ou egípcios, história cultural ou história social. Essa versão foi denominada "ideológica", quando não "bolivariana", por ampliar a carga de história indígena e história da África e afro-brasileira (aliás, em conformidade com as Leis nn. 10.639/2003 e 11.645/2008), em detrimento de uma história eurocêntrica tida como "conhecimento essencial". Enviesou-se o debate, como se um currículo zeloso dos conteúdos canônicos eurocentrados fosse menos ideológico.

Atrelada às relações e disputas de poder, a constituição das identidades também está implicada no currículo, o que explicita a ideia de que esse complexo artefato cultural não é mera operação cognitiva através da qual, conteúdos "científicos" são transmitidos aos alunos. O currículo contém narrativas que trazem representações específicas sobre os grupos sociais que nos ensinam a representar a nós mesmos e aos outros, inclusive pela exclusão de determinados grupos das narrativas.

A constituição da subjetividade dos alunos negros, brancos, indígenas, heterossexuais, homossexuais, homens, mulheres, trabalhadores, jovens, depende, em parte, das narrativas que compõem o currículo, como esses diferentes grupos sociais são representados nos conteúdos, atividades e abordagens das disciplinas escolares e mesmo nos elementos extra-aula, uma vez que até aspectos como arquitetura, mobiliário, espaços edificados e não edificados, também podem ser considerados currículo[630], além de aspectos organizativos e das relações estabelecidas. Lembra Silva que:

> É também através do currículo, entre outros processos sociais, que nossos corpos são moldados aos papéis de gênero, raça, classe que nos são 'destinados'. O currículo nos ensina posições, gestos, formas de se dirigir às outras pessoas (às autoridades, ao outro sexo, a outras raças), movimentos, que nos fixam como indivíduos pertencentes a grupos sociais específicos.[631]

---

630 ESCOLANO, Agustín. Arquitetura como programa. Espaço-escola e currículo. In: VIÑAO, Antonio; ESCOLANO, Agustín. *Currículo, espaço e subjetividade*: a arquitetura escolar como programa. Rio de Janeiro: DP&A, 1998.

631 SILVA, Tomaz Tadeu da. *Identidades terminais*: as transformações na política da pedagogia e na pedagogia da política. Petrópolis: Vozes, 1996. p. 174.

A pretensa neutralidade requerida pelo ESP revela o intuito de mal dissimular a produção social das identidades contida no currículo, tomando por naturais processos que são sociais e históricos, e de perpetuar a produção do mesmo e do idêntico, impedindo a constituição da diversidade e do múltiplo.

Currículo, conflito e cultura escolar

Tais disputas no âmbito do currículo não são novidade e tampouco criação de novos movimentos reacionários e conservadores. O que frequentemente se observa são manifestações veladas sob o manto de expressões como "conhecimentos essenciais a que todos têm direito" ou dos supostos "consensos" em torno de determinado tema educacional. É de se perguntar: quem definiu tal essência? Como foram obtidos tais consensos?

Goodson, discutindo o que ele denomina currículo ativo ou interativo, aquele que ocorre nas práticas escolares, e o pré-ativo, o que está escrito, lembra que tanto o interativo pode subverter o pré-ativo quanto este último, "num exame mais aprofundado", pode ser considerado "o clímax de um longo e contínuo conflito"[632]. Importa estudar o currículo escrito, pois este nos informa sobre as intenções da escolarização, os valores implicados e seus objetivos[633], bem como as lutas que envolvem as aspirações de escolarização pelos diferentes sujeitos histórico-sociais[634]. Importa estudar as práticas escolares, pois elas nos revelam aspectos da cultura escolar[635], o que permite:

> pôr em evidência o caráter eminentemente criativo do sistema escolar e, portanto, classificar no estatuto dos acessórios a imagem de uma escola encerrada na passividade, de uma escola receptáculo dos subprodutos culturais da sociedade[636].

---

[632] GOODSON, Ivor. *Currículo*: teoria e história. Petrópolis: Vozes, 1995. p. 24.

[633] Idem, p. 21.

[634] Idem, p. 17.

[635] Cultura escolar: a) "conjunto de teorias, ideias, princípios, normas, modelos, rituais, inércias, hábitos e práticas (formas de fazer e pensar, mentalidades e comportamentos) sedimentadas ao longo do tempo em forma de tradições, regularidades e regras de jogo não interditas e compartilhadas por seus atores, no seio das instituições educativas. Tradições, regularidades e regras do jogo que se transmitem de geração em geração e que proporcionam estratégias". (Cf. VIÑAO FRAGO, Antonio. *Sistemas educativos, culturas escolares e reformas*. Manguaide: Pedago, 2007, p. 87); b) "conjunto de *normas* que definem conhecimento a ensinar e condutas a inculcar, e um conjunto de práticas que permitem a transmissão desses conhecimentos e a incorporação desses comportamentos; normas e práticas coordenadas a finalidades que podem variar segundo as épocas" (cf. JULIA, Dominique. A cultura escolar como objeto histórico. *Revista Brasileira de História da Educação*, Maringá, n. 1, p. 9-44, 2001.)

[636] CHERVEL, André. História das disciplinas escolares: reflexões sobre um campo de pesquisa. *Teoria e Educação* [s.l.], n. 2, 1990, p. 184.

Ao comentar o relativo fracasso de sucessivas reformas[637] educativas ocorridas na Espanha desde o século XIX, Viñao afirma que tal fato deve-se à natureza a-histórica das reformas que

> *ignoram a existência desse conjunto de tradições e regularidades institucionais sedimentadas ao longo de tempo, de regras de jogo e pressupostos repartidos, não interditados, que são os que permitem aos professores organizar a actividade académica, conduzir as aulas e, dada a sucessão de reformas ininterruptas que se concretizam a partir do poder político e administrativo, adaptá-los, por intermédio da sua transformação, às exigências que se derivam de tal cultura"*[638].

Nesse caso, evidencia-se que as tentativas de cercear o currículo podem ser vãs ou, ao menos, não lograr os efeitos pretendidos pelos reformadores do ensino, uma vez que as atividades escolares cotidianas, envolvendo seus diferentes sujeitos como professores, alunos, pais e funcionários, são mais complexas do que se supõem, escapando às tentativas mais ou menos hostis de controle, mesmo em tempos de ditaduras, como a civil-militar que ocorreu no Brasil entre 1964-1985.

Nesse período no Brasil, embora houvesse uma rede de vigilância mais ou menos intensa nas escolas, possibilitada pelas visitas de supervisores de ensino, ação vigilante de diretores, presença de professores ou pais simpatizantes do regime militar, toda sorte de comemorações cívicas, clima de autoritarismo, rígida hierarquia e burocracia, a cultura escolar

> *forjou acomodações, assimilações, simulacros, apropriações e subversões, revelando uma complexidade inaudita, presentes nas relações entre os diferentes sujeitos, suas representações e práticas, suas formas de organização e disciplina, nos usos do tempo e do espaço*[639].

Para tanto contribuíram tanto o professor militante que forjava sua resistência, o displicente que mal lecionava, o professor formado precariamente ou o desiludido com o regime, o aluno desinteressado pela aula maçante ou o diretor que fazia vistas grossas às pequenas subversões.

A cultura escolar possui regras e códigos próprios, práticas e rituais, tradições e estratégias – boas ou más – que escapam às tentativas de controle e se manifestam nos

---

637 "Por reforma entendo [...] uma 'alteração fundamental das políticas educativas nacionais' que pode afetar o governo e administração do sistema educativo e escolar, a sua estrutura ou financiamento, o currículo – conteúdos, metodologia, avaliação – e a avaliação do sistema educativo. Uma alteração, em todo o caso, promovida a partir das instâncias políticas ao contrário das mudanças iniciadas a partir de baixo – em geral mais próximas das inovações –, assumidas ocasionalmente pelo poder político, e dos processos de difusão e adaptação de determinadas ideias e métodos elaborados, em geral, por associações, grupos ou indivíduos, que constituíram a origem de movimentos de reforma supranacionais, de adaptação em contextos diferentes daqueles em que foram elaborados, com a conseguinte interpretação e modificação dos mesmos, e de conflitos entre aqueles que se consideram, comparativamente com os outros, os genuínos herdeiros e intérpretes correctos do sistema ou método original". (Cf. VIÑAO, 2007, p. 108.)

638 VIÑAO, op. cit., p. 101.

639 ALMEIDA NETO, Antonio Simplicio de. Cultura escolar e ensino de história em tempos de ditadura militar brasileira. *Opsis*, Goiânia, v. 14, p. 56-76, 2014, p. 75.

gestos e na linguagem, nos hábitos e nas rotinas, nos modos de pensar e de agir, nos aspectos administrativos e na organização espacial, no mobiliário e seus usos e nos materiais didáticos. Tais aspectos são frequentemente naturalizados ou sequer percebidos, daí serem desconsiderados e subestimados pelos diferentes sujeitos envolvidos no processo educativo escolar.

Tal entendimento se contrapõe à noção de transposição didática[640] que compreende a escola e os professores como os responsáveis por transpor os conhecimentos elaborados nos meios acadêmicos pelas ciências de referência, como vulgarizadores de conhecimentos superiores e externos ao ambiente escolar. Chervel refutou essa concepção demonstrando que embora a escola tenha ampla porosidade em suas fronteiras que se interpenetram com outras instituições sociais, inclusive nos meios acadêmicos, ela produz e possui elementos e procedimentos que lhe são característicos, tais como os conteúdos, métodos, avaliação, que não derivam automaticamente das ciências de referência.

No Brasil, um exemplo recente e significativo é a legislação que torna obrigatório os conteúdos de história e cultura africana, afro-brasileira e indígena na educação básica, Leis nn. 10.639/2003 e 11.645/2008, respectivamente. Tais iniciativas não surgem dos meios acadêmicos ou das ciências de referência, mas de demandas dos sujeitos escolares, particularmente professores, e de movimentos sociais negros e indígenas organizados, devido à percepção da ausência ou da inadequada presença desses grupos sociais no currículo. Pelo contrário, tal demanda fez com que algumas universidades atinassem, ainda que de forma tímida, para as lacunas existentes em sua estrutura curricular nos cursos de formação de professores, como demonstraram Cerezer (2015) e Valentini (2016), ao discutirem os cursos de Licenciaturas em História de universidades públicas do Mato Grosso (Unemat, UFMT e UFMT, campus Rondonópolis) e da FFLCH-USP, Unesp/FCL-Assis, Unicamp e PUC-SP[641], respectivamente. Ambos os pesquisadores observaram, no entanto, que nos projetos de formação acadêmica dessas universidades ainda predomina uma visão eurocêntrica que exclui e torna invisível a diversidade étnico-racial.

A adoção desses conteúdos na educação básica, como prevê a legislação, não tem sido menos conturbada. Já em 2010 o jornal *O Estado de S. Paulo* criticara em editorial o que chamou de "teses politicamente corretas", "novas matérias", "desperdício de recursos" e temas "entulhando coisas no currículo" atendendo a "pressões ideológicas e

---

640 CHEVALLARD, Yves. *La Transposición Didáctica*: del saber sabio al saber enseñado. Argentina: Editorial Aique, 1991.

641 As universidades anteriormente referidas são: Universidade do Estado do Mato Grosso (UNEMAT), Universidade Federal do Mato Grosso (UFMT), Faculdade de Filosofia, Letras, Ciências Humanas da Universidade de São Paulo (FFLCH-USP) Universidade Estadual Paulista/Faculdade de Ciências e Letras (Unesp/FCL), Universidade Estadual de Campinas (Unicamp) e Pontifícia Universidade Católica de São Paulo (PUC-SP).

corporativas"[642]. Também na 1ª versão da BNCC (2015), como já apontamos anteriormente, a presença de conteúdos não tradicionalmente abordados em História foi objeto de razoável discussão, com manifestações em artigos de jornal e em programas de rádio, debates acadêmicos e documentos produzidos por entidades de classe e científicas, como ANPUH-BR[643] e ANPHLAC[644], entre outros.

Já o que efetivamente ocorre em sala de aula, o currículo ativo ou interativo, no entanto, é outra história a ser pesquisada. No ano de 2008 o governo do Estado de São Paulo[645] lançou o Programa Curricular "São Paulo Faz Escola" para a rede pública estadual que consistiu na unificação do currículo de todas as disciplinas escolares e na distribuição de apostilas aos alunos (Caderno do Aluno) e aos professores (Caderno do Professor) com a prescrição dos conteúdos em cada série, bimestre a bimestre, aula a aula. Tratava-se de

> um rol de conteúdos fixos que pode limitar as iniciativas criativas dos professores no interior das escolas, já que não é uma proposta de adesão opcional, como o documento [de apresentação da proposta] eventualmente parece sugerir, mas obrigatória, uma vez que está diretamente vinculada ao desenvolvimento de determinadas habilidades para obtenção de melhores resultados no Sistema de Avaliação do Rendimento Escolar do Estado de São Paulo (Saresp); resultados pelos quais os professores são diretamente responsabilizados[646].

Advém dessa situação a impossibilidade de responsabilização ética dos professores, uma vez que são tratados como simples executores de uma proposta elaborada por terceiros. São, isso sim, responsabilizados e punidos por eventuais fracassos. Azanha, discutindo a necessária e possível autonomia da escola, afirmava que:

> sem liberdade de escolha, professores e escolas são simples executores de ordens e ficam despojados de uma responsabilidade ética pelo trabalho educativo. Nesse caso professores seriam meros prestadores de serviços de ensino. De quem até se pode exigir e obter eficiência, mas não que respondam, eticamente, pelos resultados de suas atividades[647].

---

642 ALMEIDA NETO, Antonio Simplicio de. A história indígena a ser ensinada nos currículos oficiais brasileiros. *Atos de Pesquisa em Educação* (FURB), Blumenau, v. 1, p. 100-122, p. 104, 2015.

643 Associação Nacional de História.

644 Associação Nacional de Pesquisadores e Professores de História das Américas.

645 Governador José Serra (2007-2010), secretária de Educação Maria Helena Guimarães de Castro e Coordenação Geral da Proposta Curricular a cargo de Maria Inês Fini. A concepção dessa proposta foi de Maria Inês Fini, Guiomar Namo de Melo, Lino de Macedo, Luiz Carlos de Menezes e Ruy Berger.

646 ALMEIDA NETO, Antonio Simplicio de; CIAMPI, Helenice. A história a ser ensinada em São Paulo. *Educação em Revista*, Belo Horizonte, v. 31, p. 195-222, 2015. Disponível em: <http://www.scielo.br/scielo.php?script=sci_arttext&pid=S0102-46982015000100195>. Acesso em: 2 jan. 2017.

647 AZANHA, José Mario Pires. Proposta pedagógica e autonomia da escola. *Cadernos de História e Filosofia da Educação*, São Paulo, v. 1, n. 1, p. 14. 1993.

Reduzidos em sua possibilidade de criação, os professores são concebidos como treinadores de alunos para que obtenham melhores resultados no Sistema de Avaliação de Rendimento Escolar do Estado de São Paulo (Saresp), Índice de Desenvolvimento da Educação de São Paulo (Idesp), Sistema de Avaliação da Educação Básica (Saeb), Prova Brasil, Enem, Programme for International Student Assessment (Pisa). Desse modo, faz-se tábula rasa de todas as ações pedagógicas em curso, no que se refere aos conteúdos, atividades, abordagens, formas de avaliação, ou seja, desconsiderou-se a cultura escolar. Conforme Almeida Neto e Ciampi (2015), relatos de professores da Educação Básica indicam que no cotidiano escolar essa proposta acaba por não ser executada como supõem os gestores da Secretaria de Educação do Estado de São Paulo, uma vez que não há qualquer unidade de postura possível em sua execução, pois há professores que seguem

> à risca os *Cadernos*, outros que simulam sua utilização ou que o ignoram sobejamente; coordenadores e diretores que fazem vista grossa ou que exigem sua aplicação rigorosa; alunos que sequer levam os *Cadernos* no dia a dia ou colam as respostas de sites da internet[648].

Verifica-se, dessa forma, que, ao tratarmos de currículo, as noções de essência e consenso tornam-se peças de abstração que encobrem disputas e conflitos entre os diferentes grupos sociais pela possibilidade de representarem e serem representados nas disciplinas, nos conteúdos, nas abordagens, nos materiais didáticos etc. O Movimento ESP e seus congêneres atuam diretamente nesse aspecto sugerindo uma concepção rasa, acrítica e a-histórica da educação escolar e da própria história do currículo.

É, pois, a partir dessas questões que se pode afirmar que, mais do que artigos acessórios, autonomia da escola e liberdade de ensinar do professor – em que o projeto pedagógico, a organização e a escolha do currículo são sua expressão máxima – figuram como os próprios fundamentos da função pública da educação e dos princípios de laicidade e gratuidade que lhe sustentam.

---

[648] ALMEIDA NETO, Antonio Simplicio de; CIAMPI, Helenice. A história a ser ensinada em São Paulo. *Educação em Revista*, Belo Horizonte, v. 31, p. 195-222, 2015. Disponível em: <http://www.scielo.br/scielo.php?script=sci_arttext&pid=S0102-46982015000100195>. Acesso em: 2 jan. 2017.

Sobre os autores

André Roberto de A. Machado é professor do Departamento de História da Universidade Federal de São Paulo (Unifesp). É graduado e doutor em História pela Universidade de São Paulo e realizou o pós-doutorado no Centro Brasileiro de Análise e Planejamento (Cebrap). Suas pesquisas e publicações estão concentradas na História do Brasil no século XIX, com especial destaque para o processo de formação do Estado e da nação e, mais recentemente, para o estudo da manutenção de sistemas de trabalho compulsório de indígenas no mesmo período.

Antonio Simplicio de Almeida Neto é docente do Departamento de História da Universidade Federal de São Paulo (Unifesp), Graduação e Pós-graduação. Possui bacharelado (1987) e licenciatura (1989) em História pela Pontifícia Universidade Católica de São Paulo (PUC-SP), mestrado (1996) e doutorado (2002) em Educação pela Faculdade de Educação da Universidade de São Paulo (Feusp). Atualmente coordena o Mestrado Profissional em Ensino de História "ProfHistória" no núcleo Unifesp voltado para professores de História da Educação Básica. Tem atuado em cursos de formação de professores de História e Educação em Direitos Humanos. Também é coordenador do Grupo de Trabalho (GT) de Ensino de História e Educação da Associação Nacional de História, seção São Paulo (ANPUH-SP).

Claudia Moraes de Souza é professora doutora adjunta da Universidade Federal de São Paulo (Unifesp), na Escola Paulista de Política, Economia e Negócios (Eppen), *Campus* Osasco, desde 2013. É também professora da Pós-Graduação Interdisciplinar "Humanidades, Direitos e outras Legitimidades" da Faculdade de Filosofia, Letras e Ciências Humanas (FFLCH) da Universidade de São Paulo (USP), desde 2012. É bacharel e licenciada em História pela USP em 1991, mestre e doutora em História Social pela mesma universidade, em 1999 e 2007, respectivamente. É autora dos livros: *Movimentos Sociais no Brasil Contemporâneo* (Loyola) e *Pelas Ondas do Rádio: Camponeses, Cultura Popular e o rádio nos anos de 1960* (Alameda).

David Ribeiro é mestre em História Social pelo Departamento de História da Universidade de São Paulo (USP). Atualmente desenvolve pesquisa de doutorado no mesmo departamento sobre a formação do regime democrático que vigorou durante a República de 1946. É autor do livro *Da crise política ao Golpe de Estado: conflitos entre o Poder Executivo e o Poder Legislativo durante o governo João Goulart* (Hucitec, 2014).

Diana Mendes Machado da Silva é doutoranda em História pela Universidade de São Paulo (USP), com formação complementar na Universidade Paris X e no Collège de France (2011-2012). Foi professora de Ensino Fundamental de Jovens e Adultos na prefeitura de São Paulo (1997-2009) e de Ensino Superior (2013-2016) nas áreas de História da Educação e História e Cultura Afro-Brasileira. É formadora de professores e autora de materiais didáticos na área de Direitos Humanos, Cidadania e Diversidade.

Fernando de Araújo Penna é professor adjunto da Faculdade de Educação da Universidade Federal Fluminense (UFF) e faz parte do corpo docente do Programa de Pós-Graduação em História Social da Faculdade de Formação de Professores (FFP). Doutor e Mestre em Educação pelo Programa de Pós-Graduação em Educação (PPGE) da Universidade Federal do Rio de Janeiro (UFRJ) e bacharel e licenciado em História pela mesma universidade. Atualmente é coordenador do Laboratório de Ensino de História (LEH-UFF) e um dos coordenadores do Grupo de Trabalho (GT) Ensino de História e Educação da ANPUH. Tem dedicado suas pesquisas mais recentes aos temas: educação democrática, ensino de história e "Escola Sem Partido".

Fernando Seffner é licenciado em História e tem doutorado em Educação. Professor e supervisor de estágios docentes na Faculdade de Educação da Universidade Federal do Rio Grande do Sul (UFRGS), onde é coordenador da área de Ensino de História. É também docente e pesquisador no Programa de Pós-Graduação em Educação (PPGEDU/UFRGS) e no Mestrado Profissional em Ensino de História "ProfHistória", polo UFRGS.

Flavio Gomes é professor da Universidade Federal do Rio de Janeiro (UFRJ), pesquisador do Conselho Nacional de Pesquisa (CNPq) e da Fundação Carlos Chagas Filho de Amparo à Pesquisa do Estado do Rio de Janeiro (Faperj) – Bolsa Cientista do Nosso Estado – com pesquisas e publicações sobre escravidão, pós-emancipação e campesinato no Brasil.

Haroldo Ceravolo Sereza é jornalista e doutor em Letras pela Universidade de São Paulo(USP). É um dos autores do livro *À Espera da Verdade – Empresários, juristas e elite transnacional: história de civis que fizeram a ditadura militar* e organizador de *O Mundo em Movimento: reportagens especiais de Opera Mundi*, (Alameda). Também publicou *Florestan: a inteligência militante* (Boitempo).

James N. Green é professor titular de História da América Latina na Brown University, diretor da Brown Brazil Initiative, e diretor executivo da Brazilian Studies Association. É autor ou co-organizador de onze livros sobre Brasil e América Latina, entre eles, *Além do Carnaval: a homossexualidade masculina no Brasil do século XX* (Editora da Unesp, 2000) e *Apesar de vocês: a oposição à ditadura militar brasileira nos Estados Unidos, 1964-85* (Companhia das Letras, 2009), e *Revolucionário e Gay: a vida extraordinária de Herbert Daniel* (Duke University Press, 2018).

Janaína de Almeida Teles é pesquisadora do Programa de Pós-Doutorado em História Social da Universidade de São Paulo (USP) e mestre e doutora em História Social pela mesma instituição. É professora de História do Brasil Contemporâneo da Fundação Santo André (FSA) e autora de *Os herdeiros da memória: os testemunhos e as lutas dos familiares de mortos e desaparecidos políticos no Brasil.* (Alameda, 2017), (no prelo), entre outros.

Joana Monteleone é mestre e doutora em História Econômica pela Universidade de São Paulo (USP) e pós-doutoranda na Universidade Federal de São Paulo (Unifesp). É uma das autoras do livro *À Espera da Verdade: empresários, juristas e elite transnacional: história de civis que fizeram a ditadura militar*. Também publicou *Sabores Urbanos: alimentação, sociabilidade e consumo – São Paulo: 1825-1910* (Alameda).

Marco Aurélio Vannucchi é professor da Escola de Ciências Sociais da Fundação Getúlio Vargas (CPDOC/FGV), editor da revista *Estudos Históricos* e também foi coordenador da graduação em História do CPDOC-FGV entre 2014 e 2016. É doutor em História pela Universidade de São Paulo (USP), com período-sanduíche na Universidade Paris IV (Sorbonne) e pós-doutor em Sociologia pela Universidade Estadual de Campinas (Unicamp). Autor, entre outros, de *Os cruzados da ordem jurídica. A atuação da Ordem dos Advogados do Brasil (OAB), 1945-1964* (2013).

Marcos Napolitano é professor História do Brasil Independente do Departamento de História da Universidade Estadual de São Paulo (USP), pesquisador do Conselho Nacional de Pesquisa (CNPq) – Bolsa Produtividade – e doutor em História Social pela mesma universidade. É autor dos livros *1964: História do Regime Militar Brasileiro* (Contexto, 2014), *História do Brasil República* (Contexto, 2016) e *Seguindo a canção: engajamento político e indústria cultural na MPB – 1959-1969* (Annablume/Fapesp, 2001), entre outros.

Maria Rita de Almeida Toledo é docente de História da Educação e Ensino de História do Departamento de História da Universidade Federal de São Paulo (Unifesp). É livre-docente pela mesma universidade. Tem se dedicado a investigar as interfaces entre a história do livro e da leitura e a formação dos docentes no Brasil. Atualmente coordenada, na Unifesp, os projetos: "Políticas de configuração da escola de 1º Grau no regime militar: prescrições e práticas de apropriação" e "Traduções culturais da obra de John Dewey nas coleções autorais da Companhia Editora Nacional (1933- 1981)".

Nancy Prada Prada é filósofa, especialista em Estudos Culturais e Mestre em Estudos Feministas e de Gênero. É professora e pesquisadora da Escola de Estudos de Gênero da Universidade Nacional da Colômbia (UNC), assim como consultora especializada em gênero para várias organizações, entre elas a ONU Mulheres, o Instituto para a Investigação Educativa e Desenvolvimento Pedagógico (Idep) e a Rede de Trabalhadoras Sexuais para América Latina e Caribe (RedTraSex). Há muitos anos coordena a equipe de Enfoque em Gênero no Centro Nacional de Memória Histórica.

Petrônio Domingues é graduado (1997), mestre (2001) e doutor (2005) em História pela Universidade de São Paulo (USP), com pós-doutoramento na Rutgers – The State University of New Jersey (EUA), no Department of Africana Studies (2012-2013). Professor dos cursos de graduação e pós-graduação (Mestrado Acadêmico e Profissional) em História da Universidade Federal de Sergipe (UFS) e bolsista produtividade em pesquisa do Conselho Nacional de Pesquisa (CNPq). Publicou artigos em revistas acadêmicas, coletâneas e livros, dos quais o último é: *Estilo avatar: o populismo no meio afro-brasileiro*(Alameda, 2017).

Stella Maris Scatena Franco é docente de História da América Independente no Departamento de História da Universidade de São Paulo (USP), onde coordena o Grupo de Pesquisa em Gênero e História e participa do Laboratório de Estudos de História das Américas. Investiga temas como viagens, identidades, mulheres e relações de gênero na América Latina do século XIX. É autora do livro *Peregrinas de outrora: viajantes latino-americanas no século XIX*.